九色鹿

丹尼斯·塞诺
内亚研究文选

［美］丹尼斯·塞诺（Denis Sinor）——著

北京大学历史学系民族史教研室——译

社会科学文献出版社
SOCIAL SCIENCES ACADEMIC PRESS (CHINA)

再版说明

丹尼斯·塞诺（Denis Sinor）是内亚研究（他称为“中央欧亚研究”）领域的大师，2006 年我们选译了他的 20 篇论文，由中华书局出版，恰好赶上他欣开九秩。当然，我们的本意并不是为他庆寿。从 2004 年开始，北京大学历史学系几位专业领域较多涉及北族的同事有意识地交流合作，以求有助于学科建设。我们意识到自己的研究与国际上所谓 Inner Asian Studies 有一定重合，便在课堂教学与科研中主动加以介绍，田野考察也开始走出国境。那之前，国内习惯把 Inner Asia 译为“内陆亚洲”，我们嫌累赘，简称为“内亚”。令人高兴的是，现在“内亚”之称已被广泛接受。选译塞诺的论文，是在国内外许多同行的建议下进行的。幸赖作者慨允，同事努力，翻译出版一切顺利。

2008 年春，我到印第安纳大学开会，会后到塞诺府上拜访，见到了这位传说中的内亚“大汗”（the Great Khan），也见到他那传说中的宝藏书房（所有藏书在他去世后都捐给他的祖国匈牙利了）。陪我去的印大中央欧亚研究系几个教授各自身怀绝技，通晓多门语言，塞诺和他们说话时总是根据对象转换语言，而他和太太说的话却只有他们自己能懂，大家都笑称那是塞诺夫妇的 secret code（密码）。很多人喜欢说，塞诺跟人见面时往往一上来就问：你能为我做什么？不过我见他时，他并没有那样问，而是两次说，如果我需要帮助，一定要告诉他。2009 年秋冬我在印大访问，那时他病重住院，我没敢打扰。2011 年 1 月中旬，接到印大朋友邮件，说塞诺于 1 月 12 日去世了，享年 94 岁。朋友后来介绍了印大举办追思会的情况，好多发言非常真切。比如，在印大获得博士学位的狄宇宙（Nicola Di Cosmo）在追思会上说，塞诺要你写文章，只要你答应了，你肯定不愿意被他催稿，这正是内亚研究领域如此丰产的原因之一。

近二十年来，中国的内亚研究取得显著发展，这个译本在其中或许也发挥了自己的作用。现在承郑庆寰先生盛意，要把此书收入“九色鹿”丛书再版。我们除了感谢，还颇觉惶愧，一来译文存在不少问题尚未校正，二来许多更应译介的文章也来不及收入。不过也没有关系。内亚是一个大世界，里面有大学问，后来诸君英挺秀发，中国的内亚研究已具规模，我们没有理由不乐观。

罗　新

庚子仲秋于五道口

翻译说明

这里呈献给读者的，是我们翻译的丹尼斯·塞诺的部分论文，这些论文都是研究内亚诸民族的历史文化的，故题名《丹尼斯·塞诺内亚研究文选》。现年 90 岁的丹尼斯·塞诺著述宏富，研究领域广泛，而本书所译的 20 篇论文仅限于他用英文写作，并与内亚历史相关者，至于他用法文、德文、匈牙利文写作的相关论文，以及他在匈牙利史、乌拉尔－阿尔泰（Uralic-Altaic）比较语言学等许多方面的重要研究，都不在我们的选、译范围之内。因此，本书远远不足以全面反映他的学术研究，这是应当特别指出的。

丹尼斯·塞诺是迄今在中央欧亚研究（the Central Eurasian Studies）领域取得最卓越成就的学者之一。如今广为学界接受并习用的“中央欧亚”

（the Central Eurasia）概念，就是由他1940年在巴黎首先提出的，随后1943年他在法国图卢兹天主教大学开设了题为“中央欧亚史导论”的系列讲座，1954年他在他自己主编的《东方学与历史》一书中撰写了“论中央欧亚”一章（译文收入本书），更系统地检讨了这一学科的历史、方法和问题，使这一概念逐渐流行起来。中央欧亚概念超越了语言、人种和经济生产方式的分类局限，把欧亚大陆的内陆部分作为一个整体来考察。在塞诺那里，中央欧亚是一个迥然不同于大陆边缘地带的独特的文化区。然而，在包括塞诺自己的著作在内的各相关论著中，“中央欧亚”的概念常常与另一个概念“内亚”交替使用，几乎难以区分。这是因为在整个中央欧亚历史中，欧洲部分的权重远远不能与内陆亚洲的部分相比，内亚的北亚、蒙古高原及中亚才是中央欧亚历史的主要舞台，因此内亚有时候就等同于中央欧亚。塞诺在为他自己主编的《剑桥早期内亚史》所写的导言中，明确地宣称该书的研究对象在空间上就是中央欧亚，之所以用“内亚”这个名称，只是因为它比起“中央欧亚”来不那么笨重，但同时也不那么准确。

1916年4月17日，塞诺出生在今罗马尼亚西部的克卢日（Cluj）一个匈牙利人的罗马天主教家庭，当时这个地区还在匈牙利版图之内，匈牙利语称此地为Kolozsvár市。由于他的祖母和外祖母都是奥地利人，所以对他来说，德语和匈牙利语一样是母语。十岁到十五岁他主要生活在布达佩斯，每年有几个月去瑞士的一所寄宿学校学习，这为他学习法语打下了非常好的基础。从十岁起他在一所教会学校注册，学习拉丁语和英语，虽然实际上他很少到校，但校方的记录显示他的成绩还不错。塞诺十六岁时，他的家庭迁至匈牙利东南部的马科（Makó），在这个位于穆列什（罗马尼亚语作Mureş，匈牙利语作Maros，德语作Mieresch）河北岸的小城市里，民族问题和社会问题的激烈冲撞，使对于匈牙利民族命运的关怀在他内心深深地扎根，成为左右他一生学术和社会活动方向的动力之一。

1934 年，十八岁的塞诺进入布达佩斯大学（当时叫 Pázmány Péter Tudományegyetem）学习东方学。他最初的方向是近东研究，后来受到久拉（Gyula Németh）和李盖提（Lajos Ligeti）的影响，转向学习蒙古学、突厥学和内亚史。塞诺在大学期间多次获奖，其中有些奖项是全校一年只能一人获得的。在二十一二岁时，他已经在《通报》（*T'oung Pao*）和《东亚杂志》（*Ostasiatische Zeitschrift*）上各发表了一篇文章。他在柏林看到了德国吐鲁番探险队的掳获品，并在久拉和李盖提的指导下准备出研究突厥语佛教文献的博士学位论文。1939 年他申请到匈牙利教育部的资助，到法国巴黎师从伯希和（Paul Pelliot）。关于他与伯希和之间的深厚友谊，他在《怀念伯希和（1878~1945）》一文中有真切的描写（译文收入本书）。在德国占领下的巴黎，年轻的塞诺面临着生活窘迫和政治迫害等多重危机，但他在伯希和、戴密微（Paul Demiéville）等导师的帮助下，一直没有放弃学业。作为法国抵抗组织的一员，他还加入了法国国内军（FFI），并在巴黎解放后随军东征，一直进至德国拉恩河畔一个名叫 Bad Ems 的小城。1945 年 10 月他退役回到巴黎时，伯希和已经去世，塞诺在戴密微等人的帮助下继续留在法国，并且继续在法国东方学的框架下致力于其突破东方学传统的中央欧亚研究（亦即内亚研究）。

1948 年秋，塞诺接受英国剑桥大学新设立的阿尔泰研究（Altaic Studies）讲师席位，这是世界上第一个以阿尔泰为名的大学教职，标志着阿尔泰学正在突破并脱离传统东方学的框架。塞诺在剑桥任教长达 13 个学年，他开设了许多极为专业的课程，直接带动了英国阿尔泰学的繁荣。在此期间，他还积极参与国际东方学特别是阿尔泰学的学术组织事务。1954 年他担任在剑桥召开的第 23 届国际东方学家大会秘书长；从此直至离开剑桥，他一直担任皇家亚洲学会的荣誉秘书和英国东方学家协会的秘书。1957 年塞诺与冯·加班（Annemarie von Gabain）、海西希（Walther Heissig）一起，建立了“常设国际阿尔泰学会议”(Permanent International Altaistic Conference，简称 PIAC)，并从1960年起出任秘书长，成为国际阿尔泰学界最活跃、最有影响力的学者之一。

1962年，正当盛年的塞诺接受了美国印第安纳大学的邀请，来到布卢明顿(Bloomington)任教直至退休，如今年已九十的他仍然生活在这座宁静美丽的大学城里。正是在这里，塞诺的学术研究和学术组织的能力都得到了充分发挥，可以毫不夸张地说，塞诺把印第安纳大学变成了欧洲之外最重要的阿尔泰学中心，他在美国建立起了足以与欧洲分庭抗礼并且在许多方面远远超出的内陆亚洲研究独立学科。塞诺出类拔萃的学术组织能力，恰好与当时美国政府对亚洲知识的需求结合了起来，这是印第安纳大学得以建立世界上最重要的内陆亚洲研究的教育和学术中心的两大契机。

在1957年苏联人造卫星上天的刺激下，1958年美国国会通过了著名的《国防教育法》(The National Defense Education Act)，以联邦经费支持各个级别的教育中那些关系到国家安全的项目，其中包括外语教学和地区研究。印第安纳大学就是在这一法案的支持下，长期获得了联邦专款发展其乌拉尔-阿尔泰语言的研究与教学。1963年印第安纳大学的“乌-阿研究”项目被确认为美国的“国防教育中心”之一。塞诺初到布卢明顿时，“乌-阿研究”只是由不同院系的教授业余参加的一个项目，内亚研究还没有任何实体。到1966年，塞诺把这个项目变成了一个可以授予硕士和博士学位的落地实体(独立的“乌-阿研究系”)；1967年这个新成立的系已经有286名注册学生，有16名专家讲授39门极有特色的课程，其中包括芬兰语、立陶宛语、乌兹别克语、藏语、匈牙利语、土耳其语和蒙古语等。

正是在这个过程中，塞诺的“中央欧亚”概念被广泛接受。在他退休以后，“乌-阿研究系”改名为“中央欧亚研究系”(Department of Central Eurasian Studies)。与美国教育部等政府机构的良好关系，使他在获得经费支持方面十分顺利。塞诺担任系主任的时期，在引进人才和规划学科发展方面成绩突出，由于他卓有成效的工作，印第安纳大学的中央欧亚研究早就获得了相应的国际声誉，该系逐渐成长为相关领域的一流机构。1967 年塞诺在系内建立了后来负有盛名的内亚研究所（Research Institute for Inner Asian Studies），该研究所搜集的内亚研究资料如今被认为是举世无匹的。更值得提起的是，从 1963 年起，以雄厚的联邦资金为基础，塞诺在乌 – 阿研究系还建立了“国家内亚与乌拉尔资料中心”（Inner Asian and Uralic National Resource Center），该中心培养了大量内亚语言与文化研究的专业人才，被认为是世界上同类机构中最成功和最重要的一个。

先从行政位置上，后来也从教学位置上退下来的塞诺，并没有停止他的学术和社会活动。直到最近，他还在连续不停地发表专业论著。收入本书的论文中，有一篇《蒙古人在西方》发表于 2005 年。塞诺长期在联合国教科文组织担任重要的学术指导工作，他创办了《亚洲史杂志》（*Journal of Asian History*）并且至今仍然担任主编。他是真正具有“国际性”的学者，不仅在世界范围内享有盛誉，而且弟子、朋友遍天下。他 80 岁以后，每年仍然穿梭于世界各地，2004 年 88 岁的他甚至还旅行到了北极点。今年已经九十高龄的他，还飞行于美国与欧洲之间，出席各类国际学术会议。在他的弟子和朋友圈子里，塞诺的绰号是“大汗”。

本书的选、译，不仅基于我们对这位内亚大汗的尊敬，而且也基于我们对他的学术成就的判断。尽管中国学界对塞诺的名字并不陌生，但对他具体研究的了解还只是限于一个非常狭小的范围，多数从事相关工作的学者并没有条件直接接触到他的论著。在我们看来，他的许多论著尽管已经发表很多年了，但对中国的相关领域研究还是有重要的参考价值。我们深信，中国的北方民族史研究、中西交通史研究等，也只有在充分吸收了国际相关学界的巨大积累之后，才谈得上真正的学术进步。因此，我们从 2004 年以后就在考虑有计划地翻译和介绍一批西方重要的阿尔泰学或内亚研究的学者及论著，塞诺是第一批进入我们名单的学者之一。

2006 年初，在美国唐研究基金会（the Tang Research Foundation）会长罗杰伟（Roger E. Covey）先生和美国宾夕法尼亚大学梅维恒（Victor Henry Mair）教授的帮助下，我们与塞诺教授取得了联系，并且承蒙他允准，我们从他的论文中选取了 20 篇进行翻译。翻译工作不仅得到北京大学历史学系民族史教研室全体成员的支持，也得到校内外许多朋友鼎力相助。更难能可贵的是，塞诺教授本人寄来了他自己最新版的论著目录，还给本书撰写了序言。本书的出版得到唐研究基金会的资助。中华书局的徐俊先生对本书的翻译和出版热心支持，责任编辑于涛先生费心尤多。这些，都是我们十分感激的。

罗　新

2006 年

自 序

无论你喜欢与否，我们生活在全球化的时代。或许有人并不喜欢其某些方面，但大家都承认，人的自由移动，以及印刷品的自由快速流通所带来的好处，远远盖过了其所可能产生的不便。学术从业者之间增进交流，只会有益于学术研究。在习惯称作亚洲研究（Asian Studies）的广阔领域内，我一直在一小畦我称之为中央欧亚或内亚的地界内耕耘。这本由罗新教授主持选译的论文集，反映了我在语言学范围以外多方面的兴趣。

中央欧亚的文献史料中，由各民族自己写作的史料的严重匮乏，向来是阐释许多相关历史问题时的主要障碍，历史学家不得不依赖——有时候还是只能依赖——用其他很多种语言写作的资料。如同我在收入本书的《中央欧亚游牧帝国的历史与历史学》一文中所说的，“（仅仅）阿兰人历史的基本史料就涉及了十五种语言”。所有这些史料中，用汉文所写的要占据一个显要的位置，这可是唯一的一种在两千多年的时间内，从未间断地用于史学写作的语言啊。从 18 世纪中期的法国人德经（Deguignes）开始，西方学术界就意识到这一信息宝藏的重要性，但是他们在借鉴中国现代学术的成果方面是相当缓慢的。西方研究者也用了相当长的时间才全面地认识到，现代中国学术可以为中央欧亚研究做出多么大的贡献。或许法国人伯希和作为大权威，在其《评王国维遗书》一文中，最早呼吁对此一缺陷给予重视。到 20 世纪下半期，中国学术显然是不再可以被忽视的了，而且在西方年青一代的历史学家中，有关现代中国的知识也已大大增进。他们能够而且确实已经在利用其中国同行的发现与看法。作为一种工具语言的汉语，正在西方历史学家中快速赢得地盘。

中国现代的内亚历史学家们，很久以来就能够阅读至少是英文的论著，可是，也不能忽略用其他语言写作的数量庞大的学术出版物，比如法文、俄文和德文。在 20 世纪中期的骚动年代里，中国的图书馆在跟踪和收藏西方出版物方面遇到了困难。我还记得，1984 年当我非常高兴地作为中国社会科学院的客人访问北京和中国其他城市时，此行的邀请方和我讨论了一个计划的可能性，即向一些专业图书馆提供少量的、精选出来的有关内亚的西方出版物。这个计划从未被付诸实施。我知道我的一些文章以及我作为教学大纲的《内亚》[*Inner Asia*：*A Syllabus*，1971（2nd edition）] 被译成中文了，不过我从来没有见到译文，对其质量也一无所知。

今年 1 月，经由宾夕法尼亚大学的梅维恒教授和唐研究基金会的会长罗杰伟先生介绍，我与北京大学历史学系的罗新教授建立起了联系。令我非常高兴和满意的是，眼前这本书就是这些联系的成果。对唐研究基金会资助此书的翻译与出版，我深怀谢忱。我做梦都没有想到，罗新教授竟有能力使此书在不到一年的时间内完成翻译并出版。在这里我向他，向上面提到过的先生，向所有参加本书译校工作的各位，对他们的辛劳和高效，致以衷心感谢。在九十岁的年纪，能够呈上一部论文选集供我的中国同行雅赏，在我，是非常高兴并深深感动的。

丹尼斯·塞诺
印第安纳大学
布卢明顿，印第安纳州
2006 年 5 月

· 目 录 ·

论中央欧亚

王小甫　译
罗　新　校

地球的固体外壳只是它表面的薄薄一层。人们把这一层脆弱的外壳叫作自己的家园并在上面进行建设，在其下面，我们地球的大部分都包藏着极大的压力和热度。火力间或喷发到地表，燃烧的熔岩涌流出来，破坏并摧毁人们所建设的一切，将生机勃勃的地方变成一片死寂。过一段时间火山熄灭，破坏了的田野也许会复苏，或维持不毛到永远。火山不是建设者，它只会破坏，不过伴随着破坏的是火山自身的死亡。熔化的岩浆冷却下来，流动停止了，那壮观、惊人、可怕的喷发所留下的，只是黑灰色的尘土。

当我们打开欧亚地图，放眼这块最大的陆地，我们可以看到，人类那些巨大的成就，那些主要的文明中心，位于它的边缘地带。欧洲、闪族文明、伊朗、印度和中国覆盖了这个庞大岛屿的海滨地区，只剩下其北部沿海，由于气候的原因人们难以到达，才没有产生它自己的重要文明。为这一文明“外壳”所环绕的，是中央欧亚这一广袤的荒野，其很少为人所知，种种反应难以预料——如同那岩浆，那熔化了的地核，绝大部分的世界历史就围绕着它而构建起来。当它来到地表，当它冲破定居文明力求把它禁锢于其下的那层外壳时，受到惊吓的人们就谈起了灾祸。地狱的力量被释放出来，上帝要惩罚世人的罪恶。当喷发平静下去——像所有喷发都必定会有的那样——熔化的岩浆加入了那层外壳，又帮着抑制将其带到地表来的那种力量。固体的外壳变得越来越厚，喷发变得越来越少。火焰低下去了，不大看得见了，人们差不多快要忘掉它的存在了。

中央欧亚历史的开端时间不能确定。自从定居文明的历史开始，它就已经存在了。这是一个必须的推论：事物本身并不成为事物，只有其他事物存在，它才与它们相伴并存。世上并没有绝对的野蛮人。野蛮人作为一种存在只有通过比较才能够被定义：他是文明人的兄弟，同样的血统，然而未能成功。他们对立互补，相辅相成，从而构成了这个世界的完整秩序。“内则服冠带（华夏），外则为戎狄”，中国历史学家如是说。这表明每件事物都是有秩序的，每个人都处在适合于他的地方。在外者攻击，在内者抵抗。不过，只有文明世界的中心对野蛮人是禁地。如果他愿意，他能够进入文明的边缘并形成外围群体，就有希望最终被同化进核心部分。在文明的边缘，有一条经常性的蛮族积聚带，它不断增大文明世界的范围，同时在早先的中心周围形成一个保护层。因此，匈牙利人在11世纪占据了他们现在的国土后，便处于欧洲文明的边缘，于是就成了欧洲文明最热心的保卫者，积极反抗外来入侵。

只有那不太成功的蛮族才会满足于停留在边缘地带，他们的目标通常就是彻底征服最近最富的邻居，取代其统治阶级。一旦拥有他们所垂涎的国土，这些蛮族便终止他们一直扮演着的角色。他们现在站到了栅栏的另一边，防卫着新的领地，抗拒新的蛮族浪潮。“中国的”辽王朝起源于一个操蒙古语的北狄小部落契丹。在他们统治中国北方的时候，他们的主要敌人是另一个出自东北的部落，即操通古斯语的女真。当后者成功地把契丹人从中国驱逐并自己建立了一个“中国”王朝（金朝）时，辽朝统治群体的残余转向中亚，在那儿他们成功地构建了一个繁荣的游牧国家。

不过，这毕竟只是一个罕见的现象。那些转向文明化的蛮族通常宁可丧失他们的身份，也不愿回到自己从前的状态。即使是辽朝契丹的例子，严格地说，也不例外，因为，契丹人的主体更像是愿意留在中国，而只有一小部分前往中亚重新创业。回鹘人公元8、9世纪在蒙古高原建立了一个强大的游牧帝国，当他们被逐出蒙古高原以后，在中国的甘肃定居下来，过了还不到一百年，就婉言谢绝了辽朝第一个皇帝要他们在其从前统治区域内“复国”的提议。

历史境况可以迫使一群人继续保持或重新回到野蛮社会，但如果依凭其自由意志的话，他们永远也不会这么做。有谁愿意舍弃花天酒地前往荒野莽原？没有人自愿留在天堂之外（Outer Darkness）。身为蛮族是一种道德的，同时也是经济的和政治的状态。中央欧亚的历史就是一部蛮族的历史。

* * *

在空间上给中央欧亚做定义是不可行的。它是旧大陆的一部分，这一部分位于伟大的定居文明的边界之外。这个定义暗示，这个边疆是不稳定的。尽管随着文明化和非文明化之间张力的平衡，它在不同时代会发生变动，但对于任何具体的历史时刻来说，欧亚草原的边界是很容易描绘出来的。

你可以想象一个时刻，那时整个欧亚大陆大致处于同一文化水平。当然，这个理论是纯粹的想象。随着那些重要的定居农业文明的发展，野蛮和文明之间的分野第一次被区划开来。虽然中央欧亚的范围会有变动，但总的趋势是在缩小。随着定居文明领土的增加，他们的边界线也在扩展，于是给蛮族积聚层（the depositing of Barbarian layers）提供了更大的前沿。因此，中央欧亚的空间是呈几何级数在缩小；随着时间的推移，同化的过程变得越来越快，也就是说，在同样长的时间里，有越来越多的蛮族被同化。你或许倾向于期待一种完全扯平的状态，如果这种假设并不意味着世界模式的一种根本变化，即这种变化能够解决穷人与富人之间永无休止的对抗。

形成于中央欧亚的那些帝国被叫作草原帝国（the Empires of the Steppes）——一个美丽而动人的名字，这是格鲁塞（René Grousset）的杰作，他是创造这个名词的学者。不过，这个名字并不完全准确。中央欧亚并不是只有草原，还有泰加（Taïga）——广袤的针叶林森林，无垠的沙漠，以及在北方的冻土苔原（Tundra）。在最后这一边疆地带永久冰冻、从未扰动的深处，有猛犸象的遗骸，它们是被较弱小但更具适应能力的动物追逐到那里的。

在一个面积是欧洲四倍大的地域中，要说有着一致的自然条件，当然是不可能的，不过，可以肯定地说，大自然远远不是一个盟友，在那儿甚至有人类发展最顽固的敌人。从一处到另一处地貌会有很大的不同——高耸的山岭或茫茫的草原可以造成景色变换，但无论何处还是不得不面对大陆气候极冷极热的严酷。在大多数游牧帝国中心所在的阿尔泰山区，一年里差不多有 200 天气温在 0℃以下，一月份平均为 -30~-20℃，而七月份平均为 15~20℃。在里海东部沙漠，以及咸海以南，那儿每年的冰期在 30 天至 90 天之间，七月份的平均气温在 20~30℃。这样一种气候造就这样一群人，他有着令人难以置信的坚韧，有几乎是超人的耐力和适应能力，思维敏捷却并不致力于哲理的沉思。

土壤和气候二者均不利于农业，但是有些大的地区，例如像阿尔泰那些亚高山带谷地，却是理想的牧场，足够滋养成千上万的牲畜。大规模饲养家畜必然要从属于游牧业。中国史学家在谈到“西方蛮族”时有一个标准语句，即他们“随畜逐水草”。确实，中央欧亚历史的大部分事件，都决定于为畜群提供食物的需求。畜群于是也反过来提供人需要的几乎一切：食品、衣着、居处，以及最重要的马，作为武器的马在几千年里保证了其所有者的军事优势。当蒙古军队站在亚得里亚海岸时，因为缺乏草场，他们竟无法部署其军事力量。城市、城堡，任何封闭的东西，在游牧民看来都算不上优点。他不能真正把握这些东西的重要性，反觉得它们笨重而无用。在 13 世纪，有一份致匈牙利国王贝拉四世（Béla Ⅳ）的最后通牒，软硬兼施地要求他把在匈牙利避难的游牧部落库蛮人（Cumans，Comans）交给蒙古人。通牒里说，因为“他们比你（匈牙利国王）更容易逃脱，由于他们继续住帐篷流浪，那就可能逃脱，可你却住在房子里，拥有要塞和城市，你怎么可能逃出我的手掌心呢？”这些话是多么意味深长啊！充分显示出游牧民对城墙根本不信任，在他们看来，城墙是闭锁的而不是防护的。于是，移动的毡帐不只是其文明的特征之一，而变成了某种更重要的东西，变成了所有“以穹庐为舍”的人共有命运的象征。

然而，想象着中央欧亚的所有居民都是游牧民，肯定是不对的。在那些采取可能提供最多财富的生活方式的野蛮人中，游牧民只是最成功的。这可不是无须残酷斗争就能实现的，因为，作为一个基本条件，他们必须保证自己的牧场。饲养家畜的人不能生活在森林里，森林居民的生计是靠打猎来维持的。森林居民与草原游牧者的关系，可以拿来同后者与定居民族的关系相比较；猎人是不成功的，他们要么是未能成功地夺取必要的牧场，要么就是被其他游牧民从牧场上赶了出去。

我们的史料一再谈到这样一些人，他们极少为定居民族所知，散布在山林之中，不可征服，在雪橇上猎捕野兽。如果说他们难以被征服，那主要是由于他们隐蔽躲藏，而并非因为他们被组织得很强大。一个猎人需要很大的空间给他提供生活必需品，因而他本质上是一个个人主义者，不可能是一个强大组织的社会成员。他们的经济基础不同，猎人形成一个完全不同于游牧社会的存在，“林木中百姓”是一个常用的通名，例如蒙古人就这样称呼他们。

不止一次地，某些林木中百姓似乎与冶金术有某种关系。有关金属的知识和技能似乎给了他们一种力量，被他们完全用于政治目的。经常可以看到，一种贸易或工业的垄断被用来获取政治利益。然而，通往权力的道路总是导向游牧生活方式，这首先是因为，这种生活方式本身是生产力最强和最发达的经济形式，其次也因为它是唯一能支持一支强大军队的经济结构。

当我们既考虑他们所处的、排除了大规模农业可能性的自然环境，也考虑近代以前任何时期的生产技术状况，我们可以认为，中央欧亚的人们不可能发明任何新的生产手段。在饲养家畜方面达到用已有手段所能达到的最高水平之后，他们发现自己的生存仍然是不稳定的，一个特别严酷的冬季即使不会导致生理的毁灭，也会造成经济的彻底崩溃。因而有点奇妙的是，这个饲养家畜的社会充分利用其由养马而奠定的军事优势，以获取自己不能生产的物品。因此，在其发展充分的形式中，中央欧亚的社会必然是掠夺性的，而且，同定居文明的根本对立是其最鲜明的特征。经济生产只限于提供日常需求，社会积累有赖于抢掠和勒索。

只有达到了社会演化的最高阶段，中央欧亚社会才需要强有力的集权领导。在和平时期，这对牧场的分配、畜群转场的顺利完成都是必需的；在战时，对强大领导的需求就更明显了，实际上，它成了任何有计划的战争的一项必要条件。通往领导者的道路非常艰难，那些想当首领的人很少几个能达到目的，在历史上留下姓名的就更少了。一开始，必须一个一个地争取追随者，只有最初的冒险成功以后，才能使运动获得它自己的动力。

鄂尔浑碑铭动人地描述了这一过程:“我父可汗，带着 27 个人出发[1]。听到他出动并前进的传闻，在城里的人起身往山里去，在山上的人下山来，他们会合了，人数是 70。由于天赐气力，我父的军队像一群狼，他的敌人却像绵羊。他东征西讨，裒集人众共襄义举，人数达到了 700。……他指挥了 47 次战役，投身于 20 次战斗，……然后，他故去了。……我的叔叔登上了汗位，……于是他使穷的变富，少的变多，……苦役变成头人，奴仆成了东家。承上天眷顾，也算我幸运，我本人成了可汗，做可汗之后，我拔举那些穷困微末之人。穷者我使之富，不足者我使有余。”

这种帝国的解体甚至比其建立更快。当统治人群即首领氏族的领导权不再对大多数人有利的时候，政治架构就会瓦解，帝国就不复存在了。这样的政治消亡并不意味着一干人众的彻底毁灭。个人要么回到一种不那么兴旺的生活方式，要么就干脆效忠一个新主人。一个胜利的首领不难找到追随者，他们只会过于兴奋地抓住他所提供的更繁荣的机会。人数的增长意味着权力的增长，而权力的增加和财富的增加又是同义词。迄火器发明——这东西给了定居者以决定性的、永久的优势——一个草原游牧帝国实际上是不可战胜的，只要它保持统一。“由于兄弟阴谋反对兄长，由于贵族和民众争执，突厥民众起而摧毁一直统治着他们的可汗”，鄂尔浑碑铭悲叹道。这种情况为所有那些人例如汉人或拜占庭人所熟知，他们同蛮族打交道的历史可谓悠久。“分而治之”（divide et impera）的办法在中央欧亚有着特殊的有效性。

中央欧亚的历史特点在时间长河里始终没有改变。斯基泰人（Scythians）或蒙古人，阿瓦尔人（Avars）或匈人（Huns），都遵循同样的模式，互相之间很难区分。回到我们一开始的比喻，在地球

1 阙特勤碑和毗伽可汗碑此处皆作 17 人，而不是 27 人。塞诺在其他文章中引用这一段铭文时，亦作 17 人。——译者注

固体外壳巨大压力下燃烧着的灼热岩浆是说不清楚的。它的准确的化学成分只有用复杂的分析才能确定，那些灼热物质内部的差异用肉眼是看不见的。由于被排拒在城墙——象征性的如歌革（Gog）和玛各（Magog）那些，真实的如汉人所建造的——以外，野蛮人被混合成一个巨大的统一体，其民族的、宗教的甚至语言的差异，相比而言都不重要了。就我们所能追溯的历史而言，中央欧亚的演进过程不是趋异的（divergent），而是趋同的（convergent），甚至语言也表现出一种缓慢的匀化（equalisation）。倘若在中央欧亚历史上的人与人之间进行过一种基本的区分，其标准也是社会的和经济的，而不是民族的和语言的。

* * *

现在我要讨论一下中央欧亚那些特殊成就的性质。第一个问题是，一群人是否本性（per definitionem）就反对文明，生活极为贫困，忙于频繁的战争；一群人，其政治成就转瞬即逝；以及这样一群人能否制造任何对人类有持久价值的东西。

在艺术上，中央欧亚的成就非常有限。我知道那些其研究被称作“北方游牧艺术”的专家会认为这一评价有些苛刻。那些动物风格的优美图像，无论给我们的欣喜有多大，和欧洲、中国、印度的艺术比起来，毕竟是较小的成就。不过，即使它们有着同样的内在价值，这些游牧民的贡献也不过是作为人们追求美感的艺术之一。建筑和雕刻的性质本身，就决定了非游牧民的能力所及。他们所拥有的才能只好用来装饰日用器皿和家什，都是些在他们的迁徙生活中易于搬运的东西。

在文学领域，情况也没有更好。我们可以欣赏鄂尔浑碑铭或《蒙古秘史》某些段落的力量、气势和真正的柔和，但是，大量的著作却是输入的，尤其是佛教文献。

讲唱诗歌广泛存在，可惜大部分散佚了，而且，和伟大定居文明的文学比起来，想必数量很小。

没有哪个重要的世界性宗教起源于中央欧亚，然而，这并不意味着中央欧亚缺乏宗教信仰。萨满教（shamanism）是中央欧亚的一个特色产物。不过，何谓萨满教？就其为现代民族学家所知的形式而言，萨满教已不再是一个体系，而很可能仅仅是一系列迷信活动。不过，这就像一个民族学家没有其他史料，单凭自称基督教徒的二三百个属于不同种族人的行为，就来研究基督教一样。再说一遍，书面史料的缺乏是有关研究过程中的最大障碍。

在谈到中央欧亚的宗教成就时，人们必须记住，他们那些由于缺乏书写而未完全保存下来的神话，也一直残存在其他文明之中。中国和希腊声称是他们自己的神话主题，事实上源出中央欧亚；某些我们能在东西方精神遗产之间发现的显著类似，并不是由于后来的借用，或者人类心智的一致性。在不止一个事例中，其解释在于，事实上二者起自同一个源头。就“借用”这个词严格的词义来说，我不相信这些伟大的文明从中央欧亚的宗教体系“借用”过某些特征。我的意见，而且也在一些个案中得到证明的，是我们能够追溯其神话遗迹直到尚不存在文明与非文明间区别的那个时代。当其痕迹在其他地方都消失了以后，潜伏的野蛮人的历史，在神话中比在任何其他东西中，都可以被多追溯若干世纪。

因此可以说，在宗教领域，中央欧亚有着可以夸耀的非凡成就。有一点或许可以说是它自己的成就，那就是它没有诞生任何一种征服性的宗教。中央欧亚的卓越在于其对宗教的宽容。在蒙哥汗的宫廷里，佛教徒、道教徒、各种各样的基督教派都有代表，而且和平共处。和平的原因在于，若不然大汗就不会容忍他们。

宗教宽容带着我们向前迈了一步，引领我们去考察中央欧亚政治成就的特点。我们在最宽泛的意义上使用政治这个词，即作为对同一社会内外人际关系的调节。

通常处在一个游牧帝国的统治之下的、位于如此辽阔的地区的组织，是不可能离开当地部族的某种合作的。只要其扩张不延伸至定居文明区域，这就是一个相对容易的任务，因为，中央欧亚的各个部族自己就准备接受一个成功人物的领导，只要他能改善他们的状况。宗教的宽容，普遍的非民族主义态度，使得甚至不同的语言看来也不构成任何重大障碍，这有利于不同的成分为了一个共同的目的而迅速整合起来。这个目的就是征服——改善经济状况的唯一现实的途径。战争，正如野蛮人所发动的那些，是可怕的、无情的。就其方法而言，它并不比文明人所发动的战争更残忍，然而却更成功。在中央欧亚的人中残忍是很罕见的。他们的绝对君主手里握有巨大的、几乎是无限的权力，可没有一个像罗马和中国中原的皇帝常见的那样沉迷于残忍的娱乐。蒙古人杀死敌人，然而只杀死敌人，而且只在非杀不可时才杀。"上帝之鞭"阿提拉和尼禄（Nero）或卡里古拉（Caligula）比起来只是一个无害（harmless）的人，而且为其民众所热爱。即使是在其权力的最高峰，即使是被神圣化并用最严谨的礼仪来侍奉，这些统治者也没有失去他们的纯朴。他们和其民众生活在一起，平易近人，竭尽全力"使穷人富裕"。希腊人普里斯库斯（Priscus）在阿提拉的宫廷，方济各会修士们在蒙古宫廷，无不有感于这些君主的威严及其庞大帝国治理的有效和平稳。

由于战争是蛮族的主要收入来源，他们不得不尽其所能以保障其成功，历千百年发展起一种我们不得不赞叹的战略。没有谁比中央欧亚的人更会使用骑兵。他们不仅生产了特别适合其目的的良种马，而且发明了马镫，为马的使用开辟了新的前景。由于经常和系统的训练在儿童时代早期就开始了，他们掌握了骑马和在马背上开弓射箭的无可匹敌的技能。每一件事都是为了完善军事技术，以至于中国的赵国在公元前 4 世纪至公元前 3 世纪不得不采纳——尽管很不情愿——游牧民适于作战的服装。除了战士的个人技能，在中央欧亚还有一种高度完善的战略——战争最高形式中一种真正的艺术，可以毫不夸口地说，只有在第二次世界大战中才可以见到。蒙古征服是一种我们今天可称之为“后勤战争”（logistical warfare）的结果。人们对这一景观印象极为深刻：不同的兵团，分别距离上千英里，各自行动，却在统一的指挥之下，协调其行动，在规定的日子、规定的地方会师。每一件事都是有组织有预见的，每一步都神机妙算。完美训练的部队甚至抵御抢劫的诱惑以服从命令。我认为，中央欧亚最伟大的成就在于，它产生了一种团结精神，一种遵守纪律和自我约束的精神，在世界史上实罕有其匹。中央欧亚民众的领袖们在大规模人群的管理方面都是高手。可惜，这些品质没有，也不可能被用于更具建设性的目的。安排时间的技巧除了用于征服，并没有能使经济生产扩大，也没有用于给生活在中央欧亚艰苦条件下的人民带来更多福祉。

* * *

如果我们试图指出探明中央欧亚历史的一些特点，从通史（general history）的观点来看是最重要的，那么主要的一点就是这片区域在与之接壤的那些伟大定居文明间所起的一种媒介作用。

尽管从统治的意义上说，巨大的游牧帝国也难以覆盖整个中央欧亚，但这些帝国中确有一些疆域如此辽阔，与不止一个定居文明接壤。而中央欧亚那些名义上不隶属于这样一个帝国的部分，政治上发育得还不够，不足以阻碍经由他们而进行的交流。游牧民带着希腊的、外高加索的或伊朗的艺术，穿越西伯利亚荒原前往中国，并将任意采取的诸多艺术母题混合进一种艺术之中。用卓越的考古学家埃利斯·敏斯爵士（Sir Ellis Minns）的话说：“一块中国北魏墓砖会怪兮兮地类似伦敦圣保罗教堂墓地为人熟知的北欧浮雕，这种情况并非纯属巧合。”

不仅是艺术母题被带着穿过了中央欧亚，还有各种各样的货物。本书中[1]到处都提到的伟大的丝绸之路，其大部分路段都经过蛮族控制的地盘。只要有一个游牧国家兴起，就会带来旅行条件的改善，从而使中国和印度、伊朗乃至西方世界之间的交通变得更加活跃。

渗透进游牧国家的宽容精神，使得他们对宗教的态度特别开放。佛教、摩尼教、拜火教经过中亚到达中国，基督教也是如此。这些宗教有的在中国留下很少的痕迹，另一些，尤其是佛教，影响却较大。有意思的是，尽管商业和技术基本上是沿着一个由东向西的方向流动，有关精神的事物却是由西向东流动。印度或中国的思想在西方没有留下痕迹，而伊朗的宗教、印度的宗教和基督教却在远东起到了极其伟大的作用。我认为，这应该归因于这样一个事实，即中央欧亚起到了一种媒介作用。无论那些最大的游牧帝国可能怎样扩张，其中心都位于蒙古高原，其主要的兴趣都集中在中国身上。跟任何地方一样，统治者的宫廷也变成智力活动的中心；由于这些中心总是邻近中国而不是邻近西方，牧师和传教士只好从游牧帝国的西部边界直奔远东以便被引见给统治者。因此，方济各会的修士们不得不前往蒙古高原的哈拉和林以拜见大汗；可是，中央欧亚的西部却没有一个让道士想要前去投奔的人。

统治者宫廷的位置也导致了大量欧洲人或伊朗囚犯和“难民”出现在蒙古高原和中国中原。人们常常忘记，13 世纪中国有一支帝国卫队是由阿兰人组成的，其故乡在高加索；而当时在中国北部还存在一个俄罗斯人的移居地。

至于技术成就从东方向西方的传播，例如丝绸的生产或印刷术，我倾向于认为，正是欧洲人在其传布中起了推动作用。毫无疑问，把白人带到地球最远尽头的冒险精神，几乎是他们的专利。欧

1　即塞诺主编的《东方学与历史》一书。——译者注

洲可以夸耀产生了最伟大的发现者和旅行家，尽管就中央欧亚来说，首次在中央欧亚旅行并为我们所知的人，只有很少的几个，而留下一份有关其旅行经历书面记录的人就更少了。13 世纪伟大的旅行家们，柏朗嘉宾（Piano Carpini）、鲁布鲁克（Rubruck）、马可·波罗（Marco Polo）等人的成就，令我们深深钦佩，但是他们的报告表明，还有好多其他欧洲人先于他们到过蒙古高原，其中某些人返回时必定带回了中国的技术知识。马可·波罗的书面报告有助于我们评估由他和其他人口头传播的信息的总量。

尽管传播技术发明可能是欧洲人的成绩，但传播能够实现却是借助了那些庞大游牧帝国的组织系统。

中央欧亚对通史主要贡献的其他方面，更加难以估价。在这当中，人们注意到，在漫长的岁月里，蛮族一直是中国中原人的主要敌人，难以想象，如果没有他们的压力，中国历史会发生什么变化。光是公元以后，中国就被蛮族王朝统治了大约 800 年。

匈人（Huns）、阿瓦尔人和匈牙利人如此成功地入侵欧洲，成为他们各自时代的重要因素。不过，在所有的蛮族国家中，蒙古帝国给人类历史留下了最难以磨灭的印迹。从这一总的观点来看，蒙古对中国的统治或许不像它对中东命运的影响那样重要。蹂躏波斯和花剌子模，使其再也未能从这场毁灭中恢复过来；洗劫巴格达，谋杀哈里发，这些无论怎么说都是主要事件。蒙古人对俄罗斯的冲击相当大，在这个国家的典型特点中，独裁传统的发达必须被认为是蒙古占领的结果之一。直到近代以前，没有国家实现过蒙古人那样的扩张。直接或间接，它都给通史留下了深深的烙印。

* * *

研究中央欧亚有其特殊的困难，差不多所有的困难都是由缺乏中央欧亚各民族自己的原始史料引起的。这些民族，历史地讲，是不可思议地活跃，对历史传统少有感觉，每一个成功的帝国都过于短命，而不足以建立一种根深蒂固的传统。不过，严格说来，这只是书面史料缺乏的心理原因。还有另外一个原因，即物质的原因，是更重要的。书写艺术在蛮族中并不普及，区区几份书面文书，在一个经常移动而没有固定居处的社会中，其幸存的机会实在是微乎其微。然而应该说，那些留存至今的土著历史的典范作品有着非同一般的价值。它们之所以重要并不仅仅因为其稀有，也因为其优美，以及使我们能得以深入了解游牧帝国的构成及其功能。有两份典范作品值得特别的关注：鄂尔浑河附近发现的突厥文碑铭，断代为公元 8 世纪；13 世纪的《蒙古秘史》，用蒙古语写成。这件事本身也是意味深长的，即二者之间流逝了大约 500 年，却没有片言只语的当地文献留下来对此加以说明。奇怪的事情还在于，后一份文献的作者对前一个碑铭所处的那个时代毫不知情。另外一群人用另外的语言写了他们自己的历史。然而，当你两者都读，当你进入他们的精神世界，你不禁就明白了蛮族历史永恒的同一性。

我们的确握有几份当地史料，但都不容易使用。鄂尔浑碑铭所刻写的文字必须经过解读才能明了其内容。由于其是用这种文字写成的最长的文献，几乎没有其他借鉴可以帮助语言学家，因而有一些晦涩的段落恐怕会永远保持晦涩。《蒙古秘史》的阅读也是摆在语言学家面前的一项困难任务。其原文是用蒙古语写成的最早的文献之一，所表现的特点在任何已知蒙古语言中都找不到。然而使得阅读这部编年史更加困难的是它得以保存的奇怪形式。蒙古语原文是以汉文音译的形式留存至今的，这就是说，多音节的蒙古语被尽可能地音译成了汉文的单音节形式。由于我们并不知道 13 世纪汉语文字的准确音值，而且我们直到《蒙古秘史》发现才知道 13 世纪蒙古语的发音，原本的重构显得相当困难。有些困难仍然没有解决，但既然只是语言学问题，因而无损于原文的历史学用途，它构成了蒙古历史的主要史料，而且，确实是中央欧亚最有启发力的书面史料。

因此，我们手里掌握着，有关整个中央欧亚差不多两千年间，仅有这两份主要的原始史料。所有其他我们知道的事，都来自围绕中央欧亚的定居民族所写下的史料。这就把历史学家放到了一个非常困难的位置上。显而易见，当他承担起重构历史的任务时，他就必须面对这些困难，他掌握的都是敌对民族提供的信息。然而，使得该历史学家任务更为复杂的是，他必须洞察中国和波斯语言学的神秘，以解决他自己的问题。为了撰写史书，他必须依靠中国、伊斯兰和希腊的史料，这还只是主要的三种。偶尔，他甚至不得不对付斯拉夫语的材料以及中古拉丁文。如果他不是这每一个领域的专家——谁能声称自己是呢！——那他就只好依赖二手信息，在多数情况下这全然不足以为他的工作提供坚实的基础。本书的另外一部分显示了处理汉文材料的困难。由于可靠的译本非常稀少，镶进画里的每一小块马赛克都必须费劲敲打才能到位。波斯文史料的处理要稍微容易些，不过即使在这儿困难也是如此之大，一个在处理欧洲史料方面训练有素的史学家会发现，甚至连要理解所面对的难题都是困难的。与汉文材料相比，波斯文材料的主要优点是数量较少，也常常是渲染多、说明少。危险在于缺乏原始性，几个世纪前的陈旧信息被说成当代的东西。作品被抄了又抄，毫不顾及其背后可能或不可能有的真实情况。这种因素在拜占庭史料里也并非全然不存在。这里，写作的严苛，使作品符合某种经典的企图，扭曲了真相，并导致年代错乱，还总是不易被觉察。不过，至少拜占庭史家是欧洲人，他们是我们的祖先，他们的思维方式不仅我们更好理解，而且整个来说也更具批判性。汉文、波斯文和欧洲文字的史料，把各自不同的光亮投射在它们所记载的事件上。虽然这具有明显的优越性，但光线和阴影的多种效果使得我们难于辨认被不同文字描述的同一史实。

突厥和蒙古的专有名词（proper name）经过中国汉族或波斯历

史学家音译以后，如果是以前并不知道的词，经常就变得不可辨认了。这不仅是由于历史学家一开始的粗心大意，而且也因为用汉字音译外来词或用阿拉伯文字音译外来词所固有的困难。阅读用这种文字写成的古代文本的困难更是众所周知，这儿有必要做一详细的描述。通常，上下文帮助我们补充那些缺失的成分并进行必要的订补，可是，如果要重建一个专名的原始形式，从而（常常是）为了比定有关事件所提及的人物，要达到一个满意的结果，归根结底，只能通过大量而详细的搜证。翻翻一些欧洲的蒙古史书籍就可看出，专有名词的拼写是如此不一致，以致学生试图将其归于两个不同的译者，其实只是一个人完成的。历史学家还不得不面对一种相当初级的困难，就是汉文名称（就正在讨论的情况而言，就是汉文音译的其他外来名称）不同的欧洲音译。他会发现，在一本欧洲的手册中，例如，一个汉字词语的英语音译，该词用 13 世纪的读音（常常不同于今天的读音），音译的是一个欧洲专名的波斯语形式。链条越长就越容易误解。对专业非东方学的历史学家来说，必须作为一条绝对规则的是，绝不把任何假说建立在与某本欧洲作品中已有的专名译法类似的基础之上。从 18 世纪以来，匈奴（Hiung-nu）与匈人的勘同就一直困扰并将在以后仍然困扰着我们，尽管那整个学说其实是建立在两个名称音译间的模糊类似的基础上。

刚才这里提到的这些困难，总的来说都是语言学方面的。它们只是构成了历史学家艰难旅程的第一道障碍。如我前面所说，几乎我们的全部文件都来自所描述人群以外的史料。人们想起来都会不寒而栗，那就意味着写英国历史而只有法文和印度文史料作为仅有的依据，中央欧亚的历史经常就很类似这种情况。然而，我们不仅要通过外部诠释的扭曲镜像重建原本画面，还要被迫对其做出补充。

汉人或拜占庭人对蛮族的历史感兴趣，只是限于其政治利益涉及的范围。一个民族的名称出现在汉文史料中，只是在它对统治意味着麻烦时，记载大多也只限于干巴巴地列举入侵、胜利和战败。有时候，蛮族文明的一个特别奇怪的特征会打动某个汉族史学家的想象力，于是便进入他们的史著或某种百科全书。一个习惯于丰富的文字史料的历史学家，看到中央欧亚的历史学家不得不满足于如此贫乏的材料，一定会大吃一惊。突厥人建立过中央欧亚最重要的国家之一，他们在大约 200 年里是中国中原统治王朝最危险的敌人，有关他们的全部材料，如果编成欧洲的书本形式，总共不会超过大约 200 个印刷页。有关其西部汗国的记载收在唐代史书中，译成法文总共不到 40 页。

无论如何，我们有关中央欧亚历史的知识并非完全基于文字史料。考古和语言材料也给我们补充了不少信息，甚至还能给我们提供一些有关问题的线索，而这些问题在文字史料中全然没有提及。

由于中央欧亚文明的特殊性，考古发现和旧大陆任何部分比起来，在数量上几乎都是微不足道的。没有修建城市，其文明遗迹必然是容易消失的。大多数发现都是金属小器物，很少的情况下在冻土里保存着有机物质——衣服，甚至人的残骸。由于涉及的区域浩瀚广袤，人口又极少，考古发现直到现在都非常少，因而我们有信心期待，将来会有重要的考古发现。

不幸的是，在我们的领域，考古成果很少能转换成历史叙述。把考古发现归属于某个特定的人群总是危险的。在没有外部证据的情况下，有什么理由把一座墓葬归属于一群人而不是另一群人？当读到这种墓葬属于一个突厥或蒙古人时，我忍不住要问一个好笑的问题：是不是找到的锅、碗或者就是头盖骨用突厥语或蒙古语句子跟其发现者打招呼，从而便利了他的比定？

这就带给我们第二个问题：考察语言学家对中央欧亚研究的贡献到底有多大。语言学家能给我们的帮助确实很小，只能用于对原始或史前时期做些阐明。重要的事情又是相当负面的——你不能没有明确的证据就把一种语言归属给一个民族。在这个关节点，提醒一下是适当的，无论你阅读手册能得出什么，我们委实不知道匈人、阿瓦尔人、匈奴人以及柔然人等说的是什么语言。当我们把他们说成突厥人和蒙古人时，我们不过是在逃避问题。

在这样的情形之下，不宜假装说这个领域史学搜证的结果一定是可靠的，就像我们习惯的对欧洲历史的研究那样。然而，这并不意味着我们必须抛弃所有的批判精神，没有这种精神，可靠的历史是写不出来的。人们沮丧地看到，这样一种基本的谨慎一直被忽视到了何种程度。历史学家们大多是用忽略的办法克服这类研究中的语言学困难的。例如，写成吉思汗的书不计其数，罕见有比其他三四本欧洲人所写的书更具坚实的基础，而且其中少有比作者个人的"解释"更具原创性的著述——其"解释"的可靠和透彻，大约赶得上一个六年级学生给尤利乌斯·恺撒（Julius Caesar）的评价。现在的问题是，比如，以某种程度的准确性撰写中央欧亚历史是否可能？至少在目前阶段，集中对所有可以获得的史料进行翻译和注释，放弃任何综合的企图，是否就不太好？我认为这样一种观点必定不会被接受。

进一步搜集材料显然是必要的，我认为，对伊斯兰史料而言尤其重要。据我看，这些史料很可能产出比我们期待于汉文史料的更重要也更丰富多彩的材料。还可以期望的是，随着时间的推移，考古研究将给我们贡献越来越多的有关中央欧亚的知识。这个领域的前景是远大的。对语言学研究就不能这样说了，不大可能会发现任何新的或重要的语言学资料了，因而研究将只好满足于已经获得的材料。

分析性研究要确实有效，需要一些可行性假说，因此，我不想提倡放弃任何综合工作的尝试。重要的是，这种研究应该带着一种格外的批判精神来进行，应该基于所有可获得材料而不是任意挑选出来的一两件事实。

对那些对历史感兴趣的东方学家应当提出的建议是：多否定，

少肯定。如果他们要开始时不时地证实某些事情，而且满足于对事情进行描述，这个建议就更加有益了。有人过于热衷于轰动效应，热衷于发现，比如，某个新的惊人的迁徙。这种方式是要不得的，这已经为格鲁塞所证明，他的《草原帝国》（*L'Empire des Steppes*）[1]值得作为一个能做和该做什么的完美范例。

有志于中央欧亚的历史学家所需要的首要品质是怀疑。妄想轻易地、毫无根据地比定很可能就是最大的危险。我前面提到过，匈人和匈奴的历史勘同是基于其名称的一种模糊谐音。例子很容易就可举出好多。经常有人读到公元前的突厥人或蒙古人，尽管前者只是在 6 世纪才出现，而后者在 9 世纪以前还没有显露（要明智些就到 13 世纪再提他们）。当有人检查这些说法背后的依据时，会发现，整个这些无根之谈，如同把希罗多德提到的那些神话人群如独目人（Arimaspoi）说成突厥人或蒙古人。希腊人的北方净土山（Hyperborean）被比定为阿尔泰山或乌拉尔山，或喜马拉雅山，以适应任何特定假说的需求。我们有关丁零人的全部材料总共只有汉文史料中的几页，包含很少的可用信息，他们却在一本又一本书中被巧妙地比定为萨莫耶德人（Samoyedes），依据仅仅是，据说他们使用雪橇。人们常会因为缺乏批评精神而困惑。知识狭隘、一知半解的人，追随着蛮族的脚步，由于像蛮族一样被排斥在宜人区域之外，而避难于中央欧亚草原，那里也许是业余历史学家最后一处快乐的围场。

有一点儿怀疑态度，人们多半就能避免中央欧亚研究中的很多大错。

可是困难在于，光有批评精神还无济于事，还需要完善的目录学知识。若干年以前，有个最杰出的宗教史学家对中央欧亚的一个神做了极其透彻的研究。他煞费苦心地分析了那个神所在的那段

1　巴黎出版，1939；第四版，1952。有关中央欧亚的书中，只有这本我会毫无保留地推荐。

突厥文碑铭，尽他所能使其符合总的图景。唉！那个神只是一个误读，差不多五十年前在一篇最专业的文章里就纠正了，那篇文章的标题一点都引不起宗教史家的兴趣。可怜啊，这个有问题的神在未来的许多年里，都可能会困扰宗教历史的研究者。

例子还可以举很多，不过这些就足够了。综合研究，如果是主张准确性的话，必须建立在牢固的事实基础之上。那些因为这样那样的原因不能核查基本材料可靠性的人，应该戒绝涉足中央欧亚历史学。不懂强于弄错，或者用伯希和——他在这一领域根绝的错误比任何人都多——的话说："Une science probe doit se résoudre à beaucoup ignorer（一门诚实的学问须承认有所不知）。"

* * *

我试图把中央欧亚放进历史的总体框架中，并指出它的研究特有的问题。对于带着真正的批评精神和学术准备进入历史研究的人来说，更有作为的研究领域已所剩无几。要做的努力相当大，因为没有谁能把握中央欧亚的问题而不必预先研究至少一两个其周围的文明。无论如何，辛勤耕耘终将得到回报，发现会连续不断，新的世界将会展开在他眼前，只要他无畏地在这片未开垦的土地上劳作。中央欧亚的学生必须面对先驱者的艰辛和苦难。收获肯定是巨大的，可劳动者还不多。

参考文献注记

当本书第一版在准备时，中央欧亚的历史书中值得一提的只有格鲁塞的《草原帝国》。这部杰出的著作仍然是有趣的和有用的。同时，人们高兴地看到，1954 年以来，中央欧亚，或者更宽松地说内亚历史研究，已经取得了惊人的进步。

标准的参考书目，见塞诺《中央欧亚研究导论》(*Introduction à l'étude de l'Eurasie Centrale*，Wiesbaden，Otto Harrassowitz，1963)，内有几百条确切相关的参考文献。

这本书出版之后，几本相当具有综合性的内亚历史研究著作问世了。《东方学手册》第5卷的《中亚史》(*Geschichte Mittelasiens,* in *Handbuch der Orientalistik,* Vol. 5，edited by B. Spuler，Leiden-Köln，E. J. Brill，1966)；"费舍尔世界史丛书"第16卷的《中亚》(*Zentralasien,* edited by Gavin Hambly，Vol. 16 of *Fischer Weltgeschichte*，Fischer Bücherei，Frankfurt-am-Main，1966)；两本都是集体著作。塞诺《内亚：历史、文明与语言——一个课程提纲》(*Inner Asia, History-Civilization-Languages: A Syllabus*，Indiana University Publications，Uralic and Altaic Series，Vol. 96，Bloomington and The Hague，1969)，这本书一如其标题所表明，基本上是一个大学课程的教学大纲。在那些更具综合性的著作中，应当提到《苏联史纲》(Очерки Истрии СССР)，其中以下两卷与我们的研究特别有关:《3至9世纪苏联领土上奴隶制的危机和封建制的萌芽》(Крисиз рабовладельческой системы и зарождение феодализма на территории СССР，Ⅲ－Ⅸ веков，edited by V. A. Rybakov，Moskva，1958)，以及《15世纪末至18世纪初的封建时期》(Период феодализма конец XV в начало XVIII в，edited by A. N. Nasonov，L. V. Čerepnin，and A. A. Zimin，Moskva，1955)。有点儿陈旧但仍有价值的是巴托尔德(W. Barthold)的《中亚突厥史十二讲》(*12 Vorlesungen über die Geschichte der Türken Mittelasiens*，Berlin，1935，有重印本。本书的法文译本没有价值)。

特殊的地位属于拉铁摩尔(Owen Lattimore)的开创性著作《中国的内陆亚洲边疆》(*Inner Asian Frontiers of China*，American Geographical Society Research Series，Vol. 21，New York，1940; paperback reprint: Beacon Press)以及《边疆史研究——1928~1958年论文选》(*Studies in Frontier History*: *Collected Papers*, *1928-1958*，Oxford University Press，1962)。

中央欧亚的史前时代研究几乎是苏联的专利。相关的考古学文献，有一本杰出的指南是《苏联考古学文献：1941~1957年目录》(Советская археологическая литература. Библиография 1941-1957，edited by N. A. Vinberg，T. N. Zadneprovskaja，and A. A. Ljubimova，Moskva-Leningrad，1959)。很多可从蒙盖特(A. L. Mongait)的《苏联考古学》(*Archaeology in the U.S.S.R.*）了解，该书由汤普森（M. W. Thompson）翻译并改编（Pelican Book，1961）。“苏联考古资料与研究”（**Материалы и исследования по археологии СССР**）丛刊，由苏联科学院考古学研究所刊布，是一个取之不竭的信息源泉，迄今为止已经出版超过一百五十卷。该刊不仅有关史前研究，其他存在考古调查可能性的时期也得到了同样的关注。这个领域最重要的期刊是《苏联考古学》（**Советская археология**，始自 1936 年）。

完备的西伯利亚知识，它的过去和现在，对于中央欧亚历史有巨大的重要性。集体著作《远古至今的西伯利亚史》（**История Сибири с древнейших времен до наших дней**）极为有利于我们获取基本史实和相关文献。计划的五卷中，到目前为止已有四卷刊布（Leningrad，1968）。M. G. Levin 和 L. P. Potapov 编辑的《西伯利亚民族》（**Народы Сибири**，Moskva，1956），提供了土著文明的一幅详细而迷人的图画。这本书有一个稍加删节但非常有用的英译本（*The Peoples of Siberia*，The University of Chicago Press，1964）。

还有少量可读且可靠的专著辟有关于中央欧亚历史的专章。不论史料的版本，就中世纪而言，下列著作可以推荐：巴托尔德《蒙古入侵时期的突厥斯坦》（*Turkestan down to the Mongol Invasion,* 2nd edition，London，E. J. W. Gibb Memorial Series，N.S.V.，1928）；沙畹（Édouard Chavannes）的《西突厥史料》[*Documents sur les Tou-kiue (Turcs) Occidentaux*，St. Pétersbourg，1903]；D. M. Dunlop 的《犹太可萨史》（*The History of the Jewish Khazars*，Princeton University Press，1954）；M. I. Artamonov 的《可萨史》（**История Хазар**，Leningrad，1962）；汤普森（E. A. Thompson）的《阿提拉与匈人史》（*A Histoiy of Attila and the Huns*, Oxford University Press，1948）。

有关蒙古时期：施普勒（Bertold Spuler）的四种著作，即《伊斯兰世界：历史概说》第二部分《蒙古时期》（*The Muslim World*: *A Historical Survey*, Pt. Ⅱ*, The Mongol Period*，Leiden，E. J. Brill，1960）；《金帐：蒙古人在俄罗斯，1223~1502》（*Die Goldene Horde. Die Mongolen in Russland 1223–1502,* 2nd edition，Wiesbaden，Otto Harrassowitz，1965）；《蒙古人在伊朗：伊利汗国的制度与文化，1220~1350》（*Die Mongolen in Iran. Verwaltung und Kultur der Ilchanzeit 1220–1350*，Leipzig，1939）；《蒙古史：基于 13 和 14 世纪东方与欧洲的记录》（*Geschichte des Mongolen. Nach östlichen und europäischen Zeugnissen des 13. und 14. Jahrhunderts*，Zürich，Artemis Verlag，1968）。最好的成吉思汗传记是格鲁塞的《世界征服者》（*Le conquérant du monde*，Paris，1944），有英

译本（*Conqueror of the World*，New York，The Orion Press，1966; Edinburgh，Oliver and Boyd，1967）。《蒙古秘史》有一个完整的、相当精确的德文译本，即海尼士（Erich Haenisch）的译本《蒙古秘史：1240 年写作于克鲁伦河阔迭额岛的记录》（*Die Geheime Geschichte des Mongolen. Aus einer Niederschrift des Jahres 1240 von der Insel Kode'e im Keluren Fluss,* 2nd edition，Leipzig，1948）。威利（Arthur Wale）的《〈蒙古秘史〉及其他》（*The Secret History of the Mongols and other Pieces*，London，Allen and Unwin，1963）具有相当高的可读性，可惜只是根据这一重要文献的汉文版所做的不完全翻译。早期出使蒙古的迷人报告是有关 13 世纪蒙古文明的最重要史料之一。这些重要文件的一个可读性强的译本是由道森（Christopher Dawson）编辑的《出使蒙古记》（*Mission to Asia*，New York，Harper Torchbooks，1966）。关于蒙古的社会制度有符拉基米尔佐夫（B. Vladimirtsov）的《蒙古社会制度》（*Le régime social des Mongols. Le féodalisme nomade*，Paris，Adrien-Maisonneve，1948），以及 Valentin A. Riasanovsky 的《蒙古法的基本原则》（*Fundamental Principles of Mongol Law*，Tientsin，1937；Reprint: Indiana University Publications，Uralic and Altaic Series，Vol. 43，1965）。

特别应该提到的是 Emanuel Sarkisyanz 的《1917 年以前俄罗斯东方诸民族的历史》（*Geschichte der orientalischen Völker Russlands bis 1917*，München，R. Oldenbourg，1961）。它包含了几乎所有中央欧亚民族的资料，可惜过于简要，使得该书实际上不大好读。不过，Sarkisyanz 的史实通常是可信的，对后蒙古和现代时期——对高加索、西伯利亚和伏尔加地区——他的书还是目前我们所有的最好的总体指南。

关于后期蒙古汗国，有兹拉特金（I. J. Zlatkin）的《准噶尔汗国史：1635~1748》（**История джунгарского ханства 1635-1748**，Moskva，1964）；古恒（Maurice Courant）的《17 和 18 世纪的中亚：卡尔梅克帝国或满洲帝国》（*L'Asie Centrale aux XVII - XVIII e siècles Empire kalmouk ou empire mantchoux*，Annales de l' Université de Lyon，N.S. 26，1912）。关于现代蒙古，有鲍登（C. R. Bawden）的《现代蒙古史》（*The Modern History of Mongolia*，London，Weidenfeld and Nicolson；New York，Frederick A. Praeger，1968）。

关于早期俄国—蒙古关系，有大部头的巴德利（John F. Baddeley）的《俄国・蒙古・中国》（*Russia, Mongolia, China,* Ⅰ-Ⅱ，London，1919），应该补充以伯希和的《卡尔梅克史评注》（*Notes critiques d'histoire kalmouke,* Ⅰ-Ⅱ，Paris，Adrien-Maisonneuve，1960）。

学界不乏有关后蒙古时期中央欧亚的著述。有关所谓俄属中亚的入门读物可以推荐巴托尔德的《中亚史四论》（*Four Studies on the History of Central Asia,* Ⅰ－Ⅲ，Leiden，E. J. Brill，1956–1962），这是米诺尔斯基夫妇（V. and T. Minorsky ）由俄文翻译的。大多数相关文献都是俄文的，例如伊万诺夫（P. P. Ivanov）《中亚史纲》（**Очереки по истори Средней Азии**，Moskva，1958）；S. E. Tolibekov的《17至19世纪哈萨克人的社会经济制度》（**Общественно–экономический строй казаков в** ⅩⅦ－ⅩⅨ**веках**，Alma-Ata，1959）；Ju. Ê. Bregel'的《19世纪花剌子模的土库曼人》（**Хорезмские туркмены в** ⅩⅨ **веке**，Moskva，1961）；等等。

关于19世纪以来中亚的历史，有着丰富的英语文献。这些书倾向于关注俄国而不是突厥语民族，常常是带有偏见的和肤浅的。其中最严肃的是Seymour Becker的《俄罗斯在中亚的保护国：布哈拉与希瓦1865~1924》（*Russia's Protectorates in Central Asia: Bukhara and Khiva, 1865–1924*，Harvard University Press，1968）。在同一个主题上还有Hélène Carrère d'Encausse的《俄罗斯帝国穆斯林的改革与革命》（*Réforme et révolution chez les Musulmans de l'Empire Russe*，Cahiers de la Fondation Nationale des Sciences Politiques，141，Paris，Armand Colin，1966）。还有Geoffrey Wheeler的《苏维埃中亚现代史》（*The Modern History of Soviet Central Asia*，London，Weidenfeld and Nicolson；New York，Frederick A. Praeger，1964）。该书书名是个误导——差不多有一半是有关前苏维埃时期的。同样的评价也可用于Olaf Caroe的《苏维埃帝国：中亚突厥人与斯大林主义》（*Soviet Empire*: *The Turks of Central Asia and Stalinism,* 2nd edition，London，Macmillan；New York，St. Martin's Press，1967）。下面这些书是有关文明与文化的：Edward Allworth主编的《中亚：俄罗斯一个世纪的统治》（*Central Asia*: *A Century of Russian Rule*，Columbia University Press，1967）；Alexandre Bennigsen、Chantal Lemercier、Quelquejay合撰的《伊斯兰在苏联》（*Islam in the Soviet Union*，London，Pall Mall Press；New York，Frederick A. Praeger，1967），该书有法文修订版（*L'Istam en Union Soviétique*，Paris，Payot，1968）；Elizabeth E. Bacon的《俄罗斯统治下的中亚人民：文化变迁研究》（*Central Asians under Russian Rule*: *A Study in Culture Change*，Cornell University Press，1966）。

大量有关中央欧亚诸民族精神和物质文化的研究都是用文章的形式刊布的。在这个意义上，期刊《苏联民族学》（**Советская этнография**，始自 1931 年）是特别有价值的，尽管大多数文章是有关当代或现代题材的。有关对超自然力量信仰的研究可以推荐 Uno Harva 的《阿尔泰诸民族的宗教观念》（*Die religiösen Vorstellungen der altaischen Völker*，Folklore–Fellows Communications，125，Helsinki，1938）；V. Diószegi 主编的《西伯利亚的民间信仰与民间传说》（*Popular Beliefs and Folklore Tradition in Siberia*，Indiana University Publications，Uralic and Altaic Series，Vol. 56，Bloomington and The Hague，1968）；Jean-Paul Roux 所著《阿尔泰社会中神圣的动植物》（*Faune et flore sacrées dans les sociétés altaiques*，Paris，Adrien–Maisonneuve，1966）。文学方面有 Nora K. Chadwick 与 Victor Zhirnunsky 合撰的《中亚口述史诗》（*Oral Epics of Central Asia*，Cambridge University Press，1969）。

再怎么强调也不算过分，在迄今为止的中央欧亚历史撰述工作中，论文比书籍的贡献要大。伯希和——也许是这个领域最伟大的学者——的名字只在这个简短的文献目录里出现了一次，这是因为把参考文献目录局限于书籍了。相关的论文散在许多专注于研究亚洲的期刊中，较专门的见于由《匈牙利语年鉴》（*Ungarische Jahrbücher*）资助出版的《乌拉尔－阿尔泰语言年鉴》（*Ural-Altaische Jahrbücher*，始自 1952 年），以及《中亚杂志》（*Central Asiatic Journal*，始自 1955 年），这两种杂志都由威斯巴登（Wiesbaden）的 Otto Harrassowitz 出版。 直到 1945 年伯希和去世，《通报》（由莱顿的 E. J. Brill 出版）各卷册包含有大量关于中央欧亚的重要论文。

塞诺主编的《剑桥内亚史》（*The Cambridge History of Inner Asia*）现在正在积极地准备，将试图在一个尚无先例的规模上做一种综合的工作[1]。

---

1 塞诺先生主编的《剑桥内亚史》的第一部《剑桥早期内亚史》（*The Cambridge History of Early Inner Asia*），已经由剑桥大学出版社于 1990 年出版，全书约 500 页。中译本由商务印书馆于 2021 年推出。——译者注

历史上的阿提拉

罗　新　译
毕　波　校

在这篇短短的文章里，我将对被许多同时代的人称为“上帝之鞭”（scourge of God）的匈人（The Huns）阿提拉（Attila）的稀少史料，做一概括的观察。

衡量历史宏大的可靠标尺是不存在的，在人类历史的血腥道路上，矗立着个人成就的地标：有些男人或女人，无论是让人赞赏还是憎恨、同情还是厌恶，我们作为历史学家都不能忽略他们。阿提拉就是其中之一，而他名声的好坏两方面，都与他的成就不相称；他持久的名声乃是基于一系列细节，而非真实的政治和军事成就。

那么，是什么基本因素帮助建立了一直传承至今的阿提拉的形象，又有哪些历经漫长的岁月而从未消退呢？其中之一出自历史学的真正本质。在那些或多或少都要使用文字的文明里，重要性较小的事件也可能被详细记录，如果记录者是一个有地位的历史学家，那么记述的文学价值会把重要性借贷给被记述的事件。史诗般壮美的万人长征（the March of Ten Thousand）或伯罗奔尼撒战争（the Peloponnesian War），并不像色诺芬（Xenophon）或修昔底德（Thucydides）的读物所引导我们去相信的那样，对人类具有那么大的决定意义。在世界的尺度之下，著名的意大利城邦之间的争斗，不过是鼠蛙之战而已。从这个视角去看历史上的阿提拉，也是非常合适的。虽然我们的资料严重不足，而且会引出比它们能够回答的要多得多的问题，但它们的确能够让我们描绘一幅残破不整的有关阿提拉及其人民的图画。尽管底比斯的奥林匹奥德鲁斯（Olympiodorus of Thebes）和修辞学者普里斯库斯的第一手记载的完整文本的散佚，对于研究阿提拉来说简直是一个致命的不幸，可是即使只从数量的角度看，幸存下来的片段，也远比前蒙古时代的任何其他内亚人物的细节资料丰富得多，已经可以整理成一部文献汇集了。与阿提拉直接相关的材料，对于一个细致的研究来说仍然是不够的；传记作者通常的困难——他对于写作对象无法有所了解——由于有关匈人信息的贫乏而更加复杂了。

另一个更具决定意义的因素，有助于确立阿提拉和匈人在当时的欧洲人观点中和在历史上的特殊地位的，是他们不寻常的外表。阿提拉与他的人民在外观、战斗方式以及政治行为上，是如此令人惊异地不一样。匈人代表着罗马人前所未知的一个民族和一种人类的类型。他们的体貌特征，可能是他们给当时的人造成深刻印象的主要方面：

> 他们（匈人）以其恐怖的面貌，加上丑恶的外观和黑乎乎的可怕的皮肤，迫使（阿兰人）逃窜。他们的脸，如果我可以

这样说，与其说是脸，不如说是某种没什么形状的肉块，他们的眼睛还不如说更像是针孔。……他们到老不生胡须，年轻人都不好看，因为脸上剑伤的疤痕破坏了自然胡须的优雅。身材不怎么高……肩膀很宽，脖子很短，总是直挺挺的、骄傲的。[1]

马切利努斯（Ammianus Marcellinus）给出了一个相近的令人不悦的描述："匈人不大见于古代记载，他们居住在靠近冰封大洋的Maeotic海那边，比任何野蛮人都野蛮……他们到老不生胡须，也不漂亮，就像宦官。他们都有结实健壮的四肢，脖子很粗，丑陋和畸形得让人会把他们当成两腿的野兽，或者那种常常被放置在桥两边的粗陋的树桩。"[2]

蒙古人种的特征似乎尚未引起中世纪欧洲人的注意。12世纪中期弗莱辛的奥托（Otto of Freising）是这样想的："像匈牙利这样美丽的国家，没有交给正常人而是给了匈牙利人这么丑恶的家伙们，那么幸运就应当是被谴责的，而神圣的耐性就应当是被赞美的。"[3]同时代的历史学家对阿兰人要宽容得多，尽管随着最初的战败，阿兰人就加入匈人中，其融合的程度之深，使现代历史学家常常无法把这两种人区分开来。这种不同待遇的理由，见于马切利努斯的评

1　Priscus fragment 10，trans. in C. D. Gordon，*The Age of Attila: Fifth-Century Byzantium and the Barbarians*（Ann Arbor，Mich.，1960），p. 58. 因为译成了英文，所以本文均采用Gordon的译本；不过Ernst Doblhofer对普里斯库斯的介绍是更为方便的 [*Byzantinische Diplomaten und östliche Barbaren. Aus den Excerpta de legationibus des Konstantinos Porphyrogennitos ausgewählte Abschnitte des Priskos und Menander-Protector*，Byzantinische Geschichtsschreiber 4（Graz，Vienna，and Cologne，1955）]。

2　Ammianus Marcellinus 31.2.2 passim，John C. Rolfe，trans.，3 Vols.，Loeb Classical Library（Cambridge，Mass.，1935–1939），3.381.

3　Albinus Franciscus Gombos，*Catalogus Fontium Historiae Hungaricae*，4 Vols.（Budapest，1937–1943），2.1767: "ut iure fortuna culpanda vel potius divina patientia sit admiranda quae，ne dicam hominibus，sed talibus hominum monstris tam delectabilem exposuit terram."

论："几乎所有的阿兰人都高大英俊，他们的头发一般是金黄的。"[1]阿兰人与匈人主要的区别在于外表。可以肯定，罗马人是熟悉包括非洲黑人在内的许多民族的，但他们还没有遇到过有蒙古人种特征的人，而且——很明显——他们不喜欢这个人种。

但是，使得匈人被打入另册的原因，远不止身体外观这一项。较之于使匈人在文化、语言和种族诸方面既有别于日耳曼人又有别于罗马人的那条鸿沟而言，源于日耳曼人的各种野蛮人之间的差异就是无关紧要的。自斯基泰时代以来，希腊世界还没有面对过内亚骑马战士，并且，虽然文化人对希罗多德的熟悉会促使他们把匈人与斯基泰人联系起来，可是对于那些承受着匈人破坏性冲击的一般民众来说，匈人代表着某种全新的和可怕的威胁。在匈人到来之前，罗马人和日耳曼人都是面对着早已知名的、熟悉的敌人。匈人的到来引入了一个新因素：旧的、几乎可说是轻松的对抗，转变成一种末日般的战争。在卷入那个时代风暴的所有民族中，只有匈人被看作《圣经》里的引弓野蛮人歌革（Gog）和玛各（Magog）。

匈人在欧洲地平线上的出现不仅使希罗多德有关斯基泰的记载得以复苏，还引发了《圣经》的末日因素的出现，以及伪卡利斯提尼斯（Pseudo-Callisthenes）版本的亚历山大传说中的某些主题，而两者在公元 3 世纪末是广泛流行的。匈人最可怕的形象包含在被认为是以法莲（Ephraim the Syrian，ca. 306–373）所作的 *Sermo de fine extremo* 中，在这里他清楚地把匈人看成《以西结书》（Ezekiel）提到的歌革人和玛各人。《以西结书》第 38 章，具体是其韵文的第 14~16 节："人子啊，把预言说给歌革听：'主耶和华这样讲：这不是真的吗？你正计划着在以色列安居之时出发 / 你计划离开你那极北之地的家，和许多民族一起，一支无数人组成的军队，都骑着马 /

1 Ammianus Marcellinus 30.2.21，trans. in Bernard S. Bachrach，*A History of the Alans in the West*（Minneapolis，Minn.，1973），p. 19.

你打算侵略以色列我的人民。你将如云一般遮盖大地。'"[1]依以法莲的说法，匈人吃婴儿甚至胎儿的肉，喝女人的血。[2]在更现实主义的情绪下，他提到匈人的马跑得比风还快，匈人战士同时驾驭两匹或三匹马。对于在安纳托里亚（Anatolia）受到匈人入侵恐吓的圣耶柔米（St. Jerome，ca. 331–419/420）来说，匈人构成一种仿佛是超自然的威胁——他把他那个时代的苦难与《以西结书》有关歌革人和玛各人的预言所唤起的那些做了比较。在注解《以西结书》第38章第2节时，耶柔米把歌革人和玛各人等同于斯基泰人，而斯基泰人又被他与匈人联系起来，被视为不洁的民族，被亚历山大关在无法穿越的群山之后。[3]在一封信里耶柔米说："瞧啊，突然间信使们往返奔走，整个东方都在颤抖，因为蜂拥的匈人从遥远的亚速海那边，从结冰的Tanais（顿河）与Massagetae的丑恶人民之间，喷涌而来，那里本来是亚历山大之门（Gates of Alexander）把野蛮民族关在高加索山岩之后的地方。他们骑在马上到处巡游，以屠杀和恐怖的长相走遍并闻名于大地。"[4]匈人可怕的长相——可怕是因为对于罗马人的经验来说是陌生的——让同时代的基督徒想起《圣经》有关歌革人和玛各人的故事，这种联想又增大了业已被匈人的破坏所造成的恐怖。神话提供了现实中的对应物，制造出公众对匈人的感知，而此前还没有任何一种敌人获得过这样的联系。

简单地说，匈人和阿提拉持久的名声部分由于史料的相对丰富，部分由于他们的陌生外表和他们的行为习惯，这些因素合起来，造成了他们的流行的形象，从他们出现之时直到现今。

虽然这篇文章是关于阿提拉而不是匈人的，但是要理解一个

---

1 我自己的译文，基于好几种版本。

2 Andrew Runni Anderson，*Alexander's Gate, Gog and Magog, and the Inclosed Nations*，Monographs of the Medieval Academy of America 5（Cambridge，Mass.，1932），p. 16.

3 St. Jerome，commentary on Ezechiel 38:2，translated from J. –P. Migne，Patrologia latina 25.356A.

4 St. Jerome，*Epistolae* 77.8，trans. in E. A. Thompson，*A History of Attila and the Huns*（Oxford，1948），p. 27.

统治者，对他指挥下的人民做几点说明是必不可少的。首先我要强调——不管已经被多少人说过，发其端者是 18 世纪中期伟大的法国学者德经——在阿提拉的匈人与中国史书上能够清楚确认的任何内亚民族之间，没有办法建立直接的关联。明确地说，在他们与中国所称的匈奴、西方的间接材料有时又称“亚洲匈人”（Asiatic Huns）之间，[1]不能认为是有关联的。在年代学上两者之间存在着约二百年的断裂，到目前为止还不能跨越。以蒙古高原为势力中心的“北”匈奴帝国，解体于公元 2 世纪中期。至于“南”匈奴的历史，可以一直追踪至 4 世纪中期，乃是一个逐渐被中国中原王朝吸收的历史，不见有任何西迁的迹象。4 世纪早期一个住在所谓“丝绸之路”的伟大商路东端的粟特商人，称中国中原边界上的南匈奴为 Hun（*Xwn*），[2]这个事实并不能证明匈人就是匈奴。它只说明 Hun 这个名字被外部的观察者用来指称一个游牧的内亚民族。

我的第二个说明同样是否定的。我们不了解匈人的语言。可以认为，匈人的社会是多语言的。小丑 Zercon 用“把匈人和哥特人的语言跟拉丁语”混在一起的办法，[3]逗阿提拉的客人们开心，单单这个滑稽表演，就足以证明这一点。而且同样清楚的是，哥特语与匈语是不同的语言，虽然一些匈人的名字——包括阿提拉，如果我们假定它是一个人名而不是称号——出于哥特语。没有一个写下来的匈语单句被保存下来。只有非常少的匈语单词，大多数是专名，保

---

1 See Otto Maenchen–Helfen, “Huns and Hiung-nu,” *Byzantion* 17（1944–1945）: 222–43; idem, “Pseudo-Huns,” *Central Asiatic Journal* 1（1955）: 101–6; idem, “Archaistic Names of the Hiung-nu,” *Central Asiatic Journal* 6（1961）: 249–261; and idem, *The World of the Huns*（Berkeley and Los Angeles，1973）.

2 See W. B. Henning, “The Date of the Sogdian Ancient Letters,” *Bulletin of the School of Oriental and African Studies* 12（1948）: 601–615. 据我所知，哈尔马塔（János Harmatta）是最早对亨宁（Henning）的考证（不是文书资料本身）的可靠性提出质疑的，见“A Hun Birodalom Felbomlása,” *Magyar Tudományos Akadémia Társadalmi-Történeti Osztályának Közleményei* 2（1952）: 147–192。对亨宁的质疑见第 156 页。

3 Priscus fragment 8，trans. in Gordon，*Age of Attila*，p. 97.

存在当时的资料里；在我看来，它们不能提供有关匈人语言属性的可接受的、全面的结论。

匈人太经常地被称为突厥人或蒙古人。迄今为止对匈人语言最细致的两个研究，是由德福（Gerhard Doerfer）和普里察克（Omeljan Pritsak）所做的，他们得出了全然相反的结论。德福说："我们不知道匈人所说的是什么语言。"[1]而普里察克的结论是匈人的语言"介于突厥语与蒙古语之间，在二者中更接近前者"。[2]这里不宜对这一重要题目做深入讨论，但基本上，我同意德福。我必须说，普里察克的研究的困难在于，尽管他无论如何明显地（而且也是可以理解地）努力要"解决""匈人语言的性质之谜"，他的论述却指向相反的方向。比如，为了达到这个光荣的目标，他迂曲地建立了 Hun 名的语源 Donat（os），这是在前匈人时代就已存在的、明显属于基督教的名字。几乎可以肯定，Donatos 甚至不是匈人，而是匈人中的罗马流亡者。[3]乔丹尼（Jordanes）的评述中有"污秽而矮小的（匈人）部落，几乎不能算是人"的印象，他们"几乎没有语言，除了那种令人厌烦的人类语音的简单集合物"。[4]乔丹尼的这一评论——如果真的有什么意义的话——能够显示匈人的语言是大大不同于罗马人已知的各种语言的。可以假设，除了匈语，还有其他语言，其中（为什么不呢？）有突厥语、蒙古语、斯拉夫语或伊朗语——比如阿兰人的语言——在匈人统治区内使用着。Otto Maenchen-Helfen 对匈人语言的研究与德福的研究是同时发表的，他感觉如果我们以部落名称来判断，那么相当大一部分匈人是说突

1　Gerhard Doerfer, "Zur Sprache der Hunnen," *Central Asiatic Journal* 17（1973）: 1–50 at 46.

2　Omeljan Pritsak, "The Hunnic Language of the Attila Clan," *Harvard Ukrainian Studies* 6（1982）: 428–476 at 470.

3　Gerhard Doefer, "Zur Sprache," 第 25 页说 Donatos 是 Kein Hunne。对这个人的更多情况，参看 Denis Sinor, ed., *The Cambridge History of Early Inner Asia*, pp. 177–205 at 85。

4　Jordanes, *Getica* §122, trans. in C. C. Mierow, *The Gothic History of Jordanes*（Princeton, 1915）, p. 85.

厥语的。[1]他得出这个结论的依据是那些部落名称，而至少从一部分情况看，这些部落真的是突厥人，然而却不能说就是匈人。

尽管我们不能在历史或语言方面，把匈人与任何特定的内亚民族或语言集团联系起来，但是毫无疑问，他们还是属于那个文化区域。对匈人外部特征的描述——其中部分例子已见前述——只能意味着真正的匈人乃是蒙古人种，这是我们的资料所描述的种种特征在历史语境下唯一可能对应的人种。普罗科匹厄斯（Procopius）说，嚈哒人（Hephthalites）是“匈人中唯一身体白皙、面容不丑的”，[2]这间接表明了其余匈人的外表。至于阿提拉本人，乔丹尼——他的写作晚于阿提拉的时代一个世纪，但他的绝大多数资料或直接或间接地，（通过 Cassiodorus）得自普里斯库斯的著作，而普里斯库斯本人有大量机会对阿提拉进行近距离观察——提供给我们一个很好的、文字的阿提拉肖像：“他个子不高，宽胸大头；眼睛很小，短胡子稀疏灰白；鼻子扁平，皮肤黝黑，这些都是显示他来历的证据。”[3]这个显示着他的来历的有关阿提拉长相的评论，清楚地指明匈人属于一种不同于罗马人的种族。

史料充分显示匈人是畜牧的游牧民、骑马的战士。马切利努斯（另外还有别人）所给出的著名描述，使这一点显得无可置疑：

> 可是尽管他们（匈人）有着人的形状，无论多么丑恶，他们的生活方式是如此艰苦，他们不需要火，也不需要美食，只是吃植物的根茎和任何动物的半熟的肉。……他们从未构建任何建筑物以挡风遮雨，而且还要像躲避坟墓一样躲避它，日常生活中完全用不上它……漫游于群山与森林间，自在襁褓时，

1 Otto Maenchen-Helfen，*The World of the Huns*，p. 470.

2 Procopius of Caesarea，*History of the Wars* I，3; 2，4，H. B. Dewing，ed. and trans.，Loeb Classical Library（London，1914），Vol. 1.

3 Jordanes，*Getica*§185，trans. in Mierow, *Gothic History*，p. 102，引文有轻微调整。

> 他们就学习忍受寒冷与饥渴……他们全然不适应步战，可是他们几乎粘在马背上，这真的很难，不过很丑……这个民族的每一个人白天黑夜都在马上，买和卖，吃与喝，还躬身倚着马脖子睡觉。……他们都没有固定的住所，没有火炉，也没有法律和定居的生活方式，不停地从一处漫游到另一处，如流亡者一样，随身相伴的是他们居住于其中的大车。[1]

这当然是对骑马游牧人的标准描述，充斥着那些将要在后来几个世纪里经常用于阿瓦尔人、匈牙利人和蒙古人的惯用语句。但是应当记住的是——虽然在马切利努斯的书里模糊地回应着希罗多德对斯基泰的描写——他是与匈人同时代的人，一定掌握有关匈人外表和面貌的第一手证据，对此克劳狄安（Claudian）也有过记载："匈人是住在斯基泰最东边的边界上的部落，在封冻的顿河以外；所有的北方儿女中名声最坏的。面容丑恶，身材可厌，可是精神却永不会垮。他们靠狩猎填饱肚子，面包他们不吃。他们喜欢砍割自己的面部……他们乱哄哄的，然而却有着不可思议的敏捷，出其不意地重新投入战斗中。"[2]

当然，最后一句是指内亚游牧人所喜用的战术之一，佯装撤退。与匈人同时代的 Sidonius Apollinaris 提到匈人军事上的两大优点，即绝佳的骑乘技术和弓箭射术：

> 婴儿在学会不需要母亲帮助就能够站立的时候，马便把他驮在背上了。你会觉得人和马的四肢是生在一起的，如此紧固，使得骑马者总是粘在马上，就好像他是被捆绑在那里一样：别的民族骑马是为了驮运，这个民族则是生活在马背上。优雅

1　Ammianus Marcellinus 31.2.2 passim，trans. Rolfe，3.381ff.

2　Claudian，in *Rufinum* 1.323–331，Maurice Platnauer，trans.，2 Vols.，Loeb Classical Library（London and New York，1922），1.48–51.

> 的弓和箭带给他们快乐，坚定和恐怖是他们的手，他们坚信，他们的箭一脱手便能置人于死地，他们的愤怒是训练来用砍杀，而他们的砍杀绝不会错过目标。[1]

除了记载详明的两个内亚特性——身体外观和作战方式，匈人文明还有一些特性，尽管重要性要低一些，但具有明确的内亚根源。我这里只谈其中的三个。

好些资料提到匈人割伤面部以表达悲伤的习俗。匈人脸上见到的疤痕，至少部分是葬礼上自己制造的伤口的遗痕。乔丹尼报告说，当匈人发现阿提拉的尸体时，“就如同他们那个种族的习俗那样，他们扯去自己的头发，在脸上划出深深的伤口使脸变得难看。哀悼一个著名的战士，不能用女人气的哀号和眼泪，而要用男人的血”。[2] 同样的习俗在内亚是相当普遍的，而且希罗多德记载斯基泰人时就已经注意到这种习俗。这也是 6~8 世纪突厥人所共有的习俗。例如，576 年拜占庭使者 Valentine 及其随从出席突厥酋长 Silziboulos 的葬礼时，他们被强制割裂面部以示悲悼。[3]

在对阿提拉葬礼的描述中，乔丹尼注意到另一个匈人习俗：“他（阿提拉）的尸体被放置在一片平地的中央，庄重地置于一个柔软光滑的帐篷内，作为人们赞美瞻仰的对象。整个匈人部落里最好的骑手们骑着马绕成圆圈奔跑，之后就在他所在的这个地方开始杂耍表演和各种游戏。”[4] 围绕灵柩赛马，是已被确证的内亚游牧人习俗。

1 Sidonius Apollinaris, *Panegyric on Anthemius*, 262–269, W. B. Anderson, ed. and trans., Loeb Classical Library (Cambridge, Mass., 1936), 1.30–31.

2 Jordanes, *Getica*§255, trans. in Mierow, *Gothic History*, p. 123.

3 有关这一习俗的其他例证，请看 P. Demiéville, “Quelques Traits de moeurs barbares dans une chantefable chinoise des T'ang,” *Acta orientalia Academiae Scientiarum Hungaricae* 15 (1962) : 7–85 at 80–81; Herbert Hranke, “Chinese Texts on the Jurchen: A Translation of the Jurchen Monograph in the San-ch'ao pei-meng hui-pien,” *Zentralasiatische Studien* 9 (1975) : 119–186 at 137–138。吐鲁番地区的一些壁画上，也能看到对这一习俗的描绘。

4 Jordanes, *Getica*§256, trans. in Mierow, *Gothic History*, p. 124.

《周书》记突厥葬礼说："死者停尸于帐，……绕帐走马七匝，一诣帐门，以刀剺面，且哭，血泪俱流，如此者七度，乃止。"[1]

乔丹尼对阿提拉葬礼的详细描述中的其他方面——包括可能的人殉——都不是典型的、内亚独有的习俗。可是应当注意的是，乔丹尼所记的唱给阿提拉的挽歌的匈语名字 strava，历来解释这个词的努力都不成功，可是从词首有辅音群来判断，它既不是突厥语也不是蒙古语。[2]

一些器物构成了把匈人与内亚联系起来的第三个特有因素。其中极有特点的是青铜鍑及其耳柄，它们理应而且已经得到了特别的注意。它们是典型的内亚冶金术的产物，从中国的鄂尔多斯到东欧的范围内，都可以找到。而且在新石器时代的岩画上它们已经出现了。那些在东欧和中欧东部发现的铜鍑，很多肯定是属于匈人的。[3]

370 年代的前期，匈人出现在西方世界的东部边界上。在阿提拉出场以前，匈人已经对拜占庭帝国的亚洲和欧洲领土实施了多次破坏性袭击，匈人雇佣军已经活跃在远至意大利、高卢这样偏西的地方。而且，匈人所带来的末日景象的所有特质，都已经被组织进一幅图案了。

阿提拉的出生时间是不清楚的。普里斯库斯 449 年与阿提拉相

1 《周书·突厥传》。亦请参看 Demiéville，"Quelques Traits," pp. 79–80。戴密微解释说古突厥文的葬礼一词可能与"赛马"一词相关，这是基于 Markwart 提出的一个荒谬的语源，Markwart 把古突厥文 yoγ 与奥塞梯语（Ossetic）的 dūγ doγ（赛马）等同起来。戴密微获知这个说法，是经过了两个媒介，一个是 R. A. Stein，*Recherches sur l'épopée et le barde au Tibet*（Paris，1959），p. 40；另一个是 H. H. Schaeder，*Iranica*，Abhandlungen der Gesel-lschaft der Wissenschaften zu Göttingen，Philologisch-historische Klasse 3d ser. 10（Berlin，1934），p. 38。愚蠢的语源有着很强的生命力，即使优秀如前已列举的那些学者，对此也不具备免疫力。

2 Strava"看起来"像是一个斯拉夫词语，但是找不到一个正确的斯拉夫语源。参看 Doefer，"Zur Sprache," pp. 14–15。

3 要概括地了解这些发现，参看 Maenchen-Helfen，*World of the Huns*，pp. 306–337。

见时，观察到他的胡子“稀疏灰白”，不过我们由此也不能知道更多，他那时是一个中年人，可能五十出头的样子，他的儿子 Ellac 已经长大成人，足够担当他们刚刚征服的 Akatziri 的统治者了。阿提拉的父亲 Mundiuch，我们也一无所知，除了他是 Ruga（或 Rua，或 Rugila）的兄弟（大概是弟弟），后者从某个未确定的时间到 434 年间是匈人的统治者。[1] 很明显，阿提拉自傲于他的血统，在带给狄奥多西二世（Theodosius Ⅱ）的一个口信里，阿提拉把自己的父亲 Mundiuch放在与皇帝的父亲阿卡狄乌斯（Arcadius）同等的位置上。[2]

阿提拉至少有一个名叫布勒达（Bleda）的兄弟，可能是哥哥。他们是匈人第一个统治者的侄儿，因而要共同继承其权位。双王制在内亚是十分常见的。有些情况下，两个统治者有着不同的职责，如可萨人（Khazars）的例子；另一些情况下，如突厥人那样，双王的区分是地理区域上的，这可以找到合理的解释，因为从单一的中心无法治理一个庞大的游牧帝国。看起来——就我所知还没有人说过，而且我也可能会搞错——在双王制的结构中位于东部的更重要一些。Ruga 本人与他的兄弟 Octar 分享统治权直到 430 年，后者死于对 Burgundia 人的进攻之中。这样假设应当是安全的——Octar 负责的是西部地区，宽泛地说即喀尔巴阡山以西，包括匈牙利大平原，同时 Ruga 自己统治着东部，即南俄草原，我认为那里才是匈人的根据地。Octar 死后 Ruga 获得了全部的权力。很显然他和 Octar 的儿子都没能继承统治权，统治权落到了布勒达和阿提拉手上。

因为阿提拉后来更臭名昭著，一些历史学家倾向于认为阿提拉是 Ruga 主要的继承人，而布勒达尽管是两兄弟中年长的一个，

---

1 我采用的是 Brian Croke 提出的年代，见“Evidence for the Hun Invasion of Thrace in A.D. 422,” *Greek, Roman, Byzantine Studies* 18（1977）: 348–368 at 355ff.，against Maenchen-Helfen，*World of the Huns*，pp. 91ff。

2 Thompson, *History of Attila*，p. 12.

却被置于一种说不清楚的次要地位。可是，当时的史料 *Chronica Gallica* 却说布勒达是 Ruga 的继承者："当 Rugila Rex Chunorum 死后，布勒达继承了他（Rugila Rex Chunorum... moritur，cui Bleda succedit）。"[1] 这发生在 434 年，两兄弟的联合统治一直维持到 445 年，阿提拉谋杀了布勒达。

在这个相当长的时期内，西方资料里却很少提到布勒达，这一事实提示我们在 Ruga 死后，他继承了匈帝国的东部，主要是南俄草原；而同时，作为弟弟的阿提拉进入 Octar 死后已成真空的地方。可能在 Ruga 还活着的时候他就已经这样做了。匈人的统治区伸展得过于辽阔了，使得其不能采取一个人的集权统治，由布勒达控制的东部，才是匈人大军真正的火药库。

新的匈人统治者或统治者们，明显地不曾偏离其伯父的政治路线，并且在 435 年的《马尔古斯条约》（the Treat of Margus）里，逼迫狄奥多西二世的使者同意，将 422 年约定的每年支付黄金的数量加倍，达到 700 磅。布勒达对西方（从草原的视角看）事务的参与是相当有限的，而且即使是阿提拉，也并非如印象中的那样无处不在。匈人历史的研究者们倾向于把匈人的任何行动都归于阿提拉，即使他的名字可能并没有出现在相关史料中。事实是，除了普里斯库斯的报告以及转引自这份报告的作品，阿提拉的名字几乎没有出现在当时的希腊文史料中。当然如果对拉丁文史料做一番爬梳，会得出非常不同的结论，但是最好记住，并非所有的匈人的行动都是由阿提拉策动、领导甚至同意的。

我们不知道阿提拉怎样以及为何谋杀他的哥哥布勒达。谋杀的时间，444 年或 445 年，也不大明确。我要提出——除非我们假定一种不可能的情况，即布勒达正在阴谋对付他的弟弟，在这种情况

1　See *Glossar zur frühmittelalterlichen Geschichte im östlichen Europa*，ser. A，*Lateinische Namen bis 900*，Jadran Ferluga，Manfred Hellmann-Herbert Ludat，eds.（Wiesbaden，1977），2.42.

下阿提拉就有了自卫的正当理由——这个行动不仅是一次犯罪，也是一个错误。简单地讲，阿提拉击中了他自己的脚。游牧军事优势的关键是马，而马只能由草原供应，如果没有了马的足够供应，阿提拉的军队就变得与罗马的军队危险的相似了。用 Rudi Lindner 的话来说，“作为武力的匈人的命运，是与他们的马捆绑在一起的”。[1] 一般说来内亚游牧人的军事威力，具体到匈人也完全一样，依赖三个因素：一支纪律严明、训练精良和高度机动的军队；在马背上对弓箭的熟练使用；马匹的大量供应，足够让每个战士同时拥有多匹坐骑。匈人至少在起初所依赖的那种内亚小型马，比任何其他战马都要好。虽然这种牲口是艰苦耐劳的，但它们也需要吃喝，内亚的将领们常年要考虑的问题就是要保证足够的牧场。这是不会被强调得过分的：游牧人的战术优势，很大程度上靠的是新战马的大量供应，使战士能够在战斗中更换坐骑。[2]哥特人和罗马人当然也有骑兵，但是匈人轻骑兵战术的成功依赖于他们坐骑的决定性的数量优势，依赖于备用马匹的数量。这样一支军队在匈牙利平原以西以南的地方，是不可能组建起来，也不可能维持下去的。在高卢或意大利行动的匈人骑兵，可以跟缺少足够燃料供应的装甲部队相比较。也许我们应当看看 1941 年隆美尔进攻北非的结局，这个代号为“阿提拉计划”（Unternehmen Attila）的行动因为补给线拉得太长而不得不在图卜鲁克（Tobruk）停了下来，验证了一句古老的谚语“名字即征兆”（nomen est omen）。由于切断了与南俄草原的联系，阿提拉给他自己军队的威力造成了致命的打击。用 Lindner 的话来说，“史料对匈人在喀尔巴阡山以西行为的描述……提供了一幅与东部匈人非常不同的景象。曾经以速度和机动性震撼了马切利努斯和耶柔米

1 Rudi Paul Lindner, “Nomadism, Horses and Huns,” *Past and Present* 92 (1981) : 3–19 at 8–9.

2 我详细研究过内亚军队的这一问题及其相关问题，参看 Denis Sinor, “Horse and Pasture in Inner Asian History,” *Oriens extremus* 19 (1972) : 171–184。该文即本书所收的《内亚史上的马与草场》一文。——译者注

的马和骑手们，都不见了，或在数量上和重要性上不能给人那种印象了”。[1]

而且，应该设想这样一种弑兄行为会开罪布勒达的追随者，毫无疑问其数量绝不会少。[2] 普里斯库斯提到狄奥多西二世的使者Anatolius与阿提拉的匈人之间历时很久的谈判。后者设定了和平的条件，即罗马人支付6000磅黄金，并且遣返那些逃亡的匈人。这些并非都受惑于观念。然后，按普里斯库斯的话，“罗马人杀死了绝大多数不肯投降的（匈人）。其中有斯基泰的王族，他们拒绝效力于阿提拉而投靠了罗马人”。[3]

这些人都是向罗马人寻求政治庇护的。我们得想象那些坚决拒绝返回的匈人“王室”成员们，都是布勒达的追随者。

阿提拉夺取对整个匈人帝国的统治权的直接后果，如果有的话，是很难知道的。有些证据证明他并没有完全忽略其东部事务。在447年或448年，匈人成功地发动了一场对Akatziri的进攻。Akatziri的具体位置难以确知，不过可以肯定是在东方某地，如普里斯库斯所说在“黑海的北边”。我们可能愿意推测，这个多部落的民族是要利用布勒达之死来获得全面的独立。在Akatziri酝酿的事情，要归因于狄奥多西二世的努力，他收买他们好让他们在匈人的东部制造麻烦。这个计划失败了，匈人（但不是阿提拉本人）征服了那些骚动的部落，此后这些部落就由阿提拉的长子Ellac统治。

毫无疑问，虽然阿提拉控制了整个匈帝国，他主要的注意力仍然集中在东罗马帝国上。这不是个合适的场合来考察——就像许多

1　Lindner, “Nomadism,” pp. 8–9.

2　Priscus fragment 5, trans. in Gordon, *Age of Attila*, pp. 65–67.

3　Priscus fragment 5, trans. in Gordon, *Age of Attila*, p. 67. 根据一些学者——比如Thompson在其*History of Attila*第86页，或Gordon在*Age of Attila*第65页——的意见，这一条约签订于443年8月27日以前。可是，Maenchen-Helfen在其*World of the Huns*的第116页里，很肯定这一事件发生在447年。假定都与布勒达有关的匈人王室成员之投奔罗马人，给他的观点带来了另一个证据。

人已经做过的那样——匈人在阿提拉以前以及由阿提拉领导的对拜占庭的多次袭击。人们可以不那么确信地说，匈人的攻击并不是以对该地区的永久征服为目的的。

匈人的政策目标是相当简单的，达成目标的手段也一直是基本的。通过对拜占庭控制的地区实施袭击，匈人统治者努力保障平民和权贵（使用“贵族”这样的阶级分类名词看来是不合适的）获得一定数量的战利品。该系统运转良好；一个希腊血统的匈人向普里斯库斯确保“在斯基泰人（匈人）那里……人们习惯在战争以后过舒服的日子，享受他所有的一切，很少惹麻烦或根本不会惹麻烦，也不会有人找他的麻烦”。[1]这类袭击所获得的战利品的多少变化很大，视被劫掠地的富裕程度而定。而且，由这种事业的特性所决定，匈人面临着回报越来越低的问题。你不能无节制地反复劫掠同一些城市。虽然匈人的袭击会带来破坏，可是总的来说这些袭击的规模不大；对于匈人而言，这些袭击构成某种兴旺的家庭手工业，提供日常生活所必需的一切。战俘，特别是出身高贵的，是最值钱的战利品。战俘所带来的赎金是匈人“国民生产总值”（gross national product）中重要的组成部分。

另一个，或许是更讲究的方法，即通过定期接收贡品获得可靠的收入，这种收入构成匈人货币经济的支柱。422 年达成的协议是每年支付 350 磅黄金，到 435 年的《马尔古斯条约》就增加了一倍。作为可能是 447 年的一次重大入侵的结果，每年支付黄金的数额被设定在了 2100 磅。当然这些支付是在胁迫下进行的，它们是始终都很脆弱的和平的代价。它们同样也是让全体匈人维持可接受的生活水准所必不可少的收入。这些黄金使他们能够通过贸易获得绝大部分他们所垂涎的、有时是必要的消费品。

除了这两种基本的模式，匈人还有第三种办法，受益者仅限于

1 Priscus fragment 8，trans. in Gordon, *Age of Attila*，p. 86.

统治集团中一个相当小的群体及其随从。这个办法就是派遣被挑选出来的人及其随从出使君士坦丁堡，在那里，遵从风俗习惯，他们得到奢侈的酒肉款待，而且无疑他们还能找到使自己富裕的路子。普里斯库斯精确地描述了匈人的一贯伎俩和罗马人对此的反应：

> 实现和平以后（大概是在447年以后），阿提拉再次派遣使者到东罗马来索还逃亡者。罗马人接待了这些使节，以许多许多礼物取悦他们，又把他们送回去，说没有什么逃亡者。阿提拉又派了别的人来。刚刚打发了他们，第三个使者又到了，之后是第四个，因为这个野蛮人清楚地看到了罗马人的慷慨大度，知道他们会谨慎从事以免和平条约被破坏，于是冀望以此来使他的扈从们获利。这样他就派遣他们来罗马人这里，形成新的理由并寻觅新的借口。他们听从他们主人的指挥，无论他发布什么样的命令。……他们谦卑地在阿提拉面前舞蹈。[1]

显然事实是，上举三种途径与许多世纪里盛行于中国中原边境、构成华夷关系（Sino-Barbarian）标志的情况完全相同。第四个特征，虽然可能是明显的，在匈－罗马关系中却较少被注意：与统治家族联姻的愿望。还不清楚阿提拉是否曾经积极寻求建立这样一种关系——这会使阿提拉变成东罗马皇帝的女婿。可以肯定的是，当这样一个机会出现（或看起来是如此）在他面前时，他热切地抓住了它。瓦伦提尼安三世（Valentinian Ⅲ）的妹妹奥诺利亚（Augusta Honoria）——激怒于她的爱人被处死以及被强制与一个叫Herculanus的元老订婚——派了一个私人信使去见阿提拉，把自己提供给匈人，而阿提拉急切地抓住了这个意外的机会。他正式向狄奥多西二世请求迎娶奥诺利亚，并且与公主一起，要求拥有一半

1 Priscus fragment 6，trans. in Gordon, *Age of Attila*，pp. 68–69.

西罗马帝国。多亏了罗马人巧言善辩，这桩婚事算是没有发生，不过，阿提拉通过走后门进入西罗马帝国，显示出他对这一地区兴趣的增长，他的这种企图也不是没有可能实现的。

450 年标志着阿提拉政策的一个清晰的转折点。春天他与拜占庭达成了一个新的、在很多方面减低了他近年的那些苛刻要求的条约。对于这个较为宽松的协议，是不是由于阿提拉希望把注意力转向西罗马帝国，一直是存在争议的，尽管这是可能的。而另外一个可能性，即因为东方的和平他才转向西方，也是不能被排除的。狄奥多西二世于 7 月 28 日死于一场意外事故，马尔西安（Marcian）继承东罗马帝国皇位,（对匈人而言）这使来自拜占庭的种种好处突然中止了。与君士坦丁堡的冲突将会变成危险的事情；即使如此，他们对西方兴趣的增长有其自己的动机。

早在阿提拉之前，匈人已经对西罗马帝国的内部状况颇有了解，一些重要的匈人小分队充当西罗马帝国多个派别的雇佣军。阿提拉本人也曾接受为瓦伦提尼安三世训练士兵（magister militum）的任务，虽然这一安排只是为了掩盖罗马人向匈人纳贡的事实。根据普里斯库斯的记载,“给他（阿提拉）的捐献伪装成向将军们提供的军事补给”。[1] 这里我们有了一个现代“外援”的中世纪形式，这也是中国中原与内亚游牧人接触中广泛采用的系统。

不管是由于什么原因，450 年以后阿提拉的兴趣转向西罗马帝国是很清楚的，尽管看起来不大可能他曾经想要征服它，也没有证据显示他是以推翻瓦伦提尼安三世为目标的。如果他打算这么做，那么他的军事行动应当指向意大利。可是我们看到的却是一次迂远而艰辛的行军，从潘诺尼亚（Pannonia）出发，溯多瑙河到莱茵河，到达美因茨附近的某个地方，由此进入高卢。从这个角度看，这当然是匈人在西方进行的最富雄心的进军，而且也是到那时为止唯一

1 Priscus fragment 8，trans. in Gordon, *Age of Attila*，pp. 92–93.

可以确知是由阿提拉自己领导的行动。没有必要怀疑约翰（John of Antioch）的话——他很可能是以普里斯库斯的情报为依据的——他明白地指称阿提拉“首先想抓住埃裘斯（Aetius），因为他觉得如果不把埃裘斯排除掉，他就不能达成自己的目标”。[1]阿提拉把整个的行动当作对拉韦那（Ravenna）的一个友善姿态，[2]据推测拉韦那当时正受到野心勃勃的维斯哥特人（Visigoths）以及埃裘斯本人的威胁。明显地绕着大弯子避开而不是直接攻击西罗马帝国的心脏，阿提拉或许是希望借此免除瓦伦提尼安三世可能会有的忧虑。而且，这个计划还有几个战略上的优点：如果成功，就意味着对意大利的包围。高卢战役在政治上有显著的合理性；其失败却是败在军事执行上。

通过乔丹尼辞藻华丽的记述，卡太隆尼平原（Catalaunian Plains）之战，“一场古时候未被记载过的那种战役”，[3]在军事史上有了稳固的地位。自从公元451年6月这一仗打过以后，首先是当时的人们，接着是历史学家们，就在争论到底是哪一方获得了胜利。这样的争论没有什么价值，字面上的意义多过了事实上的。虽然没有变成一场歼灭战，但不容争辩的是它阻止了阿提拉，使他不得不一无所获地回家去了。同样清楚的是，从随后的一些事件看，匈人的决心并没有丧失在卡太隆尼平原上，其好战性也没有因那一战的结果而稍有收敛。

非常有趣的是，直到最近历史学家们还很少注意入侵高卢的匈人军队的民族构成问题，虽然这无疑是开战以后军事僵局的关键因素。大约20年以前，我注意到“阿提拉对高卢的进攻没有闪电般

1 John of Antioch 的话，转引自 Gordon, *Age of Attila*，p. 105。

2 Prosper Tiro Aquitanus, *Epitoma chronicorum*，Theodor Mommsen，ed.，*Monumenta Germaniae historica*，Auctores antiquissimi 9，Chronica minora 1（Berlin，1892），1.385–499. See Pentti Aalto–Tuomo Pekkanen，*Latin Souces on North-Estern Eurasia*，Asiatische Forschungen 44，2 Vols.（Wiesbaden，1975），p. 207.

3 Jordanes，*Getica*§40，trans. in Mierow，*Gothic History*，p. 109.

的速度和冲击，而这是后来蒙古远征甚至匈牙利人入侵法兰西时的特色所在”。[1] 稍晚的时候我指出，“阿提拉的军队在不止一个方面有着日耳曼色彩，甚至在胜利的时候，他们也未曾表现出无可争议的军事优势，即游牧军队那近乎无限数量的马匹所构成的特征”。[2] 相当肯定的是，匈人前往高卢的路上，有一些重要的日耳曼援军的加入。乔丹尼提及组成阿提拉大军的“许多部落的无数的人”。[3] 战役开始的时候，团聚在阿提拉周围的匈人居中，因此他应当是“在他自己种族的最里边”；部署在两翼的是哥特人。乔丹尼对战役的描述——包括阿提拉的一个很长的演讲——太过模糊，不能真正使用，可是从他的记述中清楚地浮现出来的战斗次序，是那种哥特人和罗马人所习惯的类型；其中没有什么是属于匈人的。首先也是首要的，没有提到伴随“箭雨”（showers of arrows）的骑兵冲锋，而这两者致命的结合是典型的匈人早期的作战方式。[4] 在卡太隆尼平原上，除了大量步兵在那里短兵相接，似乎也没有别的什么了。人们不得不完全赞成 Rudi Lindner 的准确的总结：“我们从乔丹尼有关那场战役的记载中所能得到的少量的信息显示，毫无疑问阿提拉的大军包含很少的骑兵，这决定了只能采取步兵战斗的策略。”[5] 在这个战役中人们无从辨认出马切利努斯记录过的古典的匈人战术：

> 他们以战术编队投入战斗，同时他们的叫喊声混合起来形成一种凶猛的喧闹。为了能够快速移动和在行动中出其不意，他们装备轻便，能够有目的地突然分散成多股小队发起攻击，乱哄哄地到处快速移动，进行可怕的屠杀……凭着这些记

---

1 Denis Sinor, *Inner Asia: A Syllabus*, 2nd ed., p. 141.

2 Sinor, “Horse and Pasture,” p. 183.

3 Jordanes, *Getica*§198, trans. in Mierow, *Gothic History*, p. 107.

4 Denis Sinor, “The Inner Asian Warrior,” *Journal of the American Oriental Society* 101 (1981): 133–144 at 139–140. 该文即本书所收的《内亚的战士》一文。——译者注

5 Lindner, “Nomadism,” p. 11.

> 述你会毫不犹豫地称他们为所有战士中最恐怖的，因为他们战斗时，用的不是通常所用的那种木棍的尖端，而是用带有锋利骨器的投掷器，以娴熟的技术连接在木棍上，进行远距离攻击；然后他们跳过中间地带，用剑进行白刃战。[1]

提供马匹的草原远离高卢。或许缺乏的不仅是马匹，还有匈人。这可能是无法说明阿提拉走了哪条路线返回其大概在匈牙利的基地的原因所在。援军都解散并返回各自的土地了；核心的匈人团体也尽可能不显眼地做了同样的事。它一定是一支小小的武装。

无论阿提拉的长期目标有哪些，高卢战役却什么也没有做到。[2]卡太隆尼平原战役之后不到一年的时间，在 452 年的春天或孟夏，匈人再一次行动起来了，还是在阿提拉的指挥下，这一次方向是意大利。

如果依照第一流的、传统的内亚兵法的要求，匈人进兵所遇到第一个严重障碍阿奎利亚（Aquileia）城时，是应当绕开的，应当采取快速的行动以达成进军的目的。可是事实不是这样。就像他在高卢所做的那样，阿提拉在这里不慌不忙地推进，不是去拉韦那——瓦伦提尼安三世以为他会这样，就从拉韦那逃到罗马了——而是沿着波河河谷前往米兰。在匈人这一军事行动背后，冯·克劳塞维茨（Von Clausewitz）也很难找到任何政治目的。似乎这整个行动的驱动力，真的仅仅是对劫掠的热望。我们的资料有一处提到匈人各单位都满载掠夺物，即使这样使他们行动迟缓。[3]根据乔丹尼的记述，“阿提拉一直想着去罗马，……当阿提拉在去还是不去之间犹豫不决时，当他还在这个问题上徘徊掂量时，寻求和平的使者从罗马来见

1 Ammianus Marcellinus 31.2.8–9, trans. Rolfe as emended by Maenchen-Helfen, *World of the Huns*, p. 139.

2 Lindner 认为（“Nomadism”，p. 11）这次进军的失败给阿提拉的领导地位带来了疑问，可是没有任何文字的或其他的证据能够支持这个论点。

3 Maenchen-Helfen, *World of the Huns*, p. 139.

他了。教皇利奥一世（Pope Leo I）本人来会见他。……于是阿提拉立即抛开他惯有的暴躁，折返他来时走过的、多瑙河那边的地方，带着对和平的承诺……这样阿提拉回到他自己的国家，看上去对和约感到后悔，对战争的中止感到恼怒”。[1]

阿提拉对意大利战役结局的失望似乎有很好的理由。事实上，什么也没有得到，除了带回一点劫掠物，而这绝不能说是实现了目标。一般来说意大利，特别是糟糕的波河河谷，并不比高卢更适合大规模轻骑兵行动，那里一般的自然条件不适宜传统的匈人军事行动，也不能给一支骑兵大军提供给养。甚至在约半个世纪以前，在409年，Honorius 就不得不从达马第亚（Dalmatia）运送牲畜和谷物，以对抗 Alaric 的匈人援军，[2] 而且从那以后在被战争撕裂了的意大利，条件不是改善了而是恶化了。在意大利以及高卢，自然条件都不利于骑马的战士，可是即使是喀尔巴阡盆地（the Carpathian Basin），也不能承担一支游牧大军的后勤补给。匈帝国重心向多瑙河河谷的转移——一个被阿提拉针对布勒达的政变所推动的转移——使匈人失去了旁廷（Pontic）草原所能大量供应的马匹。[3] 阿提拉面对着一个无法解决的难题。要使他的臣民满意，他需要来自罗马人的战利品，或者通过直接的军事干预，或者通过侵略威胁下的纳贡。可是在边境或这些帝国境内的行动——比如在巴尔干或意大利——又剥夺了匈人基于大量马匹供应的军事优势。

可以料想阿提拉是清楚他的人民所面对的困难的。仅仅在意大利战役三年以前，普里斯库斯基于个人观察所逼真描绘的阿提拉，不像是一个快乐的人。在小丑 Zercon 所引起来的大家都很欢快的气氛中，[4]“阿提拉不为所动，表情不变，一言不发，一动不动，这透露

1 Jordanes，*Getica*§§222–223，trans. in Mierow，*Gothic History*，pp. 113–114.

2 Thompson, *History of Attila*，p. 47.

3 另见 Lindner，“Nomadism,” pp. 15–16。

4 另见 Lindner，“Nomadism,” note 11。

出他已经笑不出来了”。[1]他的王庭一定是充满谣言的。普里斯库斯在宴席上的邻座主动提供了这样一个情报，“已经有预言说阿提拉及其种族将会失败”，可以设想阿提拉是重视占卜的。当一个牧人发现了一把剑，预示着他将“赢得一切战争”时，他表现出的喜悦是一个明确的相关例证。[2]

看起来在走向生命尽头的时候，阿提拉发现难以决定该走哪条路。普里斯库斯明白地提到了这一点，他评论说，可能在 450 年，“阿提拉有两个心思，而且不知道该先攻打（两个罗马帝国中的）哪一个”。[3]依据乔丹尼的记载，在意大利战役中，阿提拉“犹疑”于下一步该做什么，表现得像一个犹豫的、没有决断力的领袖。也可能他正为病痛所困，或许是出血症，如同 453 年较早时候在他从意大利返回不久致他死地的那种病。

乔丹尼记载道：

> 正如历史学家普里斯库斯所讲述的，死之前不久，阿提拉在自己数不清的妻子之外，又娶了一个非常美丽的、名叫 Ildico 的姑娘，这是他的种族的习惯。他自己在婚礼上欢庆过度，醉意醺醺躺下来睡觉，一大股鲜血喷涌而出……从他的喉咙向下流淌，从而结束了他的生命。……醉酒而死是这个在战争中赢得声誉的王者的一个不光彩的结局。第二天早上已经过了很久，王室仆从们才怀疑有什么不对劲，在一阵猛烈的骚动之后，破门而入。他们发现了阿提拉的尸体，血已流尽，没有任何伤口，而那个姑娘正满脸悲伤地在面纱下哭泣。[4]

1　Priscus fragment 8，trans. in Gordon, *Age of Attila*，p. 97.

2　Maenchen-Helfen 称（*World of the Huns*，p. 27）“据说匈人崇拜一把神圣的剑”，是没有依据的。如果真是这样，他们就不会等待着这个由乔丹尼所报告的偶然发现了。

3　Priscus fragment 15，trans. in Gordon, *Age of Attila*，pp. 105-106.

4　Jordanes，*Getica*§254，trans. in Mierow，*Gothic History*，p. 123.

历史会提供大量令人印象深刻的酗酒的统治者和平民的名单，不过似乎阿提拉并不是他们中的一个。普里斯库斯的描述强调了阿提拉的简朴节制：

> 当丰盛的食物已经准备好——盛在银盘里——呈给别的野蛮人和我们，给阿提拉的却只有盛在木盘里的一点肉。他在所有其他方面也都表现得很节制，比如宴席上别人都用的是金制或银制的高脚杯，他自己用的是木杯。他的衣着也很简单，最多只能说是干净，他身边的佩剑，他那种野蛮人的靴子上的扣子，还有他的马笼头，都不像其他斯基泰人那样装饰着金子或宝石或其他值钱的东西。[1]

当阿提拉明确意识到对东罗马或西罗马的征服都已不可能时，他在西方所能指望的最好的就是某种近似“盟友”（foederati）的地位，这当然不是一个非常吸引人的前景，他似乎希望避免与罗马人结盟，而宁愿与野蛮人结盟。最有可能的，他最高的野心是，要么取代埃裘斯，要么确定一个类似的位置。这方面阿提拉失败了，部分是由于比起罗马人自己和日耳曼人来，他较少了解罗马政治的诀窍，部分也由于他不能以军事手段伸张自己的意志，后者的主要原因我已经指出了。

当时的人以及后来无数的历史学家，一直试图描绘出阿提拉的成就或他的性格。其中很多包含着真实的因素，也有少数，如果有的话，被先入之见左右。托马斯·霍奇金（Thomas Hodgkin），一位杰出的历史学家，把对阿提拉的描述变成了抒情诗，描绘出下面这幅带着种族偏见的图景：

---

1 Priscus fragment 8，trans. in Gordon, *Age of Attila*，p. 97.

> 人世间很少有人拥有这样一种力量，既在自己的臣民的心中又在敌人的心中燃起恐惧……热情、忠诚、感激，他并不是依靠这些动机来驾驭人类，这个黑黝黝的卡尔梅克（Kalmuck）的成功，依靠的是把巨大的、卑贱和奴性的恐惧，灌输进数百万人的心中。……历史记录中的他给我们的印象是一个巨型恶棍，手里掌握着在破坏和抢掠方面举世无双的力量，仅仅以此相威胁，他就逼迫恺撒们向他的无厌之求或他的超人的骄傲一再让步，他以同样的恐惧逼迫东哥特人和Gepidae人，以及其他远比他自己的种族要高贵的那些日耳曼族，帮助拖曳他那胜利的战车。[1]

当然，有关日耳曼的征服比其他人的征服更高贵的观念，作为一种公理存在于欧洲（无疑也在美国）的思想中。这至少要追溯至孟德斯鸠（Montesquieu）："欧洲的北方民族以自由人身份从事征服；亚洲的北方民族以奴隶身份从事征服，他们的胜利只是为了一个主人。"[2]

霍奇金所提到的阿提拉的"无厌之求"，乃是为他的人民谋利，不是为了他自己。[3]他的目标恰恰就是要确保匈人，至少是构成他的扈从的那些战士，有一个好的生活。这方面看起来他是成功的。

在研究权力的那本书里，一贯喜欢对自己一无所知的事情发表看法的罗素（Bertrand Russell），说出了这样的话："虽然我一点也不了解阿提拉或成吉思汗的母亲，但我宁可怀疑她们宠坏了自己

---

1 Thomas Hodgkin, *Italy and Her Invaders*, 8 Vols.（Oxford, 1880-1889; repr. New York, 1967）, 2.44.

2 Charles de Secondat, Baron de La Brède et de Montesquieu, *De l'Esprit des lois* 17.5.

3 有关"北方野蛮人之贪求"这个主题，请参看 Denis Sinor, "The Greed of the Northern Barbarian," in *Aspects of Altaic Civilization* Ⅱ, Larry V., Clark and Paul Alexander Draghi, eds., Indiana University Uralic and Altaic Series 134（Bloomington, Ind., 1978）, pp. 171-182。该文即本书所收的《北方野蛮人之贪婪》一文。——译者注

的宝贝儿子，使得他们后来发现世界让他们愤怒，因为这个世界有时并不顺从他们的古怪念头。”[1]不可否认阿提拉是一个极权统治者，可是在他那个时代（以及更早的时代）那是权力行使的正常方式。他不是一个不讲理的暴君。为了满足读者对血腥细节的热望，历史学家和作家们总是准备好要大量提供这类细节的；然而在我们的第一手史料里找不到任何指称（阿提拉）个人残忍的资料。他的自制，非常有别于中世纪的任何一个统治者，鲜明地显现在普里斯库斯所详细叙述的、拜占庭企图谋杀他的那个故事里。当——由于匈人 Edeco 对阿提拉的忠诚——阴谋败露，阿提拉并没有马上采取行动。只是在稍后，当罗马人绝望地深陷在阴谋中并准备向刺客付钱时，匈人才开始了逮捕行动，并把首犯、翻译 Bigilas 带到阿提拉面前。自然，阿提拉的斥骂，正如普里斯库斯所报告的那样，[2]成了给人深刻印象的阅读材料。可是，长话短说，Bigilas 逃过一死，而且（匈人）在收到 50 磅黄金的赎金以后就把他释放了。如果（在同样的情况下）落在罗马人自己手里会怎么样，一个人只要想想就会不寒而栗。一个生活在匈人中的希腊变节者，满意他的新生活，喜欢匈人远甚于罗马的正义，争辩说“因为”——在罗马帝国——“法律不再用于所有人……由于沉重的赋税和那些邪恶的人所造成的痛苦……在和平时……经历比战争的恶行更加悲惨”。[3]萨尔维安（Salvian of Marseilles）——并非野蛮人的朋友——把罗马人逃亡到匈人中去，归因于匈人在正义方面的优越性。[4]

少数罗马人在匈人中找到了新事业，其中有在意大利加入阿提拉麾下的 Orestes，他成了阿提拉的秘书，多次奉命出使去见狄奥多

1 Bertrand Russell, *Power: A New Social Analysis*, The Norton Library (New York, 1969), p. 20; originally published in 1938.

2 Priscus fragment 8, trans. in Gordon, *Age of Attila*, p. 100.

3 Priscus fragment 8, trans. in Gordon, *Age of Attila*, pp. 86–87.

4 Salvian of Marseilles, *De gubernatione Dei* 5.36–37, Georges Lagarrigue, ed. and trans., Sources chrétiennes 220 (Paris, 1975).

西二世。事实上，他得到信任执行一个了不起的任务，把一个袋子带去交给（东罗马狄奥多西二世）皇帝，袋子里装有（东罗马）本拟付给刺杀阿提拉的刺客的钱。[1]

和许多习惯于权力的人一样，在西罗马一名使节看来，阿提拉“不能忍受任何提议，除非是他自己想到的”。[2]就算是这样吧，可是他身边有许多忠诚可靠的顾问。当其中之一，拉丁名字叫 Onegesius 的人，被小心翼翼地告知，如果他肯全面检查匈人与罗马人之间那些争议的理由，并且“排除掉其中不利于和平的那些”的话，“他将会赢得皇帝的感激”——简单地说，罗马人试图贿赂他——他回答说：“罗马人是不是觉得，……以乞求打动我会到一个这样的程度，以致我会背叛我的主人，并且以为在阿提拉手下做奴隶，会比不上在罗马人中当富人？”[3]

如同普里斯库斯所描述的，阿提拉表现得像是一个头脑清醒的统治者，行动谨慎，狡猾多于强暴，而且还能做出慷慨的姿态，比如当他同情拜占庭使者 Anatolius 和 Nomus 时，他不要求赎金就释放了一大批俘虏。[4]假称历史上任何时候统治者的手都没有被鲜血玷污，是愚蠢可笑的。萨特（Sartre）的《肮脏的手》（*Les Mains sales*）几乎是普遍适用的。如果我们以这个标准来判断，阿提拉似乎还是一个好人。

匈人的事业就是战争，在阿提拉的时代之前很久，许多罗马和日耳曼的派系就常常利用他们的军事技术。到 Ruga 的时候，匈人的事业变得独立了，而且发展这项事业的重担及时地落在阿提拉的肩上。前面我批评了霍奇金对于阿提拉的观点的一部分，现在让我

1 Hodgkin，*Italy and Her Invaders*，2.104.

2 Priscus fragment 8，trans. in Gordon, *Age of Attila*，p. 91.

3 Priscus fragment 8，trans. in Gordon, *Age of Attila*，p. 90.

4 Priscus fragment 14，trans. in Gordon, *Age of Attila*，p. 103.

引述其另外一部分，而这一部分是我赞同的："真正的建设才能，创建一个持久帝国的正确道路的任何思想，Ataulfus 甚或 Alaric 的政治才干，这些在阿提拉身上看不到一点点痕迹。"[1]

如果不考虑经济因素，阿提拉那些行动及其最终的失败就是无法理解的，两者皆取决于此。一系列我们缺乏史料的事件，把匈人带到拜占庭的边界上：一群穷光蛋来到了黄金城（El dorado）的大门口。在阿提拉以前，匈人的生活远远谈不上富裕。大家知道，395年促使匈人发动对东罗马帝国亚洲诸省的大袭击的动机，是匈人中的饥荒。[2] 通过与两个罗马帝国的接触，匈人去了解并欣赏定居文明的许多舒适享受，甚至包括沐浴，他们让罗马俘虏建造了浴室。这一定是一项大工程，因为所需要的石头甚至木材都不得不从潘诺尼亚运来。[3] 匈人的经济，常常不能供应生活必需品，无法生产那些在罗马世界很常见的物资。匈人，特别是阿提拉，求助于在现代被西方殖民势力采用的手段：使用残忍的武装力量获得物资以改善老家的生活标准。这在一个时期内是有效的；但是最终，罗马人的恢复能力，以他们巨大的人口和经济资源——能够耐受极大的物资与人员损失——与匈人相比占了上风。阿提拉冒险的结局不应归结为他个人的失败，它是无法避免的。

---

1 Hodgkin，*Italy and Her Invaders*，2.44.

2 Priscus fragment 8，trans. in Gordon, *Age of Attila*，p. 92.

3 Priscus fragment 8，trans. in Gordon, *Age of Attila*，p. 84. 劳力代价包含远距离拖曳石块，有关这个问题，可以进行比较，参看 S. L. Salzman，*Building in England down to 1540*（Oxford，1967），pp. 119–121。应当强调的是，可以断定我们不知道阿提拉大营所在。建造一个或几个浴室，不需要太多石块，所以可以用车运输。如果走水路，那一定是多瑙河，那么有关阿提拉的大营位于多瑙河与蒂萨河之间的猜想，就可以被排除掉了。

突厥的起源传说

吴玉贵　译
罗　新　校

对于蒙古高原上的突厥汗国（Türk empire）的历史作用，无论怎样估计也不过分。从 6 世纪中叶起，历时约 200 年，它一直是中国北边、西边的一个重要政权，而它的势力范围却蔓延整个内亚，一直扩展到了拜占庭。突厥汗国的重要性并不局限于政治史。在所有以蒙古高原为中心的草原大帝国中，突厥汗国的官方语言是最早被确切无疑地加以识别的。这种我们都已熟知的突厥语方言（Turkic dialect），见于 8 世纪所立的几块墓碑，它们不仅是突厥诸语言中最早的纪念碑，而且在全部乌拉尔 - 阿尔泰语言中也是最早出现的。经由一个并未被很好理解的历史过称，突厥民族（Türk people）成了所有操与这些早期碑铭有关的语言的民族的同义词，即历史上全部突厥人（Turks）的名称。[1]

虽然突厥本民族的资料对突厥史的研究很重要，但是数量太少，绝大部分相关史料还得从其他史料主要是拜占庭和汉文的史料中搜集。我们要讨论的有关突厥起源的几个传说就是如此。这篇小文是为我的朋友和同事 Felix Oinas 的七十华诞而作，他在民间传说领域贡献良多。

（一）

传说 A：被狼养大的弃婴

已知突厥起源神话的最早文献是短命的北周的史书《周书》。《周书》完成于 629 年，这时唐朝与突厥有着固定的接触。我们将会看到，有关突厥的起源，《周书》还有另一种记载，但是有理由相信，传说 A 可能是大多数突厥人（Türks）中最流行的一种传说。这个传说的微有不同的版本，见于《北史》（约完成于 659 年）和《隋书》（编纂于 629 年至 636 年间），《北史》与《隋书》的记载几乎完全相同，但与《周书》有所区别。本文将以《周书》和《北史》的记载作为主要文本，分为两栏进行比较。以下文本本来都有译本，为便于比较，我宁愿给出自己的译文。[2] 译文只涉及突厥起源神话那很少的一部分。

这个故事中涉及很少的历史资料，在此只需对其背景略作说明。匈奴（Hsiung-nu）——通常被错误地与匈人（Huns）相勘同——在大约公元前 210 年至公元 155 年间，统治过内亚的大部分地区，尤其是蒙古高原。在汉人眼中，匈奴是最优秀的野蛮人。正如中世纪西方史学家习惯将任何游牧民族都称作“斯基泰人”一

1 塞诺原文中用 Türks 指 6~8 世纪突厥汗国的核心部族，用 Turks 指古今突厥语族的各个民族，塞诺认为必须对两者做严格区分。——译者注

2 这里中文史籍的译文直接引自中文原文，塞诺译文与原文不合处，另出译注。——译者注

《周书》	《北史》
突厥者，盖匈奴之别种，姓阿史那氏。别为部落。后为邻国所破，尽灭其族[a]	突厥者，其先居西海之右，独为部落，盖匈奴之别种也。姓阿史那氏。后为邻国所破，尽灭其族
有一儿，年且十岁，兵人见其小，不忍杀之[b]	
乃刖其足，弃草泽中	乃刖足断其臂，弃草泽中
有牝狼以肉饲之，及长，与狼合，遂有孕焉。彼王闻此儿尚在，重遣杀之。使者见狼在侧，并欲杀狼[b]	
狼遂逃于高昌国之北山	于时若有神物，投狼于西海之东，落高昌国西北山
山有洞穴，穴内有平壤茂草，周回数百里，四面俱山。狼匿其中，遂生十男。十男长大，外托妻孕，其后各有一姓，阿史那即一也[c]	
	最贤，遂为君长。故牙门建狼头纛，示不忘本也
子孙蕃育	
渐至数百家，经数世	
相与出穴，臣于茹茹。居金山之阳，为茹茹铁工	有阿贤设者，率部落出于穴中，臣于蠕蠕

a. 中文史籍追溯突厥源流，称“盖匈奴之别种”，“盖”有推测之意。而塞诺译文用 no doubt（无疑）译“盖”字。两者实有区别，请读者留意。——译者注

b.《周书》《北史》字句微有不同，但没有意思的增减。——译者注

c. 中文史籍原文是“其后各有一姓，阿史那即一也”，塞诺的译文译成十个后嗣每人都取名自称阿史那，显然是不对的。——译者注

样，在汉文史料中，即便没有任何证据和说明，也常常把中原西部边界上新出现的游牧部落与匈奴联系在一起。西海的认定还有一些问题，但有一点可以肯定，在隋代，西海被认为是邻近拂林即拜占庭帝国的地方。[1]汉文“高昌”相当于突厥文 Kocho，是新疆境内的一个城市，在吐鲁番以东约 50 公里的地方。金山是阿尔泰山的汉文

1　参见 Chavannes，1905，pp.534–535。Schaeder 在他的杰作 *Iranica* 第 51~55 页谈到了有关拂林的汉文资料，但是在这里我们不拟对此进行讨论。至少从夏德（Hirth，1899，p.88）开始，就已将西海等同于咸海，这种站不住脚的观点却在不断被重复。注释中提到的书目都用缩写，详见文末所附“参考文献”。

名。突厥臣服于蠕蠕（《周书》作“茹茹”）在历史上实有其事。最终造成柔然被推翻的突厥反叛，发生在552年。

传说B：风雨之神

在传说A之后，《周书·突厥传》（卷50）紧接着叙述了与突厥起源有关的另一个传说。具引如下：

> 或云突厥之先出于索国，在匈奴之北。其部落大人曰阿谤步，兄弟十七人[1]。其一曰伊质泥师都，狼所生也。谤步等性并愚痴，国遂被灭。泥师都既别感异气，能征召风雨。娶二妻，云是夏神、冬神之女也。一孕而生四男。其一变为白鸿；其一国于阿辅水、剑水之间，号为契骨；其一国于处折水；其一居践斯处折施山，即其大儿也。山上仍有阿谤步种类，并多寒露。大儿为出火温养之，咸得全济。遂共奉大儿为主，号为突厥，即讷都六设也。
>
> 讷都六有十妻，所生子皆以母族为姓，阿史那是其小妻之子也。讷都六死，十母子内欲择立一人，乃相率于大树下，共为约曰，向树跳跃，能最高者，即推立之。阿史那子年幼而跳最高者，诸子遂奉以为主，号阿贤设。此说虽殊，然终狼种也。

传说B涉及的历史要点很少，无须多少解释。索国不易认定，在此不予讨论。传说B中的人名阿史那和阿贤设，也出现在传说A中。阿史那的后代成了突厥的统治氏族，在后来的突厥历史上扮演了重要的角色。在传说A中，阿贤设被认为建立了率领突厥人走出祖先洞窟（“先窟”）的大功，而在传说B中，并没有提到这个先窟。

1 原英译误为七十人。——译者注

作为一个英雄的角色，阿贤设出现了两次，他的作用也因故事的不同而有所区别。阿贤设似乎是一个传说人物，也没有关于他的可靠的证据。阿谤步和伊质泥师都的情况也是如此，但是——据我所知——他们的名字只是在《周书》或源于《周书》的文献中出现过。讷都六设要更知名一些。在《唐书》中，[1]他被说成土门的曾祖，而土门可以被认为是突厥汗国的真正缔造者。在《唐书》中，"讷都六"的"六"字作"陆"，但这两种写法肯定是指同一个名字。"陆""六"混用的史例还有一些，如对 638 年至 653 年间西突厥统治者都陆（都六）可汗名字的译写就是如此。

都陆很可能是构成西突厥的两个部落群中东部的五个部落的部落联盟的名字。[2]据马伽特（Marquart，1914，p.71）的看法，他们是"实际上的突厥统治民族"——这个可能性未经证实。都陆还是公元 633~634 年在位的一位西突厥可汗的名字。[3]讷都六（陆）设与阿贤设的最末一个字"设"，多被用来音译突厥官号 šad。很可能剧中角色名单（personae dramatis）分别是阿贤和讷都六（陆）。如果真是这样，他们就拥有，或者说可以推测他们拥有 šad 的职位。当然，在没有解释清楚"讷"字的情况下，后两个字"都陆"如何从讷都陆中分离出来，并且成了部落联盟和可汗的名字，都只能是随意性很强的推测。但是，在认可以上说法的前提下，吁请大家注意这些名字之间可能的联系，我认为也无不妥。它们由各自独立的几个部分构成，这些部分一起出现也许不是偶然的。[4]

至于出现在传说中的地名，阿辅水就是阿巴坎（Abakan）河，

1　参见 Chavannes，1903，p.47。

2　参见 Chavannes，1903，p.34。

3　参见 Chavannes，1903，p.27。不可将他与上文中提到的"都陆"混淆。

4　特提请不熟悉汉文的读者注意：在传说中提到的构成姓名的 šad，在汉文中可以用好几个不同的字来译写。

剑水是叶尼塞（Yenissei）河的上游，而处折水则可能是叶尼塞河中段的名称。关于剑水的论著很多，最近的是韩百诗（Hambis，1956）和 Vásáry（1971）。毫无疑问，剑是对这条河通行的名字 Käm 的汉文音译。Vásáry 令人信服地证实，Käm 源于萨莫耶德（Samoyed）语（有人会说是乌拉尔语）。践斯处折施山还无法认定。

这个故事有趣的一面，是将突厥人与黠戛斯人联系了起来，在故事中，黠戛斯被称作契骨。契骨的祖先与突厥的祖先是兄弟，或者至少是同父异母的兄弟，即能够“征召风雨”的泥师都之子。但是在其他史料中，却明确记载黠戛斯“非狼种”。《酉阳杂俎》就有这样的记载，而且还称黠戛斯的祖先“所生之窟在曲漫山北。自谓上代有神与牸牛［不是公牛。Boodberg（1936）称是公牛］交于此窟”。本文不关注黠戛斯，但是我们也许应当记住黠戛斯人与冶金术的联系。

传说 A 和传说 B 之间的差异是显而易见的。中国史学家也认识到了这种差异，他们指出二说虽异，“然终狼种也”。让我们来做一个简单的比较。

在传说 A 中，阿史那是狼的孙子，而在传说 B 中，则是狼的曾孙。两种传说都反映了母系制度。传说 A 根本没有追溯阿史那的父系祖先，传说 B 提到了父系祖先的名字，但在追溯到半历史（semi-historical）时期以后，却明确表示诸子“皆以母族为姓”。传说 B 记载了两位狼子（阿谤步和泥师都）和牝狼的四个孙子中的一位的名字。这些人组成了一个非常值得注意的血亲家族，其中一位是一只白鸿，另一位是黠戛斯的祖先，而长子则称为突厥。但传说中并没有指明他们的母亲是夏神之女还是冬神之女。不管这位母亲到底是谁，她的长子——应该是一位风雨之神（泥师都能够召唤风雨）的后代——能够引燃火，温养他弱小的堂兄弟们。这些堂兄弟是愚痴的阿谤步的后代，正是他们推举讷都六为首领。这位长子留在了大家族之内，而他的两位兄弟（白鸿姑且略去不计）则离开了家族并建立了自己的政权。根据超常技能来推举首领，在传说B中出现过两次，在传说A中也出现了一次。传说B中提到了一个同名的祖先，他在故事中出现应该是很晚的事，但是并没有说明他为什么会得到突厥这个名字（或衔号）。故事以极为含混的方式讲述出来（比起英文译本来，这种含混的情况在原始传说中要严重得多），使这个问题很不清楚，不过看起来，新推举出的首领讷都六设属于一个与他的新的臣民有关但又有所区别的部落或氏族。从这些臣民的立场来看，他们是"进口了"（imported）一个首领。传说B将与阿史那——突厥统治氏族——同名的祖先，与引领突厥民族建立国家的解放者混在了一起。把阿史那和阿贤设等同起来，是可能原本相互抵触的两种传说之间的一个折中。

传说C：海神

突厥起源的第三种传说并非出自官方史学家，而是保存在逸闻集《酉阳杂俎》一书中，这本书大约写于860年，专收奇闻异事。我称为传说C的文本是这样的：

> 突厥之先曰射摩舍利，海〈神〉神在阿史德窟西。射摩有神异，海神女每日暮以白鹿迎射摩入海，至明送出，经数十年。后部落将大猎。至夜中，海神谓射摩曰："明日猎时，尔上代所生之窟当有金角白鹿出。尔若射中此鹿，毕形与吾来往；或射不中，即缘绝矣。"
>
> 至明，入围，果所生窟中有金角白鹿起，射摩遣其左右固其围，将跳出围，遂煞之。射摩怒，遂手斩呵吹首领。仍誓之曰："自煞此之后，须以人祭天。"即取阿吹部落子孙斩之以祭也。至今突厥以人祭纛，常取阿吹部落用之。射摩既斩阿吹，至暮还，海神女报射摩曰："尔手斩人，血气腥秽，因缘

绝矣。”[1]

在其他史料中，没有出现过呵咻部和射摩舍利其人，而且也无法辨认其隐藏在汉语外表后面的突厥语形式。舍利是公元649年设置的一个突厥州的州名。[2]如果我们将“舍利”二字断属下句，则舍利就成了海神的名字，作“舍利海神在……”。这个问题与本文主题无直接关系，姑存而不论。

传说中提到的这个窟穴的名称非常有意思。阿史德是地位仅次于阿史那的一个突厥氏族的名称。历史上有一些重要的突厥首领就是出自这个氏族，如握有大权的大臣暾欲谷就出于阿史德氏，著名的叛将安禄山的母亲也是出自阿史德氏族，[3]她还是一位突厥巫师。[4]下文中我们还要专门对窟穴的问题加以讨论，这里要特别注意的是，传说C中提到的先窟，也是金角白鹿的安身之所。

即使是表面的考察也显示出，这些传说有三个不同的来源。我把我认定的传说基本主题列表展示。不同学者对这些主题或别有选择，对我所列的或增或删，不过没有实质性的差别。

这些神话主题可列表如下。

---

1 这个传说的头两三句的意思是不清楚的。除了已经提供的译文，至少还可以设想另外两种译文。其一，突厥之先曰射摩。舍利，海神，神在阿史德窟西。其二，突厥之先曰射摩舍利。海神，神在阿史德窟西。根据传说下文来判断，第二句话是讲不通的，因为它暗示射摩与自己的女儿有染。问题主要是因为“神”字重出而引起的。我所能参考的《酉阳杂俎》的版本都未施标点，而且“神”字都重出。我认为“神”字误重，并根据文意对文本进行了删订。按，这段引文的第一句应为:“突厥之先曰射摩，舍利海有神，在阿史德窟西。”——译者注

大多数情况下，汉文的“海”都被译作sea，但是“海”有时候也有沼泽的意思，考虑到在传说A中，残疾弃婴是被丢弃在了“草泽”中，所以我将“海”译成lake。传说A和传说C原本是互不相干的，但是通过这样的翻译，就可以在这两种传说之间建立起某种联系。我认为如果考虑到传说之间的关联，将“海”译作lake，要比译成sea有理据得多。

2 参见Liu，1958，p.584。

3 Pulleyblank，1952，p.232.

4 Liu，1958，p.267.

主题	A	B	C
牝狼，部落先祖	×	×	
（先）窟	×		×
残疾婴儿	×		
以肉饲婴	×		
海神			×
风雨之神		×	
夏神		×	
冬神		×	
人变的动物兄弟（鸿）		×	
愚痴的亲戚		×	
发明火		×	
根据优长推举首领	×	×	
海，沼泽	×		×
鹿			×
人祭			×
十妻		×	
十兄弟		×	

从上表中可以看出，在三个传说中，重叠的主题是非常少的。传说A与传说B有两个共同的主题（牝狼，部落先祖和根据优长推举首领），但只有牝狼这个主题是故事的中心。传说A和传说C只有先窟这一个共同的主题，[1]而传说B和传说C则根本没有共同的主题。

如果对传说中出现的专名做一些考察，也会得出类似的结论。

1　据作者列表，海与沼泽也是A与C的共同主题，如果把海与沼泽分作两个主题，则分属A与C，就没有重叠了。——译者注在传说中，出现了很少一些人名，其中只有与突厥统治氏族同名的先祖的名字可以在历史上得到证实。在传说C中，出现了另外一个重要的突厥氏族的名称（阿史德），但它与任何具体的人都无关。在下表中，我将在这两个独立而且有历史依据的专名前加上 *。

专名	A	B	C
呵（阿）吩			×
阿贤（设）	×	×	
阿谤步		×	
* 阿史那	×	×	
* 阿史德（传说中非人名）			×
（伊质）泥师都		×	
讷都六		×	
射摩			×

虽然三种突厥传说只出现在汉文资料中，但是没有理由怀疑其真实性。汉文记载或有混淆及不完整的地方，但它肯定反映了当时得自突厥人的信息。在下文中，我将列举一些历史资料，以表明上述文本中这些传说的某些主题，确实是突厥文化的产物。

突厥人——或至少是一部分突厥人，的确认为狼是他们的祖先，关于这一点有非常有力的证据。《北史》所记的传说A中，直接就这样说了。没有任何理由怀疑突厥人惯于在营帐前竖立狼头纛的真实性。《周书》（卷50）的记载更进一步证实了这一事实："旗纛之上，施金狼头。侍卫之士，谓之附离，夏言亦狼也。盖本狼生，志不忘旧。"

实际上我们也有这种旗纛的图像资料。有一幅浅浮雕作品，"表现了一只狼，也许是一只牝狼，在它的腹部下方，有一个形状古怪但刻画得非常清晰的人的形象”。[1] 这幅图像是发现于蒙古高原布古特的一块 6 世纪末粟特文石碑上的装饰，编者（Kljaštornyj 和 Livšic）正确地将它与汉文记载的突厥民族的起源联系了起来。

克劳森（Clauson，1964）认为，将突厥与狼联系起来的记载不足为据。确实，在布古特粟特碑发现之前，已有的资料不足以回答反对者的质疑。将“附离”（*biu-lie）等同于突厥语“狼”（böri），是被普遍接受的一种观点，在语音和语义上也都无可置疑。克劳森对此表示反对（第 12 页），但是除了他处心积虑提出的突厥衔号 boyla，并没有足以削弱突厥与狼之间的联系的其他证据。克劳森提出的这个证据其实也是似是而非的，因为他忽略了一个至关重要的事实，即《周书》明确指出，“附离”的意思就是“狼”。克劳森辩称，“没有任何迹象表明，böri 有‘侍卫’的含义”，所以汉文“附离”不可能是 böri。上述《周书》的引文，刘茂才译作“侍卫军官亦称附离”（Auch die Gardeoffiziere wurden Fu-li genannt），对此克劳森也提出异议，认为“就突厥文的语境而言，看起来最可信的”翻译，是儒莲（Stanislas Julien）的译文“国王的侍从”（les satellites de leurs rois）。所有这些及其他一些类似的观点，都没有参考汉文有关“侍卫”的文献（《周书》卷 50）。戴何都（Robert des Rotours，1948，p.343）指出，宋代及清代的侍卫就是保镖，而在唐代“这个词只有皇帝保护者的意思”。没有理由怀疑负责保护突厥统治者的人被称作“狼”。反过来说，关于侍卫被称作狼的理由，在文献中的记载也不十分清楚，我们不知道这种说法是否来自突厥祖先的传说。写到这里，我们不禁想起了现代法语的 gorilles（大猩猩），这个词就是用来指称那些负责保护法国总统和其他高官的人。

当然要搞清这个问题，还必须摒弃那些长期存在的、没有任何史实依据的无根之谈。在那些流传最久、最荒谬的说法中，最重要

1　Kljaštornyj -Livšic，1972，The Sogdian inscription of Bugut revised，*AOH*，XXVI，pp.69-102.

的一种是不加任何论证，径自认定阿史那的意思就是“狼”。[1]但是，即便是这种未经证实的比定，也不会比克劳森那种冒充合理的论证更糟糕——他解释说：“当然我并不是很有信心地断言，关于突厥的牝狼祖先的说法，只是他们的敌人散布的一种粗鄙辱骂。但这个可能性不可忽视。另一种应该重视的可能性是，实际上有些西突厥汗室祖先是将‘牝狼’作为一种专名，而在两个传说中，将这件事弄混了。”（第 15 页）在这篇文章中，克劳森——我对他十分怀念和尊重——根本就无法自圆其说。

除了狼祖先，在上述三种传说中，先窟是唯一的两种传说（A 与 C）共有的重要主题。有证据表明，先窟信仰确实是突厥人自己所有的信仰。

根据《周书》（卷 50；Liu, 1958，p.10），突厥可汗“每岁率诸贵人，祭其先窟”。源于《周书》的许多史料，也重复了这一条，还提到了东突厥的统治者，突厥先窟——显然是一处民族圣地——就在东突厥的领地上。《隋书》进一步证实了先窟的存在和每年一度的祭祀活动。《隋书》称：“岁遣重臣向其先世所居之窟致祭焉。”（Chavannes，1903，p.15）伯希和（Pelliot，1929，p.214）参考传说 A，比较了两种文献，称：“这个‘先世所居之窟’就是突厥祖先与他的狼妻避难的地方；从这个洞窟可以进入一片方圆数百里的丰饶之地，他与牝狼的后人在此生活了很多代，直到他们走出洞窟，在金山以南安置下来。……这个洞窟位于高昌以北的山里。”

“先窟”是突厥人每年一度举行官方纪念仪式的地点，但我很怀疑它是一片“内有平壤茂草，周回数百里”的地方。第一个“先窟”（祭祀场所）实有其地，第二个（“内有平壤茂草，周回数百里”的石窟）恐怕只存在于传说中。事实上，汉文史料提到先窟时，也是用了两个不同的字。在传说 A 中，是用的“穴”字，但是

1 例如，参见 Marquart，1914，p.71。

在复合词“先窟”中，却多用“窟”字。这种用法相当固定,《周书》和《北史》都是在前一种情况下用“穴”，在后一种情况下用“窟”。只有在传说C中，才使用了“阿史德窟”“上代所生之窟”“所生窟”。

《通典》(卷193)记载了一条有关突厥窟的非常有价值的资料，这条资料引自一部叫作《突厥本末记》的逸书。《通典》在“短人”条的末尾引《突厥本末记》称，短人国在“突厥窟北，马行一月”。在此需要补充说明的是，前文引《酉阳杂俎》在提到黠戛斯人的洞穴时，也称“所生之窟”，这种说法与《酉阳杂俎》称突厥“上代所生之窟”，甚至连字句都是一致的。应该引起注意的是，在传说A中，并没有提到突厥祖先生于窟穴之中,“先窟”的概念只是出现在传说C中，而先窟的存在可由非传说的、历史的证据加以证实。

通过对A、B、C三种传说的比较，可以得出以下结论。

(1)诸传说间的差别是本质性的，所以这些传说不可能反映部落的传统，更不要说反映民族的传统了。[1]这些传说表明，在突厥政权内，生活着各种非突厥的部落和民族。在传说B中，明显地将黠戛斯人与突厥的起源联系了起来，而且在传说资料中和历史资料中，黠戛斯人还与突厥共同分享了先窟和冶金术的特点。另外很清楚的一点是，狼不是突厥与黠戛斯共有的主题，而在乌孙的祖先传说中，却出现过狼，关于这一点我们在下文中还要详加讨论。在别处(Sinor，1965，1980，1981)，我就突厥的种族构成提出过一些语言学的证据，表明突厥民族中有乌戈尔语和萨莫耶德语的成分。

1　我的结论与克利雅什托尔内(Kljastornyj)有相当不同。他认为，传说A和传说B出于同一种传说(1965，p.279)。他这篇富有创见的、材料丰富的文章的观点，有些我是赞同的，有些则有所保留。我们的主题是突厥起源的传说而不是突厥起源的历史，讨论这个问题有离题之嫌。

神话证据表明了突厥与乌孙的联系，而黠戛斯神话主题则得到了历史资料和语言学资料的支持。如果乌孙属于印欧语系的话（或许是伊朗语）——看来很可能就是如此——他们与突厥共有狼的神话可能是在突厥史前时代。粟特人很可能就是这种观念的承载者，他们在突厥（和回鹘）社会中的重要作用久已得到公认。粟特文布古特碑上的狼表明，狼的主题深深地扎根于粟特人的历史之中。我认为可以放心地说，突厥人——已知最早的、说某种突厥语的民族——是由不同部落组成的聚合体，其中很可能还包括非突厥语（non-Turkic）的人口。

（2）以上讨论还表明，传说中的两个主要的主题（狼祖先和先窟）——不论它们的来源如何，也不管突厥汗国中的哪个民族将它们认作自己的传说——已经成了突厥生活中官方神话的一部分。如果有更多证据的话，我们甚至可以说，这两个主题构成了突厥汗国国家宗教的一部分。

（3）三种传说都没有提到突厥的冶金术，而冶金术的重要性是得到历史资料证明的。

在本文第二个部分，我将结合对突厥祖先传说的研究，对内亚民族起源神话中出现三个主题的情况加以考察。

（二）

狼传说：乌孙的变体

据说，汉朝的将军张骞在公元前 120 年前后从匈奴返回之后，在向皇帝汇报时，讲了被抛弃在野外的小孩由狼抚养大的故事。同时代的司马迁在《史记》中记载了这个故事。

> 因言曰："臣居匈奴中，闻乌孙王号昆莫，昆莫之父，匈奴西边小国也。匈奴攻杀其父，而昆莫生，弃于野。乌嗛肉蜚其

上，狼往乳之。单于怪以为神，而收长之。及壮，使将兵，数有功，单于复以其父之民予昆莫，……昆莫乃率其众远徙，中立，不肯朝会匈奴。……”[1]

Watson 的译文文笔优美，简明易懂，所以我选择了他的译文。但是这里要特别提请不熟悉汉文的读者注意，他在这里将“鸟”和“狼”译作复数，是没有任何根据的。蒲立本将“鸟”译作“乌”，并对二者都用单数，可能更符合原文的本义。[2]《汉书》综合了乌孙祖先的传说，蒲立本也有一个不同的译本。此后，何四维（Hulsewe，1979，pp.214–215）也研究了这段记载，他的译文如下：“臣居匈奴中，闻乌孙王号昆莫，昆莫父难兜靡；本与大月氏俱在祁连、焞煌间，小国也。大月氏攻杀难兜靡，夺其地，人民亡走匈奴。子昆莫新生，傅父布就翎侯抱亡置草中，为求食，还，见狼乳之；又乌衔肉翔其旁。”

根据蒲立本的观点，《汉书》其实是在《史记》的基础上编纂而成的，但是《汉书》的编纂者依据其他的史料来源增加了一些资料，并且按照自己的喜好做了润饰的工作。但是这种观点遭到了何四维的强烈反对。蒲立本也谈到了乌孙的传说，他认为这个奇迹“显然是为人熟知的部落起源神话的一部分，那位被牝狼哺乳的弃婴立刻就会让我们联想到罗慕路斯（Romulus）和瑞摩斯（Remus）。至于那只乌扮演的角色，似乎就是根据汉字‘乌孙’（即乌之孙）而臆想出来的细节。因为这些字无疑都是非汉语单词的音译，所以我们只能设想，这种带有双关语性质的解释，应该是由张骞或其他汉朝人加上去的”。蒲立本特别注

1 Watson, Ⅱ, p.273. 英译中“乌”作“鸟”，此据中华书局标点本。——译者注

2 Pulleyblank，1970，p.155.

意到了罗慕路斯和瑞摩斯，[1]但是没有提及他肯定也很熟悉的突厥的狼的神话，[2]对此我确实感到有些奇怪，但我还是完全赞同他的意见。

或许对乌孙历史的研究，提出的问题多于回答。有关乌孙的资料非常稀缺，而且难以解释。他们最初的活动地可能是在 Barköl 地区。[3]在张骞西行的时代，乌孙是匈奴的西邻，根据蒲立本的观点（1966，p.29），公元前 1 世纪时，他们生活在天山东段以北的准噶尔地区。[4]应该引起注意的是，根据《史记》的记载，昆莫本来要被匈奴杀掉，而匈奴单于又反悔，选这位年轻人做了乌孙的统治者。而在《汉书》中这事被安到了大月氏身上，《汉书》同时还记载了这个孩子被杀掉的父亲的名字。尽管记载略有差异，但是这段资料（不管是英文译本还是汉文原文）表明，昆莫不是人名，而是一个衔号。[5]蒲立本（1966，p.29）最近提出，乌孙和月氏属同一个语族，显然，这种观点与其说是实证的，不如说是推测的。如果真是这样的话，他们的祖先传说与突厥语族的突厥人的祖先传说共有一个主

1 若干年前，在塔吉克斯坦北部 Afshin 统治者的宫殿废墟中，发现了中世纪 Ustrushan 地区的一幅保存完好的壁画，壁画的内容是罗慕路斯、瑞摩斯和罗马卡比托利欧山的狼。参见 V. M. Sokolovskij，1975。这幅壁画的年代是公元 7 世纪，这时拜占庭对这一地区有相当强的影响。在这一时期或更早的时候，拜占庭的钱币上时常会出现罗慕路斯和瑞摩斯的形象。1952 年，在 Bekabad 城（Ustrushan 北部）发现过一尊雕像，表现了一个男人和小孩骑在一匹狼的背上。我们还无法肯定这幅雕像是否与突厥的传说有关（见上引书第 450 页）。我们还没有把握断定，当这些画像，尤其是壁画创作的时代，这个地区就是在突厥的势力范围之内。是乌孙（和突厥？）的狼的传说来源于罗马呢，还是罗慕路斯的故事与乌孙的狼的主题出自同一种传说呢？对于本文而言，这个问题显然是过于复杂了。

2 Daffinà，1969，p.3 讲得更为含混："也许乌孙这个名字意为'乌鸦之孙'，该传说有着某种联系（È probabile che il nome stesso dei Wu-sun，che vuol dire 'nipoti del corvo'，sie in qualche modo connesso con questa leggenda）。"蒲立本和 Daffinà 的文章几乎是同时发表的，但是他们都没有考虑其他的因素。

3 参见 Haloun，1937，特别请参考 pp.246，295–296。Pulleyblank，1966，p.29 接受了这个观点。

4 准噶尔地区与我们关注的乌孙的移徙无关。参见 Daffinà，1969 和 Pulleyblank，1970，他们提供了以前研究这一问题的详细参考书目。

5《汉书》中昆莫的名字叫"猎骄靡"。有关"昆莫"衔号最经典（loci classici）的讨论是马迦特（Marquart，1914，pp.68–70），伯希和（Pelliot，1920，pp.138–139）对他的讨论略有订正。

题，确实令人十分惊讶。据称乌孙人的体貌特征是金发碧眼，讨论这些给这个问题增加了无益的烦扰。虽然福兰阁（O. Franke，1904，pp.17–19）早就明确揭示这种假说是建立对文献的误读之上，但是这种危险的错误还是反反复复地在学术著作中出现。[1]在突厥神话传说A的主题中，弃婴得到了狼的哺育，而在乌孙祖先传说中，也清楚地表现了这一主题。但是即便如此，也看得出它们之间的明显区别：乌孙神话中的狼只是救了民族的祖先，而不是像突厥神话中那样，自己成为民族的祖先。

狼传说：蒙古的变体

《蒙古秘史》成书于13世纪，是现存最早的蒙文历史文献，书中简要记叙了蒙古的来源（这里使用的是罗依果的译文，参看Rachewiltz，1971，p.118）："成吉思汗的根源。有一只奉上天之命而生的苍（blue-gray）狼。他的妻子是一头未孕的雌鹿。他们渡过腾汲斯（Tenggis）而来。当他们在斡难河源头的不儿罕·合勒敦（Burqan-qaldun）山扎营住下以后，生下了巴塔赤罕（Bata-chiqan）。"接下来是一个长长的、直到成吉思汗本人的家族谱系。[2]

苍狼的蒙古语原形是börte činu-a（孛儿帖·赤那），未孕的牝

1 遗憾的是，伯希和（Pelliot，1920，p.136）的解释（虽然本身是对的），在很大程度上使这种误读得以继续流传，比如说《草原帝国》那样优秀的通论性著作，也延续了这样的误读。参见Grousset，1920，p.136。

2 塞诺引用的罗依果的译文，与后者修订后于2004年出版的《蒙古秘史：13世纪的蒙古史诗》微有不同，译文仍依照塞诺所引旧译。请参看Igor de Rachewiltz, *The Secret History of Mongols: A Mongolian Epic Chronicle of the Thirteenth Century*（Leiden and Boston: Brill，2004），p. 1。——译者注

鹿的蒙古语原形则是 qoo-a maral（豁埃·马阑勒）。[1]

为了确保蒙古统治者在佛教中的正统地位，后来的蒙古史书将成吉思汗的祖先与西藏人为地联系起来。在这些著作中，神话被当成历史：孛儿帖·赤那和豁埃·马阑勒都变成了人名。成书于 17 世纪初的《黄金史》（*Altan-Tobči*）[2]，据鲍登（Charles Bawden）的译本（1955，p.113），是这样记叙的（我略微做了改动）：（在一个伪造的西藏统治者名单之后）“在他的儿子中，长子是孛喇出，次子失宝出，幼子孛儿帖·赤那。由于诸子反目，孛儿帖·赤那向北过了腾吉思海，来到了一个有人烟的地方。他娶了一位名叫豁埃·马阑勒的尚未出嫁的姑娘，于是在 Jat 人的地方安顿了下来，成了蒙古的氏族。”[3]

在成书于 1662 年的萨囊彻辰《蒙古源流》中，神话中的狼和牝鹿也完全被人化了。前者成了三兄弟中的幼子，娶了一位叫豁埃·马阑勒的少女做新娘。（Schmidt，1829，p.56：“Qoo-a maral kemekü ökin-i gergei abču.”）

在蒙古历史的编纂中，还能见到残留的孛儿帖·赤那超自然人格的痕迹。由喇嘛罗布桑丹津（藏文作 Blo-bzan bstan-jin，蒙文作

---

1 蒙古文不分 o 和 u，“狼”词尾“-a”的分离，体现了正字法的特性，在拉丁文转写中，有时可能会考虑正字法，有时却不会。本文没有刻意遵守统一的拼写，因为这样难免会影响我们逐字讨论问题的精确性。在古典蒙古文中，börte ~ börtü 的意思是“多颜色的，杂色的”。Kretschmar，1938，p.10 根据一些早期“权威”（稍稍留意就会发现，这种权威简直是太多了）的意见，认为它的意思是“深冬的皮色”，从而将人名翻译成了“冬天的狼”（第 8 页）！更糟糕的是，她根据含混不清的谐音，将 cino（sic！）比定为突厥统治氏族的名字“阿史那”。将话题引向对这些参考文献的讨论，似乎并没有什么实际意义，我这样做的目的，是提醒那些贸然进入内亚研究领域的“通才”们注意他们面前的、等待着他们的、可怕的陷阱，因为这些人往往缺乏足够的文献学基础，只能依靠二手资料进行研究。Kretschmar 的著作在许多方面是非常值得称许的，但她总是想将狗与狼等同起来。就我们所关注的对传说的研究而言，这种观点是断然难以接受的，尽管 De Groot，1901，pp.265–271 已经十分坦率地承认这方面的错误。甚至在非常博学的 Lech 的著作（1968，p.180）中，也出现了“cino= 阿史那”这种荒谬的观点。

2 Šastina（1973）提供了一个有非常好的注释的俄文译本。

3 这里我没有引述鲍登的注释和我自己的评论，因为这些都与本文主旨无关。

Lubsan Danzan）在大约 1655 年完成的《黄金史》——要避免与经常被引用的《黄金史纲》（*Altan-Tobči Nova*）相混淆——就清楚地表现出了这一点。在这部书中，保留了大量其他蒙古史籍的内容，其中就包括《蒙古秘史》现已散佚的一种版本。《黄金史纲》对孛儿帖·赤那谱系的记叙方式，与《黄金史》或萨囊彻辰《蒙古源流》是相同的，但是其中有一段资料，突出表现了孛儿帖·赤那的神性。在谱系表中，有这样的记载："tegünü qoyin-a tngri-yin köbegün Börte čino-a törübe（在他之后，天之子孛儿帖·赤那出生了）。"（田清波《蒙古文献》第 1 卷，Mostaert，1952，p.186）*Šara tuji* 是一部由不知名作者在 16 世纪初期编著的史书，在这部书中，以很大篇幅逐字逐句引用了《蒙古秘史》、《黄金史纲》和《青册》（*Köke Debter*）等书中的内容。在描写了上述孛儿帖·赤那与豁埃·马阑勒的婚姻之后，书中将前者称为"天之子"。（tengri-yin köbegün Börte čino-a，参见 Šastina，1957，p.19）

不必多引蒙古史书中孛儿帖·赤那的资料了。需要回答的问题是：这些资料究竟是反映了当时流传着的传说，还是出于抄录史料的文牍习惯？我不怀疑第二种选择才是正确的。除了《蒙古秘史》，好像还没有一部史书反映出苍狼孛儿帖·赤那事实上是蒙古人的祖先这样一种观念，也没有什么地方将他列在蒙古谱系的开端。《蒙古秘史》开头段落反映出来的传说，在后来的史家撰著他们的著作时已经不存在了，虽然后来的史家偶尔也会提到孛儿帖·赤那那些超自然的联系，但是不能改变这样一个事实，即孛儿帖·赤那只不过是假定的成吉思汗祖先系列中的一员。

汉文文献中没有提到孛儿帖·赤那，所以以上意见如果说得到了汉文文献的证明，也只能是默证。《圣武亲征录》是最早的记述蒙古历史的汉文史书，这本书很可能是译自现在已经失传的蒙古史书，通过这部书可以将《圣武亲征录》与最早的编年史——通常称作《金册》（*Altan Debter*）——联系起来。中国历史上元朝的正史《元史》，吸收《圣武亲征录》甚多。《圣武亲征录》在记载成吉思汗的谱系时，只追溯到了他的八世祖脱奔·咩哩犍和他的妻子阿兰·果火，但是如果我们相信《蒙古秘史》的话，从孛儿帖·赤那向下，还另有十代。仅就文献证据看,《元史》和其他汉文史料反映出来的世系，代表了与《蒙古秘史》不同的、另外的一个传统（Hambis，1945，p.2）。

《金册》不仅为蒙古和汉族的史家提供了史料，而且为拉施特（Rashid ed-Din，1247–1318）在 1307 年撰著的《史集》提供了资料，而《史集》是研究蒙古历史最重要的史料。关于蒙古的起源，拉施特是这样记叙的（Smirnova，1952，p.9）：

> 关于蒙古人最初存在的详情，诚实可靠的突厥讲述者说，所有的蒙古部落都是早先逃至额尔德涅 – 昆（Ergene Qun）的两个人的后裔。他们的后裔中有一个名叫孛儿帖·赤那的受尊敬的贵族，是许多部落的首领，朵奔伯颜（Dobun bayan）和阿阑·豁阿就出自他的氏族。

在下文中，我将详细讨论额尔德涅–昆，在此我只需指出一点，拉施特明确说，他是从突厥讲述者那里听到这个故事的，而且对他来说，孛儿帖·赤那绝对是一个人，尽管作为脱奔·伯颜（朵奔伯颜）夫妇的祖先，他仍然是很重要的。人们普遍认为，朵奔伯颜和阿阑·豁阿夫妇（也是半虚构的）是成吉思的祖先，大多数蒙古宗谱都追溯到他们为止。

为审慎起见，我在这里准备讨论一下《蒙古秘史》和其他史料中提到的一段非常离奇而且颇有争议的记载。《蒙古秘史》的第 129 节，谈到了成吉思汗与他的主要对手札木合在答阑·巴勒主惕（七十沼泽）的一次交战，罗依果（Rachewilts，1974，p.56）的译文是这样的：成吉思“被逼迫到那里。札木合说：‘我们迫使他们躲避到斡难河的哲列涅峡谷里去了。’要返回的时候，他把赤那思（Chinos）的王子们活活煮在七十个大锅里……”

罗依果在这里加的“活活”（alive）殊无必要；这改变了叙述的平衡，使故事两种可能中的一种得到了加强。赤那思到底是死后被煮，还是活着被煮，在《蒙古秘史》中付之阙如，而我们也应当照此处理。

正如我们已经看到的那样，Chino = čino（赤那）= 狼。《蒙古秘史》中 Chino 采取了复数的形式。the princes of the Chinos（赤那思的王子们）可译作“狼之子”，因为 kö’üt 这个字的本义主要是指“诸子”。如果这个小小的“狼”部落有七十个“王子”的话，这也的确是令人吃惊的。赤那思（即“狼”）是成吉思在这次战役中指挥的十三圈子（古列延）之一。他们很可能负责保卫成吉思本人的安全。这使我们想起突厥可汗的侍卫也被称作“狼”。《圣武亲征录》提供了这条材料，并将它们称作一对部落（或一个部落分成两部），它们的名称分别是“建都赤那”（Gändü čino，雄狼）和“玉烈贞赤那”（Ülükjin čino，雌狼）。[1]《圣武亲征录》对答阑·巴勒主惕（即答兰巴泐主惕）战役的记载完全曲解了原义，与《蒙古秘史》大相径庭。在《圣武亲征录》中，札木合被成吉思汗击败了。札木合的军队不仅支起了七十口大锅来煮狼，而且将它们吃了。

主要依赖《圣武亲征录》的蒙古文原始形式的拉施特，对该事件的描述比较相近。他将成吉思描写为胜利者，不过在他的版本里，七十口大锅中煮的不是狼，而是人（O. I. Smirnova，1952，p.88）。我们可以将这些资料以表格的形式表示。

1　Pelliot-Hambis，1951，pp.37，131-135.

史料来源	成吉思	札木合	赤那思	
			性状	处 置
《蒙古秘史》	被击败	胜利者	人 / 兽	煮
《圣武亲征录》	胜利者	被击败	兽	烹食
拉施特《史集》	胜利者	被击败	人	煮

在一个富有学识的、主要处理文献问题的评注中，伯希和等（Pelliot-Hambis，1951，pp.135-139）正确地评论说,《蒙古秘史》的版本——成吉思汗才是失败者——是最可能反映历史真实的版本。有理由假定，正是那些在成吉思汗子孙统治下的阿谀逢迎的历史学家们（不要忘了，拉施特也是他们中的一员），将成吉思的失败变成了胜利，而《蒙古秘史》则或多或少保留了故事的原貌。其他所有版本都包含着内在的矛盾。无论赤那思是些什么人，他们都属于成吉思汗阵营，不管是死是活，被自己人烹而食之，都是不可能的。札木合则不然，作为胜利者，他很可能是希望堂而皇之地在败军身上报仇雪恨。

这里有两个问题必须回答。第一个问题是，煮在七十口锅里的"赤那思"，到底是"人"还是"狼"？另一个问题是，他们究竟有没有被吃掉？对这些问题，并没有确定的答案。但是就某种程度上而言，我们对第一个问题的反应有赖于对第二个问题的回答。伯希和非常正确地指出，这纯粹是对蒙古人食人肉习俗的一种故意的宣传。[1] 在食人宴上将七十个人烹而食之，确实不大可能。如果像《圣武亲征录》记载的那样煮吃七十匹狼，则不仅于情于理都有说服力，而且正如我们将要看到的那样，也可以达到相同的目的。人们可能要问，为什么要这么干呢？为什么编年史（或者不如说是说唱艺人）认为这种事值得记录，并且在这个故事里将它记载了下来？

---

1 关于这个问题，请参见 Sinor，1977，p.61。

将败军中的俘囚折磨至死是一回事，将他们在锅里——七十是个超自然的数字——煮了则是另一回事。所描述的事件显示出浓重的仪式色彩，使人联想到汉人的习俗。伯希和（第 167 页）认识到了这一点，并指出在《蒙古秘史》记述的其他事件中，也能够发现类似汉人仪式的事件。真是可惜呀，对此他没有进一步深究！吃掉敌人是一种献祭的方式，借此可以吸收敌人的力量，并宣告胜利者的权威。如果被击败的是一匹狼，则事情又要好得多；而如果恰巧狼又是被征服部落的祖先，则更可以大大提高献祭的效用。对札木合而言，吃掉象征性数目的被击败的赤那思，不是不可能的。最后他实际上这样做了没有，是另外一个问题。[1] 从仪式的角度而言，这种区别是无足轻重的。一个人可以通过吃掉对手来实现复仇和得到对方力量的目的，但是通过吃掉对手的“本原”，即对手力量的贮藏之所，可以达到同样的效果。仪式性地吃掉狼与实际吃掉被击败的狼，实质上是一样的。胜利者显然是通过摄取敌人的图腾来宣告自己的成功。您一定注意到了，我第一次使用这些早被滥用了的术语。

并没有蒙古人在仪式上吃人肉的证据。关于蒙古人吃人肉，我只知道一条孤证。亚美尼亚僧人海敦（Frère Hayton）在《东方诸国风土记》（*La Flor des Estoires de la Terre d'Orient*）中提到，有一位叫 Pervane 的人，曾经被伊利汗国的阿八哈汗（Il-khan Abagha）任命为一个省的总督，因为背叛了阿八哈而被处死。据海敦记载，这位叛徒的肉跟别的肉放在一起，供阿八哈和他的近侍们享用。[2] 海敦是蒙古人的朋友，所以这个故事应该是真的。如果真是这样的话，那么这个吃人肉的例证与札木合的事属于不同的类型。

由于没有新的材料，所以我们对答阑·巴勒主惕战役后发生的

1　关于吃掉敌人的习俗，请参见 Granet，1926，pp.162–170。Granet 在他的研究中，列举了将被击败的敌人放在锅里烹煮的资料。他在这方面的研究是无与伦比的。

2　RHC. Arm.，Ⅱ，p.180.

事件并不清楚。我研究这一问题的目的，主要是想说明，至少在有些蒙古人中间，狼的作用要比《蒙古秘史》中残留的孛儿帖・赤那传说中表现出来的作用重要得多。札木合的行为正是提供了在前帝国时代狼的重要性的证据。

关于窟穴

在上文分析汉文史料记载的祖先传说时，我指出要注意区别窟和穴这两种不同的类型。看起来，穴可能更多的是指具有相当规模的山间露天的盆状地形。据拉施特记载，早期蒙古人的居地就是这样一处很大而封闭的谷地。17 世纪的希瓦（Khiva）史学家阿布尔哈齐・把阿秃儿汗（Abulghazi Bahadur khan）的《突厥世系》（这部书主要是根据拉施特的记载，用察合台文写成）也有类似的记载。

我们可以根据这些史学家的记载，将这个传说略述如下。

在很久以前，乞颜（Kiyan）和诺古斯（Nukuz）两人在塔塔尔人的手里被打败，与妻子一起，逃进深山避难。他们在山里发现了一处与世隔绝的河谷，河谷周围环绕着不可攀越的大山，只有野羊踩出的一条小路与外界相通。这里土地肥沃，水草丰茂，有很多的果木和鸟兽。这个地方被称作额尔德涅 – 昆，拉施特和阿布尔哈齐对这个词提供了不同的语源。乞颜和诺古斯的后代不断繁衍，小山谷已经不能容纳他们了，他们想离开这里，但又不知如何离开。这时有一个精通冶金术的人提出了一条建议，他发现在山侧有些含矿的岩石，提议通过熔化金属来开辟一条通往外界的通道。按照这个人的建议，他们在靠山侧的地方敷设了许多木材（包括木炭），用马皮和牛皮制作了七十个风箱，并将风箱安放在七十个地方，点燃了木材。有了风箱的帮助，金属开始熔化，由此开通了一条道路，人们得以通过这条道路离开额尔德涅 – 昆。根据拉施特记载（I，2，p.9），他们的首领不是别人，正是孛儿帖・赤那。这位波斯史学家指出，“直到今天”，蒙古人在庆祝出谷纪念日的仪式上，统治者仍然使用铁匠的钳子，将一块烧红的铁放在铁砧上锤打。在统治者之后，其他高官显贵也跟着锤打铁块。[1]

这就是伊斯兰史料讲述的故事的要点。值得注意的是，与上文提到的传说 A 的《北史》版本中阿贤设扮演的角色一样，在这个故事中，孛儿帖·赤那也扮演了摩西的角色。解放者、狼、铁匠、窟穴在故事中结合成了一组，而拉施特（Ⅰ，2，p.184）的记载则使这种结合进一步得到了加强。根据他的记载，赤那思就是借助七十个风箱熔化铁山离开额尔德涅－昆的那些蒙古人。风箱的数字与我们上文见到的锅的数字也是一样的，札木合正是用七十口大锅煮了赤那思。

在传说中，冶金术与窟穴的联系是很清楚的；选矿、采矿与矿坑的关系当然也是显而易见的。如果说《周书》所记突厥人每年在先窟举行的仪式，与穆斯林史学家描述的情形大致相同，是大致合理的。虽然将突厥与蒙古等同起来是错误的，但是有些蒙古人早先可能就生活在突厥汗国之内，而蒙古帝国无疑也深受突厥的影响。突厥的习俗很容易就会留存下来，正如我们看到的，拉施特明确指出，额尔德涅－昆的传说就是根据“可信的突厥讲述者”的报告写成的。除了额尔德涅－昆，一切都清楚地表明，的确存在着一个将成吉思汗看作铁匠的传说。

成吉思的名字叫 Temüĵin（铁木真），不管有没有适当的理由，这个词在很早的时候，就已经被等同于突厥语和蒙古语的 temürči（n）（铁匠）。伯希和（1959，p.290）正确地指出，成吉思是铁匠的传说在 13 世纪中叶以前才成形。在圣方济各会士鲁布鲁克对蒙古人的记述中，就已经出现了这种说法，根据他的记载，成吉思被称作铁木真，“因为他是铁匠（quia faber fuit）”。半个世纪之后，亚

1　Rashid ed-Din，Ⅰ，1，pp. 77–78，153–56，160，184；2，p. 9；Desmaisons，pp. 31–33.

美尼亚人海敦说到（Bk. Ⅲ，ch.1.）“povre home fevre qui avoit nom Canguis”，即“一个叫成吉思的贫穷的铁匠”。伯希和还举出了其他一些反映同一个传说的文献资料。

这个传说是来源于铁木真这个词通行的词源呢，还是真实地反映了成吉思汗本人与冶金术之间的联系呢？对此我们还无法分辨。《蒙古秘史》详细记述了成吉思汗的童年时期，但是并没有发现与冶金术有任何蛛丝马迹的联系。如果要我选择的话，我倾向于认为这个传说与铁木真的词源有关。

现在，我们对突厥起源的传说及其在后来文献中遗存情况的调查，到了结束的时候了。关于这个问题当然还是有很多可以说的，但是我们相信，除非有新的文献、图像或石刻资料发现，我们在这里提出的主要结论是站得住的。我希望民俗学家能够找到本文未涉及的资料。对历史学家而言，最主要的问题还没有回答：我们是在突厥的传说中发现了蒙古的成分呢，还是后来的蒙古传说保留了突厥的主题呢？毋庸置疑，突厥人自己对他们的起源的意见也是不同的和相互矛盾的。正如我们在前文已经指出的，只有设想突厥汗国的人民是不同族群的大聚合，才能解释这种现象。

补遗：关于“煮赤那思”的问题。在完成这篇文章后，我在李盖提主编的《蒙古学研究》（*Mongolian Studies*，Budapest，1970，pp. 247−264）中，偶然读到了 Käthe U. Köhlami 写的《西伯利亚民族志中与蒙古秘史类似的故事》（Sibirische Parallelen zur Ethnographie der Geheimen Geschichte der Mongolen）。这是一篇很精彩的文章，在第255~257 页，作者列举了与在锅中烹煮敌人的故事类似的西伯利亚的例证。她还复制了叶尼塞地区发现的一幅非常值得注意的岩画，画中描述了烹煮敌人的场面。

参考文献[1]

缩略语：

AOH = Acta Orientalia Academiae Scientiarum Hungaricae

BSOAS =Bulletin of the School of Oriental and African Studies

CAJ =Central Asiatic Journal

HJAS =Harvard Journal of Asiatic Studies

JA =Journal Asiatique

JRAS =Journal of the Royal Asiatic Society

MIA =Materialy i Issledovanija po Arxeologii SSSR

SO =Studia Orientalia (Helsinki)

TP =T'oung Pao

ZDMG =Zeitschrift der Deutschen Morgenländischen Gesellschaft

Bawden, C. R. 1955. *The Mongol chronicle Altan tobči*. Wiesbaden.

Boodberg, Peter A. 1939. "The language of the T'o-pa Wei". *HJAS*. I, 167–185.

Chavannes, Edouard. 1903. *Documents sur les Tou-Kiue (Turcs) Occidentaux*. St. Pétersbourg.

——1905. "Les pays d'Occident d'après le Wei lio". *TP*. Ⅵ, 519–571.

Clauson, Sir Gerard. 1964. "Turk and Wolves". *SO*. ⅩⅧ. 2.

Daffinà, P. 1969. "La migrazione dei Wu-sun". *Revista degli studi orientali* ⅩLⅣ, 143–155.

De Groot, J. J. M. 1901. *The religious system of China*. Vol. Ⅳ, Book Ⅱ. Leiden.

De Rachewiltz, Igor. 1971. *The Secret History of the Mongols. Papers on Far Eastern History* 4. 115–164.

1 本书每篇文章后所附的参考文献，均依英文本原文。——编者注

——1974. *The Secret History of the Mongols. Chapter Four. Papers on Far Eastern History* 10, 55–82.

Desmasons. 1871–1874. *Histoire des Moguls et des Tatares par Aboul-Ghâzi Bèhadour Khan.* Ⅰ – Ⅱ . St. Pétersbourg.

Des Rotours, Robert. 1947–1948. *Traité des fonctionnaires er Traité de l'armée. Traduits de la Nouvelle histoire des T'ang.* Ⅰ – Ⅱ . Paris.

Esin, Emel. 1978. "Islâmiyetten önce Türk Kültür târihi ve Islâma giris". In: *Türk Kültürü el-kitabi.* Seri Ⅱ, Cild 1/b. Istanbul.

Franke, O. 1904. *Beiträge aus chinesischen Quellen zur Kenntnis der Türkvölker und Skythen Zentralasiens.* Anhang zu den Abhandlungen der königl. Preuss. Akademine der Wissenschaften. Berlin.

Granet, Marcel. 1926. *Danses et légends de la Chine ancienne.* Ⅰ – Ⅱ . Paris.

Grousset, René. 1939. *L'empire des steppes.* Paris.

Haloun, G. 1937. "Zur Üe-Tsi Frage" . *ZDMG.* XCI. 243–318.

Hambis, Louis. 1945. "Le chapitre CVII du Yuan che". *TP.* Supplément au Vol. XXXVIII .

——1956. "Notes sur Käm nom de l'Yénisséi supérieur". *JA.* 281–300.

Hirth, Friedrich. 1899. "Nachworte zur Inschrift des Tonyuquq". In: W. Radloff. *Die alttürkischen Inschriften der Mongolei.* Zweite Folge. St. Pétersbourg.

Hulsewé, A. F. P. 1979. *China in the Central Asia. The Early Stage: 125 B. C.–A.D.* 23. Leiden.

Kljaštornyj, S. G. 1965. "Problemy rannej istorii plemeni türk (Asina) . In: Novoe v sovetskoj arxeologii". *MIA.* 130. Moskva. 278–281.

Kljaštornyj, S. G. –Livšic, V. A. 1972. "The Sogdian inscription of Bugut revised". *AOH.* XXVI, 69–102.

Kreschmar, Freda. 1938. *Hundestammvater und Kerberos.* Ⅰ – Ⅱ . Stuttgart.

Lech, Klaus. 1968. *Das mongolische Weltreich.* Wiesbaden.

Liu, Mau–tsai. 1958. *Die chinesischen Nachrichten zur Geschichte der Ost-Türken (T'u- Küe) .* Ⅰ – Ⅱ . Wiesbaden.

Marquart, J. 1914. "Über das Volkstum der Komanen". In: *Abhandlungen der Königl. Ges. der Wissenschaften zu Göttingen.* NF. Bd. XIII, 25–238.

Mostaert, Antoine. 1952. *Altan tobči. A brief history of the Mongols by bLo. bzan bsTan'jin.* Scripta Mongolica Ⅰ . Cambridge, Mass.

Negmatov, N. N.–Sokolovskij, V. M. 1974. " 'Kapitolijskaja volčica' v Tadzikstane i legendy Evrazii". *Pamjatniki kul'tury. Novye otkrytija. Ežegodnik.* 1974, 438–458.

Pelliot, Paul. 1920. "A propos des Comans". *JA.* I, 125–185.

——1929. "Le mont Yu-tou-kin (ütükän) des anciens Turcs". *TP.* XXVI, 212–219.

——1959. *Notes on Marco Polo.* I. Paris.

Hambis, Louis. 1951. *Histoire des campagnes de Gengis Khan. Cheng-wou ts'in-tcheng-lou.* Leiden.

Pulleyblank, Edwin G. 1952. "A Sogdian Colony in Inner Mongolia". *TP.* XLI, 317–356.

——1966. "Chinese and Indo-Europeans". *JRAS.* 9–39.

——1970. "The Wu-sun and Sakas and the Yüeh-chih migration". *BSOAS.* XXXIII, 154–160.

Rashid ed-Din = Rašid ed-Din. *Sbornik letopisej.* I. 1. edited by A. A. Semenov, translated by L.A.. Xetagurova. Moscow–Leningrad 1952. I. 2. by A. A. Semenov, 0. I. Smirnova, B.I. Pankratov. Moscow–Leningrad 1952.

RHC. Arm. II. = *Recueil des historiens des croisades. Documents arméniens.* I – II, Paris 1869–1906.

Šastina, N. P. 1957. *Šara Tudži. Mongol 'skaja letopis' XVII veka.* Moscow–Leningrad.

——1973. "Lubsan Danzan. Altan tobči ('Zolotoe skazanie') ". *Pamjatniki pis'mennosti vostoka* X, Moscow.

Schaeder, Hans Heinrich. 1934. *Iranica.* Abhandlungen der Ges. der Wissenschaften zu Göttingen. Phil.-hist. Kl. Dritte Folge Nr. 10.

Schmidt, I.J. 1829. *Geschichte der Ost-Mongolen und ihres Füstenhauses, verfasst von Ssanang Secen Chungtaidschi der Ordus.* St. Petersburg–Leipzig.

Sinor, Denis. 1939. "A propos de la biographie ouigoure de Hiuan-tsang". *JA.* II, 534–590.

——1980. "Samoyed and Ugric elements in Old Turkic" . *Harvard Ukrainian Studies*, III – IV, 768–773.

——1981. "The Origin of Turkic baliq 'town' ". *CAJ.* XXV, 95–102.

Smirnova, O.I. 1952. See Rashid ed-Din I.1.

Vásáry, I. 1971. "Käm: an early Samoyed name of the Yenisey". In: *Studies Turcica* ed. L. Ligeti, Budapest, 469–482.

Watson, Burton. 1961. *Records of the Grand Historian of China.* Ⅰ – Ⅱ. Columbia University Press.

突厥文明的某些成分（6~8 世纪）*

罗 新 译
毕 波 校

在有关近期古突厥鲁尼文碑铭研究的一篇论证翔实的评论文章里，特里雅尔斯基（Tryjarski，1981）教授注意到一个事实，即早期一些研究古突厥文碑铭的、数量丰富而且质量极高的学术积累，助长了一种错觉的滋生，好像绝大部分相关问题已经被解决了，用不着做进一步探索了。这种情形有点类似突厥史的研究。沙畹划时代的《西突厥史料》（*Documents sur les Tou-kiue Occidentaux*，1903）——迄今有关任何中古内亚民族的最杰出的著作——好像霸占了那片研究领域。要到半个多世纪之后，在一个雄心不那么大的计划下，刘茂

* 本文得到 John Simon Guggenheim Memorial Fellowship（1981~1982）研究基金的帮助。

才（Liu，1958）收集了中文史籍中大多数有关东突厥的史料。看一眼我 1963 年提交的那个参考文献（Sinor，1963）的第 234~239 页就会明白，绝大多数真正有价值的突厥史研究，都是在第二次世界大战之前完成的，而且——虽然许多细节问题被反反复复地仔细考察——一些基础性工作还应该继续做下去。譬如，一部突厥的人物志（prosopography）就可以提供“指引服务”（signal service）。

这篇短文不打算宣称完成了这项研究，我也不认为我所说的会是该专题研究的结语。如果下面的论述微有裨益，那么不在于所给出的答案，而在于某些重要的问题将会被提出来以引起注意。

谈论一个民族的“起源”总是很冒险的，因为，打个比方吧，我们都是亚当和夏娃的后代。任何民族谱系的研究，要么是从相当武断地选定的一个时间点开始，要么——没有寻找太过精确的年代学依据——必须满足于考察一个或多个部族单位转变成一个新的部族单位的时间与境况。按照内亚的标准，突厥的民族谱系似乎提不出很多问题。

造成这种情况的原因是广为人知的。就语言已被深入了解并可精确断代而言，突厥是内亚诸民族中最早的一个，而且也是第一个以自己的语言留下重要历史资料的民族。这些史料——当然我指的是那些碑铭——所使用的方言，不仅被很好地研究并理解了，而且也把古突厥人与一个广泛分布于内亚及其他地区的民族集团——说突厥语的人——联系了起来。突厥史的研究，还得到空前丰富多样的相关文献资料的帮助，数量众多的中文和拜占庭文献补充了突厥自己的记录，还有一些零散的证据可以从其他多种资料中找到。尽管有这些和其他有利条件，古突厥的起源还是存在一些久被忽略的问题。

下面要做一点归纳性思考。公元 8 世纪中期，在蒙古居住着一个民族，名叫突厥，他们自己、唐朝人和罗马人都这样称呼他们，他们说一种突厥语。他们所说的突厥语把突厥人与其他突厥语民族联系起来了——无论是通过纵的还是横的关系——而且这样一个事实，即绝大多数说某种突厥语的民族都自称，也被称为突厥人，进一步明确地强化了这种联结。如果——逻辑上可行的话——8 世纪的突厥人确实是说着某种突厥语，就可以有把握地假设，6 世纪中期当他们在蒙古建立汗国的时候，他们使用着同样的语言。同样的名称，同样的人民，同样的语言。就我所知，这种过分简单化的观点还没有被质疑过，虽然它可能是完全基于理论和推理而来，有如法语的例子。伯希和（Pelliot，1934，p.106）以法语为例来警告对内亚的民族和语言轻易地进行勘同的做法："……语言甚至民族的名字常常会从一个团体传递给另一个团体；我们的法语属于拉丁语系的罗曼语，但是却用了一个据信属于凯尔特人的名称，我们自己就用一个日耳曼部落的名称来称呼我们的罗曼语。"

有关古突厥起源的中文史料有着可疑的价值，而且难以解释。最早的史料《周书》记录了两个传说。第一个把突厥视为匈奴的后裔，第二个说突厥的祖先起源于位于匈奴之北的索国。《隋书》称突厥为"平凉杂胡"。不幸的是，"胡"这个名称可以有两个解释：用作"野蛮人"的通称，或特别用于指称粟特人。《唐书》称突厥是匈奴北部的一个部落。有关匈奴起源之说，可能符合也可能不符合事实。中文史料习惯于把所有的北方野蛮人看作匈奴后裔，恰似拜占庭史料总把匈人、匈牙利人或蒙古人与斯基泰人联系起来一样。

《周书》所记的第二个传说，暗示了突厥人与黠戛斯人之间一种微弱的关联。[1]

更重要的关联很可能是存在于突厥和柔然之间。史实是众所周知的，为方便起见，这里做一概述。突厥首领土门为柔然统治者拒绝把女儿嫁给他所激怒，遂加入中原军队，并且在 522 年结束了柔

1　参看 Sinor，1982，p.228。

然在蒙古的统治。《隋书》记叙在 439 年前后，约五百家突厥人避难到柔然，成为柔然的臣民，直到发生上述的叛乱。很清楚，柔然在蒙古统治的结束是由于内部的冲突，即突厥的叛乱。因为史料没有提到一场入侵，也没有记录突厥兴起之后柔然人的命运，因此，可以安全地假设——而且我也看不出在此解释之外还另有选择——大批柔然人仍然留在那里，并被纳入了突厥汗国，一如突厥人在柔然统治时期的处境。问题可以这样问：柔然与突厥之间——在民族或语言上——有什么不同？前者的语言——尽管有一些不值得理会的说法——还是不知道的。不管有多少反复的尝试（包括我自己的努力），柔然的专名看不出突厥语的痕迹，这个事实提示我们，柔然的语言可能不同于突厥，假定 6 世纪的突厥人说着与两个世纪以后的突厥统治阶级同样的语言。总而言之，可以申明的是，中文史料所包含的可靠的历史信息本身，并不足以澄清突厥民族谱系的问题。已经散佚但为唐代的《通典》的编纂者所知悉的《突厥本末记》，或许能够使这个问题变得清楚些。不过，既然它已经不在了，下面我就自己试着做一点努力。

* * *

一

阿尔泰诸民族所使用的方向系统（the systems of orientation），已经得到了频繁、彻底的研究，较近的研究是科诺诺夫（Kononov，1977）所做的，他对突厥的术语学做了一些新的、正确的和有趣的观察。他以正确的语言学数据支持了科特维茨（Kotwicz，1927）所做的总的论断，并且确认了早先的发现，即古突厥的方向系统是面向东方的。这个事实已明白地记载于中文史料如《周书》中，根据中文史料，可汗的牙帐面向东方，因为突厥人礼敬太阳升起的方向。[1]

在现代突厥诸语言中，只有雅库特（Yakut）、Tofa（Karagas）、Sarïγ Uyγur和楚瓦什（Chuvash）显示了东向的痕迹。楚瓦什语mal"前"又有"东方"的意思，或者单独出现或者是在复合词中——mal enĕ，"前面 = 东方"（Sirotkin，1961）。在其他突厥（及蒙古）语言中，四个基本方向的名称则显示使用这些名称的人们有着一个南向的方向系统。

科诺诺夫注意到见于碑铭的突厥基本方向的名称，不同于见于回鹘文献中的方向名称。无疑，他所指的文献是发现于中国新疆及周边地区的那些——通常错误地把这整个地区说成是回鹘人的——因为，在非常少的文字资料中，有一块毫无疑问属于回鹘的磨延啜碑（the inscription of Šine-usu），却显示出东向来。在磨延啜碑里，表示"东"的词是öng，"前面，前部"。这一无可置疑的回鹘碑铭却显示出与突厥人所立的鄂尔浑碑铭同样的语言。科诺诺夫也指出，碑铭中表示"北方"的词ir、yir、yïr不见于其他突厥语言。古突厥的方向系统与较晚的其他突厥语言所反映出来的方向系统之间的区别，可以做两种解释。第一个，我们可以把古突厥的方向系统看作最早被所有说突厥各语言的民族共用的，后来这个系统逐渐被基于南向的另一种方向系统取代了。第二个，我们可以避免前一个解释，而简单地宣称，由于不同于其他突厥语言民族的方向系统，古突厥人的方向系统属于另一个文化体。这个问题的要旨早就被阿拉特（Arat，1963，p.180）认识到："从旧有文献来看，突厥有东向和南向两个方向系统。这肯定是与突厥人在不同时期所接触到的文化圈相联系的。我们对这些过程的细节还不能做清晰的审察。"

如果要寻找在古突厥方向系统里留下印记（或痕迹）的文化体，人们首先一定会想到蒙古或通古斯。蒙古基本方向的名称表明

1　Liu，1958，p.10.

他们采用一种南向的方向系统。[1] 通古斯语言的证据却不大明朗：女真、Ulcha 和 Nanay 语中表“东”的词是与表“前”的词联系在一起的（例如 Nanay 语的 ĵulesi、ĵulehi），而在满语和鄂温克语中，表“前”的词是与“南”联系在一起的。[2] 对乌戈尔和萨莫耶德民族中有关东向方向系统的线索，我做过一番调查（应当承认我做得并不彻底），没有得出什么结果，而且——由于缺少时间和专门技术——我未曾检查古亚细亚语（palaeoasiatic）的资料。就我们当下的目标来说，已有的证据足以让我们宣称，相对于普通突厥人（Turks in general）来说，古突厥人（Türks）的东向是不典型的。

二

自从班格（Willy Bang）在为马迦特的书（Marquart，1898）所撰序言中解决了古突厥文数字系统所涉相关问题以来，人们已经了解到，在这一系统中，那些两位数的数字，是由相邻的较高的成十的数（tens）来表示的。可是，在共同突厥语（common Turkic）里，成十的数是放在单位（个位）数的前面，比如，on üč“13”，在古突厥文里不仅顺序颠倒过来，而且要用下一个 10 的倍数而不是较低的 10 的单位：üč yegirmi“13”（= 3 20），bir otuz“21”（= 1 30），eki otuz“22”（= 2 30），等等。这个系统继续存在于黄回鹘（Yellow Uighurs）当中，例如 tiort ziγyrme“13”，per io'tys“21”，等等。[3] 普里察克（Pritsak，1955a）还在雅库特和一些通古斯方言里探查到这一系统的痕迹。

古突厥语的数字系统与其他突厥语言所使用的数字系统之间的差异（例外的是黄回鹘，他们明显是继承了古突厥人的用法），可

1　参看 Pelliot，1925，pp.230-234；Kotwicz，1928。

2　参看 Vasilevič，1971 和 Pelliot，1925，p.232。Vasilevič 没有提到后者。

3　参看 Tenišev，1976，p.72。

以有两个解释。按照第一个解释，我们不得不假设古突厥语的系统是最早的，曾经为所有突厥民族所使用；而后者，在某一个尚未确定的时间，转换成后来被广泛采用的系统。第二个解释是把古突厥语的计数方法看作一种特殊的、异常的、古老的系统，绝对不是突厥诸语言的共同特征。我倾向于第二个解释，不仅是因为基于历史逻辑的合理，而且我感觉它向那些反对这一解释的人，展示了为什么在其他突厥语中没有出现的这一古突厥系统，应当被视为最早被突厥各民族共同使用的原因。尽管有这些理论上的考虑，具体的证据却支持第二个假设。保加尔－突厥人（Bulgar-Turkic）的统治者——与鄂尔浑碑铭同时代——的序列，显示出“正常的”突厥计数方式。[1] 这样，在两组分别位于内亚世界的两端的最古老的、可断代的突厥纪念碑中，只有其中一组，即古突厥人（Türks）所刻写的鄂尔浑诸碑，显示了这种特别的数字系统。它不可能起源于突厥语言（Turkic）。

古突厥文也显露出另一种古老的数字系统的痕迹。在这个系统里，成十的数字（tens）位于单位数（ones）前面，而且两者是用单词 artuqï 连接起来的，artuqï 是 artuq 的第三人称所有格，意思大致是“增加的、额外的数字，超过”，例如 qïrq artuqï yeti“47”，otuz artuqï bir“31”。[2] 使用同一个连接词的同样的系统，还存在于雅库特人中，正如哈里托诺夫（Kharitonov，1947，p.145）在普及性讲演中特别提到的——otut orduga bīr“31”，aɣis uon orduga ikki“82”（8−10−orduga−2）。哈里托诺夫翻译 orduga 为 излишек его（它所增加的），Böhtlingk（1951，p.360）则翻译为 sein Rest（其余数）。就我所知，哈里托诺夫第一个辨识出古突厥文与雅库特语句法结构上的一致。巴赞（Bazin，1974，p.79）——在并不知晓哈里托诺夫著

1　参看 Pritsak，1955b，例如第 76 页。

2　关于这个系统以及前面提到的古突厥文的系统，参看较近出版的 Kononov，1980，pp.112−113。

作的情况下——也得出了同样的结论。

这两种为古突厥人（Türks）所用的表达两位数数字的系统，都不属于突厥语言（Turkic）。

三

正像本文前面提到过的那样，一部突厥的人物志可以提供“指引服务”。没有这样的人物志，要全面研究突厥的姓氏（anthroponyms）是不可能的。因而，这里要做出的几点论述可能只有暂时的价值，虽然已经足够——我希望是——让我立论了。我们知道多数的古突厥人名，他们出现在多种文字和语言中——中文、希腊文、粟特文，当然还有突厥文——而且，经常可以在以不同语言书写的史料里找到同一个名字。

中文转写外国人名的问题是众所周知的。尽管存在困难，可是对转写成汉字的那些原始名字的重构，却常常取得成功，特别是当知道本来的名字或名称时，或者至少能确认其所属语言时。比如，我现在想到的是中文转写的佛教术语。重构中文所记的突厥人名也是成功的。[1]“毗伽可汗”可以轻易地与 Bilgä qaγan 勘同，我们知道“设”就是 šaδ，“骨咄禄”就是 qutluγ，而且我们甚至可以破译中文里的回鹘可汗的名字“爱登里罗羽录没密施合胡禄汨咄禄毗伽可汗”（Ai tängridä ülüg bulmïš alp uluγ qutluγ bilgä qaγan）。然而，中文史籍里突厥统治者的姓名有 50 来个，怎么会在突厥文里只找到少数一些对应者呢？突厥统治氏族的姓氏阿史那无法在突厥文资料中找到，又该如何解释呢？

突厥文、粟特文铭文或中文史料中的那些姓名，对这些问题并

1　接下来我将满足于使用常用的 Wade-Giles 汉字转写法。只在勘同时使用，似乎没有必要让原文成为重建的古代发音的负担。

没有提供明确的答案。当然，其中可以找到许多明确的突厥名字，如毗伽可汗或阙特勤。但是，突厥汗国建立者、见于粟特文布古特碑铭的布民（Bumïn）的名字，或他的兄弟室点密（Ištemi），甚至著名的大臣暾欲谷（Tonyuquq）的名字，又怎么样呢？这些都不是突厥语名字。把克里雅什托尔内与里维施奇在他们有关粟特文布古特碑最重要的出版物（Kljaštornyj-Livšic，1972）中所提出的释读当作最终的定本，也许还为时过早。他们的释读里提到的 Taspar 可汗的名字确有一个突厥语的发音。[1]可是同样的话就不能用于他的合作统治者、同样见于布古特碑的 Nivar 的名字上，因为——除了极少几个著名的例外——词首的 n- 不见于古突厥文。[2]

对出现在拜占庭史料中的突厥人名的考察——如同 Moravcsik，1958，p.360 所列出的那样——可以得到近似的结果。只有少数可以与突厥语人名勘同，而且有两个甚至还不能认为源自突厥语。我指的是 Σπαρζευγόυν 和 Στεμισχάγαν。这两个名字中的第一个，Moravcsik，1958，p.290 释读为 Išbara yabγu，他之前和他之后也有学者做同样的释读。对于这一复原我的信心不大，不过这不是问题所在。没有一种突厥或阿尔泰语言的词语能够以 sp- 这样的辅音群开头。即使我们承认这个名字的第一部分确实对应 ïšbara，我们也只是简单地把问题从拜占庭材料那里转移给了古突厥文自身。因为罗马人没有理由会丢掉一个词首的 i-，我们不得不猜测这个名字或称号进入拜占庭史料（或耳朵？），是通过了一个不讲突厥语的中介，

---

1 两位作者把他与他钵可汗勘同，而且似乎接受了 S. E. Jakhontov 提出的这个名字的原始形式是 Tapar 的意见。可是如何解释 s 的缺失？把他钵读作 Tapar 的意见，伯希和（Pelliot，1949，p.183）已经提出来了。他当时不知道这个名字也出现于拜占庭史料中。在拜占庭史料中，它以 ταπάρης 的形式出现，而且是塞尔柱苏丹 Melikshah 的名字。参看 Moravcsik，1958，p.298。——我要极为犹豫地向那些能够切近地考察布古特碑的人提一个问题：在 Taspar 这个名字的词首，是不是真的存在一个 t？如果不存在，我们就可以把他与保加尔的统治者 Asparukh 勘同了；反过来，Asparukh 就可以或不可以与名字 / 称号 ïšbara 相对应了。

2 参看（例如）Kononov，1980，p.64。

这个中介所说的语言不像古突厥语那样要求在词首增补元音。

在 Στεμισχάγαν 的案例中，我们更有把握了，因为——毋庸置疑——这是出现在碑铭上的 Ištämi，中文写作室点密的名字的希腊文写法，是西突厥第一个统治者的名字。正如已经提到的，罗马人没有理由不写上原名中词首的 i-——如果它有的话。相反地，突厥人有很好的语言学的理由在辅音群 st- 之间增补一个元音 i-。可能希腊文的形式比出现在阙特勤碑上的那个更接近原始形态。毗伽可汗碑上这个名字的拼写就没有词首的 i-，而作 štmi 的形式。我希望我的论据可以站得住脚；如果不能，这个事实仍然存在——即使有一个词首的 i-——Ištämi 这个名字也不是突厥语。

出现在古突厥文中的人名、部落名及权贵的称号，既不是突厥语，也不是蒙古语或伊朗语，这个问题令李盖提感到困惑（Ligeti，1950）。他认为，经过柔然的中介，这些词语可能最终源自一种古亚细亚语组群（a paleoasiatic stratum）。

四

对出现在碑铭中、不属于共同突厥语词汇表的一些古突厥词语，我在三篇文章中已经做过考察（Sinor，1965，1979，1981）。我的结论是，它们源于乌戈尔语或萨莫耶德语，而且“关于突厥早期历史，它们有很多话要说”。萨莫耶德人与最早的突厥人之间的接触，已由顿纳提出（Donner，1924），他在一篇充满误解的文章里，竟提出了显然很准确的基本论点。李盖提（Ligeti，1950，pp.150–155）以坚实的语言学论据，证实了首先由斯格特（Schott，1864，p.442）提出的想法，斯格特在萨莫耶德语中找到了一个词，完全对应于《唐书》所记载的黠戛斯的一个有关一种特殊的“铁”的词语。对于李盖提认为黠戛斯只是到了 8 世纪才变成突厥语民族的观点，虽然我是不同意的，但我们之间的观点分歧对于眼前讨论的问题没有什么影响。正如李盖提本人也承认,《新唐书》明确记载黠戛斯的语言完全与回鹘一样(指蒙古高原的回鹘人，也即他们说与突厥人相同的语言)。一个萨莫耶德语词为黠戛斯人所用，清楚地表明这两种语言之间，以及两个民族之间，一定存在着接触。一个萨莫耶德词能够而且的确已经进入突厥方言，后者在较大的突厥汗国边界以内甚或超出这个边界的范围内使用着。我不得不全部同意李盖提的结论(第 53 页):“总之，我认为很可能萨莫耶德人，准确地说是南部萨莫耶德人，包括萨莫耶德人和奥斯提亚人(Ostiak)，是在一个比我们过去所承认的早得多的时间到达南西伯利亚中部的，在 6~7 世纪前后开始和高地亚洲诸民族发生接触。”

刚才引到的我那三篇文章所提供的证据，进一步，而且我希望是决定性的，支持了李盖提的论断。当然，8 世纪的突厥统治阶级是讲突厥语的。然而，在他们的葬礼铭文的庄重语言里，出现了常用概念如“词语”(ay, sab)或“马”(yunt)都用乌戈尔语和萨莫耶德语的词语的情况，这个事实表明，突厥文明内部的乌戈尔和萨莫耶德的成分是强大而活跃的，这些词语来自那些说这些语言的人，他们尚未从权势的中心消失。暾欲谷碑提到的 Mančud 很有可能就是 Mańśi，即沃古尔人(Voguls)。

五

我曾经详细考察了中文史料所载的三种突厥祖先传说(Sinor, 1982)。我得出的结论是，三者之间的差异是如此本质，以至于这些传说不可能被认为反映了部落的传统，更不要说是单一民族的传统了。一个部族体(ethnic entity)不可能拥有好几个有关其起源的、彼此在细节上颇有冲突的传统。中文记录的这三个祖先传说，反映了不同民族的传统，从中原人的视角看，他们都是突厥人(即他们都住在突厥汗国之内)，却有着彼此不同的传统。在对这些传说所做分析的基础上，我得出的结论是，这些突厥人（即突厥汗国的“国民”）是各有其起源的不同部落的聚合，其中可能还包含不讲突厥语的族群。

历史资料似乎也支持这些传说。

六

很少有人指出中文史料似乎区分了多种类型的突厥人。我这里既不是指东、西突厥的重要的两分，也不是指各种各样的部落单位，如同颇受注意的九姓乌古斯（Toquz Oghuz）。看起来中原人了解那些居住在突厥汗国之外的突厥人。我偶然碰见对下面这些族群的记载，但是很有可能这个名单是不全面的。进一步研究下去，可能还会发现记录其他突厥集团的资料。

a）记载吐蕃的《旧唐书》卷 196 下，提到穿白衣服的突厥人（白服突厥），显然接近葛禄（Qarluqs）。与吐蕃人结盟的白服突厥，在 789 年攻击了北庭。他们与回鹘的关系尚不清楚，不过显然他们不在回鹘的直接统治之下。[1] 正如汉密尔顿（Hamilton，1955，p.50）一样，我不大愿意把他们与河中（Transoxiana）地区穿白衣服的什叶派联系起来。与摩尼教徒联系起来的可能性更大些，但不能真正证明。《新唐书》所记的白眼突厥，可能是一个讹误。[2]

b）胡峤，一个为契丹效力的中原人，公元 947 年到 953 年间代表契丹人出游过一趟。他记录在达赉诺尔以西的某个地方，居住着妪厥律，明显是一个森林渔猎民族。再向西，在黠戛斯以北，他说有一种“单于突厥”（可能指单于的突厥，单于是古代匈奴统治者

1 参看 Pelliot，1961，p.60。

2 这些证据请参看 Mackerras，1972，pp.102–103，164。

所使用的称号)。他们的生活方式与黠戛斯和妪厥律相似。[1]

c)一部名为《唐丞相曲江张先生文集》的书,作者是 8 世纪中期的张九龄,由刘茂才翻译(Liu,1958,p.733),提到了默啜突厥。这个名字也出现在著名的编号为伯希和第 1283 号藏文写本中,转写作 Drugu' Bug-čhor。中文和藏文的转写都表示的是突厥文的 bäk~bäg~bük+čor~čur,是广为人知的突厥称号,东突厥第二个可汗(691~716)也曾拥有这个称号(其元音不能确定)。Bug-čhor(没有前置的 Drugu)出现在相当数量的吐蕃文书中,或许是一个地区的名称,可能就是罗布泊(Lobnor)。李盖提(Ligeti,1971,p.178)——在这个问题上他提供了最细致的讨论——似乎接受了这个观点,但没有提供线索解答为什么一个权贵的称号会用于命名一个地方(反之亦然)。克劳森(Clauson,1957,p.12)把 Drugu' Bug-čhor 认作东突厥的名字,这个观点遭到李盖提反对,明显是因为这个名字的第二个部分('Bug-čhor)的广泛使用。Czeglédy(1972,p.279)认为 bäg-čhor Türk 是指东突厥所控制的地区,而森安孝夫(Moriyasu,1980,p.175)以为"Bug-čhor 指第二突厥汗国衰亡后幸存下来的一个重要集团"。刘茂才(Liu,1958,p.733)认为默啜突厥指默啜可汗的党羽。这也许是一个有点限制性的解释,虽然我自己觉得这个名字——无论是在中文还是吐蕃文的转写中——比起作为地名来更像是一个政治称号。可能是感觉到 Bug-čhor 有可能指代甘肃的一个地名 Buγšur,而且不能对所有出现这个名字的情形做出解释,李盖提似乎提出了一个折中的意见:"无论如何,在那份报告(Pelliot,No. 1283)中,Bug-čhor 是一个地名,同时也是一个较小的部落联盟的名字。"

进一步追索这个难题不是我们的任务。然而,无疑默啜突厥是

---

1 参看 Chavannes,1897,pp.406-407。有关他们的大致位置,可以从 Hermann,1966,第 36 幅地图中获知。

一个真实的部族，并不简单地是一个地名。依据张九龄的记载，他们正卷入一场明显是同族残杀的冲突中，对象是黄头突厥。现在我们就把注意力转移到这个族群上来。

d）黄头突厥与默啜突厥一起出现在张九龄的书中。刘茂才（Liu，1958，p.388，732）把“黄头”译作 Gelber Turban（黄色的头巾），显然是不准确的。黄头这样的名字，完全符合突厥的族名系统，这个族名系统已经被许多族名证明，比如，16 世纪一个扮演重要角色的突厥部落名叫 Qïzïl Baš（红头）。

前面提到的胡峤述及黄头室韦，位于突厥汗国的东边，今蒙古的东北部。[1] 中文史料中室韦常常作为突厥的臣民出现，所以非常有可能黄头突厥这个名称与黄头室韦指的是同一个民族。《契丹国志》不仅提到了黄头室韦，还提到了黄头女真。不幸的是我手头没有此书，不能查清楚引得（这个我有）中所提到的三条黄头室韦材料中是否包含胡峤以外的信息，胡峤的记录都被《契丹国志》吸收了。

刘茂才（Liu 1958，p.732）把黄头突厥（他称之为黄头巾突厥）与“黄姓”联系起来，黄姓是突骑施的一个分支，[2] 另一个分支是“黑姓”。因为以颜色名作为部族名的情况是人所周知、广泛存在的，我不大愿意做如此勘同。在黄头突厥的名字中，我们不应当忽略“头”字。

e）胡峤的记录中有牛蹄突厥。[3] 他们是一个生活在苦寒之地的北方民族；他们是人身牛足。胡峤并不讨厌叙述像犬首人身人（Cynocephali）这样的神话民族，不过我不会把牛蹄突厥归入这一类别。首先，他们被称作突厥，一个可确认的著名的民族体（ethnic entity）的次级集团（sub-group）。其次，有独立的证据证明牛蹄突厥——无论这个绰号是怎么起源的——是一个真正的民族。已经提

1 Chavannes，1897，p.408.

2 Chavannes，1903，p.83.

3 Chavannes，1897，p.407.

到的第 1283 号藏文写本记有一个部落，突厥语（以吐蕃文字音译）称作 Ud qadaγlīγ，即牛蹄，这个部落的人有着人的身体和牛的蹄子。无论这个吐蕃文书包含什么样的信息，它记录的牛蹄部落无疑就是胡峤所提到的那个牛蹄突厥，这个勘同是由李盖提（Ligeti，1971，p.182）令人信服地做出的。中文与古藏文文献在内容上表现出大量重叠，由此又加强了它们的可信度。然而，即使只凭借吐蕃文书中列举突厥部落的突厥语名称（Ud qadaγlīγ）本身，它也无疑是反映牛蹄突厥的历史真实性的。

有些人表达了这样的观点，“牛蹄”这个名称，必定要理解为滑雪橇。或许首先提出这个荒谬想法的是马迦特那篇不可思议的文章（Marquart，1920，p.298），而他的权威，当然是合理地被其他人所信赖。这一主张较近期的支持者中，可以列举的有克劳森（Clauson，1957，p.17）和森安孝夫（Moriyasu，1977，p.31）。李盖提（Ligeti，1971，p.31）以怀疑的眼光审察了这个假想。正如我们现在要看到的，中文关于滑雪橇有一个非常好的、广泛使用的名称——“木马”。无论如何，这与我们的主题没有直接的关联。

f）在记黠戛斯的章节里（卷 217 下），《新唐书》提到滑雪橇的突厥人（木马突厥）。“木马”是中古中国人对雪橇的称呼；它出现在与一些民族发生联系的时候，还留有对该物体相当详细的描述。这些滑雪橇的突厥人有三个部落，其中两个还不能被辨识出来。第三个的名字“都播”，作为多个突厥人或非突厥人部落联盟的一个组成部分，常常被提到，而且这个名字幸存于阿尔泰地区的图瓦（Tuba/Tuva）突厥人的名称中，他们说图瓦语（Tuvin 或 Tofa，Tofa 即 Karagass），被认为是突厥化了的萨莫耶德人。[1] 根据史料，滑雪橇突厥人的酋长拥有“颉斤”（erkin/irkin）的称号，众所周知这是来自突厥语的中文转写。李盖提（Ligeti，1950，p.172）可能是正

1 参看 Ligeti，1950，pp.174–175。

确的，他详细考察了这个称号的多种形式及应用，宣称该称号为突厥人所借用，其起源尚不可知。对于他下面的说法我并不同意，他说木马突厥“与突厥人没有什么共同点，除了其名称，（他们）是滑雪橇的民族”（1950，p.175）。使用雪橇这个事实，并不能使滑雪橇的突厥人比起其他骑马的或不骑马的突厥人来更不像是突厥人。这一断言是依靠推理来假定突厥人通常的生活方式的最好例证。它也假定没有突厥人生活在突厥汗国的控制范围之外，并且没有突厥人（注意我这里说的是 Türks 而不是 Turks）能够生活在《新唐书》所记木马突厥所在的那样的环境中。更令人惊讶的是李盖提的观点，因为他相当正确地考虑到，使用雪橇并不足以证明木马突厥就是萨莫耶德人，而这是某些人所相信的。

接下来我愿对两个名称做一简短的考证，以此结束这一串列举，这两个名称是我们都非常熟悉的，但是其含义尚不明确。

g）Kök Türk 这个名称不仅引人思索，更糟的是，在相关研究中，它已经获得了它在突厥人自己的世界中肯定没有过的重要性。kök 这个词有许多意思，DTS 列举了 11 个。其中四个可以视为突厥的绰号（epithets）。

首先，kök 可以是“蓝”，由此 KöK Türk 就应当是“蓝突厥”。这是学者们最偏爱的意思，已经被德文著作普遍采用，在德文著作中 das köktürkische Reich 是东突厥汗国常见的表达方式之一。苏联学者也偏爱这个意思，比如古米列夫（Gumilev，1967）、伯恩什达姆（Bernštam，1946）等。其次，kök 还可以指代“天”，因此，Kök Türk 也可以解释成“天突厥”（Celestral Türk），这种看法是吉罗提出的（Giraud，1960）。再次，kök 也可以有“根、家庭起源”的意思。如果我们采用这个意思，那么 Kök Türk 就可以表示“原初的突厥人”这类的意思了，这个可能性——就我所知——还没有人想到过。kök 的第四个意思是特别合适的。DTS 第 312 页 kök 词条的第 3 条译文是“自由，独立”。麻烦在于这个意思得不到古突厥文的证实。另一个可能的假设是由冯·加班和科诺诺夫（A. N. Kononov 1978，p.173; 1980，p.44）提出来的。依据这个假设，在 Kök Türk 的语境中，kök（蓝色）一定是被赋予了突厥人方向系统的语义价值，因为突厥语的 kök 同时又表示“东方”，Kök Türk 就简单地意为“东突厥”。

Kök Türk 这个名称在鄂尔浑碑铭上只出现了两次，分别在阙特勤碑东面第 3 行和毗伽可汗碑东面第 4 行，两处所在的句子完全一样：idi oqsiz kök türk。DTS 第 312 页的俄语译文是 свободные тюрки без повелителя без родовых подразделений（自由的、既无君主又无氏族分野的突厥人）——这是到目前为止我见过的最满意的翻译。因而，实际上 Kök Türk 就只出现了一次，而这——无论我们采用 kök 的哪一个词义——难以解决由它带来的困扰。想象一下，突厥汗国的名称应当被提到，可是在碑铭中只出现了一次——在其他地方也没有出现过，这绝对是不切实际的。中文史料中没有与它相对应的名称。我非但不会给 Kök Türks 添加任何重要性，而且我怀疑，作为一个单独的民族或政治实体，它是否存在过。

h）自从突厥研究开始以来，九姓突厥的存在已广为人知。把他们勘同为鄂尔浑碑铭提到的九姓乌古斯（Toquz Oγuz）的做法也是被普遍接受的。不太知名的是它的古藏文译名，即在第 1283 号吐蕃文书中出现的 Drugu rus dgu “九姓突厥”。[1] 这个名称的第一次出现可以确定在 629~630 年。[2] 明显地，它不是指一个民族，而是指一个部落联盟，中原人视为突厥。类似的部族名称在唐代是相当普遍的。有著名的九姓回纥，也有三姓咽面，或三姓葛逻禄。[3] 把九姓突厥加到这个单子里，是免得让人觉得我忘记了他们。他们的确构成了突厥的一个特殊类别。

1　Ligeti，1971，p.179.

2　Hamilton，1962，p.27.

3　Hirth，1899，p.44.

* * *

在前面的几页里，我考察了突厥文明一些挑选出来的方面，想要澄清作为突厥汗国支柱的突厥民族的构成因素及其起源。即使我未能时常给他们贴上民族的或语言的标签，他们在突厥生活构造中的存在本身，就已经证实了突厥文明杂色镶嵌的风格了，这个文明是由一系列历史境况所造就的，是一个短命的、独特的混合体。

看起来，向东的方向系统和奇特的数字用法，都是古突厥（Türk）所特有的，而不是突厥语（Turkic）各民族所共有的。也不大可能——在数字的个案上我甚至要说不可能——古突厥人（Türks）所使用的系统，形成了总体的突厥语（Turkic）文化遗产的一部分，只是随着突厥汗国的解体，才被其他的、较晚的突厥（Turkic）人民所遗弃。更确切地说，应当假定这些突厥文明（Türk civilization）的与众不同的特征，可能有着非突厥语言（non-Turkic）的起源，是古突厥人（Türks）所特有的，或至少是其中一个主要组成部分——可能是非突厥语的——所特有的。人们只能猜测这些异质特征的根源。然而，正如第三部分所显示的，现有的突厥人名和权贵称号也包含许多非突厥语因素，其来源目前还不能搞清楚。第四部分提到的某些无疑是乌戈尔和萨莫耶德的名称，或许可以引导出其神秘来源的一个线索。第五部分涉及的有关祖先传说的研究，清楚地显示至少有三个不同的民族传统，存在于古突厥人（Türks）当中。最后，我总结了一些数据，表明中原人知道一定数目的突厥（不仅仅是说突厥语的！）民族，他们处在鄂尔浑突厥政治体的边缘，这也显示了重要的文明的变异。

所有这些，已经允许我们就古突厥民族的起源以及 6~8 世纪构成汗国的多种成分，得出一些结论来了。可以放心地宣称，这个汗国的人口中包含着一个重要的非突厥语（non-Turkic）的部分，他们在统治阶级里留下了其文明的印记。至少在8世纪，这个阶级是说突厥语的。它与像白服突厥、木马突厥这样的族群，保持着强固的，或许是语言的联结。这些联系是足以让中原人了解到的，因为中原人把这些民族置于同一个族群之内，统称为“突厥”（Türk）。我想这样说是安全的，即并非突厥汗国的所有居民都是突厥人（Türks），甚至并不都是说突厥语（Turkic）的，而且并非所有的古突厥人都属于突厥国家的统治阶层。

参考文献

缩略语同《突厥的起源传说》一文。

Arat，R. Rahmeti. 1963. Denis Sinor（Editor）: *Aspects of Altaic Civilization*，Uralic and Altaic Series 23，pp. 177–195.

Bazin，Louis. 1974. *Les Calendriers turcs anciens et médiévaux*，Lille.

Bernštam，A. 1946. *Social'no-êkonomičeskij stroj orkhono-enisejskikh tjurok VI-VIII vekov*，Moskva–Leningrad.

Böhtlingk，Otto. 1851. *Über die Sprache der Jakuten*，St. Petersburg.

Chavannes，Edouard. 1897. “Voyageurs chinois chez les Khitan et les Joutchen，” *JA*，1897，I，pp. 376–442.

——1903. *Documents sur les Tou-kiue（Turcs）Occidentaux*，St. Pétersbourg.

Clauson，Sir Gerard. 1957. “A propos du manuscrit Pelliot Tibétain 1283，” *JA*，pp. 11–24.

Czeglédy，K. 1972. “On the Numerical Composition of the Ancient Turkish Tribal Confederations，” *AOH*，XXV，pp. 275–281.

Donner，K. 1924. “Zu den ältesten Berührungen zwischen Samojeden und Türken，” *JSFOu*，XL，1.

DTS. 1969. *Drevnetjurkskij slovar'*. Leningrad.

Giraud，René. 1960. *L'Empire des Turcs Célestes*，Paris.

Gumilev，L. N. 1967. *Drevnie tjurki*，Moskva.

Hamilton，James Russel. 1955. *Les Ouigours à l'époque des Cinq Dynasties*，

Paris.

——1962. Toquz-oγuz et On-uyγur, *JA*, pp. 23–63.

Herrmann, Albert. 1966. *An Historical Atlas of China*, new edition, Chicago.

Hirth, Friedrich. 1899. "Nachworte zur Inschrift des Tonyuquq," in: W. Radloff, *Die alttürkischen Inschriften der Mongolei*, Zweite Folge, St. Pétersbourg.

Kharitonov, L. N. 1947. *Sovremennyj jakutskij jazyk*. Jakutsk.

Kljaštornyj, S. and Livšic. 1972. "The Sogdian Inscription of Bugut Revised," *AOH*, XXVI, pp. 61–76.

Kononov, A. N. 1977. "Terminology of the Definition of Cardinal Points at the Turkic Peoples," *AOH*, XXXI, pp. 61–76.

——1978. "Semantika cvetooboznačenij v tjurkskikh jazykakh," *Tjurkologičeskij sbornik*, Moskva 1975 (sic!)

——1980. *Grammatika jazyka tjurkskikh runičeskikh pamjatnikov* VII – IX *vv*, Leningrad.

Kotwicz, W. 1927. "Sur les modes d'orientation en Asie Centrale," *RO*, V, pp. 68–91.

Ligeti, Louis. 1950. "Mots de civilisation de Haute Asie en transcription chinoise," *AOH*, I, pp. 141–185.

——1971. "À propos du 'Rapport sur les rois demeurant dans le Nord'," In: *Études tibétaines dédiées à la mémoire de Marcelle Lalou*, Paris, pp. 166–189.

Liu, Mau-tsai. 1958. *Die chinesischen Nachrichten zur Geschichte der Ost-Türken* (*T'u-küe*), I – II, Wiesbaden.

Macherras, Colin. 1972. *The Uighur Empire according to the T'ang Dynastic Histories*, University of South Carolina Press.

Marquart, J. 1898. *Die Chronologie der alttürkischen Inschriften*, Leipzig.

——1920. "Skizzen zur geschichtlichen Völkerkunde von Mittelasien und Sibirien," *OZ*, VIII, pp. 289–299.

Moravcsik, Gyula. 1958. *Byzantinoturcica*, 2nd edition, Berlin.

Moriyasu, Takao. 1977. "À propos des tribus de l'Asie Centrale qui se trouvent dans les sources tibétaines: Dru-ge et Hor," *Journal of Asian and African Studies*, XIV, pp. 1–48.

Pelliot, Paul. 1925. "Les mots ɑ̀ H initiale aujourd'hui amuie dans le mongol des XIII e et XIV e siècles," *JA*, 1925, I, pp. 23–106.

——1934. "Tokharien et koutchéen," *JA*, 1934, I, pp. 23–106.

——1949. "Notes sur l'histoire de la Horde d'Or," *Oeuvres posthumes* II, Paris.

——1961. "Histoire ancienne du Tibet," *Oeuvres posthumes* V, Paris.

Pritsak, Omeljan. 1955a. "Die Oberstufenzählung im Tungusischen und Jakutischen," *ZDMG*, CV, pp. 184–191.

——1955b. *Die bulgarische Fürstenliste und die Sprache der Protobulgaren*, Wiesbaden.

Schott, W. 1864. *Über die ächten Kirgisen*, Abhandlungen d. königl. Ak. d. Wiss., Berlin, pp. 429–474.

Sinor, Denis. 1963. *Introduction à l'étude de l'Eurasie Centrale*, Wiesbaden.

——1965. "Notes on the equine terminology of the Altaic peoples," *CAJ*, X, pp. 307–315.

——1979. "Samoyed and Ugric Elements in Old Turkic," in Eucharisterion, Essays Presented to Omeljan Pritsak on His Sixtieth Birthday = *Harvard Ukrainian Studies*, III – IV, pp. 768–773.

——1981. "The Origin of Turkic balïq 'town'," *CAJ*, XXV, pp. 95–102.

——1982. "The Legendary Origin of the Türks," in: *Folklorica: Festschrift for Felix J. Oinas*, edited by Egle Victoria Žygas and Peter Voorheis, Indiana University Uralic and Altaic Series 141, pp. 223–257.

Sirotkin, M. Ja. 1961. *Čuvašsko-russkij slovar'*, Moskva.

Tenišev, Ê. R. 1976. *Stroj saryg-jugurskogo jazyka*, Moskva.

Tryjarski, Edward. 1981. "Die alttürkischen Runen-Inschriften in den Arbeiten der letzten Jahre, Befunde und kritische Übersicht," in: *Altorientalische Forschungen* VIII, pp. 339–352.

Vasilevič, G. M. 1971. "Nekotorye termini orientacii v prostranstve v tungusoman.'čžurskikh i drugikh altajskikh jazykakh," in: *Problema obščnosti altajskikh jazykov*, edited by O. P. Sunik, Leningrad, pp. 223–229.

内亚史上的马与草场*

文 欣 译
罗 新 校

马在内亚文明里的关键作用为世所公认。骑马弓箭手的形象也理所当然地成为一种象征，代表了一种力量，正是这种力量建立起历史上的一些即使不是最持久，也一定是最大的国家。在火器主宰战争以前，一支训练有素、领导有方的内亚骑兵部队——只要有足够的规模并充分供应马匹——在面对定居社会的军队时，几乎是战无不胜的。对于那些伟大的游牧军队的骑兵战术，已有的讨论虽不免肤浅，但数量却不少，所以这里不拟涉及。本文主要考察那些决定游牧军队强弱，并进而影响草原帝国兴衰的经济因素。如果说加农炮可被称为文艺复

* 本文是美国哲学学会（American Philosophical Society）支持和资助的一个较大研究计划的成果之一。笔者对此深表谢意。

兴时期军事上 Ultima ratio regis（“国王最终的撒手锏”），那么马就是内亚国家的 Ultima ratio regis。所以《元史·兵志》在谈到蒙古人时有理由说“元起朔方，俗善骑射，因以弓马之利取天下，古或未之有”。[1]

内亚的马，尤其在其对气候的适应能力及坚毅程度上胜于其他一切战马，从斯基泰时期到二战一直如此。最早的记载可回溯到希罗多德。在描述大流士对斯基泰的战役时，他说：“在这些战斗中斯基泰的骑兵总是击败波斯的骑兵。”在内亚的另一端，2 世纪时的《汉书》做了相似的赞美：“今匈奴地形技艺与中国异，上下山阪，出入溪涧，中国之马弗与也。”[2] 而在 1245 年，当方济各会的教士柏朗嘉宾准备他开拓性的蒙古之行时，对于那里情况更熟悉的基辅居民便警告他，如果他要骑马继续前进的话，“马匹都会死的，因为雪很深，它们不像鞑靼人的马那样知道如何挖出被雪覆盖着的草，而它们又不能找到别的可吃的东西，况且鞑靼人既没有麦秸，也没有干草和饲料”。[3]

另一个外来的观察者也发现了内亚马相对中原马的优越性。16 世纪末的耶稣会士利玛窦（Matteo Ricci）说：“明朝军队有很多马匹，但它们已经退化，缺乏战斗品质，听见鞑靼人的马的嘶叫声，就会乱作一团，所以在战斗中特别没用。”[4]

---

1 S.Jagchid–C. R. Bawden, “Some Notes on the Horse Policy of the Yüan Dynasty,” *CAJ*, X, 1965, pp.246–268 at 246. 原文引自《元史》卷 100，中华书局标点本，第 2553 页。札奇斯钦原文引百衲本《元史》作“元起朔漠，俗善骑射，因以弓马之利，取天下，古或未之有”。见札奇斯钦《论元代的马政》，收入《蒙古史论丛》（下），学海出版社，1980，第 830 页。——译者注

2 转引自 H. G. Creel, “The Role of the Horse in Chinese History,” *The American Historical Review*, LXX, 3, 1965, pp.647–672 at 657。中文引自王先谦《汉书补注》，中华书局，1983，第 1073 页。——译者注

3 译文据 *Mission to Asia*, edited by Christopher Dawson（Harper Torchbooks, 1966）, p. 52。

4 转引自 Morris Rossabi, “The Tea and Horse Trade with Inner Asia During the Ming,” *Journal of Asian History*, Ⅳ, 1970, pp.136–168 at 139。

虽然内亚小型马的品质非常适宜军事，但仅凭这一点还不能建立游牧的大帝国。这种马的驯养在内亚史上广泛存在，但也仅有少数几个驯养这种马的民族才成功建立起了较为持久的国家。在司马迁眼中，匈奴是“盗与马”之国。对他和其他无数的汉族史家来说，这些野蛮人本质上是“逐水草而居”的游牧民，“毋城郭，常处耕田之业”。[1]现在我们知道很多所谓“游牧民族”都有城市以及从事某种农业生产，但陈见很难廓清，大量研究内亚、突厥和蒙古的现代著作仍倾向于将他们描绘成拥有无尽的马匹供给、在无边的草原上骑马漫游的样子。这种理想化的图景无法反映无论历史还是军事、经济方面的实情。“游牧”帝国的统治者们必须面对马匹短缺的困难，而且有证据表明，他们的军队也包括步兵。

在为纪念突厥可汗的弟弟阙特勤所立的碑上，描述了一场战争，其中提到（731）他徒步作战（东面第32行）：Kül tegin yadaγïn oplayu tägdi（阙特勤徒步冲锋）。[2]在叙述另一场突厥人的战争时，暾欲谷碑里说得更清楚（第1碑西面第4行）：iki ülügi atlïγ ärti, bir ülügi yadaγ ärti（三分之一的人骑马，三分之一的人徒步）。[3]

另一个突厥人的大帝国——回鹘帝国，也使用步兵。西内乌苏（Shine-usu）碑中有一段文字，其他方面的意义很模糊，但清楚提到获胜的汗的五百名步兵（bis yüz kädimlig yadaγ）。[4]马可·波罗在他的游记中也多处提及蒙古人的步兵。当乃颜和海都反叛大汗

1 参见 Burton Watson，*Records of the Grand Historian of China: Translated from the Shih chi of Ssu-ma Ch'ien*（Columbia University Press，1961），Ⅱ. p. 255。

2 V. Thomsen，"Inscriptions de l'Orkhon déchiffrées，" *Mémoires de la Société Finno-Ougrienne*，Ⅴ（Helsingfors，1896），p. 108.

3 Cf. S. E. Malov，*Pamjatniki drevnetjurkskoj pis'mennosti*（Moskva–Leningrad，1951），p. 61.

4 Cf. S. E. Malov，*Pamjatniki drevnetjurkskoj pis'mennosti Mongolii I Kirgizil*（Moskva–Leningrad，1959），p. 37.

时，据他记载，“他们聚集起大批骑兵和步兵攻击大汗”。[1] 为平叛，忽必烈“征集骑兵三十六万，步兵十万”。在深入描写此次冲突时，马可·波罗又说忽必烈的“大部队是骑兵”，也就是说，并非全部。他还解释了步兵的用途：“各骑兵后多有一人执矛相随，步兵全队皆如是列阵。”[2] 参与战争的士兵数目实在惊人，“盖双方之众有七十六万骑，可云多矣，而步卒之多尚未计焉”。[3]

虽说如突厥、回鹘等游牧大帝国的军事力量无疑基于骑兵，但如上引材料所见，步兵也偶尔被运用。武断的概括会将突厥—蒙古人机械地等同于牧马民族，并假定所有的突厥—蒙古国家都有充足的、不断的、无穷无尽的马匹供给。以上所引便是想要纠正这一看法。但这些事实却也无损于我前面的结论，即大的内亚国家的军事力量基于可靠的马匹供给。[4]

蒙古人拥有的马匹数量令柏朗嘉宾震惊，谈到蒙古人时他说：“他们拥有如此之多的牡马和牝马，我都不相信世界其余地区所拥有的也能有那样多。”[5] “鞑靼人骑了一天的马，在接下来的三四天就不再骑了，所以他们不担心会使马疲劳过度，他们拥有数量充足的马匹。”[6] 马可·波罗对马数的估计更高，“每人大约有18匹公、母马，正在行进的马一旦疲劳，就会有新马替换”。[7] 在16世纪初，奥地利皇帝派往沙皇俄国的使者Herberstein指出，俄罗斯的鞑靼人出发去

---

1 A.C. Moule-Paul Pelliot, *Marco Polo*, *The Description of the World* (London,1938), I, p. 194.

2 A.C. Moule-Paul Pelliot, *Marco Polo*, *The Description of the World*, I, p. 197. 中译文引自冯承钧译《马可波罗行纪》，上海书店出版社，1999，第184、186页。——译者注

3 A.C. Moule-Paul Pelliot, *Marco Polo*, *The Description of the World*, I, p. 199. 中译文引自冯承钧译《马可波罗行纪》，第186页。——译者注

4 这对于最初并不养马的女真人也适用，关于他们对骑兵的有效使用，参见Jing-shen Tao（陶晋生），“The Horse and the Rise of the Chin Dynasty,” *Papers of the Michigan Academy of Science, Arts and Letters*, LIII, 1968, pp.183-189。

5 *Mission to Asia*, p. 8.

6 *Mission to Asia*, p. 47.

7 A.C. Moule-Paul Pelliot, p. 173.

劫掠时，每人要准备两三匹马。[1]而在描述去往汗廷的艰苦旅行时，柏朗嘉宾说："我们清晨起身赶路，天黑以前不吃饭，多次在到达时已经太晚，晚间也吃不上饭，直到第二天早上才被发给本应前晚就吃的东西。只要马匹能够奔跑，我们就尽快前进，不需要吝惜马匹，因为我们每天要新换几匹马，而那些掉队的也会追上来。"[2]

中原人对于马在军事上的重要意义也很清楚。一名宋代的高级官员曾说："西北二敌所以能抗中国者，惟以多马而人习骑，此二敌之长也；中国马少，又人不习骑，此中国之短也。……朝廷常以所短御所长，是以十战十负，罕有胜理。今议者但欲益兵破敌，不知无马且不能为兵也。"[3]

在他之前和之后的很多战士和政治家，也持同样看法。但意识到问题只是找到解决办法的很多步骤中的第一步，而中原人总是不能找到很好的办法。简而言之，很容易明白这个问题是无法解决的。这有几个原因，最重要的是中原没有广袤的草场，因而就不能为军队提供充足的、优质的马匹。唯一的补救办法是进口，但用这些马匹装备骑兵来对付的目标——草原游牧民族，却是仅有的、可能的供货商。对于作战有重要意义的战略物资，却只能通过与敌人的贸易得到。

内亚的社会——同一切其他人类社会一样——之所以被组织起来，就是要确保其成员的生存，向他们提供食物、居所、衣服，以及进行攫取、建设和生产所必需的工具。拉铁摩尔指出草原生活是"基于一种完全自足的经济模式。其自身的资源可以满足衣食住行的基本需要，甚至可以提供燃料（牛粪）。并且，它也不排斥小规

1 *Rerum Moscoviticarum Commentari*（Basel，1571），p. 89.

2 *Mission to Asia*，p. 61.

3 H. G. Creel, "The Role of the Horse in Chinese History," *The American Historical Review*，LXX，3，1965，p. 667. 这位官员即宋祁，引自《景文集》卷29《论复河北广平两监澶郓两监》，收入《丛书集成初编》。——译者注

模的采矿和冶金，这从考古材料即可看出。草原的游牧民在需要时可以撤入草原深处，完全断绝与其他社会的联系。虽然是可能的，但实际上他们很少过这样纯粹的游牧生活，这种生活方式可以说只是一种假设。而所有我们能够了解的历史上的情况，都有证据表明，存在着贸易或朝贡方式的交换，这对草原游牧生活相当重要”。[1]

在草原民族垂涎的货物中，奢侈品（如丝、宝石、珠宝等）最常被提及。但在我看来，它们相比布匹、武器和谷物的贸易实际较为次要。[2] 但无论草原民族买入何种物品，他们只出产一种他们定居的邻国急需的产品——马。

中原与西、北方蛮夷的马匹贸易早在汉代就有记载。余英时认为，在中国历史的大部分时间里，“中国丝绸与胡族马匹的交换贸易尤其值得引起我们的注意。可能正是这种交易类型一直在国家层面和个人层面上进行着，从而不仅成为汉代，而且也是其后的朝代……胡汉经济交往的主要特点”。[3] 他还举了鲜卑部落停止与中原王朝马匹贸易的一个有趣事例，而中原人成功突破了这一对他们军事力量有严重影响的阻碍。卖往中原的鲜卑马和牛数量可观，仅在222 年，就有 7 万匹（头）卖往曹魏。[4]

与回鹘的马匹贸易虽并非全无问题，但总体相当活跃。因为大

---

1 “The Geographical Factor in Mongol History,” *The Geographical Journal*，XCI，1938，reprinted in *Studies of Frontier History*，*Collected Papers 1928–1958*（Oxford University Press，1962），pp.241–258 at 253.

2 人们经常忽视内亚牧民对于谷物的需要。而牧群数量剧减引起的饥荒是对游牧生活的持续威胁，也是他们多次对外侵略的原因。对此的精辟见解，参见 Sechin Jagchid，“Trade，Peace and War between the Nomadic Altaics and the Agricultural Chinese”，《政治大学边政研究所年报》第 1 期，1970 年，第 35~80 页。恶劣天气造成牛的数量的毁灭性损失，至今仍困扰蒙古经济。1967~1968 年冬天酷烈的暴风雪，造成蒙古人民共和国 380 万头牛的死亡（*Yearbook on International Communist Affairs 1969*，edited by Richard F. Staar，Hoover Institution Press，1970，p. 599）。

3 *Trade and Expansion in Han China*（University of California Press，1967），p. 200. 译文引自余英时《汉代贸易与扩张》，上海古籍出版社，2005，第 164 页。——译者注

4 *Trade and Expansion in Han China*，p. 110.

体上，回鹘统治者与唐朝关系相对融洽，故而愿意提供马匹——当然价格不菲。回鹘将自己置于忠诚的纳贡者的位置，不断遣使去唐朝都城，这些使者的奢侈花费对唐朝财政是沉重的负担。差不多 8 世纪中叶时，回鹘试图每年卖给唐朝数万匹马，每匹马要价 40 匹丝绸。[1] 这种要价过高而马匹质量又差的贸易，对于陷入内部政治分裂的唐朝来说非常不利，而这些马却是作为“贡品”进入中原的。929 年，吐谷浑和党项派往中原的使臣人数翻了几番，[2] 这时，枢密使安重诲提醒后唐明宗，交换“贡品”马匹的费用，加上招待使臣的花销，将是马匹真正价值的两倍还多。但明宗并未理会，他说：“国家尝苦马不足，每差纲收市，今番言自来，何费之有？外蕃朝贡，中国锡赐，朝廷常事，不可以止。”[3]

12 世纪时，宋朝建立了一个特别的马匹交易机构（茶马司）。马价用茶叶支付，这种交易持续到明朝。“茶与马的联系如此紧密，因此官员们不断要求茶法和马署由同一个人监管……在宋人看来，政府对茶的控制是迈向理性、高效的马政的第一步。”[4] 例如，1392 年 30 万斤的茶叶换来了一万多匹马，它们“立即被送往边疆以用于防务”。[5]

征服农业地区的游牧民族面临特殊的困难。例如在 10 世纪，原先游牧的沙陀便不能维持其骑兵。据估计——这可能是在牧场不足

1 Colin Macherras, *The Uighur Empire* (*744–840*), The Australian National University, Centre of Oriental Studies, Occasional Paper 8 (Canberra, 1968), p. 56.

2 此处与《五代会要》和《册府元龟》的记载不合，似乎是作者所据译本对原文理解有误。——译者注

3 James Russell Hamilton, *Les Ouighours à l'époque des Cinq Dynasties* (Presses Universitaires de France, 1955), p.107. 此处译文据《五代会要》，中华书局，1998，第 354 页。——译者注

4 Morris Rossabi, "The Tea and Horse Trade with Inner Asia During the Ming," *Journal of Asian History*, Ⅳ, 1970, p.142.

5 Morris Rossabi, "The Tea and Horse Trade with Inner Asia During the Ming," *Journal of Asian History*, Ⅳ, 1970, p.145.

的情况下——维持一名骑兵的花费是步兵的五倍。[1] 尤其有意思的是元朝养马的数据。当他们在中原立足，就失去了足以支持满足军队需求的马匹的牧场，蒙古人就必须面对前代中原王朝所遇到的类似的困难。强征得到的马匹并不能适应军事需要。1260 年，忽必烈统治时期关于马政的第一道圣旨便称“除出征官员并正军征行马匹，及上赴朝廷人所骑马外，但有骣马，拘收见数”。[2] 但以农业为主的中原不能提供足够的马，最后一次强征只得到了 7 万匹，而非计划中的 10 万匹。甚至宗教机构也不能幸免。1287 年的一道圣旨称：“汉地和尚、也里可温、先生（即道士）、答失蛮，有马者，已行拘刷。江南者，未刷。僧道坐寺观中，何用马？”[3] 这一措施的结果很不乐观，仅得到了 1503 匹马。官方的解释“汉地和尚、也里可温、先生出皆乘轿，养马者少”，也许可以成立。这一事件的全过程可视为进一步的证据，说明尤其在中国南方，用马数量是多么的少，而元政府为军队提供马匹的需要又是多么的迫切。参考札奇斯钦和鲍登提供的证据，马可·波罗所描述的忽必烈对海都作战的军队中存在大量步兵，应该是正确的，使用步兵并非出于任何军事方面的考虑，而是不得已之举。用札奇斯钦和鲍登的话说，这种圣旨“首先说明当北方宗王们叛变，蒙古本土和产马地区都被遮断之时，元朝皇帝们所遭逢的困难；其次说明所谓归顺的‘叛王’们，一旦离开了他们的本土，他们也因缺乏马匹的供应，既无法继续与朝廷相抗衡，也无力规复他们既失的领土”。[4]

---

1 Wolfram Eberhard, *Conquerors and Rulers*, 2nd edition（Leiden，1965），pp. 152–153.

2 S.Jagchid and C. R. Bawden, “Some Notes on the Horse Policy of the Yüan Dynasty,” *CAJ*, X, 1965, p.256. 此处原文作“忽必烈可汗关于马政的第一道圣旨，是在他即位的第一年所发的”（《论元代的马政》，840 页）。而塞诺称之为“The very first decree of Qubilai’reign issued in 1260”，塞诺的理解似乎有偏差。——译者注

3 S.Jagchid–C. R. Bawden, “Some Notes on the Horse Policy of the Yüan Dynasty,” *CAJ*, X, 1965, p.262..

4 S.Jagchid–C. R. Bawden, “Some Notes on the Horse Policy of the Yüan Dynasty,” *CAJ*,X, 1965, p.256. 中译文引自札奇斯钦《论元代的马政》,《蒙古史论丛》（下），第 840 页。——译者注

如前论及，当条件良好时，马是内亚草原经济唯一能够实现大量剩余生产的商品。它既可以出口——如前所述，绝大多数时候中原王朝都是潜在的买家——也能用于战争。对于内亚游牧民族，战争并不像克劳塞维茨所说的那样是外交政策的另一种延续，而是一种旨在得到必需品和奢侈品的以物易物的方式。两种行为——和平贸易和远征劫掠——的成功都依赖于有足够数量和质量的马匹。而马是依赖于草场的。

前文引用了柏朗嘉宾对于蒙古马适应严酷环境能力的评价。它们不依赖人工饲料喂养这一点，为众多中文史料所证明。《蒙鞑备录》称："日间未尝刍秣……随其草之青枯，野牧之。至晓……并未始与豆粟之类。"[1] 其他 13 世纪的材料证明，蒙古人的马不用喂食，只需在草原上放养。实际上，根本不可能为蒙古军队如此数量的马匹提供食料。

根据 19 世纪下半叶清朝远征新疆时的估计，一匹马一天消耗食料 0.03 石。虽然时代较晚，但同种马在几个世纪中食量应不会有太大变化。根据同一材料，一头骆驼可载重 2 石，所以十万匹马一天的食料就要一千五百头骆驼来运输！[2] 虽然史料中并未说明，但有理由认为，蒙古人在他们的重要战役中所使用的那种规模的骑兵军队——别忘了每个士兵有好几匹备用马——必须依赖于草场。否则马的给养会引起后勤保障的困难，即使是蒙古人的军事和组织天才，也很难克服这种困难。

寻找足以支持其大军的草场并非轻而易举，蒙古的军需官员为此忙得不可开交。据波斯历史学家志费尼（Juvaini，约 1252~1261）

---

1 S.Jagchid-C. R. Bawden, "Some Notes on the Horse Policy of the Yüan Dynasty," *CAJ*, X, 1965, p.248. 中文引自王国维《蒙鞑备录笺证》，收入《王国维遗书》第 13 册，上海古籍出版社，1983。札奇斯钦原文引正中书局版《蒙古史料四种》，有脱字。——译者注

2 Wen-djang Chu, *The Moslem Rebellion in Northwest China, 1862-1878* (The Hague, 1966), p. 183.

记载，当 1252 年蒙哥大汗准备出征时，“额勒赤（elchis）们被遣先行，去保存世界国王（指旭烈兀，Hülegü ）的军队可能通过的所有牧场和草地，始自杭爱山，从哈剌和林一直到别失八里之间；一切牲畜都被禁止在那里放牧，以免牧场受害或草地受损。所有花园一样的山区和平原均被封禁，不许畜群之齿在那里嚼草”。[1] 1303 年，当敌人点火烧毁了马料，断绝了蒙古马匹的供养，伊利汗国的合赞汗（il-khan Ghazan）不得不推迟了他对叙利亚的进攻。“鉴于马匹可能找不到食物”，合赞汗决定推迟进攻直至春季“新草长起之时”。记录这些事件的亚美尼亚人海敦带着一丝苦涩的爱国情绪评价道：“这些鞑靼人重视马胜于他们自己。”[2] 对草场的破坏甚至也会使一支规模较小的部队瘫痪。彼得大帝的使者 Evert Isbrand 前往清廷途中即遇到巨大困难，因为敌对的蒙古人在干草场上放火，“每天我们都有几匹马饿死”。[3]

草和水是游牧战争的基本前提。两者的有无决定了“游牧”军队规模及其可作战范围的大小。拿破仑的将军南索蒂（Nansouty）在远征俄国时抱怨说：“这些马真不爱国！人不吃东西可以继续行军，而马没了干草就不动弹了。”这话是普适的道理。943 年，阿尔勒的 Hugh 为了摆脱匈牙利雇佣军，建议他们远征掠夺西班牙。他甚至友善地向他们提供了一个向导。可是，在通往科多巴（Cordoba）的路上他们要经过一片缺水地带，由于担心马和他们自己的生命，他们杀了向导，返回意大利。[4] 在 1242 年 3 月，一个蒙古军的支队追赶逃跑的匈牙利国王贝拉四世（Béla Ⅳ），到达达尔

1　John Andrew Boyle，*The History of the World-Conqueror by 'Alaad-Din' Atamalik Juvaini*，Ⅰ－Ⅱ（Manchester University Press，1958），Ⅱ，p. 608. 中译文引自《世界征服者史》，何高济译，翁独健校，内蒙古人民出版社，1981，第 725 页，参照英译略有改动。——译者注

2　*La flor des estoires des parties d'Orient, in Recueil des historiens des croisandes. Document arméniens*，Ⅱ（Paris，1906），pp. 199–200.

3　Adam Brand，*Relation du voyage de Mr.Evert Isbrand...en 1692,93,94*（Amsterdam，1699），p. 83.

4　*Liudprandus episcopus Cremonensis, Antapodosis*，Liber Ⅴ，19 in MGH.SS. Ⅲ，p. 332.

马提亚（Dalmatia）的 Split 城。Split 城的执事托马斯（Thomas）在描写这一事件时，明确地说蒙古主帅合丹（Qadan）只带来了其军队的一小部分，因为“草不足以供给他的全部马匹，因为这是三月初，还有很厚的霜”。[1] 尽管当地的喀斯特山地本就较为荒芜，缺少草的原因可能并非仅仅是三月的霜，但这一记载，却提醒我们讨论内亚军队对作战时间的选择。

如我们所见，蒙古马不仅耐寒，也善于从雪下觅食，并可以依靠树枝、树皮等一切植物性食物为生。在条件最好的草原地区，秋天高草渐渐枯萎、倒伏，并互相缠绕，如果雪不是特别厚的话，这就是食草动物的一个巨大的草料库。[2] 如果研究蒙古人发动大战役的时间，那么很可能会发现很多都在秋季。但我所据的资料并不足以使这点成为定论。事实是，蒙古军队的马匹在秋天总是“准备好战斗”的，其他内亚的军队可能也如此。谈到蒙古人的养马方法时，13 世纪上半叶的一个中国学者说：“自春初罢兵后，凡出战好马，并恣其水草，不令骑动。直至西风将生，则取而控之，系于帐房左右，啖以些少水草，经月后膘落而实，骑之数百里，自然无汗，故可以耐远而出战。”[3] 814 年礼部尚书李绛上唐宪宗书也说明了这一点。上书这样谈及回鹘：“北狄贪没，唯利是视，比进马规直，再岁不至，岂厌缯帛利哉？殆欲风高马肥，而肆侵轶。”[4] 碰巧，这里也提到马在交易和作战中的交替运用。

---

1 Thomas Spalatensis archidiaconus, *Historia Salonitarum*, 39, ed. A.F. Gombos, *Catalogus Fontium Historiae Hungaricae*（Budapest, 1938）, p. 2242.

2 Cf. S. A. Pletneva, “Pečenegi, torki i polovci v južnorusskikh stepjakh,” in *Trudy Volgo-Donskoj arkheologičeskoj êkspedicii*, Ⅰ, edited by M. I. Artamonov, MIA. 62, 1958, pp.151–226 at 187. 这里我使用 range 一词在当今美国的意义，即用来放牛或其他牲畜的一片草地。

3 S.Jagchid–C. R. Bawden, “Some Notes on the Horse Policy of the Yüan Dynasty,” *CAJ*, Ⅹ, 1965, p.249. 这个学者是徐霆。中文引自王国维《黑鞑事略笺证》,《王国维遗书》第 13 册。《黑鞑事略》为彭大雅所著，但所引部分出自徐霆的疏证。札奇斯钦原文引正中书局版《蒙古史料四种》，少一“则”字。——译者注

4 Mackerras, op.cit., p. 98. 中译文引自《新唐书 · 回鹘传上》，第 6126~6127 页。——译者注

游牧经济需要广阔土地，并要求人口相对分散。每平方英里的草原可以承载多少马取决于很多因素，以及每年的天气情况。但不论精确的数字如何，在特定的年份，一个政权控制下的草原所能供养的马数总有个最大值。如果我们把马视为一种商品——在内亚经济中，它无疑就是商品——我们可以发现它有以下几个显著特点。

首先，马无可替代。在游牧经济依赖的五种家畜（马、骆驼、牛、绵羊、山羊）里，只有马能用于作战。

其次，一匹马可以连续几年使用，使用时间比再养一匹马来替代它的时间要长。因此，如果没有外在因素如饥荒、疾病或战争造成的减产，一群马的数量会快速地成倍增长。但人也会通过阉割来控制这个过程并提高种群质量。

再次，游牧社会内部对马的需求变化不大，内部市场很容易饱和。用现代术语来说，马对于内亚游牧民族是一种耐用消费品，其“使用价值”并不与数量成比例增长。就像不论一个中央供暖系统有多好，一间屋中也不能安放太多。如果增加的马匹不能用以获得内亚经济所没有的货品，马匹的无限增长就并不是好事。因此马的“交换价值”就非常大，这不仅因为马可以大量饲养——毕竟羊和牛也如此，也因为在买家看来，马在一种主要的人类活动——战争中的作用无可替代。

为了在生存水平上达到自给自足，内亚的牧民必须保持分散。[1]如果因为政治或经济原因——比如想得到自己不出产的货品——牧民们决定建立某种规模上的强大的集权国家，所引起的畜群密集就会使草场不再能够负担。过度放牧会很快降低草场的负载能力。而由于经济形态单一，新的草原国家就要出口多余的牲畜以保持牲畜

1　Owen Lattimore，*Inner Asian Frontiers of China*，American Geographical Society Research Series No.21（New York，1940），在第 331 页详细论及此问题。

数量与草场面积的合适比例，[1]或者利用马匹数量的增长来进行战争。我们可以假想一个整个工业只出产坦克的现代国家，来与内亚游牧帝国比较。这个国家要生存，就要出口坦克，或者使用坦克，来得到自己不出产的产品。虽然马的用途更多，但数量如果超过了一个峰值，在出产国就不能被有效利用。如果贸易不可能，而战争又打不赢，游牧国家就得解散，来保证个人的生存。大规模行动需要的马群集中在和平情况下很难维持，但一旦分散，牧马人总能在草原和森林里找到东西维持自己和马群的生活。

马和坦克的比较还可以包括供给这方面。就像燃料是坦克最基本的需要，马离开食物也不能生存。上述已有几个例子说明，找到合适的牧场是骑兵的大问题。即便在现代社会，草还是比汽油好找，但并非到处都能找到大到足以饲养一个游牧帝国的马和其他牲畜，并能提供军队所需的牧场。内亚大军的活动范围深受这一因素的限制。我认为，若将自然条件对内亚骑兵在军需上造成的限制考虑在内，有关内亚史的很多难解的现象都可以变得更加明了。

因此在我看来，人们常说的成吉思汗要毁掉中原北部的城市，并将其变为牧场的想法，是基于对军事需要的准确判断，而非出于破坏性的野蛮。契丹大臣耶律楚材曾提出，“天下虽得之马上，不可以马上治”，这包含了人道与政治的考虑，[2]但如我们所见，它最终削弱了蒙古人对中原的控制。

蒙古入侵匈牙利鲜活地表现了蒙古军队对草场的依赖。即便根据蒙古人的标准，匈牙利战役也是一场大战，而它的进程，则是一

1 在这方面到现代情况都没有大变化。1957 年，牲畜及其副产品的出口占了蒙古对苏联总出口的95%。参看 George G. S. Murphy, *Soviet Mongolia*（University of California Press，1966），p.195。

2 参考罗依果的精彩文章，“Yeh-lü Ch'u-ts'ai（1189–1243）: Buddhist Idealist and Confucian Statesman,” in *Confucian Personalities*，edited by Arthur F. Wright and Denis Twitchett（Stanford University Press，1962），pp.189–216 at 201。中文引自苏天爵辑撰《元朝名臣事略》，中华书局，1996，第 76 页。——译者注

个战略上的杰作。进攻在 1241 年春发起，匈牙利的抵抗计划立刻崩溃。蒙古军队在多瑙河左岸集结，于 1241 年圣诞渡河。河的西岸，在外多瑙（Transdanubia）地区，蒙古人向奥地利边界进发，然后，如我们所知，向西南转往亚得里亚海。虽然百战百胜，甚至没有遇到什么反抗，蒙古人却在 1242 年忽然撤出匈牙利，对这一行动，没有令人比较满意的解释。[1] 离开匈牙利的军队在南俄草原驻扎，并在此留居长达几个世纪，这里的草原较大，足以保证牧群的生存。我认为，蒙古军撤出匈牙利正是因为拔都遇到了后勤补给的困难，并意识到匈牙利大平原（Alföld）不足以提供其军队所需。

匈牙利大平原被视为欧亚草原地带的最西端，这无疑是对的，但喀尔巴阡山将它与欧亚草原隔开。平原的 Cisdanubian 部分，亦即所谓 Nagy Alföld 地区，占地约十万平方公里，合 24710400 英亩。而蒙古人的家乡，今天的蒙古人民共和国，总面积为 1565000 平方公里，其中五分之四，即 1252000 平方公里是草原。[2] 在 1918 年现代的畜牧业引入之前，这片蒙古草原养活了 1150500 匹马、1078400 头牛、228700 头骆驼和 7188000 只山羊。[3] 在蒙古和在美国一样，每 5 只羊被视为与 1 匹马、1 头牛、1 头骆驼同样的一个"畜牧单位"（animal unit）。那么 1918 年蒙古的牲畜约合 3895200 个畜牧单位。为简明起见，我们将匈牙利草原的面积估算为蒙古的十二分之一，则其承载能力应为 322933 个畜牧单位。但因为匈牙利大平原从来不是全都适合放牧，所以这个数字是大大地被高估了。森林和沼泽占据了整个平原的不少面积，而用于农耕的土地也一直在增加。一片较为高产的草原，10 英亩面积可供一头牲

---

1 柏朗嘉宾说，从匈牙利撤军是由于窝阔台之死（cap. Ⅸ，36，ed. Van Den Wyngaert，*Sinica Franciscana*，Ⅰ，Firenze，1929，p.121）。但只有当整个军队，或至少拔都本人返回蒙古参加新大汗的选举时，这种说法才能讲得通。尽管柏朗嘉宾的记录价值极高，但其很多内容却非常不准确。

2 参看集体撰写的 *Mongol'skaja Narodnaja Respublika*（Moskva，izd. Nauka，1971），p.164。

3 *Mongol'skaja Narodnaja Respublika*，p.169.

畜吃一个月，也就说是，支撑一头牲畜一年需要 120 英亩的草场。[1] 根据这一点，匈牙利平原最多可承载 205920 个畜牧单位，而蒙古草原的数字则为 2500000。按每个牧民只有 3 匹马计算，在没有其他牲畜的前提下，匈牙利大平原可承载 68640 个牧民，但这种前提根本不可能实现。有太多难以确定和未知的因素，因此不能认为这种推算是精确的。不过，根据以上数字，再加上一点常识，应该可以推论匈牙利大平原无法支撑一个游牧的"超级大国"。当时的史料记载了蒙古入侵之后匈牙利的饥荒，以及侵略者为自己和牲畜觅食的努力。[2] 匈牙利大平原的承载能力不能长期支撑蒙古军队，正是因为认识到这一点，拔都才将部队撤往喀尔巴阡山以东，那里的草原承载力至少是匈牙利的五倍。

匈牙利大平原的承载能力不足，也可以从以下事实看出。与蒙古草原的游牧"超级大国"不同，匈牙利大平原上的部落在冬末春初发动战争，[3] 此时食物不足，侵略者可以掠取攻击对象冬天囤积的粮草，以及春天的新草。在意大利、中欧和西欧，都没有足以在一段时期内支撑一支重要"游牧"军队的草原。[4] 与蒙古草原的各个游牧"超级大国"相比，留居匈牙利的欧亚草原中部的游牧民族从未

---

1 Marion Clawson, *The Western Range Livestock Industry* (New York, Toronto, London, McGraw Hill, 1950), p. 55. 对草场承载能力的估计，从 2 英亩 /（牲畜 · 月）直到超过 16 英亩 /（牲畜 · 月）都有。具体到蒙古草原的承载能力，参考 Herold J. Wiens, "Geographical Limitations to Food Production in the Mongolian People's Republic," *Annals of the Association of American Geographers*, XLI, 1951, pp.348–369 at 358–362。Wiens 所给数据与 Clawson 所引有相当差距。

2 Rogerius, *Miserable Carmen super destructione regni Hungariae per Tartaros*, cap. 36. ed. Szentpêtery, *Scriptores Rerum Hungaricarum*, Ⅱ (Budapest, 1938), p. 582.

3 参看 Cs. Bálint, "Honfoglalás kori sírok Szeged-Öthalmon," A *Móra Ferenc Múzeum Évkönyve*, 1968, pp.47–89, 80–81。

4 一个较晚的材料反映了日耳曼人明了匈牙利人对草场的需求。Ottokar von Steier 写于 1300 年前后的 *The Oestrreichische Reimchronik* 提到 13 世纪中期的事件时说匈牙利人"除了草场"(wan daz ir phert haben gras) 别无所求。Ed. Gombos, *Catalogus fontium historiae Hungaricae* (Budapest, 1938), p. 1793.

真正威胁到欧洲定居国家的生存。中国，或至少其大部分土地，反复被多个游牧民族占领，而拜占庭和罗马却从未屈服于游牧民族的进攻，而且他们也无法征服中欧和西欧的日耳曼部落。所有被认为是匈人或阿瓦尔人的部落均不能聚积起如匈奴、突厥或蒙古那样的力量。阿提拉的军队在很多方面都有日耳曼特性，而且即使在获胜时，他们也并未表现出游牧军队那种巨大的军事优势，这种优势是以几乎无限的马匹供应为标志的。因此，我认为，喀尔巴阡山谷地的草场基本不能支撑这样的一支游牧力量。居于欧亚草原西端的游牧民族，若不将其经济由游牧转向农耕，便不能维持生存。和其他一切地方一样，这里游牧军事力量的经济基础取决于本地的植物类型，而这不是政治领袖们所能控制的。

北方野蛮人之贪婪

胡　鸿　译
罗　新　校

可以说中国历史最显著的特征是中原与野蛮人的对抗，更确切些，是与北方和西方的野蛮人——那些草原上的民族的对抗。为了给漫长的斗争提供精神支柱，需要一个对敌人系统而有条理的“诬蔑”，因而中文的历史著作中富含对野蛮人的贬义描述。或许是出于（历代）中原人对野蛮人看似一致的态度，描述民族（ethnic）的许多套话开始演化，渐渐创造出野蛮人的一个标准图样。[1] 这个

1　关于描述野蛮人的民族套语，已经有丰富的文献和著作。我本人写过一篇《野蛮人》[“The Barbarians,” *Diogenes*, Vol. 18（1957）, pp. 47–60]。此外，本文从许多著作中获益匪浅，其中有：Kilian Lechner, Hellenen und Barbaren im Weltbild der Byzantiner（dissertation, München, 1954）; Anderás Gráf, “Antik hatások a korai bizánci irodalom etnográfiai tudósitásáiban,” *Egyetemes Philologiai Közlöny*, Vol. 57（1933）, pp. 24–33, 100–105, 231–234; Vol. 58（1934）, pp. 76–79, 176–180; Bohumila Zástěrová, “Les Avares et les Slaves dans la Tactique de Maurice,” *Řada společenských Věd*, 81, 3, Praha, 1971。我处理这个问题的方法很大程度上得益于葛兰言（Marcel Granet）的著作和教导。白桂思（Christopher Beckwith）先生非常热心地帮助我查找了一些中文材料。

进程是我们自己的文明和时代所完全熟悉的，它也是种族和民族偏见的重要伴生物。人们常用希腊术语“惯用语”（topos），来指称出现在历史著作或民族志中的这类“标准说法”。在这篇短文里，我计划对它们中的一个，以跨越许多世纪和整个亚洲的视野进行一番考察。

* * *

所谓“夷狄贪婪”，是中国史家最钟爱的惯用语，在写作于大约公元前 3 世纪的《左传》中就出现了“戎狄豺狼，不可厌也”；[1]“（报者倦矣）施者未厌，狄固贪婪”；[2]“戎狄无亲而贪”。[3]公元前 2 世纪，司马迁在对匈奴入侵的描述中使用了“贪婪”这两个字（greedy and avaricious）：“往往入盗于汉边，不可胜数，然匈奴贪，尚乐关市，嗜汉财物，汉亦尚关市不绝以中之。”[4]

说到突厥人，《旧唐书》写道“突厥之兵，虽众而不整，君臣之计，唯财利是视”，[5]“回纥征求无厌”，[6]发出了同样的叹息。它还写道：“胡人贪冒。”[7]“胡”也是野蛮人的一个常用名称，这里很可能指粟特人。《新唐书》说：“北狄贪没，唯利是视。”[8]从中文文献中摘选类似的句子，可以列一个无限（ad infinitum）长的表。Hilda Ecsedy

1　Ed. S. Couvreur，*Tch'ouen ts'iou et Tso tchouan*，Ho Kien Fou，1914，Vol. Ⅰ，p.209.

2　Ed. S. Couvreur，Vol. Ⅰ，p.362.

3　Ed. Couvreur，Vol. Ⅱ，p.203.

4　Translation by Burton Watson，*Records of the Grand Historian of China*（Columbia University Press，1961），Ⅱ，p. 177;《史记》卷 110，北京，1959，上海重印，1964，第 2905 页。

5　卷 194 上，第 5158 页。

6　卷 195，第 5209 页。

7　卷 194 上，第 5159 页。

8　卷 217 上，第 6126 页。

提供了有关吐蕃的参考材料，他翻译为“吐蕃性贪忍，其求无度”。[1]

在一篇值得为人所知的、富有开创性的文章里，札奇斯钦引用了公元1世纪下半叶班固《汉书》中的话“夷狄之人贪而好利……人面兽心”，并评论道，“这样的说法在中文史籍中在在可见……他们（野蛮人）的行为被描述成‘贪而好利’（covetous for gain），‘其逐利，如鸟之集’”。[2]札奇斯钦引《汉书·匈奴列传》：“其与中国殊章服，异习俗，饮食不同，言语不通，辟居北垂寒露之野……圣王禽兽畜之，不与约誓，不就攻伐。约之则费赂而见欺，攻之则劳师而招寇……来则惩而御之，去则备而守之……羁靡不绝，使曲在彼，盖圣王制御蛮夷之常道也。”[3]

* * *

与班固非常相似的观点，出现在九百多年后的一个希腊语文本中。

在以拉丁文 *De administrando imperio* 为题的著名的拜占庭治国手册里，皇帝康士坦丁二世波菲罗吉里特斯（Constanine Ⅱ Porphyrogenitus）[4]，给了年轻的王子罗马努斯二世（Romanus Ⅱ）一些有力的忠告，告诉他怎样统治这个帝国。关于野蛮人——帝国永久的敌人，他对其特点做了这样的概括：“要知道所有北方的部落都有一种对钱财如饥似渴的贪欲，这贪欲好像深深植根于他们的本性，从来不会满足。他们渴求一切，贪逐一切，有着无限无边的欲

1 “Uigurs and Tibetans in Pei-t'ing（790–791 A.D.），” *AOH*，Vol. XVII，1964，pp.83–104 at 83，95.《旧唐书》的相同部分也是伯希和翻译的，*Histoire ancienne du Tibet*（Paris，1961），pp.59–60。

2 “Trade，Peace and War between the Nomadic Altaics and the Agricultural Chinese，” *Bulletin of the Institute of China Border Studies*（National Chengchi University，1970），Ⅰ，pp.35–80 at 37.

3 Ibid，p. 38.

4 康士坦丁二世疑误，当作七世。——译者注

望，总是热切地冀望更多，总想用很少的付出换取巨大的回报。所以，对这些胡搅蛮缠的要求以及厚颜无耻的臣服请求，必须加以拒绝，并且要用雄辩的演说和谨慎而聪明的理由进行驳斥。”[1] 似乎是要用一个具体的例子来支持这个总体的论述，谈起讲突厥语的佩切涅格人（Pechenegs），皇帝说：“现在这些佩切涅格人，他们贪婪得如饥似渴，强烈地渴望占有他们所稀有的物品。他们垂涎丰厚的赠礼，从来不知道羞耻。质子们为他们自己和妻妾、侍卫的辛苦而索要礼物，还有些人甚至为自己坐骑的消耗伸手索取。当帝国的使者到佩切涅格人的国家时，他们首先就索要皇帝的礼物。而且，充分满足了男人们的贪欲后，他们又会为妻子和母亲索要礼物。而且，所有护送使者返回 Cherson 的随从们都会向他索要报酬，为了他们的辛苦和坐骑的消耗。”[2]

蒙古人对柏朗嘉宾的接待，正是上述使节们面对一连串贪欲十足的官员的痛苦经历的一个生动例证。1246 年 2 月的上半月，这位教皇的使节刚刚离开基辅，很快遇上了一个阿兰（Alan）官员，他“使自己成了世上最难讨好的人，不愿意向我们提供任何服务，除非我们答应给他礼物。认识到不这样做很可能一步也前进不了，我们答应他上一点供奉。尽管给了他在我们看来已经够好的东西，他却不接受，除非我们再多给一些；因此我们不得不跟着他的贪欲增加礼物。还有一些东西，他则通过诈骗、偷窃和耍无赖从我们这里拿走”。[3]

当柏朗嘉宾在他所到的第一个鞑靼人的营地里，遇到第一个有些地位的蒙古首领阔连察（Corenza）时，这种经历再一次上演了：

1　Ⅰ. 13，14–19; ed. by. Moravcsik–R. J. H. Jenkins, *Constantine Porphyrogenitus*, *De administrando imperio*, New Revised Edition（Dumbarton Oaks，1967），pp.66–67.

2　7，8–17; ed. Moravcsik–Jenkins，pp. 54–55.

3　Ⅸ，6，ed. A. van den Wyngaert，*Sinica Franciscana*, Ⅰ（Firenze，1929），p. 105; translation taken from Christopher Dawson（Editor），*Mission to Asia*（Harper Torchbook，1966），p. 53.

“尽管我们已经给了他许多东西，他还是不满足，还想要更多，许诺说如果我们满足了他的要求，他将派人恭恭敬敬地给我们带路；为了圆满完成教皇的使命，我们不得不这样做。”[1] 没过多久，在蒙古西部军队总首领拔都（Batu）的总部，他的总管 Eldegei 问僧侣们准备了什么礼物。“礼物送出去，收下了，Eldegei 总管才问起我们此行的目的……”[2]

柏朗嘉宾对蒙古人的描写强调了他们的贪得无厌：“他们最最贪图财物，他们的需求非常苛刻，他们对已占有的东西坚守得最顽强，在给予上最吝啬。”[3] 外国使节“被索要大量的礼物……如果没有，蒙古人就轻视他们，他们确实会被看成一文不值；如果他们是重要人物派来的使臣，鞑靼人就不情愿收到一份较轻的礼物，会说：‘如此重要的人物派你来，你居然就给这么一点。’并且拒绝接受。如果使节们想成功地完成使命，就一定要拿出更重的礼物”。[4] 即使是外国的统治者们，受到的待遇也没有什么不同：“（他们）被迫拿出丰厚的礼物给首领们和他们的妻子，给千户长和百户长。的确，这正是一条基本的规矩，甚至奴仆们也求索礼物而纠缠不休，这条规矩不仅对那些外国统治者们有效，而且对那些强大的大公们派到鞑靼的使者也同样适用。”[5]

丹尼尔大公（Prince Daniel of Halicz）和蒙古人来往的经验，和君士坦丁皇帝波菲罗吉里特斯与佩切涅格人打交道的经验若合符契。他警告柏朗嘉宾说要想去蒙古人那里，“必须有宝贵的礼物奉献给他们，因为他们会以最可厌的胡搅蛮缠来强行索要，如果没有送给他们礼物（事实的确是这样），一个使节绝不可能成功地完成

1 Ⅸ，10，ed. Wyngaert，pp. 106–107 = *Mission*，p.54.

2 Ⅸ，15，ed. Wyngaert，p. 109= *Mission*，p.109.

3 Ⅳ，6，ed. Wyngaert，p. 47 = *Mission*，p.16.

4 Ⅴ，23，ed. Wyngaert，p. 85 = *Mission*，pp.68–69.

5 Ⅶ，3，ed. Wyngaert，p. 85 = *Mission*，p.39.

使命”。[1]

对于蒙古人的贪婪，西蒙（The Dominican Simon of Saint-Quentin）有许多话要说。作为阿思凌（Ascelinus）——一个派往蒙古的极其不老练的外交官——的同伴，西蒙写了一份关于蒙古人的长篇报告，这份报告的片段保存在文森特（Vincent of Beauvias）的 *Speculum histotiale* 之中。西蒙仔细考察了蒙古人的贪婪，并坦率地写道：“每当他们发现了满意的东西，贪欲就在身体里燃烧起来，他们会毫不迟疑地，或者通过蛮横索要，或者使用暴力把它从主人身边夺走，不管他是不是喜欢。”[2]

在派往蒙古的西方使节所记录的亲身经验，与君士坦丁皇帝比较间接的观察这两者间，恐怕难以找出有什么不同。君士坦丁的评论反映了从与野蛮人长期的外交活动中所获得的教训，也反映了流行于拜占庭作者中的惯用语。

形容词 ἁπληστος（无法满足的）被君士坦丁用来描述野蛮人的要求。Maurice 完成于 6 世纪末或 7 世纪初的 *Strategikon* 对阿瓦尔人使用了同样的词语：“（阿瓦尔人）被一种对金钱无法满足的贪欲支配着。”[3] 在 10 世纪早期利奥六世（Leo the Wise，智者利奥）写成的 *Tactics* 中，[4] 提到匈牙利人时，这句话被一字不易地再次使用。

在相类似的语境中，另一个常常使用的形容词是 φιλοχρήματος（贪财）。举个例子，在 Nicetas Choniates 对 1162 年曼奴依尔一世（Manuel Ⅰ Comnenus）接待塞尔柱苏丹基利日·阿尔斯兰一

1　Ⅸ，2，ed. Wyngaert，p. 102 = *Mission,* p.51.

2　Tanta vero in eis cupiditas exardescit ut cum aliquid quod sibi placeat vident statim aut nimia importunitate extorquant，aut violenter auferant ab illo cujus est，velit nolit. XXX . 75，ed. Jean Richard，*Simon de Saint-Quentin, Histoire des Tartares*（Paris，1965），p.35.

3　Καί τή ἁπλησ-τα τών χρημάτων κρατούμευα，Ⅺ，2，4，ed. H. Mihăescu，Mauricius. *Arta militară*（Bucuresti，1970），p.268.

4　XⅧ，47，ed. Migne，*Patrologiae cursus completes. Series Graeca*，Vol. 107，col. 957.

世（Kilij Arslan Ⅰ）的宏大仪式的描述中，[1]它就出现了。这位历史学家提到皇帝的欲望震惊了“贪财的野蛮人”（φιλοχρήματου βάρβαρου）。[2]

6 世纪中叶 Agathias 写道：“野蛮人（他说的是 Utighurs 王子）的心智是骄傲自大的，并且永远唯利是图。”[3]

野蛮人的贪婪是如此的众所周知，以致人们用它作为衡量那些由于同样的缺陷而被认为有罪的人的标尺。为了严厉批评 Trancred 的盟友、耶路撒冷的鲍德温王（king Baldwin of Jerusalem）的行动姿态，Anna Comnena 将卑鄙的野蛮人和他相比较，以宣泄她对这位法兰克入侵者的憎恶：“这就是野蛮种，死死盯着钱财和赠礼，可是已经给过钱的活，他们又不情愿干了。”[4]

野蛮人的贪婪使他们成为不可靠的联盟者。Agathias 对沙比尔人（Sabirs）在公元 555~556 年希腊—波斯战争中行动姿态的描述，是为野蛮人朝秦暮楚一个很好的例证：“有一支沙比尔匈人（Sabir Huns，Οὔυυοι Σάβειροι）的雇佣军在为波斯人效劳。沙比尔是一个庞大而人口众多的民族。他们也极端地好战并且出奇地贪婪。他们总渴望着劫掠新的土地，他们时而为一些人作战，转眼就为另一些人战斗，反复倒戈快得让人眼花缭乱，报酬的引诱和对抢劫的企盼，就足以构成充分的动机。他们常常协助罗马人对抗波斯人，反之亦然，在极短的时间里转换着阵营和主子。在早先与波斯人的战役中，他们的确在为我们这边作战……在那场战役结束时，他们拿到超过预定数量的报酬后被罗马人遣散了。于是他们转而为直到最近还搏杀过的那些人服役。做出这些事情的也许是不同的沙比尔

---

1 疑为 Kilij Arslan 二世而非一世。一世在位时间是 1092~1107 年，二世 1156~1192 年。——译者注

2 155，2，ed. I Bekker, *Nicetae Choniatae historia*（Bonn，1835），此处原文缺少页码。——译者注

3 V. 25，1，ed. Rudolfus keydell, *Agathiae Myrinaei Historiarum libri quinque*（Berlin，1967），p. 196.

4 XIV，13，ed. Bernard Leib，*Anne Comnène, Alexiade*，Vol. Ⅲ（Paris，1945），p.153.

人，但是沙比尔人全都是一样的，他们被自己人派来在波斯人的军队里作战。”[1]

总体上说，拉丁文献没有把贪婪看成野蛮人心智的专属特征。马切利努斯的著名结论——匈人为对黄金的无限渴望所煎熬（auri cupidine immense flagrantes）[2]——与上述的总结并不矛盾。尽管用拉丁语写作并且十分熟悉罗马历史学家的著作，马切利努斯却是一个希腊人，熟知拜占庭关于野蛮人的观念。他的论断反映的或者是一个拜占庭的惯用语，或者是他自己的个人观点，因为这个观点看起来不像出现在他的罗马楷模（model）那里。马切利努斯精读过 Trogus Pompeius 的著作，当然也受到塔西佗（Tacitus）很大的影响，甚至他在“贪婪，好利”的意义上使用 cupido 这个词（也是源自他们的影响）。[3] 但是塔西佗没有把贪婪归于野蛮人，甚至在上下文可能需要这样的概括时也没有。例如在《编年史》（*Annal*）第 14 章第 33~34 节，野蛮人在 Verulamium 的胜利被说成喜于抢劫战利品而不情愿辛苦战斗（laeti praeda et laborum segnes）。[4] 更彻底的结论可以在 Constantius of Lyon 对阿兰人首领 Goar 的控诉中看到，442 年以后这份控诉由奥尔良公国的 Aetius 整理过。Goar 被说成抢占了原本分派给 Constantius 的土地，“带着野蛮人对财富的贪婪觊觎”：ille aviditate barbaricae cupitatis inhiaverat。[5] Salvianus of Marseille 在 *De Gubernatione Dei*, Ⅳ, 68 提

1 *Histories* Ⅳ, 13, 7–9, ed. Keydell, p. 139; translation by Joseph D. Frendo, *Agatias. The Histories* (Berlin, 1975), p. 115.

2 XXXI, 2, 11, ed. John C. Rolphe, *Ammianus Marcellinus*, Vol. Ⅲ, Leob Classical Library, 1939, pp. 386–387.

3 关于马切利努斯对塔西佗的依赖，请看 M.L.W Laistner 的优秀论文，收入 *The Greater Roman Historians*（University of Califonia Press, 1947），pp. 141–161。

4 参看 A. N. Sherwin–White, *Racial Prejudice in Imperial Rome*（Cambridge University Press, 1970），p. 44。

5 *Vita s. Germani episcopi Autissidoriensis*, 28; text in Pentti Aalto and Tuomo Pekkanen, *Latin Sources on North-Eastern Eurasia*（Wiesbaden, 1975），pt. Ⅰ, p. 29.

到的那个 rapacitas Alani，[1] 并不一定代表着“贪婪”（greed）。

为了严厉批评同时代人的道德缺陷，Salvianus of Marseille 把他们和野蛮人相比较：“野蛮人不正义，我们也是；他们吝啬，我们也是（avari sunt barbari et nos hoc sumus）；他们薄情善变，我们也是；非分贪心（cupidi），我们也是；淫荡下流，我们也是。简而言之，野蛮人所有的缺陷和污点，我们同样都有。”[2] 这里可以发现，在野蛮人的，也是所有人的长长的缺陷清单中，Salvianus 没有列出“贪婪”。看起来在罗马历史学家和民族志学家的传统里，只是在给予特定事件充足理由时才把贪婪归于野蛮人，而不是将其看作他们天生的一个缺陷。野蛮人最显著的特点是傲慢无礼（adrogantia）。如同我们在 Agathias 的记录中看到的（他在这种情况下使用 αυθαδης），傲慢总是和贪婪携手出现。但是在恺撒的判断里，野蛮人的灵魂中，与傲慢在一起的是暴躁（iracundia）、轻率（temeritas）、残忍（crudelitas）和不忠（perfidia）。[3]

我对古典学的有限了解不允许我得出一个确定的判断，但是看起来似乎那个拜占庭的惯用语不是根源于古典时代。希罗多德的确说到了斯基泰人抢劫和勒索繁重的贡品所造成的巨大破坏，可是没有把这些归因于这个民族格外贪婪：“斯基泰人对亚洲的统治持续了二十八年，这段时间里他们的傲慢（ὀλιγωίη）和压迫将毁灭带向各方。因为在常规的贡物之外，他们还从一些国家勒索额外的税，这由他们的兴致决定；更甚者，他们洗劫那个国家，抢去每一样他们能抢到的东西。”[4]

---

1 Text by Aalto，op. cit.，p. 208.

2 *De Gubernatione Dei*，Ⅳ，14，65，ed. Georges Lagarrigue, *Salvien de Marseille, Oeuvres*（Paris，1975），Vol. Ⅱ，p. 284.

3 Sherwin-White，op. cit.，p. 18.

4 Ⅰ，106. Transl. Rawlinson. 关于 ὀλιγωρίη“傲慢”，参看 J. Enoch Powell，*A Lexicon to Herodotus*（Cambridge，1938）。

希罗多德死后不久出生的柏拉图，把人性划分为三个部分，[1]其中北方的人们被描述成勇敢的（θυμοειδίς），而腓尼基人和埃及人被说成贪婪的（φιλοχρήματοι），如同我们前面看到的，这个词被Nicetas Choniates使用过。

这样看起来，贪婪作为一个不断重现的对北方野蛮人的描述词，出现在希腊语和拉丁语文献中，仅仅是在公元5世纪，一个西方面对着匈人（the Huns）过分的金钱需求的时代。Suidas讲述的一则逸闻对于匈人的贪婪和罗马人（对此）的了解都是一个很好的例证。[2]452年，当匈人占领米兰——这才有了这个故事——阿提拉看到了一幅画，画的是两个罗马皇帝坐在宝座上，脚下是被残杀的斯基泰人。他命令修改这幅画，画成他自己坐在王座上，那两个皇帝在他的脚下，带来成袋的黄金，并把它们倾倒出来。

从那时起，贪婪这个惯用语就被应用于那些不断出现在拜占庭边境的草原民族。

多少有些令人意外的是，在数量庞大的关于13世纪蒙古人的拉丁语历史文献中，贪婪并没有作为他们的一般特性出现。对于他们的贪欲的抱怨——如同我们在柏朗嘉宾的例子中看到的——是基于直接的、个人的经验，而不是基于文学传统。实际上，在描述一次对大批男人、女人和小孩的大屠杀时，Thomas of Spalato评论说："不应该认为他们犯下这样可怕的罪行是受到抢劫欲望的鼓动，他们没有拿走受害者的一件衣服。"[3]在许多方面，早期蒙古人是一个独具一格（sui generic）的民族：他们被看成一场灾难而不是一个敌

1 The Republic, Book Ⅳ, Ⅺ, ed. Paul Shorey (Loeb Classical Library, 1930), Vol. Ⅰ, p. 380. 以 τόυ άυω τόπου 指称"北方"的用法，又见于 Herodotus Ⅰ, 42, άυωπρος βορέηυ。

2 Suidae Lexicon, ed. Ada Adler, Vol. Ⅲ, Leipzig, 1933, p. 161, 146, s. v. κόρυκος and Μεριόλαυου.

3 Et ne cui videretur, quod cedis huius immanitas spoliorum sit aviditate patrata, nullas ab eis vestes detrahere voluerunt. Text in F. A. Gombos, *Catalogus fontium historiae Hungaricae* (Budapest, 1937), Vol. Ⅶ, p. 2242.

人。早期的蒙古人从不谈判；他们要求臣服而非缴税。（后来）他们的态度和西方人对他们态度的改变，只是金帐汗国（the Golden Horde）和伊利汗国（Ilkanid empire）之间日益激烈的对抗的结果。在安纳托利亚，那些无能的蒙古官员和他们那由不同来源的人组成的小小的驻军的心智，在许多方面都很像那些互相混战并和拜占庭帝国作战的突厥小军阀们。对蒙古统治者，米哈伊尔八世（Micheal Ⅷ Palaeologus，1259–1282）继续了唐朝皇帝的一个有效的政策。为了维护伊利汗国的旭烈兀和金帐汗国的那该（Nogai）双方对自己的好感，他给了他们每人一个自己的私生女儿做妻子。由于贪婪，野蛮人可以被教唆，而贿赂可以完成武力做不到的事情。在有关米哈伊尔八世的历史书中，George Pachymeres 这样说拜占庭的政策："我们试着控制这些给基督徒带来如此灾难的鞑靼人的暴行，不是通过让敌人对我们的军队感到恐惧，也不是用我们的强大，而是——坦白地说——我们讨好他们，用卑躬屈膝的谄媚，和给他们荣誉的婚姻关系，用源源不断的珍贵且大量的礼物使他们富足。"[1] Salvianus 表达了同样的甚至更加激烈的观点："罗马人从前是最有力量的人，现在他们威风不再了；从前他们被人恐惧着，可现在他们生活在恐惧中；从前蛮族向他们缴纳贡赋，同样是这些民族，现在罗马人在向他们进贡。敌人出售给我们白昼，几乎我们全部的安全感都是花钱买来的。为我们的命运悲伤吧！我们要感激野蛮人，因为我们被允许以某个价格从他们那儿赎回自己。还有比这样的生活更可鄙、更悲惨的吗？然而毕竟我们想我们还活着，我们靠殷勤进贡而活着！我们还要把自己变得更加荒谬可笑，要把我们付出的金子装扮成仅仅是一个惠赠。我们称之为礼物，尽管事实上是赎金——且是一个在不寻常的艰难和悲惨的条件下付出的赎金……我

---

1 Ⅲ，5，ed. I. Bekker，*Georgii Pachymeris de Michaele et Andronico Palaeologis libri tredecim* (Bonn，1835)，Vol. Ⅰ，p. 180.

们永远摆脱不了要付的赎金，我们不停地缴纳赎金，为了获得永无休止地缴纳的特权。”[1]

* * *

如果说，贪婪在西方只是在被真实的经验证实其存在的特定时空中，才成为野蛮人属性的突出特写，那么在中国它被看作最主要的母题（motif)。对野蛮人贪婪的忧虑自始至终存在于中国的政策和历史文献里。这吸引人们去思考，在中国，这种担忧有着和西方一样多的，甚至更多的合理性。对于与神话地理学（mythical geography）或民族志学（ethnography）有关的事实，人们常常硬给一个伪理性的（pseudorational)、唯物主义的（materialistic）解释，我经常批评这样的做法。我仍然认为，惯用语“野蛮人贪婪”可能是游牧经济和定居经济之间对立的自然而然的产物。与西方文献的传统相比，中国人给了这个惯用语更着重的强调，反映了野蛮人的欲求在中国历史的塑造中扮演了更重要的角色。

1 *De Gubernatine Dei*，Ⅵ，pp. 98–99，trans. by Eva M. Sanford，*On the Government of God* (New York，1930)，p. 188.

内亚的战士*

邬文玲　译
罗　新　校

在通俗文学作品中甚至也充斥着关于内亚骑马"游牧人"战术的概说，然而，尽管他们对于世界历史极其重要，却没有人对内亚传统的（火药使用之前的）军队进行全面的研究。本文的关注点将集中在他们的关键要素上，即战士本身。依次要考察的是：战士的声誉，训练，纪律，马术，坐骑装备（马镫、马蹄铁），个人的武器（弓箭、剑、矛、套索）以及确保武器供给的手段。

* 本文是 1976 年 3 月 16 日于费城举行的美国东方学会第 186 次年度宴会的会长致辞，发表时做了相应的修订。

女士们、先生们：

对于我们大多数人来说，暴力有着奇特的魅力，这是一个不可否认的事实。孩子们总是玩打仗的游戏，我们充满暴力色彩的电影和电视节目是公众讨论的主题，这些讨论本身相应地又可能变得充满暴力意味。民意测验和电视观众调查都已令人信服地表明，电视节目受欢迎的程度与节目中的暴力元素成正比，而我的政治顾问们强烈建议我顺应这个潮流。作为一名民主选举产生的会长，我认为满足你们的低级本能是我的职责——虽然我再次当选的机会等于零——但是我想我不得不为你们提供你们想要的，不得不用暴力来款待你们。为此，我努力效仿维吉尔（Vergil），他的畅销书《埃涅伊特》（*Aeneid*）开篇就有这样一句引人入胜的话："武器与我歌唱的英雄（Arma virumque cano）……"

我选择这一题目，还有着其他的、不那么实用的原因。内亚对艺术和科学的贡献相对薄弱，它对人类历史的重大影响是通过其卓越的军事力量而产生的。然而，这一题目从未得到过适当的对待。已经做过的大多数研究工作毋宁说是重复的，均集中于众所周知的游牧骑兵的战术特征上，比如从马背上射击，为了打乱敌军秩序而佯装撤退等。当然所有这些都是十分重要的，但是在这次演讲中，我不打算过多涉及军队及其战术和战略，[1]而是要更多地注意无名的内亚战士，这些军队的成功正是仰仗了他们。为此，我将不得不把自己限定在某些与传统的（火药使用之前的）内亚重骑兵的训练和装备相关的问题上，间或简要论述那些对他们的必备物资起决定作用的经济因素。

1　我曾经在一篇文章中涉及这一非常重要却被忽视的主题："On Mongol Strategy," *Proceedings of the Fourth East Asian Altaistic Conference*, ed. Ch'en Chieh-hsien（Tainan，1975），pp.238–249。该文收入 Denis Sinor，*Inner Asia and its Contacts with Medieval Europe*，Variorum Reprints（London，1977）。

* * *

内亚战士的杰出才能得到敌与友的普遍认可。地理环境决定论——这是古代民族志思想的主要特征——把“北方民族”凶猛的性情归因于他们所生存的恶劣气候环境，认为这种气候环境有利于军队英勇气质的养成。“为什么温暖地区的居民胆怯，而那些居住在寒冷地区的人却勇敢？”——亚里士多德（Aristotle）在《问题》（*Problemata*，XIV，16）中追问——“是因为人类对地区和季节的影响有着本能的抵抗倾向吗？……于是，那些自然发热的人勇敢，而自然发冷的人胆怯。热带地区对其居民的影响是让他们变冷……但是那些生活在寒冷气候中的人们在其本质上变得热烈激昂……”[1]维特鲁威（Vitruvius）以同样的腔调写道：“虽然南方人极富才智，拥有无限的资源，但当需要勇气的时候，他们却退步了，因为他们的力量已被太阳吸干了；那些出生在较冷地带的人们，有着无畏的勇气，再装备上铿锵作响的武器，但是他们思维迟钝，冲锋时不动脑子，又缺乏战术，因此也难逞其志。”[2]托勒密（Ptolemy，*Tetrabiblos* II，2）认为北方人——通常他把他们统称为斯基泰人——有着凶猛的习性，因为他们居住的地方终年寒冷。

一般而言，在这些早期的著作中，“北方人”一词被笼统地应用到无论是诸如斯基泰人等游牧型的，还是诸如凯尔特人（Celts）等定居型的所有蛮族身上。虽然在《政治学》（*Politics*，VI.4）中，亚里士多德断言所有民族中游牧民族是被训练得最适合战争的，但他的看法是建立在一般的推测之上，而不是直接的经验之上。在北方和南方的对立中，前者跟邪恶的力量联系在一起，因而孕育着对文明世界的威胁，这种对立实际上是建立在欧亚大陆基本的宇宙概念

1 Ed. W. D. Ross，translation by E. S. Forster（Oxford，1927）.

2 *De Architectura*，VI，1，9; ed. Frank Granger，Vol. II，p.17.

上的一种观念，而且也得到了《圣经》的证明。关于这一传统主题是否根源于现实超出了本文的范围，但是在希腊和中国，自发生首次接触后，内亚战士的名声一直很高。

希罗多德盛赞斯基泰人的军事品质，他的看法得到了修昔底德的全面赞同。修昔底德认为，虽然“他们在总体智能上和文明生活的艺术方面无法与其他民族相提并论”，但是如果他们联合起来，无论在亚洲还是在欧洲，都没有哪个民族能够与他们的军事力量相匹敌。[1]

在谈到匈人时，马切利努斯（XXXI，2，9）说，“所有的战士中他们堪称最可怕的”。有一段据称是 Theodoros Synkellus 所作的布道，可能是在阿瓦尔人攻打君士坦丁堡（625）失败一周年纪念会上宣讲的，其间演讲者提到这一凶残民族的军队，称他们“生命就是战争”：ών βίος σ πόλεμς。[2] 在内亚世界（Oikoumene）的另一端，匈奴对中国中原形成了可怕的威胁。司马迁认定，作战是“其天性也”。[3] 他也引证了逃亡到匈奴的中原人的评论，大意是匈奴“明以战攻为事”。[4]

阿拉伯作家 al-Jāhiz（约 776~869）认为突厥人（Turks）“在战争上的地位如同希腊人在科学上的地位和中国人在艺术上的地位”。[5] 在谈及蒙古军队时，波斯历史学家志费尼用夸张的抒情语调写道：“关于他们军队的组织性，自亚当时代以迄今日……历史里没有读到过，书籍中没有记载过，作为一国之君的任何一位国王都从未拥有

1 *The Pelopponesian War*，Ⅱ，97，5–6.

2 Ferenc Makk，*Traduction et commentaire de l'homélie écrite probablement par Théodore de Syncelle sur le siège de Contstantinople en 626. Acta Universitatis de Attila József Nominatae*，*Acta Antiqua et Archaeologica*（Szeged, 1975），XIX，pp.16，78.

3 《史记》卷 110《匈奴列传》：“急则人习战攻以侵伐，其天性也。”

4 《史记》卷 110《匈奴列传》；英译本见 Burton Watson，*Records of the Grand Historian of China*（Columbia University Press，1961），Ⅱ，p.171。

5 C. T. Harley Walker，“Jahiz of Basra to al-Fath ibn Khaqan on the Exploits of the Turks and the Army of the Khalifate in General,” *JRAS*，1915，pp.631–697 at 685.

过像鞑靼人那样的军队……全世界有什么样的军队能够与蒙古军队相匹敌？"[1] 蒙古在匈牙利战役的见证人 Thomas of Spalato 表达过同样的看法："世界上没有哪个民族（像蒙古人那样）富于作战经验，像他们一样能够打败敌人——尤其是在开阔地带——像他们一样在利用纯粹的力量或者军事技术方面如此杰出。"[2]

在什么样的基础上可以证明这些看法是正确的？是哪些因素使得内亚的军队如此强大？反过来，它有些什么样的弱点和局限？在下文中，我将尝试对这些重要的问题做出部分的解答。

对内亚经济、社会和军事结构的研究，使内亚军队的社会特征明确无疑。它是"全民军队"（people's army），正符合这个词的字面意义。不但所有身体健康的男人永远有义务上战场服务，即使在和平时期，他们也处于军事状态下——至少在蒙古帝国是如此。

据志费尼记载，"他们是农夫式的军队，负担各种赋税，毫无怨言地服从一切命令……他们又是当兵的农民，他们所有的人，不论老少贵贱，战时都是武士、弓箭手、枪矛兵，在必要时能够以各种方式前进冲锋"。[3]

志费尼所言蒙古士兵的情形，似乎也大多适用于最强大的内亚军队。不用说，这些士兵都是没有报酬的。只是在十分晚近的时候，很可能是在伊朗的影响之下，伊利汗国的合赞汗才决定给基层士兵们支付微薄的报酬。高级蒙古军官仍然是没有报酬的。在合赞汗攻击叙利亚的战役中（1303），马穆鲁克（Mameluks）俘虏了一名蒙古军官。当抓住他的人问起他的报酬时，他回答说，蒙古人是

---

1 Translation by John Andrew Boyle, *The History of the World-Conqueror*（Manchester University Press，1958），Ⅰ，pp.29–30.

2 "Sed non est gens in mundo，que tantam habeant bellandi pericianm，que ita sciat，maxime in campestri conflictu，hostes evincere，sive virtute，sive sagacitate pugnando." Ch. XXXⅦ . A. F. Gombos，*Catalogus Fontium Historiae Hungaricae*（下称 *Catalogus*），ⅡV（Budapest，1937–1943），Ⅲ，p.2239.

3 Boyle，op. cit.，p. 30.

他的君主的奴隶。他从无自由。他的君主是他的恩人，他为君主服役并非为了金钱。尽管他是合赞汗的仆人中最微末的一个，但是他从不要求任何东西。[1]

对于内亚军队里的人来说，服兵役是天然的职业。无论是突厥语还是蒙古语，原本都没有“士兵”这个词，正如它们均没有表战争或和平的通称一样。战斗是生存的前提；只有集体的军事行动才能确保生存或政治团体的繁荣。因而，个人以及团体的军事训练开始得很早，这是毫不令人感到奇怪的。

大约公元前 200 年，司马迁在谈及匈奴时写道：“儿能骑羊，引弓射鸟鼠，少长则射狐兔，用为食。士力能弯弓，尽为甲骑。”[2] 13 世纪中期，柏朗嘉宾在谈及蒙古人时，用几乎同样的语言表述了自己的看法：“（男子）打猎和练习剑术，因此他们不论少长都是优秀的射手，而他们的孩子在两三岁的时候就开始骑马和管理马匹，在马背上疾驰飞奔。他们会给孩子们量身制作弓箭，教孩子们射击；他们极其敏捷，也很勇猛。”[3]

跟别处一样，在内亚，纪律是军队的支柱。柏朗嘉宾是一名修道士，他对纪律的含义有着自己的理解，他情不自禁地赞叹蒙古人：“这些男子……无论在宗教还是世俗方面，都比世界上任何其他男子更为服从于他们的主人。”[4]

司马迁对匈奴首领冒顿夺取政权（约公元前 209~ 公元前 174 年）的描述充分证实了汉朝人对内亚士兵纪律性的赞赏。据说冒顿曾经训练他的士兵射击他的弓箭所指向的任何目标。他依次瞄准自己最好的坐骑、心爱的妻子、父亲最好的坐骑，每次练

1　Based on Waṣṣāf, quoted from H. H. Howorth, *History of the Mongols* (London, 1888), Ⅲ, p.472, based on D'Ohsson, *Historie des Mongols*, Ⅳ (La Haye, 1835), p 335.

2　Watson, op. cit., Ⅱ, p.155.

3　Ⅳ. 10, ed. Wyngaert, Sinica Franciscana Ⅰ (Ad Claras Aquas, 1929), p.50, trans. from *The Mongol Mission*, edited by Christopher Dawson (Sheed and Ward, London, 1955), p.18.

4　Ⅳ. 2, ed. Wyngaert, p.45, tr. *The Mongol Mission*, p.14.

习之后，他都要处死那些没有按照他的示范去做的士兵。最后，他瞄准了自己的父亲。那时他的军队已经训练有素，他们对着同样的目标放箭，射死了他的父亲，确保冒顿取得了统治宝座。[1]

多明我会修道士大卫（Dominican David of Ashby）在可能写于1270年代的*Les fais des Tatars*一书中，对蒙古军队非凡的组织性和纪律性，做了稍微详细的描述：

> 你已听说他们怎样安营扎寨，他们在营地如何日夜安排警戒。并且知道他们在夜里跟白天一样安静地驻守，就像修道院里的修道士一样。你在那里既听不到人呼，也听不见马叫，因为所有的马匹都受到很好的训练和约束，只有那些留作种马的除外。现在，我要告诉你他们怎样搬迁营地，他们用什么样的方式使军队中的全部人员知道何时必须拆除帐篷并装载起来；当首领的大帐扎牢之后，就会向全体发出响亮的召唤命令，这时会响起奇妙的击鼓声，这鼓就像我在图解中将会证明和展示的那样。
>
> 它像一个极高的青铜或黄铜口哨，透过敞开的顶部，有一大块伸展开的皮革，如同你在用于捕猎水鸟（riverbirds）的鼓中看到的那样，它由四根齐腰高的树桩支撑，就像我在图中展示的那样。如果首领想要拔营，在午夜过后他会命令击鼓，被指派专门负责击鼓的人，两手分别紧握木鼓槌，就像我已经为你展示过的那样，然后竭尽全力拼命击鼓。由此可知这鼓的奇妙之处，在于它很容易被周围的团体听见。于是各级人员立刻备马，并把他们的装备置于马上。在适当的间隔之后，鼓会第二次敲响，然后他们拆除帐篷，装载所有的财物，并分部集结，那些行进在外围的人充当前锋，跟在后面的其他人的秩序完全取决于首领，首领走在最后或者中间，这取决于拔营行进秩序是如何安排的。然后鼓

1 Cf. Watson，op. cit.，p.161.

> 第三次敲响，这时前锋先行，其他所有的人紧随其后，秩序井然，有条不紊。除了马蹄声，你完全听不见任何大声叫喊或喧哗，因为没有人敢惊叫或者呼喊。在拔营的时候，除了按照各分部既定的命令行事之外，任何人都不能在别人之前上马。当部队通过这种方式开拔之后，有一队指定的人员负责在军队驻扎过的整个区域搜寻，收集那些被遗漏的物品。一些人负责搜集动物，其他人负责搜集衣物和各种装备，如果他们找到任何这类东西，都会随身携带或者保存起来，尾随那些拔营的人而去。那些遗失了物品的人会向这些搜寻人员询问，并带来证人和保人。这样，他们通过立誓又重新得到曾经遗忘和丢失的物品。[1]

虽然纪律非常严格，但人们在这种纪律之下似乎并没有感到过分痛苦。帖木儿（Timurid）时期的叙利亚历史学家 Mirkhwond（1432~1498）谈到，合赞汗攻击叙利亚的战役中，可汗的 5000 名士兵丧失了坐骑，他们愉快地步行回家。他还评论说，如果他们经过为时两月的步行，在刚刚抵达的时候就接到又出发参加另一场战斗的命令，他们也会毫无怨言地服从。[2] 当然，如果纪律严格，对违抗行为的处罚就必定严厉。1205 年，成吉思汗给他的将军速不台所下的命令中就包括一条关于禁止士兵们骑马飞奔的命令。“既然您下达了这样的命令，”速不台说，“那些违背的人就会遭到桦条鞭打。”据记载，成吉思汗讲过一段总则性的话：“对于那些违令者，如果值得我们关注，就应该送交给我们；如果不值得我们关注，那么就地

1　这本重要文献的残存片段可以在下述文章中读到，见 C. Brunel，“David d’Ashby auteur méconnu des *Faits des Tartares*,” *Romania* 79，1958，pp.39–46。就我所知，这些片段从未被译成现代语言。这里所提供的英文段落见 Brunel 文章的第 42~43 页。关于 David of Ashby 亦见 Jean Richard，“The Mongols and the Franks,” *Journal of Asian History* 3，1969，pp.45–57 at 53。

2　D’Ohsson，op. cit.，pp.334–335.

斩首吧。”[1]

对怯懦的处罚非常之严厉，而对战士们之间的团结则大加鼓励。据柏朗嘉宾说，“他们（蒙古人）在战斗中，如果一个十人的团队中有一个、两个、三个或者更多的人逃跑，那么余下的人，都要被处死；如果十人的团队都跑了，百人团队的其他没有跑的人，也要全都处死。简单一句话，除非是完整撤退，否则大家都要被处死。同样的，如果有一个、两个或更多人勇敢地前进战斗，十人中的其他人若是没有跟进的话，将会被处死；如果十人中有一个或更多的人被俘，他们的同伴若不加营救的话，也要被处死”。[2]

虽然有些不情愿，但拜占庭的文献还是再三表达了对蛮族士兵纪律性的赞赏。[3]他们服从其首领是“因为害怕而不是因为爱戴”这一老生常谈，散发着酸葡萄的味道。即使到我们今天所处的时代，这样的看法还在苟延残喘，可能这是因为孟德斯鸠强有力且极端偏颇的阐述：

> 欧洲北方的民族是以自由人的资格从事征略的；而亚洲北方的民族是以奴隶的资格从事征略的……哥特人或鞑靼人的民族气质常常同亚洲各帝国人民的气质相类似。亚洲这些帝国的人民，是用短棒统治的。鞑靼的人民是用长鞭统治的……一种奴隶的思想统治着亚洲，而且从来没有离开过亚洲；在那个地方的一切历史里，是连一段表现自由精神的记录都不可能找到的。那里，除了极端的奴役之外，我们将永远看不见任何其他东西。[4]

---

1 “bidanu ĵarliq dabaqsad-i bidana taniqdaqun mentüs-i bidana ökčü iretkun bidana ülü taniqdaqun olon-i mün tende bö’et mököri’ ülütkün”，paragraph 199 of *the Secret History of the Mongols*，ed. Louis Ligeti，*Histoire secrète des Mongols*（Budapest，1971），pp.164–165.

2 Ⅵ.3，ed. Wyngaert，p. 77，tr. *The Mongol Mission*，p.33.

3 Maurice，Strategicon Ⅺ，2，3. ed. H. Mihăescu，*Mauricius, Arta militara, Scriptores Byzantini* Ⅵ（Budapest，1970），p.268.

4 *De l'esprit des lois* XⅧ，ch. 5–6.

孟德斯鸠的解释并非依靠拜占庭文献所提供的证据。莫里斯（Maurice）明确地说“突厥人（Türks）不计其数，他们是自由的”，[1] 大约 904 年皇帝列奥四世（Leo Ⅵ）所写的 *Tactics* 一书，几乎一字不改地重复了这句话，将其用于匈牙利人。[2]

天生的勇气与通过不断训练而形成的纪律的结合，正是内亚战士优秀的原因。据 Theophylaktos Simokattes（7 世纪）所说，Mukri——居住在中国边境的一支内亚民族——“在武装冲突中表现出极大的勇气，这是因为在日常训练中所获得的经验以及在面对危险时表现出来的坚定”。根据同一个作者所说，“得益于他们的数量和他们日常所经受的军事训练，Oghur 人是南俄草原最强大的民族之一”。[3] 莫里斯认为，突厥人只不过是实践着如何靠勇气跟敌人作战而已。[4]

* * *

在内亚军事史上，尽管使用步兵的情况并非无人知晓，但重大的征服战争和获胜的战役都是轻骑兵的功劳。其出众的马术赢得了普遍的赞赏。《元史》简要地记载“元起朔方，俗善骑射，因以弓马之利取天下”。[5] 在西方作者的眼中，内亚战士跟他的坐骑是不能分开的。据 Zosimus 说，匈人“在生活甚至睡觉的时候，都无法像他们在马背上那样把自己的双脚稳稳地放在地上”。[6] 马切利努斯的

1　Ⅺ，2，2 = ed. Mihǎescu，p.268.

2　Cf. Gy. Moravcsik，“La Tactique de Léon le Sage comme source hisorique hongroise，” *Acta Historica Academiae Sc. Hungaricae* Ⅰ，1952，pp.161-184 at 175.

3　Ⅶ，7，13，ed. De Boor，p.258.

4　Ⅺ，2，2，ed. Mihǎescu，p.268.

5　S. Jagchild-C. R. Bawden，“Some Notes on the Horse Policy of the Yuan Dynasty，” *CAJ*. Ⅹ，1965，pp.246-268 at 246.

6　*Historia nova*，Ⅳ，20，translation by James J. Buchanan and Harold T. Davis（San Antonio，Texas，1967），p.153.

描述更为详细："他们几乎是被紧紧地粘在马上的，这是真的，不过很难看，有时他们像女人一样坐在马上，去做他们的日常事务。不论白天黑夜，这个民族的每一个人都在马上买卖、吃喝，弓腰伏在细细的马脖子上轻松地沉睡，就像被许多美梦陪伴着一样。"[1] 据莫里斯在 *Strategikon* 中所说，阿瓦尔人几乎不能在地上站立，因为他们是在马背上长大的，他们的双腿已经变得很虚弱。[2] 修道士 Regino 说，9 世纪的匈牙利人"总是骑着马；骑着马行走和站立，思考或交谈"。[3]

训练有素、纪律严明的内亚战士都有一个出类拔萃的同盟者，那就是他的马。比较矮的小体型马——在异国观察者看来是丑陋的——跟幸存至今的唯一的野马，即所谓的普氏野马有亲缘关系。这一品种的马坚忍顽强、需求不多，加上相对良好的速度和非凡的耐力，它成为内亚军事力量中最令人畏惧的一个元素。[4]

关于内亚的马具和马笼头只需简要涉及，因为它们都没有表现出任何适用于整个内亚地区的特征来。与广泛持有的看法相反，马镫似乎并不是内亚的发明物。很难确定马镫是何时开始使用的，部分的原因是许多马镫是用有机的材料——木头、皮革、骨头等制成的，这些材料埋藏在地下很容易腐蚀分解。更为可靠的证据可以在骑马战士的雕像和其他的图像中找到，其中一些相当细致，其制作明显带有对技术细节的关注。已知最早的马镫图像出自朝鲜半岛和日本，可以断代为公元 4~5 世纪。没有任何证据显示匈人（约 370~450）使用了为一个世纪之后的阿瓦尔人所熟知的马镫。拜占庭

---

1 XXXI，2，6，ed. John C. Rolfe（Leob，1939），p.383.

2 XI，2，19，ed. Mihăescu，p.272.

3 Gombos, *Catalogus*，p.2039，ad annum 889.

4 在"Horse and Pasture in Inner Asian History"［*Oriens Extremus* XIX，1972，pp.171–183（reprinted in collected articles cited above，footnote i）］一文中，我已经搜集了一些关于这种动物的主客观资料，因此在这里没有必要再详述同一主题。

军队正是从阿瓦尔人那里学会了使用马镫，然后传给了阿拉伯人。[1] 迟至 7 世纪初，马镫在伊朗仍不见使用。[2]

马蹄铁是内亚出现的另一种重要的马具，不过在蒙古人征服之前，无法确切证实。当然，马蹄掌的使用——用某种材料把蹄子包起来——也很难证实，因为这些蹄掌通常是用容易腐烂的材料制成的，诸如皮革、绳索乃至木头等，这些材料在墓葬中容易腐蚀分解。5 世纪欧洲对铁制马蹄掌的使用已经得到充分证实，而蒙古人时代之前的内亚似乎还没有出现铁制马蹄掌，即使在蒙古人时代铁制马蹄掌也只是偶有存在。札奇斯钦和鲍德温提供了一些铁制马蹄掌存在于元代中国的线索，[3] Kirakos of Gandzak 称亚美尼亚的蒙古人向每一位居民征收一副马蹄铁。[4] 一首写于蒙古人入侵匈牙利之际的无名诗歌，提到蒙古人的马是没有马蹄铁的：Est silex equi ungula /

1　马镫似乎是在莫里斯的 *Strategikon* 中被首次提及的，比如，大约 630 年，该书用一个从拉丁语中借来的术语 σκάλα 或 σκαλα ἱππική 称呼马镫。参看 Haralambie Mihăescu，"La Littérature Byzantine，source de connaissance du latin vulgaire，Ⅱ，" *Revue des Études Sud-Est Européennes* ⅩⅦ，1，1979，pp.61–91 at 53。

2　参看 I. L. Kyzlasov 的精彩文章 "Oprosikhoždenii stremjan，" *SA*，1973，3，pp.24–36，以及 A. D. H. Bivar，"Cavalry Equipment and Tactics on the Euphrates Frontier，" *Dumbarton Oaks Papers* ⅩⅩⅥ，1972，pp.273–291，尤其是第 287 页和第 290 页。Bivar 赞成下述意见，即马镫是被柔然带过大草原的。一些人认为，柔然即是以阿瓦尔人之名出现在欧洲的。"源自中国样式的马镫的发现标明了逃亡者向西越过西伯利亚的足迹。"（p. 287）毫无疑问，考虑到马镫本身向西的迁移，没有任何内在的理由能把它同某一个民族的迁移联系在一起。当然，如果预先承认柔然就是阿瓦尔人，那么把马镫的传播和移民联系起来的诱惑就会强烈得难以抵挡。没有任何证据显示蒙古的柔然乃至继他们之后的突厥人（Türks）使用过这种装置。Lynn White Jr.《中世纪的技术和社会变迁》（*Medieval Technology and Social Change*，Oxford，1962）一书中关于"马镫的起源与传播"（The Origin and Diffusion of the Stirrup）一节，论证充分，其中第 14~28 页得出结论说"马镫于 8 世纪初某个时期首次出现在西方"（p. 24）。——突厥语中常用的马镫一词 üzängü 及其变体，是从语源 üz（ä）"在上面，在高处"（above，on high）派生出来的，班格已经指出了这一点，德福有同样的考虑，见德福所著 *Türkische und mongolische Elemente im Neupersischen*（Wiesbaden，1965），Ⅲ，pp. 144–149。如此轻易地找到语源，表明马镫是在相当晚的时期才为突厥人所熟知，接着它的名称以一个文化名词（Kulturwort）而被传播开来。如同在上述书中德福所指出的那样，马镫的蒙古词 dörõge 不应该与突厥语形式联系在一起。在蒙古语中它没有语源。显然，马镫并不是阿尔泰诸民族发明的。

3　op. cit.，p. 249.

4　E. Dulaurier，"Les Mongols d'après les historiens arméniens，" *JA*，1858，Ⅰ. p.483.

ferri，clavi non gerula。[1] 拉施特译本关于 Oghuz 可汗的突厥传说中，提到使用马蹄铁是一种特殊的防范措施。[2] 据可靠的目击证人 Thomas of Spalato 所说，蒙古人的马“不穿马蹄铁，在岩石和石头上到处奔跑，好像野山羊一样”。[3] 15 世纪中期，前往明朝廷的卫拉特使节必定要求给他们提供马蹄铁，[4] 这一事实表明西蒙古人已赞赏这一装置的优势。当然给庞大的马群套上蹄掌是不实际的。在关于卡尔梅克人跨越伏尔加河的一段描述中我们读到：“卡尔梅克鞑靼人像惯常一样越过结冰的河流到沙漠中过冬：他们用泥土在冰面上铺出一条道路供他们的牲畜通过，他们未穿蹄掌的马匹和其他的牲畜一样，不能在光滑的冰上行走。”[5]

---

1 Cf. Gombos，*Catalogus*，Ⅲ，p.2282.

2 Karl Jahn，*Die Geschiche der Oğuzen des Rašid ad-Dīn*，Österreichische Akademie der Wissenschaften，Phil.-hist. Klasse，Denkschriften Bd. 100（Wien，1969），p.25.

3 Ch. 37，Gombos，Catalogus，Ⅲ，p.2239: “per rupes vero et lapides absque ferramentis its discurrunt ac si capre forent silvestres.”

4 David M. Farquhar，“Oirat-Chinese Tribute Relations，1408–1446,” *Studia Altaica*，*Festschrift für Nikolaus Poppe*（Wiesbaden，1957），pp.60–68 at 62.

5 *Memoirs of Peter Bruce Esq*（1783; reprint: London，Frank Cass and Co.，1970）. 关于早期的马蹄掌使用，或者更笼统地说，关于涉及马蹄保护的欧洲早期资料，参见 Paul Vigneron，*Le Cheval dans' l'Antiquité Gréco-romaine*（*Des guerres médiques aux grandes invasions*），Ⅰ（Nancy，1968），pp.45–50。已证实在古突厥语中没有关于马蹄铁的共同突厥语语词，也没有具有这种含义的词。某些突厥语言诸如库蛮语、土耳其语、土库曼语、库梅克语（Kumyk）等使用 nal 这一源自阿拉伯语的外来词。“鞋”的原初含义留存在中古突厥语文献中，参见 A. K. Borovkov，*Leksika sredneaziatskogo tefsira XⅡ – XⅢ vv.*（Moskva，1963），p.227。另一个关于“马蹄铁”的词 taka 及其变体出现在大量其他的突厥语言中，参见 Radloff，*Wörterbuch* Ⅲ，p.779，789，图瓦语（Tuvin）和塔塔尔语的 daga，楚瓦什语的 takan 等。在某些语言中，这两种形式是共存的，比如哈萨克语、卡拉卡尔帕克语（Karakalpak）里的 nəl 和 taya，乌兹别克语里的 taqa、naxal、nayal、Taka 有一个极其清晰的突厥语源。它来自共同突厥语动词词根 taq-“固定，贴上”（to fix，to attach），最初的时候，它可能指一副马蹄掌。这个词自突厥语传入蒙古语中，古典蒙古语（Classical Mongol）中有 taqa，对此 Kowalewski 做了富有启发性的解说：“马蹄铁，置于马蹄上，用于爬山或在冰雪上行走。”这一词语存在于现代方言之中，比如喀尔喀语和卡尔梅克语的 tax。在通古斯语言中，鄂温克语里有 taka，满语里有 tahan。当然在本文的框架之内详细研究这一词语是不可能的，但是很显然，马蹄铁渗透进内亚的线路发端于西部和南部，而不是中国。我感觉可以肯定地说马蹄铁这种装置是西方的发明。

* * *

典型的内亚战士不仅是顶尖的骑手，箭术也同样非凡。[1]他们似乎已经发明出了在奔驰中从马背上射击的高难度技术。骑射方面的专门术语是以希腊语中用于斯基泰人的专门名词 ιπποοτοξότης“骑射手”为基础的，这一名词在希罗多德（Ⅳ，46）那里就已经出现了，有时被用作他们名字的同义词。[2]Anna Comnena 在谈到一支不太清楚的蛮族人时（写于 1138 年至 1148 年间）——可能是佩切涅格人或者库蛮人，她称之为斯基泰人——把他们描述为“没有信仰的蛮族人，可怕的骑射手”。[3]与匈人同时代的诗人 Sidonius Apollinaris 大肆颂扬他们的军事品质：“婴儿在学会不需要母亲帮助就能够站立的时候，马便把他驮在马背上了。你会觉得人和马的四肢是生在一起的，如此紧固，使得骑马者总是黏在马上，就好像他是被捆绑在那里一样。别的民族骑马是为了让马驮运，这个民族则是生活在马背上。优雅的弓和箭是他们的快乐，坚定和恐怖是他们的手，稳固是他们确信他们的箭会带回死亡，他们的愤怒是训练（用砍杀）做错误的事情，而他们的砍杀绝不会错过目标。”[4]乔丹尼的判断更为简明：匈人是“优秀的骑手……擅长使用弓箭”。[5]

莫里斯的 *Strategikon* 记载说，[6]突厥人刻苦训练自己从马背上射

1　从拜占庭资料中精选出来的精彩段落以及关于突厥人箭术的描述，是由 Walter Emil Kaegi, Jr. 提出来的，见他所著“The Contribution of Archery to the Turkish Conquest of Anatolia,” *Speculum*，XXXIX，1964，pp.96–108。我在这里尽量避免重复他的资料。

2　Cf. E. Darkó, “Influences touraniennes sur l'évolution de l'art militaire des Grecs，des Romains et des Byzantins,” *Byzantion* X，1935，pp.443–469 at 447.

3　άλλοκότουςίπποζότας，*Alexid* XII，VIII，5，ed. Leib，Vol. III，p.79.

4　*Panegyric on Anthemius*，262–269，edited and trans. by W. B. Anderson（Loeb，1936），I，pp.30–31.

5　XXIV，... “ad equitandum promptissimi ...et ad arcus sagittasque parati,” ed. Mommsen，*MGH. AA.* V，Pt. 1，p.91.

6　XI，2，8，ed. Mihăescu，p.270.

箭，这一说法被列奥皇帝（Emperor Leo）逐字重述，用到匈牙利人身上。[1]

匈牙利的骑射手尤为其同时代的人所惧怕。在摩德纳人（the people of Modena）向他们的保护人 St. Geminianus 的恳求中，就包括了要求得到庇护以免遭匈牙利人的弓箭的侵害。[2] 据 Abott Regino（d. 915）所说，在 889 年的战役中，匈牙利人“过着野兽般的生活，而不是像人一样的生活……他们用刀剑杀死的人很少，而用弓箭射杀的人则成千上万，他们以骨制弯弓瞄准的技艺极其精湛，几乎无人能够防卫自己免遭他们的射击”。[3] 901 年，在他们所发动的反对伦巴第人（Lombards）的战争期间，“无数的群众死在他们的弓箭之下”。[4] 伦巴第历史学家 Liudprand 在描述巴伐利亚（Bavaria）Arnulf 公爵之子路易斯（Louis）与匈牙利人之间的战争时称，后者（原文称之为 Turci，即突厥人）转身背对敌人好像要逃跑一样，向背后射箭，这样杀死了许多人。[5]

塞尔柱的骑射手赢得了十字军的尊敬。“从拉丁作家频频使用 pluvia、imber、grando 和 nubea 等词来描述突厥人的箭术来看，”R. C. Smail 写道，“其弓箭的射击可能保持了很高的频率。”[6] 事实上，他

---

1 *Taktika* XⅧ m 50，ed. Migne *PG*. 107，pp.957–958. 关于这两篇文献的关联性，参见 Gy. Moravcsik，“Bölcs Leo taktikája，mint Magyar torteneti forrás,” *Századok* 85，1951，pp.334–353，亦见 Bohumila Zasterova, *Les Avares et les Slaves dans la Tactique de Maurice*，Rozpravy Československé Akademie Věd，Ročnik 81，Sešt 3，1971。

2 “Ab Ungerorum nos defendas iaculis,” Gombos，*Catalogus* Ⅱ，p.843.

3 “Vivunt non hominum，sed belurarum more.” “... perpaucos gladio，multa milia sagittis interimunt，quas tanta arte ex corneis arcubus dirigunt，ut earum ictus vix precaveri posit.” Gombos, *Catalogus* Ⅲ，p.2039.

4 Ibid..

5 “Gravis itaque hic indeque oritur pugna，versique terga ceu in fugan Turci，directis acriter boelis，id est sagittis，plurimus sternunt,” Gombos，*Catalogus* Ⅱ，p.1470.

6 *Crusading Warfare*（*1097-1193*）（Cambridge University Press，1956），p.81.

们所发射的箭矢使天空为之暗淡，远甚于下雨或者冰雹。[1] 早在一千多年之前的《汉书》描述公元前99年匈奴伏击汉朝将军李陵时，[2] 或者，Várad 的教士 Roger 讲述 1241 年蒙古人如何“下雨般地把箭射向” Kalocsa 大主教（archbishop of Kalocsa）Ugolin 的匈牙利军队时，就使用过这一比喻。[3]

当然，13 世纪的蒙古人是作为同样卓越的射手出现的。亚美尼亚史料通常用“射手民族”（the nation of the archers）一词来指称他们。[4] 1241 年，在寄给英格兰国王的一封信中，弗里德利希二世皇帝（Emperor Frederick Ⅱ）认为蒙古人比任何其他民族都更熟悉弓箭，把他们描述为“无与伦比的射手”。[5] Matthew Paris 本人也使用了这一称呼。[6]

对武器的每一个部件做技术上的描述，会导致我们逸出本文的范围之外，由于内亚战士的装备并无一致性可言，我们会走得更远。随地点、民族和时代的不同而有着广泛的差异。最重要的一件装备是复合式的弓，这种弓的各种类型都比较容易确认。它是用木头和牛羊角制成的，用黏在木质内核里的筋腱特别加固。把手被安置在弓的中心点以下的地方，由此形成的不对称，是它的一个重要特征。[7]

---

1 “si rant plante de saietes et de quarriaux que pluie ne grille ne feist mie si grant oscurté…,” Continuation of William of Tyre，*Recueil des historiens des croisades. Historiens occidentaux* Ⅱ，p.606.

2 *Ch'ien Han-shu* 54，12a: 矢如雨下。

3 Ch. 21，“sagittas velut pluviam emittentes”，Gombos，*Catalogus* Ⅲ，p.2073.

4 Robert F. Blake-Richard N. Frye，“History of the Nation of the Archers（the Mongols）by Grigor of Akanc'，” *HJAS*，Ⅻ，1949，pp.269-443 at 384.

5 Matthew Paris，*Chronica majora*，ed. Luard Ⅳ，p.115.

6 Ed. Luard Ⅲ，p.488.

7 许多著作涉及内亚的弓和箭。对复合式弓所做的精到的技术性描述，见 W. F. Paterson，“The Archers of Islam，” *JESHO*，Ⅸ，1966，pp.69-87。在 K. F. Smirnov 详细的专题文章中包含了大量关于弓和箭的资料，见 Vooruženie savromatov, *MIA*. 101（1961），pp. 31-70; A. I. Meljukova，Vooruženie skifov，*Arkheologijia SSSR*, Svod arkheologičeskikh istočnikon，vyp. D 1-4（Moskva 1964），p. 14-44; A，M. Khazanov，*Očerki voennogo dela sarmatov*（Moskva，1971），pp. 28-43。更晚近的时期，见 Joachim Werner，“Beiträge zur Archäologie des Attila-Reiches，” *ABAW*. N. F，Heft 38 A，1956, 尤其是 pp. 46-50。对内亚箭矢所做的精到的全面考察，见 Käthe U. Kőhalmi，“Der Pfeil bei den innerasiatischen Reiternomaden und ihren Nachbarn，” *AOH*，Ⅵ，1956，pp.109-159。

当然，在数千个探查过的考古遗址中，几乎每一个地方都发现了一些箭头，不过它们并非全部用于军事。对箭杆的长度和材料所知甚少，由于是木质的，它们在墓葬中容易腐蚀分解。柏朗嘉宾在 13 世纪的确提供了一些关于它们的长度的线索，[1]但是判读他的资料很困难。[2]Thomas of Spalato 在描述蒙古人的武器时谈到，蒙古箭杆末端的槽口非常狭窄，它们无法用在“我们的”（大概是匈牙利人的）弓上。按照他的说法，蒙古箭杆比他们的匈牙利（？）箭杆长四指，箭头是用铁、骨头或者牛羊角制成的。[3]马切利努斯记载过匈人的骨制箭头。[4]随后它们被蒙古人连续使用了大约九百年，这不仅表明它们质量上乘，而且表明金属长期匮乏，这是内亚军队必须克服的问题，对此我在下面还会详谈。

无论技艺多么娴熟，内亚射手要打败敌人，就必须近距离作战。他用得最多的随身武器——剑，已被证明有许多种形制和尺寸，直式剑——既有匕首般的短剑，如同斯基泰人的 akinakes，也有单刃或者双刃的长剑；而马刀刀身弯曲，刀尖尖锐，只在一侧开刃。阿提拉（Attila）时期（公元 5 世纪）的匈人装备了两种剑，其中一种是长的双刃型的，另一种是比较短的单刃型骑手利剑。[5]使用马刀的人可能是革命者，他们在 7 世纪的最后几十年，取代了先前以直式剑为装备的阿瓦尔人中的统治阶级。[6]

---

1 Ⅵ，9. ed. Wyngaert，p.79.

2 Cf. the comments on p. 42 of Paul Pelliot，*Recherches sur les Chrétiens d'Asie centrade et d'Extrême-Orient*（Paris，1973）.

3 “Sagitte eorum nostris sunt quatuor digitis longiores，ferrea，ossea et cornea cuspide conspicates，” Ch. 37，Gombos, *Catalogus* Ⅲ，p.2239.

4 XXXI，2，9，ed. Rolfe，p.384.

5 Werner，op. cit.，pp.38–46. 我无法放弃引证 William Trousdale 博学而富有想象力的 *The Long Sword and Scabbard Slide in Asia*（Smithsonian Contributions to Anthropology 17，1975）一书的愿望，该书中有丰富的关于内亚战士装备的有价值的资料和想法。

6 Gyula László，*Études archéologiques sur l'histoire de la société des Avars*，Archaeologia Hungarica Series Nova XXXIV，1955，p.236.

俄国《编年史》(*Primary Chronicle*)中的一则逸事，揭示了一些关于剑和马刀之间长期竞争的有意思的情形。它记载说斯拉夫 Polyanians 人如何每家出一把剑作为给突厥卡扎尔人(Turkic Khazars)的贡物，突厥卡扎尔人在检查了这些武器之后评论说："邪恶就是这种贡物，大公。我们用叫作马刀的单刃武器赢了它，但是这些人的武器双刃都锋利，叫作剑。这些人将把这种贡物强加给我们以及其他的国家。"[1] 剑和马刀在南俄草原的墓葬中都有发现，其年代为 10~14 世纪。[2] 9 世纪和 10 世纪的佩切涅格墓葬中出土了大量马刀，其刀刃微微弯曲，长不过 1 米，有木制的柄。刀刃的弯曲度在后来的墓葬中更为引人注目。[3] 剑和马刀在墓葬中并不常见。Pletneva 解释说这是因为这些武器很有价值，所以活着的人都愿意把他们留给自己，这种解释有重要意义。柏朗嘉宾提到，只有比较富裕的蒙古人才使用剑，比较贫穷的士兵则携带斧头。[4]

在内亚传统的军械库的存货清单中，重要性仅次于弓和剑的，则必须要提及标枪和长矛。由于在大多数情况下木质的杆都腐蚀分解了，因此通常很难把用于投掷和刺击的标枪跟在搏斗中牢牢握持的长矛区别开来。尽管这些东西构成了萨尔马提亚人的主要武器，但是它们很少出现在墓葬遗物中。[5] 有一些出自 Panticapaeum(Kerch，刻赤半岛)的图像证据似乎表明，萨尔马提亚骑兵挥舞着极长的长

1 Samuel Hazard Cross-Olgerd P. Sherbowitz-Wetzor, *The Russian Primary Chronicle, Laurentian Text,* trans. and edited by The Mediaeval Academy of America, Publication No. 60 (Cambridge, Mass., 1953), p. 58.

2 G. A. Federov-Davidov, *Kočevniki Vostočnoj Evropy pod vlast'ju zolotoordynskikh khanov. Arkheologičeskie pamjatniki* (Moskva, 1966), 尤其见 pp. 22-26, 117。

3 S. A. Pletneva, "Pečenegi, torki I polovcy v južnorusskikh stepjakh," *MIA*. 62 (1958), pp.151-226 at 159, 168.

4 Ⅵ, 4, ed. Wyngaert, p.77.

5 Cf. Khazanov, op. cit., in footnote 59, p.44. 这是关于萨尔马提亚人军队的最为详细的介绍。

矛，[1]这样的图像也出现在上叶尼塞（Upper Yenissei）的岩画中。[2]萨尔马提亚人在内亚军事史上是一个独特的分支，因而不能被视为典型。欧亚草原军事上的连续性是由斯基泰原型演化而来的。短小而轻巧的标枪的使用可能很普遍。它是12世纪塞尔柱人的首选武器。[3]柏朗嘉宾提到蒙古人使用的一种特殊类型的长矛。它的铁制矛头上有一个钩，用它可以把一个人从马鞍上拽下来。[4]

还应该说一说用作武器的套索。第一个提到它的可能是希罗多德（Ⅶ，85），跟Sagartians人有关。据Suidas Lexicon说[5]，它为帕提亚人所使用，在他们的军队中，有一整支分遣队（σειροφόροι）用这种装置作战。在谈到萨尔马提亚人时，Pausanias说，“他们抛出套索，套住所遇到的任何敌人，然后策马绕圈，把被套住的敌人掀翻在地”。[6] Josephus Flavius在他的《犹太人战争》（*Jewish wars*）[7]一书中讲述了公元72年或者73年，亚美尼亚国王Tiridates如何在被一个阿兰人抛出的套索（βρόχος）套住之后幸免于难的故事。8世纪后半叶，Moses Khorenats'i在写作的时候把Josephus的描述运用到晚了大约两个世纪的事件中。在他的叙述中，国王Trdat被国王Barsil抛向他的一根“缠绕着皮革的筋腱带子”套住了。[8]据马切利努斯说，匈人“把编成套索的布带子抛向他们的对手，缠绕住他们，以便缚

1 Cf.，e. g.，M. Rostovtzelf，*Iranians and Greeks in South Russia*（Oxford，1922），plate XXⅨ，and Joseph Wiesner，*Die Kulturen der frühen Reitervölker*，*in Die Kulturen der eurasischen Völker*（Frankfurt-am-Main，1968），pp.3–192 at 111.

2 Hj. Appelgren–Kivalo，*Alt-altaische Kunstdenkmäler*（Hesingfors，1931），fig. 93. 目前我手边没有。

3 Cf. Smail，op. cit.，in footnote 52，pp.78，113.

4 Ⅵ，9，ed. Wyngaert，p.79. Berthold Laufer，*Chinese Clay Figures*. Pt. Ⅰ，*Prolegomena on the History of Defensive Armor*，Field Museum of Natural History Publication 177（Chicago，1914），p. 228谈到匈奴人使用的这种长矛的中文图解（我手边没有）。

5 S. v. σειαῖς ed. Alder，Vol. Ⅳ，p.346.

6 *Description of Greece* XXⅠ，5–6，ed. and trans. W. H. S. Jones，Vol. Ⅰ（Loeb，1931），pp.106–107.

7 Ⅶ，7，4，ed. B. Niese，Vol. Ⅵ（reprint: Berlin，1955），p. 602.

8 Cf. Robert W. Thomson，*Moses Khorenats'i. History of the Armenians*（Harvard University Press 1978），p. 237. 关于这些历史事件，参见K. Czeglédy，“Kaukázusi hunok，kaukázusi avarok,” *Antik Tanulmányok* Ⅱ，1954，pp.121–140 at 130–131，Thomson不知道此文。

住他们的四肢，使他们无力骑马和行走”。[1] Sozomen 所讲的传说讲述了 Tomi 大主教 Theotimus 的故事，一个匈人试图用一根套索把他拖走，而他的手一直伸展在空中，直到他为了匈人的利益向上帝祷告时为止。[2]考虑到这些信息，人们也许想知道，柏朗嘉宾所说[3]的每个蒙古士兵都随身携带的绳索，是真的像 Franciscan 所认为的那样用作拖拽的战争武器，还是仅仅是一根套索而已。

* * *

显而易见，一支高度机动的骑兵队伍所需要的物资供应所造成的问题是，跟传统内亚所能提供的比起来，它需要一个更为发达的工业。虽然到处都能找到少量的铁金属，但是武器制造——箭镞、长矛、矛头，尤其是马刀——要求相当成熟的工业，要使用具有专业技术的工人和固定的工厂。武器供给有三个主要来源，即跟定居的民族贸易交换、雇用专业工匠——通常是战争中的俘虏，以及向被征服的定居地区的人民征收赋税。

在中央欧亚草原诸民族与周边定居文明社会之间的贸易史上，武器和铁占有重要地位。当然，我们的绝大多数证据来自输出方，因而具有负面的特性。它表明定居国家一直在努力把贸易限定在官方控制的市场上，但是依然未能阻止走私贸易。在汉代，据说正是负责守卫边境的士兵们把铁制武器卖给了他们的敌人——匈奴。[4]不过，法律规定十分明确：“胡市，吏民不得持兵器及铁出关。虽于京

1　XXXI，2，9，ed. and transl. John C. Rolfe，Vol. Ⅲ，pp.384–385.

2　*Ecclesiastical History*，Ⅶ，26，in Henry Wace and Philip Schaff(editors)，*A Select Library of Nicene and Post-Nicene Fathers of the Christian Church*，Second Series，Vol. Ⅱ (Oxford and New York 1891)，p. 395. 对套索在内亚人中被用作武器的注意是由 Moravcsik Gyula 唤起的，见所著 “A hunok taktikájához,” *KCsA*. Ⅰ，1921–1925，pp.276–280，从中可以找到进一步的参考材料。

3　Ⅵ，4，ed. Wyngaert p. 77: “et funes ad machinas trahendas.”

4　Ying-shih Yü，*Trade and Expansion in Han China*，p. 99.

师市买，其法一也。"[1]公元2世纪，为汉朝军队效力的鲜卑援军坚持他们的酬金要用铁而不是钱来支付。[2]写于公元177年的一篇文章哀叹武器禁运的无效："精金（铜？）良铁，皆为贼（鲜卑）有……兵利马疾，过于（早先的）匈奴。"[3]公元2世纪末，著名的文官应劭在解释《前汉书》中的一段话时说："胡市，吏民不得持兵器及铁出关。"[4]严禁向蛮族人输出铁的禁令在唐代也施行着。非法输出商品一直使明朝的官员感到头疼。Henry Serruys搜集了大量文献资料，[5]我只从其中选择几个生动的例子。1407年，一道皇帝诏令提醒甘肃的军事长官，"故事"（old regulations）禁止武器买卖。1437年，一位高级官员为自己辩护，否认"用盔甲、弓箭跟蒙古贡使交换骆驼"的指控。1443年，一位官员试图禁止蒙古使节和居住在京师服务于明朝的蒙古人之间的一切联系，同时禁止在沿途和京师出售武器、铜和铁。禁令必须年复一年再三重申的事实表明，法律遭到了漠视。Serruys引述的好几个案例说到箭镞被藏在酒坛子里走私到卫拉特。

《金史》所记女真的崛起为武器贸易的重要作用提供了很好的例证："生女直旧无铁，邻国有以甲胄来鬻者，倾资厚贾以与贸易，（景祖——女真早期首领之一）亦令昆弟族人皆售之。得铁既多，因之以修弓矢，备器械，兵势稍振，前后愿附者众。"[6]

拜占庭的资料，虽然远远说不上多，却提供了一个与中文资料完全相同的信息。5世纪初，匈人渴望与罗马人贸易，就如同匈奴

---

1 Yü，op. cit.，p. 122. 同样见 ibid.，p. 129。

2 Ibid.，p. 109.

3 Ibid.，p. 132.

4 Gerhard Schreiber，"Das Volk der Hsien-pi zur Han-Zeit," *Monumenta Serica* Ⅻ，1947，pp.145–203 at 195.

5 "Sino-Mongol Relations during the Ming，Ⅲ . Trade Relations: The Horse Fairs（1400–1600）," *Mélanges chinois et bouddhiques* XVII m 1975，pp.59–72.

6 Herbert Franke，"Chinese Texts on the Jurchen. Ⅱ . A Translation of Chapter One of the Chin-shih," *Zentralasiatische Studien* Ⅻ，1978，pp.413–451 at 421.

及其后继者蒙古渴望与中原贸易一样。465 年，Attila 死后，一直对匈人奉行强硬政策的马尔西安（Marcian）皇帝禁止向蛮族人输出武器以及任何他们可以进行加工的原料。[1] 大约一个世纪之后，这条法律被编进了查士丁尼法典之中。[2] 562 年，使查士丁尼皇帝感到惊愕的是，一名阿瓦尔使者到君士坦丁堡购买了一些武器，由此削弱了他们与拜占庭的关系。[3]

要补充乃至取代通过贸易的方式获取武器，工匠是必需的。虽然可能不是自由的，但那些从事武器制作和修理的人享有特殊的地位。有证据表明，这些人被一种强有力的团体精神相互联系在一起，这种精神有时可以导致政治实体的形成。因此，众所周知在公元 6 世纪中期建立他们自己的国家之前，突厥人是柔然的“锻奴”（blacksmith slaves）。类似的例子是 10 世纪阿拉伯地理学者马苏第（Mas'ūdi）提到的 Zarikaran 的高加索（Caucasian）王国的情形，据马苏第所说，这个名称“意思是‘甲胄制造者’，因为他们大多数人从事甲胄、马镫、马笼头、剑和其他各种铁兵器的制造”。[4] 一个很有特点而且在某些方面非常现代的案例就是为蒙古人“掘金和制造武器”的日耳曼战俘。13 世纪中期，鲁不鲁克徒劳地试图联系和帮助他们，他确认他们的所在之地就是位于塔拉斯（Talas）东部一个月行程的某个叫作 Bolat 的小镇。[5] 这座城市的确切地点还不能确定，但是它的名字——来源于波斯语 pūlād“钢铁”——无疑表明了它的角色。与此相似，安纳托利亚有一个地方名叫 Demirciler“铁匠”，

1 Cf. E. A. Thompson, *A History of Attila and the Huns* (Oxford, 1948), p.180, with textual references.

2 In: XXXXI "Quae res exprotari non debeant," *Codex Iustinianus*, ed. Paul Krueger (Berlin, 1892), pp.178-179.

3 Menander, fragment 9, ed. L. Dindorf, *Historici Graeci Minores*, Vol. Ⅱ (Teubner, 1871), p.8. Cf. also Thompson, op. cit., p.172.

4 V. Minorsky, *A History of Sharvān and Darband* (Cambridge, 1958), p.155.

5 Rubruck XXⅢ, 3, ed. Wyngaert, pp.224-225.

这使Xavier de Planhol得出正确的结论，[1]认为这些村落最初是由游牧工匠建立起来的，他们因为职业的专业性而集合在一起。

拉施特描述了伊利汗国合赞汗时期波斯和蒙古兵器制造者的组织。在每一座城市里，他们都被组织到行会当中，每生产一件产品都会获得标准额度的酬劳。根据我们的资料，通过从计时工作向计件工作的转换，产量会增加五倍。[2]

金属和武器的匮乏导致蒙古人征收实物税。根据《蒙古秘史》第279节的记载，作为税收改革的一部分，窝阔台汗下令，除了丝和银，箭（qor）、弓（numun）、甲胄（quyag）和其他武器（jebe）都要收集和储存起来。[3]鲁不鲁克指出，在位于顿河以西乃至巴尔干半岛内的地区，蒙古人索要的贡物是，每年每家一把斧子和他们所能找到的所有未经加工的铁。[4]据亚美尼亚历史学家Kirakos of Gandzak所说，旭烈兀统治时期，向被征服地区征收了极其沉重的实物税，包括大概每家一支箭和一副马蹄铁。[5]

当然，很难估算一名想象中的"通常的"内亚战士的装备所需的金属数量。在墓葬遗物的基础上——与征服时代（the Conquest，约9世纪）的匈牙利战士埋在一起的金属武器的重量——Szabolcs de Vajay估计，[6]装备一支2万人左右的骑兵队伍需要大约30吨金属原料。遗憾的是，考古学家们很少说明所发现的武器的重量。这是很可惜的，因为这类数据能够让我们推算出生产它们所需要的工业基础的规模和特征。我没有见到任何关于在斯基泰墓葬中发现的数千

1 "Les Nomades, la steppe et la forêt en Anatolie," *Geographische Zeitschrift* 53, 1965, pp.101–116 at 111.

2 D'Ohsson, *Histoire des Mongols*（La Haye, 1835）, Vol. Ⅳ, pp.431–433.

3 For the text of cf. ed. Ligeti, p.256.

4 I, 5, ed. Wyngaert, p.168: "totum ferrum quod invenerunt in massa."

5 Dulaurier, op. cit., in footnote 35, p.483; K. P. Patkanov, *Istorijia mongolov po armjanskim istočnikam*（St. Petersburg, 1874）, Ⅱ, p.88.

6 "Über die Wirtschäftsverhaltnisse der landnehmenden Ungarn," *Ungarn Jahrbuch*, 1979, pp.9–19 at 16.

枚箭镞的重量的线索。在某些墓葬中它们的确是数量众多，比如，Elizavetov 第 8 号墓（年代为公元前 4 世纪后半叶）就出土了 985 枚铜箭镞和 59 枚铁箭镞。[1] 虽然在一次战斗或者狩猎之后，会回收一部分，但箭镞是一种消耗品。对它们和其他新制武器的需求必定是持续不断和十分紧迫的。

如同历史上任何别的士兵一样，就其武器而言，内亚战士依靠的是技术及其所属社会的资源，而这些主要是由环境因素决定的。为了获得马匹的供给——这是确保其超乎农耕民族之上的优越性的根本——游牧骑兵一定要留在草原地带。[2] 为了得到他们所需的武器，他们必须依靠冶金术，而冶金术如果没有矿石和燃料这两种基本成分就无法操作。燃料在草原上是无法获取的。金属的供应必须来自骑兵已有限控制的森林地带。草原给战士提供了坐骑——这是他军事胜利的关键因素——但拒绝给予他发展武器所必要的手段。它无法提供对于保持内亚军队军事优势极其根本的手工业或者半工业的基础，而内亚军队在一开始就学会了最有效地利用他们所能获得的自然与人力资源。

1 Meljukova，op. cit.，in footnote 59，p.29.

2 关于这个非常重要的问题，我已经在“Horse and Pasture in Inner Asian History”中比较详细地讨论过了。该文即本书所收《内亚史上的马与草场》一文。——译者注

略论中央欧亚狩猎之经济意义*

罗 新 译

文 欣 校

关于狩猎在阿尔泰诸民族生活中的重要性，在这次会议多方面的交流中，已经得到深入广泛的讨论。可是在我看来，对狩猎活动的某个方面强调得还不够。虽然诸如军事演练、运动或纯粹的嬉戏等动机，也足以让人们从事狩猎，但是在中央欧亚，决定狩猎原因和方式的主导因素，肯定还是经济需求。

显而易见，在阿尔泰诸民族中，和在其他地方一样，狩猎的主要目的是获取食物。这一点在所谓的“林木中百姓”中固然是相当突出的，不过即使在较为富足的草原游牧民那里，狩猎也是非常重要

* 本文是美国哲学学会支持和资助的一个较大研究计划的成果之一。笔者对此深表谢意。

的。中文史料清楚地记载突厥“随水草迁徙，以畜牧射猎为务”。[1] 11~13 世纪的蒙古人也是如此。[2] 鲁布鲁克明确地说蒙古人——在 13 世纪中期——“很大一部分食物来自捕猎”。[3] 在军事行动中，部队的粮食供应很大程度上要依赖狩猎。《蒙古秘史》第 175 节清晰地记载成吉思指挥下的 2600 人，以围猎得到的猎物为食；第 199 节所记成吉思的指令中提到如何在行军中以围猎补充军粮。[4]

有证据表明，在某些情况下，一个民族要维持生存得靠狩猎提供的食物。627~628 年的冬春之际，异常严重的寒冷和大雪造成突厥“羊马皆死，人大饥”。为了获得食物，颉利可汗率兵进入朔州组织了一次“会猎”。[5]

大规模的围猎和把猎物从藏身处驱赶出来的活动，当然是用作军事训练的；当经济状况良好时，围猎还会变成重要的社交活动。可是对于不那么富足的人来说，围猎的经济收益无疑具有重要意义。成吉思汗的支持者们宣誓，要把围猎中杀死的猎物都交给他，[6] 也就是说，他们宣誓让他成为旨在生产消费品的集体围猎的主要获利人。志费尼详细叙述了蒙古人的围猎，还特别说明他们的围猎“不仅仅为了得到猎物”，[7] 这个说法清楚地表明，在蒙古人的集体狩猎中是有经济考虑的。

一般认为，草原游牧方式为大型的帝国主义“游牧帝国”提供

---

1 参看 Liu Mau-Tsai，*Die chinesischen Nachrichten zur Geschichte der Osttürken*（*T'u-Küe*），Ⅰ（Wiesbaden，1958），p. 8。见《周书》卷 50《异域·突厥传》。——译者注

2 参看 B. Vladimirtsov，*Le régime social des Mongols. Le féodalisme nomade*（Paris，1948），p. 43。

3 *The Mongol Mission*，edited by Christopher Dawson（London，1955），p. 100.

4 不熟悉《蒙古秘史》的读者，可以在这里找到与其相关的参考文献：Denis Sinor，*Introduction, a l'étude de l'Eurasie centrale*（Wiesbaden，1936），pp. 141–144。

5 Liu，op.cit.，pp. 142，193.《旧唐书》卷 194 上《突厥传上》的原文作“其国大雪，平地数尺，羊马皆死，人大饥，乃惧我师出乘其弊，引兵入朔州，扬言会猎，实设备焉”。——译者注

6 *Secret History*，chapter 123.

7 John Andrew Boyle，*'Ata-Malik Juvaini: The History of the World Conqueror*（Manchester，1958），Ⅰ，p. 27.

了经济基础。虽然我并非不同意这个理论，但如果认为以草原游牧为基础的社会不需要也不使用其他类型的产品，那会是一个糟糕的错误。在说到匈人的时候，汤普森（E. A. Thompson）相当正确地指出，“尽管他们的食物主要来自牲畜，不过很显然，就像其他草原游牧民一样，他们不得不狩猎以增加补给……普里斯库斯好像已经觉得，当匈人扎营于Kuban时……他们全部的食物供应都靠狩猎”。[1]

如果狩猎是以大的、如同工业规模进行的话，所获肉食必须保藏以留待后用。食用干肉广泛存于阿尔泰诸民族中，鲁布鲁克描述过其制作情形：“他们（蒙古人）把肉切成一条一条，以日晒和风吹消除其水分，这些肉条立即变干了，不需要加盐，也没有怪味。”[2]

肉类虽然重要，但它并不是狩猎活动所能供应的唯一原材料。事实上在猎人看来，被杀死的动物身上几乎没有哪一个部分是没有用处的。猎人会利用动物的骨、肠子、筋和肌肉，更不用说当然是最重要的产品——皮毛了。对此我们待会儿再谈。

考虑到无论是在草原游牧民中，还是在“林木中百姓”中狩猎的经济重要性，其总是被认为与社会团体的集体责任相关，就不那么令人惊奇了。如今的个人打猎可能是消遣、儿童锻炼或保障生存的某种手段，但它从不具有重要的经济作用。我同意 Eveline Lot-Falck 的观点，（如今的）个人打猎是堕落的征兆，标志着“身心之松弛”（relâchement de l'ésprit de corps），是垂死社会的特征。[3]

蒙古类型的大围猎，要想成功地进行，就必须要有组织得很好的而且数量又足够多的草原游牧战士。可是，把这一行动所必需的大量人员集中起来，又不是那些经济上依赖狩猎的人所能够做到的。狩猎经济的特有性质，要求人口稀少，分布疏散，以维持（食物）供给。正如拉铁摩尔所说：“我认为不同经济形式之间的区别标

---

1 *A History of Attila and the Huns*（Oxford，1948），p. 42.

2 *The Mongol Mission*，p. 96.

3 *Let rites de chasse chez lez peuples sibériens*（Paris，1953），p. 142.

准，不是进化的（evolutionary）而是经济的（economic）……狩猎经济是粗放的。狩猎人群需要分布在一个宽广区域内，分散为一个个小团体，虽然彼此相距甚远的那些家庭可能隶属同一个部落，但他们不能长期聚居。"[1] 尽管北西伯利亚曾存在着300~700人的狩猎族群，但真正的经济单位要小得多，只有10~50人。1682年，北西伯利亚的通古斯Vanjadyr部落被分成6个狩猎氏族，人数分别是22人、22人、19人、16人、26人和18人。[2] 根据Dolgikh的记录，这些小型猎人团体是真正的经济单位，而那种数百人的大型氏族的团体，很明显只是社会法性质的。

猎人与牧民之间的社会对立，一定是相当普遍的，正如拉施特对森林兀良哈（Sylvan Uryankhai）人的精彩描述所显示的那样。[3] 这些猎人对牧人是如此蔑视，以至于只需要威胁说把女儿嫁给牧人，就足以驯服难以管束的女儿们。

可以设想，某些情况下，猎人团体发展出特殊的技术或专门擅长捕猎某一种猎物。符拉基米尔佐夫提出，蒙古的"不剌合臣"（Bulagachin，意为"捕貂鼠者"）和"客列木臣"（Keremüchin，意为"捕青鼠者"）两个部落之得名，就是由于他们专擅捕猎貂鼠（bulaγa）和青鼠（keremü）。[4] 然而拉施特的相关段落里并没有明确这样说。[5] 不过，我们知道11世纪中国东北的女真部落中，存在着分别擅长捕猎鹿、兔、野猪、狼、雉、雕和苍鹰的（民族？）团体。[6] 有趣的是，Castren注意到的萨莫耶德那些几乎相同的集体名

1 "The Geographical Factor in Mongol History," *The Geographical Journal*, XCI, No. 1, 1938, reprinted on pp. 241–258 of *Studies in Frontier History* (London, 1962), p. 246.

2 B. O. Dolgikh, Rodovoj i plemennoj sostav narodov Sibiri v XVII v., *Trudy Instituta êtnografii* im N. N. Miklukho-Maklaja NS. LV, 1960, p. 619.

3 L. A. Khetagurova–A. A. Semenov, *Rašid-ad-din. Sbornik letopisej*, I, 1, (Moskva-Leningrad, 1952), pp. 123–124.

4 op.cit., p. 41.

5 op.cit., p. 122.

6 Rolf Stein, "Leao-tche," *T'oung Pao*, XXXV, 1940, 1, pp.1–154 at 99.

称，[1]是不是有近似的起源呢？虽然不能排除对这些名称（鹅人、鹰人、鹤人等）做图腾崇拜的解释，但至少其中一个名称是由相邻部族使用而不是由该部族自己使用的，这个事实更有利于通过特殊职业来解释其得名缘由。

几乎所有的狩猎产品都用于内部消费，我所知道的唯一例外就是皮毛。从最早的记载开始，皮毛在中央欧亚诸民族的经济中总是扮演一个特殊的角色。绝大部分皮毛总是主要依靠进口，本地产品通常仅能满足本地人口的最低需求。对皮毛的需求甚至如同武器——后者总是被列入急需品之中的——不得不进口。贸易一直是中央欧亚经济的一个本质特征。就我所知，非常遗憾的是，对中央欧亚历史上贸易的范围与作用，迄今还没有一个综合的研究。本文并不试图完成这个任务。

主要的出口商品是马匹和皮毛。对生产者来说，它们的用途有着基本的不同。对于一个草原游牧社会来说，马匹有着本质的、固有的价值，这种价值不完全取决于社会。对于遭遇海难的船员来说，一小包饼干的价值不依靠任何外部因素，不取决于交换或市场需求。同样可以说，在海员看来，两小包饼干具有一小包饼干两倍的价值。简单地说，一个拥有 5 匹马的游牧民如果得到 10 匹马，他的幸福也会加倍。他不担心生产过剩。外部需求可能会提高或降低马匹的价格，其交换价值可能会高于或低于其固有价值而上下波动，但是其使用价值会一直存在。

皮毛的情况可就不同了。任何一个社会团体对于皮毛的需求都是有限度的。没有一个“林木中百姓”愿意把十多件皮大衣穿在身上。无论一件轻暖的皮大衣有多少使用价值，第二件的使用价值总会大大降低，甚至是零。遭遇海难的海员也许会为了生存去

1 *Reiseberichte und Briefe aus den Jahren 1845–1849*, Herausgegeben von Anton Schiefner (St. Petersburg, 1856), p. 260.

打猎以获取食物，而他对于皮毛的需求很快就会被满足。在中央欧亚经济中，皮毛的固有价值完全等同于其交换价值。这取决于需求，而内部需求取决于猎人数量，猎人数量变化不大，则猎取皮毛就是为了满足外部的需求。实现这一点，要么通过贸易，要么通过征服。史料提到森林部族时，总会提到皮毛，这是他们主要的（唯一的？）财富。

在谈到 6 世纪中期的欧诺古尔（Onogur）人时，乔丹尼明确地说他们的收入源于皮毛。[1] 13 世纪的 Muhammad Aufī 提到了伏尔加地区的保加尔人与更北方的民族之间的皮毛贸易。[2] 皮毛贸易起源于森林地带，其影响可以从 Ibn Hauqal 的伟大著作中看到，他在书中提到皮毛从森林“分派到世界的各个角落”。[3] 常被引用的话可能是马可·波罗对那个极难到达、也许位于西伯利亚的地方的描述，那里有着大量的、各种各样的“珍贵的皮毛，造成了大宗的贸易和巨大的利润”。[4]

本文不打算调查西伯利亚错综复杂的皮毛贸易。我们只想指出，一条长长的、中间商的链条，确保了狩猎人群产品的广泛销售。正如马可·波罗所见证的，不存在行销的困难。商人们愿意艰难跋涉去接受森林狩猎人提供的商品，他们“是伟大的猎手，他们猎捕非常多昂贵的小动物，从而获得巨大的利益……他们知道如何聪明地捕获它们，设计陷阱诱而捕之，没有动物能够从他们面前逃脱。不过我还要告诉你，他们的住房都在地下，因为那里异常寒

---

1 *Getica*, V. 37 Miechov 的译本，*The Gothic History of Jordanes*（Princeton, 1915），p. 60：“他们贩卖貂皮。”这句话因为过于简略而容易引起误解。拉丁文原文是：“pellium murinarum venit commercium。”（从事灰鼠皮贸易）

2 J. Markwart, “Ein arabischer Bericht über arktischen（uralischen）Länder aus dem 10. Jahrhundert,” *Ungarische Jahrbücher*, Ⅳ, 1924, pp.261–334 at p. 289.

3 J. H. Kramers and G. Wiet, *Ibn Hauqal. Configuration de la terre*（*Kitab surat al-ard*），Ⅰ–Ⅱ,（Beyrouth-Paris, 1964），Ⅱ, p. 382.

4 A. C. Moule–Paul Pelliot, *Marco Polo*, *The Description of the World*（London, 1938），Ⅰ, p. 470.

冷，他们总是生活在地下，否则无法生存。而且他们长得不好看”。[1] 大概这些猎人对于威尼斯人的眼睛不怎么有吸引力，可是用他们提供的皮毛制作的貂皮大衣，每一件则要卖到 1000 个拜占庭金币。人们可能会想知道，付给这些猎人的价钱又是多少呢?

《蒙古秘史》描述了成吉思汗与一个叫阿三（Hassan）的回回商人相遇的故事，[2]这个商人正赶着1000只羯羊，到额尔古纳河流域去收购貂皮和青鼠皮等。

这些例子显示了，外部需求是通过贸易渠道而到达猎人这里的。不过在史料中的许多例子里，皮毛是作为贡物呈送和收受的，亦即，乃是征服或军事威胁的结果。

与一个统治者的葬礼有关的 8 世纪的鄂尔浑突厥碑铭，描写臣服的诸部族是如何遣送其代表的:“所有这些人……带来（作为礼品的）大量的他们的善马，他们的黑貂皮，他们的青鼠皮……” [3]

可以说，在最早的史料里，就有对皮毛需求的证据了。皮毛的交换价值因时因地当然会有所波动，但持久的需求使珍贵皮毛本身具有了像钱一样的价值。[4] 再说一遍，应当记住，对生产者（猎人）来说，产品（皮毛）没有直接的使用价值，因而全部生产都是为了出口，无论出口是自愿的（贸易）还是被迫的（纳贡）。

强制之下贸易改进的实现，只有在俄罗斯人带来的西方文明的福祉惠临西伯利亚的狩猎者之后。

的确，俄罗斯人进入狩猎地区，几乎完全改变了传统经济赖以维持的基础。这里我将忽略所有与政治相关的方面，仅限于稍稍评

1 Op.cit.，p. 472.

2 第 182 节。

3 Ⅱ. S. 12，参看 V. Thomsen，“Inscriptions de l’Orkhon,” *Mémoires de la Société Finno-ourrienne* Ⅴ，1896，p. 130。

4 我这里不是指在俄罗斯历史上扮演过非常重要又颇有争议的角色的所谓“皮币”。皮币是那种带着前后爪子的、修剪过的皮子（hides），而不是皮毛（furs）。请参看 A. L. Mongajt 有趣的评论，*Rjazanskaya zemlja*（Moskva，1961），pp. 318 ff。

论俄罗斯人的进入对狩猎的经济方面的影响。

在叶麦克（Yermak）占领西伯利亚以前，南西伯利亚的鞑靼可汗们一直从更北的、说乌戈尔语的部族那里收取皮毛贡赋，他们自己却是牧放牲畜的。然而俄罗斯人对皮毛的需求是如此巨大，以至于鞑靼人发现如果他们自己也去从事狩猎和贸易的话，会有很大的好处。[1]到17世纪，狩猎、捕鱼和贸易，成为西伯利亚鞑靼人的基本职业。随着俄罗斯与西方，主要是与英国之间贸易关系的扩大，对皮毛的需求变得无止无休了。英国商人把皮毛看成头号土产。1588年6月伊丽莎白女王的大使，老 Giles Fletcher 被派往俄罗斯，他的明确目的就是要改善贸易关系。返回后他写了一本书 *Of the Russe Common Wealth*，书中特别关注了皮毛贸易。他注意到“除了在国内的巨大消耗以外（有地位的人们整个冬天都穿着皮毛服装），这些年还有土耳其奥斯曼、波斯、保加利亚、格鲁吉亚、亚美尼亚，以及其他一些基督教国家的商人们，把价值四五千万卢布的皮毛大量运到国外去，我听说过这些商人”。[2]这样，猎人劳动的剩余价值可能成了初生的俄罗斯帝国收入中最大的单项来源。

有趣的是，皮毛生产实际上不需要资本投入，没有生产过剩的记录，贸易垄断不是掌握在私人手里，而是由俄罗斯国家控制。“商人们被允许来到西伯利亚做生意，只要交买卖货物总量固定百分比的执照费，以及10%的进口和出口税。此外，对收购和销售还有许多别的限制。”[3]

大量证据显示，近代以前，官方控制不能有效地防止俄罗斯商人和官员剥削猎人。这导致了猎人暴动和逃往中国。中国人——虽然他们也使用并欣赏皮毛——对这类商品从来没有显露出像俄罗斯

1　参看 S. V. Bakhrušin, “Sibirskie služilie tatary v XVII v.,” *Naučnye trudy* III（Moskva，1955），p. 153。

2　见他的著作，由 Lloyd E. Berry 编集，The University of Wisconsin Press，1964，p. 179。

3　F. A. Colder，*Russian Expansion on the Pacific, 1641–1850*（Cleveland，1914），pp. 29–30.

人那样的兴趣，前面说过，俄罗斯人从出口皮毛到欧洲的贸易中获得了巨额财富。

F. A. Colder 举出了在某一给定时间内所获皮毛数量的有趣资料。[1] 1675 年雅库茨克（Yakutsk）的本地人口是 10686 人，生产了 18450 件黑貂皮、49 件黑貂背面、11 件黑狐皮、52 件杂种狐皮、6284 件红狐皮、2 件褐狐皮、1 件红褐狐皮和 1 件狐皮大衣。如果把生产（猎捕）这些皮毛所必需的劳动时间计算出来，一定是非常有意思的。

我要就更为一般的性质略做总结。本文搜集的零星材料或许还不足以确证这些结论，但即便如此，它们也值得思考。依照人类学的老生常谈，中央欧亚的猎人与牧民分别代表两个不同却又连续的进化阶段。这个假说没有什么可靠的依据。历史证据显示，从一种经济类型转向另一种经济类型是非常容易的。因为进行狩猎必须分散，狩猎经济通常不能支撑一个高度集权的、强大的、进行帝国主义扩张所必需的政治上层建筑。马匹是任何大规模高效的军事组织的基础，而有了这样的军事组织，才能确保团体的经济利益，当然这种经济利益主要表现为战利品和贡品的形式。对于牧人来说，从贫穷走向富裕的可能性总是存在的，可是对于一个狩猎经济下的猎人来说就不是这样。就牧民与猎人的生活水平进行比较是困难的，因为猎人生活的自然条件（森林、酷寒、漫长的冬夜等），对于外部的观察者来说似乎根本没有吸引力。正如马可·波罗所指出的，“他们长得不好看”。当猎人处在纯粹自然的、自给自足的状态时，也许他们比牧人的情况要好一些。毫无疑问，他们不会遭受牧民那种周期性的、严重饥荒所造成的灾难。

看起来有理由肯定，在中央欧亚没有任何一个人类团体曾经真正与世隔绝。由于地理的原因，绝大部分狩猎部族生活的地方，距

1 op.cit., p. 29.

离定居文明都远比游牧部族更遥远，由于他们组成的小群体侵略性也较低，他们在政治史上的作用也较小，因而他们对生活在定居文明中的历史学家的影响也就不那么强。但是可以毫不夸张地说，比起失去了强大政权的游牧民来说，猎人更加紧密地整合进了周边民族的经济中。虽然程度会有变化，但对他们产品的需求却是持久不变的，因为动力并不来自生产者而来自消费者。中央欧亚特别是阿尔泰诸民族的经济史的显著特征之一，就是他们似乎不能把内在的经济力量转化为政治力量。为了攫取政治力量，只好牺牲相对的经济稳定性，正如饲养马匹的人群所做的那样，这种基于马匹饲养的政治力量本身又是高度脆弱的，而且实际上也不可能获得长远的发展。

大汗的选立

党宝海　译
罗　新　校

内亚政治权力的性质是一个值得研究的课题，然而，这一问题的很多方面尚未得到细致的探讨。即使对于一般意义上的政治学而言，这种忽视也是相当严重的，因为内亚文明的重大成就正在于政治领域。在漫长的时期内，有很多次，内亚民族在与西方或中国的争斗中成为胜利者。尽管具有不可否认的历史重要性，内亚传统政治体制却只得到了很少的关注，并成为那些通常傲慢自大或愚蠢评论的话柄。正因如此，伯特兰·罗素才会这样宣称："虽然我一点也不了解阿提拉或成吉思汗的母亲，但我宁可怀疑她们宠坏了自己的宝贝儿子，使得他们后来发现世界让他们愤怒，因为这个世界有时并

不顺从他们的古怪念头。”[1]这句话只有一点是准确的：伯特兰·罗素对阿提拉或成吉思汗的母亲的确一无所知。

在这篇题目受到怀特（Theodore H. White）的 *The Making of the President* 一书启发的论文中，我只想集中讨论内亚政治体制的一个方面，那就是如何得到最高首领（the Number One）的位置。对权力的欲望是人类的共同天性，而且，取得对同胞支配权的那些手段一直是令人着迷的主题。但是，即使我有怀特那样的天才，我也不能像他所做的那样来解决我的问题。对调一下，如果怀特试图解决“大汗的选立”，那么他会受阻于——像我一样——可靠证据的惊人缺乏以及找到这些证据所必须克服的巨大困难。

让我以一些通过神话般的竞赛选择领袖的事例，来开始这个简短的研究。有一些这样的事例——如果我们相信史料的话——一个竞争者胜过其他对手不是基于其未来的臣民甘愿接受他的权威，而是通过某种竞赛。事实上，在这种仪式化的竞技中所展示的技巧通常与成功的领导才能无关。例如，根据《周书》，传说阿史那——从 6 世纪中期到 8 世纪中期统治蒙古地区的突厥王朝的始祖——的儿子，被他的九个异母兄弟选为首领，因为他跳得最高，可以跳上树。[2]今天西伯利亚一个很小的部落奥斯提亚（人）（Ostiaks）的传奇，讲述了一个关于神话中的世界视察者（Surveyor of the World，如果确曾存在的话，当是某种高官）的故事。这个官员通过骑马或骑驯鹿竞赛产生，或是通过跳高，像突厥首领那样。为了证明通过不同手段取得权力的正当性，类似的传说会被编造出来。例如，在 19 世纪末被记载下来的托波尔斯克（Tobolsk）鞑靼人的一个故事

---

1 Bertrand Russell, *Power: A New Social Analysis*, The Norton Library (New York, 1969), p. 20; originally published in 1938.

2 Sinor, 1982, p. 227.《周书》卷 50《突厥传》记载的原文是：“十母子内欲择立一人，乃相率于大树下，共为约曰，向树跳跃，能最高者，即推立之。阿史那子年幼而跳最高者，诸子遂奉以为主，号阿贤设。”——译者注

中，关于帖木儿的选立描述如下：

> 一天 Aksak Timur（即跛子帖木儿，Tamerlane）这样说了："（在中国）的 Züdei 可汗统治着城市。现在我们有五十到六十个男人，让我们选一个首领吧。"他们把一个木桩立在地上，说："我们要跑到那里，我们中间最先到达木桩的人可以成为我们的首领。"于是他们开始跑起来，（由于腿瘸）Aksak Timur 落在了后面，但是，在其他人到达木桩之前，他把他的帽子扔到了木桩上。那些先到的人说："我们是首领。"（但）Aksak Timur 说："我的头先到了，我是首领。"这时，一位老者来了，他说："首领应该属于 Aksak Timur；你们的脚虽然到了，但是，在这之前他的头就已抵达目标。"于是他们就立 Aksak Timur 为他们的君主。[1]

应当注意的是，在这个时代晚并且显然高度虚构的描述中，身体的技能被放在头脑的机敏之后。狡诈（如果你愿意这样称呼的话）对于未来的领袖也许更为有用。同样值得注意的是，在这个故事中出现了一个超自然的力量（通过那位老人而人格化了），无可置疑地决定谁将成为统治者。

在上述事例中，未来的首领通过这样或那样的方式——无论是真材实料还是狡猾取巧——使自己在竞赛中超出其他竞争对手，成为胜利者。但是，在另一种类型的例证中，选择领导者由纯粹的机缘来决定，换言之，领袖的选择取决于那些超乎人类的力量。

在 12 世纪中期由安条克（Antioch）的雅各比大主教米哈伊尔（Jacobite Patriarch Michael）所著的叙利亚编年史中，有一个讲

1 Radloff, *Proben* Ⅳ, p. 308.

述突厥人选立首位君主的故事。书中说，在突厥人第一次侵入波斯的时候——尽管米哈伊尔没有写出时间，但当在6世纪下半期——突厥人感到他们需要一位君主。因此，70个部落均选出一位受人尊敬的男子参加选拔合适首领的大会。他们每人手持一根木棍，围成一个圆圈坐下。他们在地上画了一个圈，约定每人都把自己的木棍扔到空中，谁的木棍落到画好的圈中，谁就成为君主。他们就这样做了，每个人尽其所能把木棍高高地扔到空中。在这些木棍中只有一根落在圆圈的界内，并且正好插在圆心。木棍的主人属于一个毫不显眼的部落，但是那个人仍被认定为突厥的君主。[1]

大约一个世纪后，一个非常相似的故事——这次是关于蒙古人的——由随从圣路易九世（St. Louis Ⅸ）参加第7次“十字军东征”的让·约恩维利（Jean de Joinville）记录下来。他的回忆录——写于1309年，当时约恩维利85岁——包含这样的故事：鞑靼人（他以此称呼他明显同情的蒙古人）本来是祭司王约翰（Prester John）治下的卑贱臣民。接着，出现了一个无名的智者（很明显是成吉思汗理想化的形象），他把鞑靼人聚集起来，指出除非他们选出一位王，否则他们无法摆脱奴役。然后，他指导他们如何选择王，人们同意遵循他的建议。他们采纳的方案是这样的：组成国家的52个部落各自拿出一支标有本部名称的箭；人们一致同意把52支箭放在一个五岁孩子面前，这个孩子最先拿起的箭是哪一支，就意味着王在哪个部落中推选。在孩子捡起其中的一支箭之后，智者下令所有其他部落的人都退开。有权产生王的部落被安排选出52个最优秀、最智慧的男子。这些人被选出来以后，每人都拿一支标有自己名字的箭。大家约定，孩子拿起谁的箭，谁就将成为王。孩子捡起了其中的一支箭，而这支

1 Chabot，Ⅲ，p. 157.

箭就属于那位指导鞑靼人的智者。人们都为这个结果感到高兴，人人纵情欢呼。这位智者让人们都安静下来。“先生们，”他说，“如果你们希望我做你们的王，就要向创造天与地的神宣誓你们将听从我的指挥！”所有人都这样宣誓了。[1]

一个王朝创建者的产生，常常充斥着奇迹因素。关于突厥统治者的起源有很多传奇，但是所有这些传奇都包含着一些超自然的、不可思议的要素。[2]根据一个传统的说法，突厥的祖先，尽管他是人，却是被一头狼养育大的，而且后来他们还交配了。这头狼生了10个男孩，他们构成突厥人最基本的核心部分。乌孙（公元前2世纪）的第一位首领昆莫，还是婴儿时就被抛弃了，他得以活下来要归功于一头狼给他哺乳，还有乌鸦给他喂肉。

据说契丹的首领阿保机生自一道阳光，而且一出生就有三岁儿童的体质。《蒙古秘史》（第1节）把成吉思汗的祖先追溯到一头狼与一头鹿的结合；他后世的一位女性祖先阿阑豁阿感光而孕（第21节）。不知何故，一只鹰介入了马扎尔人第一位首领Almos的诞生，据史料记载，它或是使Almos的母亲怀孕，或是在她妊娠期间出现在她的梦里。[3]

早熟通常是未来领袖的特点。传说中的乌古斯可汗在他出生后不久就拒绝了母亲的哺乳，索要生肉、汤和酒。他生而能言，四十天后就可以走路并参加游戏。[4]

最奇怪的是回鹘传说中的统治者不古汗（Buqu khan）的例子。他在8~9世纪回鹘势力巅峰时，控制着一个以蒙古高原为中心的重要帝国。不古汗不是回鹘的第一位首领。根据波斯史家志费尼的记载，回鹘人曾因人丁繁衍，而考虑要选立一位君

1 译文见M. B. Shaw，1963，p. 284。

2 关于突厥祖先传说的详细描述，见Sinor，1982。

3 Scriptores Rerum Hungaricarum Ⅰ，pp. 38，264。

4 Bang-Rachmati刊本的第10~12行。

主，于是他们从自己人中间任命了一位酋长来统治大家。这种选举首领的制度持续了五百多年，直到上面提到的不古汗出现：

> 那时候，在哈拉和林山脉的两条河流交汇的地方，立着两棵树，两树之间隆起一个大土墩，一道光从天空照到土墩上面；日子一天天过去，土墩越长越大。回鹘各部看到这种奇怪的景象，都感到震惊；怀着崇敬与谦卑，他们接近那个土墩，他们听到像唱歌般的甜蜜而愉悦的声音。每个夜晚，都有一道光照在围绕土墩三十步的范围，直到像怀孕的妇女分娩一样，开了一个门，里面有五个分隔开的像帐篷一样的小房间，里面各坐着一个男婴：正对着每个男孩的嘴悬挂着一个装有所需奶汁的管子；帐篷的顶部张开一张银网。部落的酋长们来查看了这个奇观，崇敬而虔诚地跪了下去。当风吹到这些孩子的时候，他们便积聚力量，开始移动。最后，伴着人们各种服侍和尊崇的仪式表演，他们走出小房间，并被托付给保姆们。在他们断奶并能够讲话之后，他们问起关于自己父母的事情。人们就指指那两棵树。他们来到树前，像孝顺的孩子对待父母那样那样鞠躬致敬，他们也礼敬那两棵树生长的土地……考虑到他们的奇特情况，人们决定必须选择其中的一个男孩做他们的领袖和王，因为人们说，他们是全能的上帝派来的。人们发现（第五个男孩）不古汗在体格的健美、意志力、判断力等方面超出其他儿童，特别是他懂得不同民族的所有语言和文字。因此，所有人一致同意，他应当被立为汗。于是，人们聚集起来举行宴会，拥戴他坐上汗位。[1]

1　Boyle，1958，Ⅰ，pp. 55–57.

这个故事也在《元史》中得到验证。[1]满洲人的祖先传说尤其具有幻想性。我将把自己限定在传说的第一阶段。据传说，某一天当三个仙女在池塘里沐浴的时候，一只鹊鸟把一枚红色的果实掉落在其中一个仙女的外衣上。仙女吞食了这枚果实，立即怀孕，就在当天夜晚生下了一个外貌不凡的男孩，他立刻就可以说话。她告诉孩子他的名字叫爱新觉罗（清朝皇室的姓氏）。当他长大后，仙女把他放进一只小船，让他顺着溪流，漂到一条河里。当他在一个浅滩停下来时，被一个到那里取水的男子看到。他上岸的国度被三个激烈争斗的家族分占。这些家族了解到他的神圣身世，决定实现和平，并选举他为贝勒。[2]

在离开神话领域进入文献历史之前，我想提供两处半神话性质的与新首领登基仪式有关的记载。看起来，尽管有一些值得注意的例外存在，在绝大多数情况下，被选立的首领是终身制的。相对而言，关于11世纪后半期强盛起来的、说突厥语的可萨人国家的政治结构，我们有很多资料。据al-Istakhrī记载：

> 当他们（可萨人）打算立汗的时候，他们把这个汗带来，用一条丝绸将他绞至濒临死亡。然后对他说："你打算统治多长时间？"他回答若干若干年。如果他在这个年份之前死了，那就万事大吉。如果不是，他会在所预言的年份到来时被杀死。可汗只能在一个显贵家族里产生。[3]

巴格达哈里发派往伏尔加民族的使者伊本·法德兰（Ibn

1　见Bretschneider Ⅰ，p. 247。事见《元史》卷122《巴而术阿而忒的斤传》，原文为："有和林山，二水出焉，曰秃忽剌，曰薛灵哥。一夕，有神光降于树，在两河之间，人即其所而候之，树乃生瘿，若怀妊状，自是光常见。越九月又十日，而树瘿裂，得婴儿者五，土人收养之。其最稚者曰不（古）可罕。既壮，遂能有其民人土田，而为之君长。"——译者注

2　Hauer，pp. 1–29.

3　Dunlop，p.97.

Fadlān）提供了一个关于限定可汗统治时间的办法的不同记载：

> 他们统治的时间是四十年。如果（可汗）超时一天，臣民和扈从就会将他杀死，宣布："他的理智已经失灵，他的头脑已经混乱。"[1]

波斯地理学家马苏底（al-Mas'ūdī）提供的信息显示，国家遭受灾难，则表明可汗的极端无能，他会因此被处死。[2] 由于可萨人与突厥汗国联系紧密，两者在礼俗仪式方面的相似性是不足为奇的。《周书》（也许是我们关于早期突厥历史最可靠的中国史籍）记述了一个奇怪的习俗。情况是这样的，当突厥人选立首领的时候，国家的高层显贵把他用一块毡毯包裹起来，把他从东到西旋转九次。在每次旋转之后，他们都向他鞠躬。然后，选立的汗被放到马背上骑行，也许以此来了解他是否能够在眩晕的状态下骑乘战马。这绝不是对他考验的结束。在骑马之后，他被一条丝巾绞住脖颈直至濒临窒息。当丝巾松开的时候，站在他旁边的人们向他提出这样的问题："你将在多长时间内做我们的汗？"晕眩状态下的君主不能给出一个清晰的答复，但是从他含混的嘀咕中，人们可以得到有关他在位时间的线索。[3]

假如我们现在要转而考察君主掌权的机制，我们必须区分王朝的创建者和继承者。对于前者，他们事业开始的时候，大多数内亚的首领是自封的。用一个时代错位的现代术语来说，他们是"为了角逐权势"（ran for office）。那些青史留名的胜利者都具有无与伦比

1　Togan，p. 101.

2　Dunlop，p. 208.

3　Liu Mau-tsai，p. 8. 原文见《周书》卷 50《突厥传》："其主初立，近侍重臣等舆之以毡，随日转九回，每一回，臣下皆拜。拜讫，乃扶令乘马，以帛绞其颈，使才不至绝，然后释而急问之曰：'你能作几年可汗？'其主既神情瞀乱，不能详定多少。臣下等随其所言，以验修短之数。"——译者注

的领袖素质。他们可以将部众聚拢在自己周围，指挥他们为了一个共同的目标而团结一致。弑君行为根本不能保证行凶者可以获取权力。为了成功，他必须拥有追随者。蒙古的鄂尔浑碑铭简明、史诗般的描述，很好地反映了这样的一个小团体滚雪球式的发展。碑铭记载了 7 世纪突厥君主的事迹：

> 我的父汗率十七人出发，当他出走的消息传开后，城里的人们进山了，山上的人们下山了，他们聚集起来，有七十七人。由于天赐勇力，我父亲的军队就像狼，他的敌人则像羊。他率军东征西讨，聚集百姓，人数不断增加，达七百人。[1]

成吉思汗向超级权势崛起的过程，更加不那么壮观。用美国式的说法，它实际上是在“政客密谋的小房间”（smoke-filled room）里开始的。在叙述上倾向于称颂成吉思汗的《蒙古秘史》记载，三个并不非常重要的蒙古贵族（阿勒坛、忽察儿、撒察别乞）讨论立成吉思为首领，即大汗（第 123 节）。他们把决定告知成吉思，向他宣誓效忠，立他为汗（qan bolqaba）。可以确信，对于他们和其他人来说，成吉思已经显示出他是一个有才干的领袖，一个有光辉前景的人。他被挑选（selection，注意我没有使用选举 election 这个词）没有仪式化，只是一些有野心的人通过挑选成吉思来为他们自己谋取最大利益，别无其他。在这个阶段，三个蒙古贵族的脑海中不可能会有“民族利益”这样的词。

很清楚，在上述这些以及类似的事例中，要成为君主的人必须取得这样一些人的信任。对这些人他不能强迫其顺从，他们追随他是因为眼前的、个人的利益，或某些更长远的、抽象的目标。如果

1 Köl Tegin，E.12. 这些碑铭没有令人满意的英文译本。这里给出的文本不求语言上的精确性。不过，它准确反映了碑铭的原始含义。

这样一个首领得到正式确认，就像成吉思汗被他的三个盟友所认可的那样，选汗举动的唯一意义仅仅在于这是个人之间缔结了一项契约。没有任何字眼提到这种契约的有效期限。如果为各方所遵守，契约就意味着他们将共同分担好运与不幸。

我们对“选举首领”一词的理解，在契丹人那里得到了印证。在其早期历史上，契丹人是八个部落组成的部落联盟，由一位选举产生、任期三年的首领来领导。首领的统治并不是高枕无忧的，一旦被证明不称职，他就会被检举并罢免。契丹国的创建者阿保机（872~926）试图再次当选两个三年的特别任期。在他结束了这段任期之后，他被迫离任。出于个人野心和突出的才干，阿保机被允许建立一个属于自己的新部落——其实是一个新的政治集团——带领他的追随者迁往一个拥有大量煤、铁、盐等资源的地区。他能够为部属取得经济利益，这使其他部落也承认阿保机是他们的首领。[1]

这里简单提及的成吉思汗和阿保机的选举，按我们的标准看来是非常合乎情理的，主要原因是它们形成了一种表达信任的方式——用范围有限的选举（可能只在少数核心集团内进行）来确定个人的领导能力。女真人最早的首领因为能够管理他们的各项事务而当选。[2]

在征服匈牙利之前，马扎尔人的七位首领选举 Almos 做他们的君主，甚至举行了一次集会来授予他和他的后人统治权。[3]

上引的事例显示，选举首领主要由一个代表民众的男性小集团，根据首领所需的条件来选择。然而，民众的意愿显然不被认为足以确保成功的统治。所以，选举不得不经过超自然力量的确认，通常表现在统治者的谱系或是对统治者行为的明确支持上。这种选举产生的君主，他们的后人可以从其祖先（王朝的创建者）的遗泽

1　参看 Stein，1940，pp. 50-51，以及 Endicott-West，1986，p.527。

2　Franke，1975，p. 149.

3　Scriptores Rerum Hungaricarum Ⅰ，pp. 40-41.

中得到好处。就像在西方和中国那样，内亚的君主是靠神的保佑进行统治的，他的权力以神的意旨为基础，并被赋予合法性。

成吉思汗家族对天命的信仰尤其强烈。在《蒙古秘史》中，成吉思汗不断重复提及长生天对他的保佑，这种神圣的保佑被后来的蒙古统治者视为他们成功征服的唯一理由。例如，贵由汗（Güyük）1247年给教皇英诺森四世（Pope Innocent Ⅳ）的信直截了当地宣称，征服是出于神的意旨。对于教皇关于蒙古人所造成破坏的指责，困惑的贵由汗答复说：这些人被毁灭是由于神的安排。

他辩解说："如果神没有这样做（他们的破坏），人对人能做什么呢？"他在同一封信中进一步宣称："我们，崇拜神，靠神的力量，已经摧毁了从东到西的所有地区。如果这不是神的力量，人能做到什么呢？"[1]

这就提出了一个问题：一个好的、成功领袖的那些品德和素质是什么呢？护雅夫在一篇优秀论文里（Mori Masao，1981），考察了一个突厥可汗被明确期望的品质。看起来，智慧和勇气是一个首领必须表现出的、极为重要的美德。在鄂尔浑碑铭中，赞颂他们行为的语句是智慧（bilge）和勇敢（alp）。它们通常无论何时何地都属于好领袖的概念范畴。通常与成功领袖有关联的qut这一概念令人难以捉摸。接着Bombaci 1965年、1966年的研究，护雅夫用他论文的整整一节来探讨"突厥人观念中的qut"。我认为，尽管他的观点可能是有意义的，但承认我们尚未了解qut的确切含义似乎更为稳妥。或许可以拿它和grace这个概念相比，它通常与君主的神圣权力有关，但它是一个人们熟知的中性词。对于给予全人类的神之恩惠（divine grace）的性质，在整个基督教史上有无数神学家曾皓首

1 关于拉丁文本，见Pelliot，1922，pp. 11–12。其他版本，见Lupprian，1981，pp. 182–189。

穷经地研究它。[1]

即使首领不具有超乎寻常的素质，他被推举或得到首领位置的事实表明，他是得到眷顾的，很可能是被至高无上的神——长生天选中的。鄂尔浑碑铭强调了腾格里（Tengri）在选择可汗、引导可汗行动过程中的角色。很多此类事情的发生是由于天的指令（tngri yarlïqaduq üçün/tngri yarlïqadï）。[2]

毫无疑问，任何一个候选统治者所能拥有的唯一最有力的资本便是王室血统。对于所有人，除了开国之君，它是统治合法性的基础，这是一个几乎最紧要的条件。这一点容易理解，但很少像上文提到的可萨可汗的事例那样清楚地说出，君主要在王室成员中选择。

当然，王位世袭的概念也是我们西方文明的重要组成部分。然而，我们还记得 Fritz Kern 这样的话：

> 中世纪早期的君主不是通过简单的个人王位继承权而登上王位的。的确，根据规则，他拥有某种世袭继承权，或至少有借助其王室身份获得王位继承的优先权（a privileged "throne-worthiness"）。但是，那些召唤他继承王位的人们才具有法律赋予的所有权力，这些人总是从王室成员中选择地位仅次于王的或最有能力的。至少，这个政治群体给了王子登上王位的法律认可，并庄严地授权给新任国王。[3]

1　佛教文献中充斥着 burqan qutï 这样的复合词（例如，它在佛经 säkiz yükmäk sūtra 中出现了七次，参看 Bang-von Gabain-Rachmati，1934）。最贴切的英文翻译应是 Buddhahood（成为佛陀的状态）。在回鹘文《善恶王子》故事中，有一个 qut 表示中性含义的很好例子（Hamilton，1971，p.34）。在那里，我们可以找到并排写着的 burqan qutïn bulsar 和 sizingä qutunguzta，它们可以分别译为“当你得到佛陀的祝福”“赐予你善的能力（qut）”。参看上引 Hamilton 的评注，p.80。护雅夫没有讨论 qut 在佛经中的含义。

2　关于被接受的各种命令，参看 Mori，p. 57。

3　Kern，pp. 12-13.

因此，继承权和选举权实际上是交织在一起的。皇权通过世袭来寻求其合法性，但是，通常这种世袭的资格被许多人所分享，因此，任何个人的继承权都可能具有争议性。由于一夫多妻制和由此而来的众多男性后嗣，在西方已是非常棘手的继承问题，在内亚便更加复杂了。在最近的论文中，Drompp（1991）详细探讨了突厥人中的此类问题。他还指出了重要职位在统治家族中分配的现象。我推测，这是安置他们的传统方式，以此来减少这些王权的潜在竞争者的威胁。正如我们将看到的那样，缺乏稳固的继任制度，导致蒙古和其他游牧帝国的严重动荡。

让我们用一个现成的事例来说明上面提到的问题，以及它们如何被有远见的统治者暂时解决。匈奴传统的汗位继承是父死子继，有时是兄终弟及。还有其他的情况，如果汗位继承人年纪太小，单于位就属于他的叔父，或者是死去单于的叔父。出自帝王家族是继任者的首要条件，而其他条件也很重要，比如他在家族中的地位、死去的君主的遗愿等。不过，在情况紧急时，被实权贵族拥戴便是成功的决定性因素。

所有这些因素如何同时起作用，它们怎样影响领袖的最终选定，通过公元前 31 年死去的呼韩邪单于的事例，可以很好地说明。呼韩邪单于明智地对继承问题做了特殊的安排。当时情况相当复杂，因为他有十五个儿子，其中六个是他的两个皇后所生。这两位皇后是来自呼衍部的姐妹俩，一起嫁给了呼韩邪单于。单于本人想把帝位交给第三个儿子、大皇后的第一个儿子且莫车。但是大皇后认为她的儿子年幼，不太可能得到拥戴。单于接受了且莫车母亲的意见，根据单于的遗愿，在他死后，帝位属于他的长子（他的母亲是两姐妹中的妹妹），长子死后，传位给长子的弟弟。且莫车只有在他的哥哥死后才能掌权。死去君王的诸子，只要他们的母亲是君主的法定妻子，他们之间便没有差别，出生的先后次序决定了继位的方式。[1]值得注意的是，在这个例子中事情的解决在于接受死去君主的明智决定，显然，他本人不能去实施自己的遗愿。

现在让我考察与成吉思汗帝位的继承有关的一些问题。我们足够幸运地得到了关于这一过程的详细记载，我们甚至可以把选举大汗之前的过程称为阴谋诡计。在成吉思汗死后，他正妻最小的儿子拖雷效法家产继承制，继承了父亲的领地——帝国的中心。[2]不过，这并不意味着他可以统治整个帝国。这一使命最终属于他的哥哥窝阔台。窝阔台的妻子脱列哥那将在选立的过程中扮演重要角色。

窝阔台在他生前选择他第三个儿子阔出（köchü）做继承人。但是，阔出早亡，于是窝阔台又选择了阔出的长子失列门。但后来事情也并非如此。在窝阔台死后，皇后脱列哥那摄政，她支持的不是孙子失列门，而是她和窝阔台的长子贵由。父亲死时贵由正受命西征，但是，凭着母亲，他极大地获益。当时的政府（由那些为窝阔台汗效劳的人们组成）仍照常运转。根据拉施特记载：

> 脱列哥那使用各种交际手段，没有和宗亲们（aqa、ini，意为“老者”与“幼者”）商议，就自己独揽大权。她还用各种礼物收揽王族和异密（emirs）的人心，直到这些人拥护她，受她的摆布。

即使这样，君权更替，选立贵由，却并不顺利。据拉施特记载，在那个帝位悬置的混乱时期：

> 诸人各遣使于四方，广发证券。诸人又各属朋党，纠结庇护，各持口实。只有唆鲁禾帖尼别吉（贵由的婶母，其叔父拖

1 de Crespigny，1984，pp. 189ff.

2 Holmgren，1986，p. 149.

雷的遗孀）和她的儿子们遵守札撒（yasa）的规条，没有丝毫违背大约孙（yosun）。而脱列哥那后则向东西方各地派出使者，召唤王室成员……邀请他们来参加忽里勒台。[1]

组织忽里勒台并不是轻松的任务，考虑到诸王之间分隔的距离，脱列哥那不能因长期汗位悬置而受到责备。诸王、使节从世界各地聚集到首都哈拉和林。

为他们准备了大约2000顶帐篷，由于人员太多，以至于在大斡耳朵旁边没能留出下马的位置。食物和饮料的价格涨到很高，而且很难买到。[2]

这个时候，激烈的谈判可以开始了。这里再次引用拉施特的记载：

此时，贵由以其实力与权威著称，脱列哥那可敦很爱他，而且大部分异密都听从脱列哥那。经过讨论，他们同意立贵由为可汗。对贵由而言，他按照习俗，拒绝（此项荣誉），推荐任何一个其他诸王（来代替他），他还以自己的疾病和健康状况为借口进行推托。在众异密的坚持下，他说："我接受的条件是，从今以后大汗之位要固定在我家。"所有人都写下了这样的书面保证："只要你的家族还有这样一块肉，裹在油脂或草里，连牛和狗都不肯吃，我们都不会把大汗之位交给别人。"

通过这条誓言，贵由的叔叔、死去的拖雷一系继承汗位的权利

---

1 Boyle，1971，p. 178.

2 Boyle，1971，p. 181.

被诸王排除了。拖雷的遗孀，上文提到的唆鲁禾帖尼别吉一直在旁等待时机。我们已经看到，拉施特赞扬过唆鲁禾帖尼别吉的政治才能。应当注意的是，拉施特这样做是经过深思熟虑的，因为他写作时正处在最终获胜的她的家族的统治之下。对这一结果，傅海波这样评论："对于蒙古人来说，合法性从来不是问题。他们并不在意继承，只关心降服。"[1]这一评述也许只适用于王朝的开国君主。在这篇很好研究的后面，傅海波自己显得和早先也许草率的结论自相矛盾。

对选立贵由进行详细记述的不但有拉施特，还有教皇英诺森四世的使节、方济各会修道士柏朗嘉宾。1246 年 8 月 26 日大汗登基的时候，柏朗嘉宾就在现场。根据他的说法[2]，君主必须由选举产生，这是蒙古人一条神圣的法则。

> 如果有人没有经过诸王选举，胆敢企图自立为帝王，他将被毫不宽恕地处死。[3]

柏朗嘉宾甚至错误地转述了这样一个事例：成吉思汗的一个侄子因为"图谋不经选举就掌权而被处以死刑"。[4]

这位修士和他的同伴在官方仪式举行之前就来到了营地，他们没有得到贵由的接见，"因为那时他既没有当选，也不关心政府事务，"教皇使者这样写道，"在我们待在那里五到六天之后，他命我们去见他的母亲（脱列哥那），那里正举行隆重的朝会。"[5]

很偶然的是，贵由的统治非常短促，他在 1248 年的春天死

1 Franke，1978，p. 15.

2 E. Menesto 所刊新版本，V . 18，p. 264. 这里和下文引用的英文翻译选自 Dawson，1966。

3 Dawson，p. 25.

4 不过，柏朗嘉宾所说的成吉思汗的侄子事实上是成吉思汗的幼弟、争夺权力的铁木哥。他也没有被杀，经过重新考虑，他放弃了计划，返回自己的草原。

5 Dawson，p. 61.

去，距他登上汗位还不足两年。他的遗孀斡兀立·海迷失（Oghul Qaimish）继续管理各项事务。然而，根据我们的史料，“在绝大部分时间她与萨满（qams）关系密切，按他们的幻想或谬论行事”，她是“如此昏聩，以至于按照同样方式来处理帝国的事务”。[1]从理论上说，应当由贵由的儿子来统治蒙古人，特别是考虑到在他被选立时贵族们所立的誓言。但是命运，体现于一个极其聪慧的妇女身上，却走向另外的方向。贵由的叔叔、拖雷的遗孀唆鲁禾帖尼是一个基督徒，用拉施特的话说，“是世界上最聪明的女人”。她机智地把儿子蒙哥送到拔都那里。拔都是成吉思汗家族成员中的长者，是帝国西部的实际统治者。她为自己的儿子取得了这个最有影响力人物的支持。

在距蒙古数千英里的拔都的宫廷里，举行了一次集会，也可以称之为小型忽里勒台。拉施特写道：

> 他们举行了连续数天的宴会，然后同意推举蒙哥登上大汗之位。蒙哥拒绝了，不同意接受这一重任。当人们强迫他时，他坚持拒绝。当他最后同意时，拔都按照蒙古的习俗站起身来，所有诸王和那颜们一起松开腰带，跪了下来。拔都拿起酒杯，把汗位放在适当的位置。所有人宣誓效忠，同意在新的一年举行大忽里勒台。就这样，唆鲁禾帖尼得到拔都对她儿子继承资格的认可，为了她的儿子，她更加尽心竭力。通过慷慨与关心的举动，她开始把王室和亲属争取到自己一边，邀请他们参加忽里勒台。[2]

反对意见来自那些认为贵由的某个儿子应当成为君主的效忠

1 Boyle, 1971, p. 186.

2 Boyle, 1971, pp.202–203.

者。他们不能接受拔都的主要观点，即“管理地跨东西方的如此广阔的帝国，超出了一个儿童臂膀的力量”。

> 就在争论中——拉施特接着写道——原定的一年过去了，第二年也过去了一半。年复一年，世界各地和帝国的事务愈发令人失望，由于彼此距离遥远，双方没有相互协商的可能。蒙哥汗和唆鲁禾帖尼别吉不断向对方诸王派出信使，以期贯通谅解与友谊之路。

困难在于如何取得法定人数。那些反对蒙哥的人打算用简单的抵制手段来阻止他当选。当然，这些人中包括贵由的儿子。最后，在拔都之弟、拔都在蒙古的主要代表别儿哥的敦促下，拔都决定采取行动，他发出了这样一道命令：“立他（蒙哥）登基！”事情就是这样。在1251年的春天，或是在同年的7月1日（我们的史料相互矛盾），蒙哥当选。

> 斡耳朵外面的异密们、卫兵们都和诸王一道下跪九次。[1]接下来的整整一周，他们举行宴会，饮酒狂欢。……每天消耗的饮料和食物有2000辆车的葡萄酒和马奶酒（koumiss），300匹马和牛，3000只羊。[2]

斡兀立·海迷失没有参加仪式是不足为奇的，不过，她的决定并不明智，而且被证明是致命的。无论如何，她有足够的勇气向蒙哥派出信使说：

1 Boyle，1971，p.205.

2 在一篇优秀而题目欠妥的论文中，Endicott-West（1986）探讨了蒙古选汗的忽里勒台以及其他选择的方式。

> 你们诸王承诺并写下书面保证，皇位将一直保留在窝阔台汗家族，你们不会反抗他的子孙。现在你们不遵守诺言吗？[1]

得到这个消息，蒙哥变得格外愤怒，提醒她甚至连成吉思汗的兄弟们都来参加她抵制的会议。她被逮捕，押赴法庭，用毡子包裹起来，投进河里。

她悲惨的死亡与成吉思汗去世后继承制度发展的一般状况形成对照。用 Holmgren 所解释的话说，这种继承制度“取决于父子兄弟之间的善意”。[2]

当我准备写这篇论文的时候，我从一开始就知道，做一个关于内亚选立君主所有文献事例的全面论述是不可能的。但是，我越是推进我的研究，或者更好地研究文化特性，我越是认识到，对简单事实的列举是一种没有意义的举动。除非这些发生的事例，与内亚之外不同政治制度下的做法有所关联，哪怕这种关联是暂时的。很明显，在关于女真正统问题的出色研究中，陈学霖（Chan，1984）面临相似的问题，他不得不用大约十五页的篇幅从历史的角度来讨论非东亚文化中关于合法性（legitimacy）与合法化（legitimation）的主要模式。对我本人来说，比较适度的做法是采纳他在导言中所做的结论：“尽管不同宗教、知识传统、社会与政治结构存在差异，还是有大量共同处可以研究，特别是在比较的框架之中。”（第18页）

从以上所引资料中可以得出以下结论。

（1）在王朝创建者和他的后代之间，存在着明显的区别。

（2）创建者通过他的神话的或真实的素质取得权力。他要么是一场神话般的竞赛的胜利者，要么使一个小集团确信，他有资格成

1 Boyle，1971，p. 215.

2 Holmgren，1986，p. 148.

为他们的首领。

（3）在任何一种情况下，他都由人们选举。对于他们，他能用这样那样的方式使他们确信作为一个首领，他是称职的。

（4）王朝的子孙必须相互之间竞争王位，也必须通过选举。

（5）选举人的数量通常不多。选立大汗，在本质上（mutatis mutandis）与选立神圣罗马帝国的皇帝、美国总统、教皇或苏共中央总书记相似。这些人分别由德意志选帝侯、选举团、教皇选举会议或政治局选举产生。一种制度与其他制度相比，选举人的组成、特点可能不同，但重要的是，领袖通过一个相对小的群体的意愿获得权力，这个小集团准备接受他领导，首先是为了他们所认识到的自身利益。遗憾的是，我们不知道如果任何人都不属于王室成员，那么谁会获得权力。不过很明确的是，在选举大汗的过程中，协商与非暴力是至关重要的因素。在内亚本质上的军事社会里，没有迹象表明拥立君主是通过军事宣告的方式——像罗马帝国后期经常出现的那样。这是一个惊人的事实。显然，当每一个成年男性都是武士的时候，便无须畏惧军事政变了。

参考文献

Bang, W. and G. R. Rachmati, 1932, "Die Legende von Oghuz Qaghan". *Sitzungsberichte der preußischen Ak. d. Wiss., phil. hist.* Kl. XXV, pp. 681–724.

Bang, W. , A. von Gabain and G. R. Rachmati, 1934, "Turkische Turfantexte VI. Das buddhistische Sūtra Säkiz Yükmäk". *Sitzungsberichte der preußischen Ak. d. Wiss., phil. hist.* Kl. X（原文如此——译者注），pp. 91–102.

Bombaci, Alessio, 1965, 1966, "Qutluγ bolzun!". *Ural-Altaische Jahrbücher* 36, pp. 284–291; 37, pp. 13–43.

Boyle, John Andrew, 1958, *The History of the World Conqueror by 'Ala-*

ad-Din 'Ata-Malik Juvaini, Ⅰ－Ⅱ. (Manchester)

——1971, *The Successors of Genghis Khan.* Translated from the Persian of Rashīd al–Dī n. (Columbia University Press)

Bretschneider, E., 1910, *Medieval Researches from Eastern Asiatic Sources*, Ⅰ－Ⅱ. (London)

Canard, M., 1958, "La relation du voyage d'Ibn Fadlân chez les Bulgares de la Volga". *Annales de l'Institut d'Etudes Orientales* (Alger), XVI, pp. 41–146.

Chabot, J. B., 1910, *Chronique de Michel le Syrien, patriarche jacobite d'Antioche 1166–1199*, Ⅲ. (Paris)

Chan, Hok-lam., 1984, *Legitimation in Imperial China: Discussions under the Jurchen-Chin dynasty (1115-1234)*. Seattle: University of Washington Press.

De Crespigny, Rafe, 1984, *Northern Frontier. The Policies and Strategy of the Later Han Empire*. Australian National University Faculty of Asian Studies Monographs: New Series No. 4. (Canberra).

Dawson, Christopher (ed.), 1966, *Mission to Asia*. Harper Torchbooks. (New York)

Drompp, Michael R., 1991, "Supernumerary Sovereigns: Superfluity and Mutability in the Elite Power Structure of the Early Turks (Tu-jue)". In: *Nomads: masters of the Eurasian Steppe* (University of Southern California, Ethnographics Press, Los Angeles), pp. 92–115, 349–352.

Dunlop, D. M., 1954, *The History of the Jewish Khazars*. (Princeton University Press)

Endicott–West, Elizabeth, 1986, "Imperial Governance in Yüan Times". *Harvard Journal of Asiatic Studies* 46, pp.523–569.

Franke, Herbert, 1975, "Chinese Texts on the Jurchen. A Translation of the Monograph San-ch'ao pei-meng hui-pien". *Zentralasiatische Studien* 9, pp. 119–186.

——1978, "From Tribal Chieftain to Universal Emperor and God: The Legitimation of the Yüan Dynasty". *Sitzungsberichte der Bayerischen Ak. d. Wiss.* Heft. 2. 29.

Golden, Peter B., 1980, *Khazar Studies*, Ⅰ－Ⅱ. Bibliotheca Orientalis Hungarica XXV. (Budapest)

Hamilton, James Russell, 1971, *Le conte bouddhique du bon et du mauvais prince en version ouïgours de Touen-Houang*, Ⅲ (Paris)

Hauer, Erich, 1926, *Huang-Ts'ing K'ai-Kuo Fang-Lüeh. Die Gründung des mandschurischen Kaiserreiches*. (Berlin–Leipzig)

Holmgren, J., 1986, "Observations on Marriage and Inheritance Practices in Early Mongol and Yüan Society, with Particular Reference to the Levirate". *Journal of Asian History* 20, pp. 127–192.

Jackson, Peter – Morgan, David, 1990. *The Mission of Friar William of Rubruck. His journey to the court of the Great Khan Möngke 1253–1255*. Hakluyt Society, Second Series No. 173. (London)

Kern, Fritz, 1970, *Kingship and Law in the Middle Ages*. Translated with an introduction by S. B. Chrimes. Harper Torchbooks. (New York)

Liu Mau-tsai, 1958, *Die chinesischen Nachrichten zur Geschichte der Ost-Turken* (*T'u-küe*) . (Wiesbaden)

Lupprian, Karl–Ernest, 1981, *Die Beziehungen der Päpste zu islamischen und mongolischen Herrschern im 13. Jahrhundert anhand ihres Briefwechsels*. Studi e testi Vol. 291. (Roma)

Menesto, E. et al., 1989, *Giobanni di Pian di Carpine. Storia dei Mongoli*. (Spoleto)

Mori, Masao, 1981, "The T'u-chüeh Concept of Sovereign". *Acta Asiatica* 41, pp. 47–75.

Pelliot, Paul, 1922, "Les Mongols et la Papauté". *Revue de l'Orient Chrétien* XXIII, pp. 3–30.

Radloff, W., 1872, *Proben der Volkslitteratur der türkischen Stämme Süd-Sibiriens*, IV . (St. Petersburg)

Shaw, M. R. B., 1985, *Joinville & Villehardouin. Chronicles of the Crusades*. Translated with an Introduction by— (New York, Dorsett Press) .

Sinor, Denis, 1982, "The Legendary Origin of the Turks". In: *Folklorica: Festschrift for Felix J. Oinas*, ed. E. V. Žygas and P. Voorheis. Indiana University Uralic and Altaic Series, Vol. 141, pp. 223–257.

Scriptores Rerum Hungaricarum, I, 1937, ed. Emericus Szentpétery. (Budapest)

Stein, Rolf, 1940, "Leao-tche. Traduit et annoté". *T'oung Pao* XXXV, pp.1–154.

Togan, A. Zeki Validi, 1939, *Ibn Fadlān's Reisebericht*. Abhandlungen für die Kunde des Morgenlandes XXIV, 3. (Leipzig)

中古内亚的翻译人*

党宝海　译
罗　新　校

内亚语言的多样性——在古代和中古时代的早期甚至比现在更为严重——加上缺乏被广泛接受的书写系统，严重阻碍了大型的文化和政治实体的发展。突厥化的进程是相对晚的现象，有牢靠的证据表明，突厥语、蒙古语以及某些时期的通古斯语所

---

* 在 1981~1982 年，由于古根海姆（John Simon Guggenheim）纪念基金会的一项奖金，我可以全身心地投入研究工作。本文就是我工作的一项副产品。我曾在一篇短而通俗的论文中研究过这个论题，见"'Pray to God on my behalf that he give me such intelligence that I can learn fast and well your languages.' Medieval Interpreters and Inner Asia"，发表在由 Ruth Meserve 编辑的 *Journal of Popular Culture* 16（1982）：176-184。该文的一些小段落原封不动地收入了本文。
塞诺讨论的对象是 interpreter，并多次强调是指与笔译者（translator）有所区别的口译者。考虑到在中古时代笔译和口译没有泾渭分明的职业划分，本文多译为"翻译"。有时为了强调是翻译行当的从业者，也写作"翻译人"。按照原文的意思，若非特别注明，"翻译""翻译人"均指口译者。——译者注

取得的统治地位是以牺牲某些归属不明的方言土语为代价的。它们有些被替代，有些则被阿尔泰语系的各语言所吸收。我们几乎不知道使用这么多相互难以理解的语言的人，是怎样进行交流的，不过可以有把握地推测，在这样的交往中，懂双语的那些人扮演了关键角色。

同样重要的是交流所带来的问题——或者是缺乏交流——一方是内亚诸民族，另一方是周围的定居文明，主要是欧洲和中国的中原地区。无论是在和平时期还是在战争时期，内亚友人或敌人的语言，完全不为定居国家的官员们所知，有的时候甚至无法辨别。对于那些蛮族，他们能在何地、能够怎样获得关于文明世界语言的知识呢？双方之间贯穿整个历史的纤细联系，几乎完全仰赖某些懂得多种语言的个人——翻译人。

据我所知，至今还没有对内亚地区翻译人的全面研究，考虑到他们在跨文化交往历史中的重要性，这是令人相当惊讶的。本文并不打算提供关于这一主题的总体研究，不过，希望它能够提供一些有趣的资料，对以后的研究有所启发。[1]

内亚历史学有一个令人遗憾的怪癖，那就是提出错误的问题，集中精力去澄清一些始终含混不清、无关痛痒的事情。这一态度反映在有相当多的研究涉及表示“翻译人”的阿尔泰词语，但是学者们没有表现出对翻译这一职业本身的兴趣。这可以由这个事实获得一种解释——也许更像一种借口——关于内亚翻译人的几乎所有资料，都来自非内亚的材料，没有为“纯粹的”阿尔泰学家留下多少用武之地，除了集中精力去关注由词汇提供的依据。在转入分析书

1　在本文中很少涉及的汉文文献应是值得特别拓展的。我特意写到元代收笔，因为继续写下去就会涉及丰富的明代史料，其中有不计其数的资料是关于口译人（interpreter，回回馆）和由他们编写、为他们所用的《华夷译语》。参看 Paul Pelliot, “Le Hōǰa et le Sayyid Husain de l’histoire des Ming,” *TP* XXXⅧ（1948）：207–290。我尽可能地避免讨论笔译人（translator），尽管口译人经常被要求承担笔译的任务。

面文献之前，我自己将概述一下我们能从词义为“翻译人”的词语中学到些什么。

“翻译人”

突厥共同语中有表示“翻译人”的词，是 tïlmač 和 tilmäč，包括楚瓦什语 tălmač 和雅库特语 tïlbās 在内的所有突厥语，都证明了这一点。尽管它是普遍存在的，这个词最早只是出现于 11 世纪的《福乐智慧》(*Qutadγu Bilig*) 中。在古突厥语中没有该词。一般认为 tïlmač 从突厥共同语的 tïl “口语，语言”发展而来，而它的后缀 -mač 的确切功能至今还没有令人满意的解释。关于这一问题最基础性的研究仍然是 Németh 做出的，[1]不过，你在德福详尽的词汇表中不仅可以找到该词所有的突厥语形式，还能找到其他语言对该词的借用。[2]一个有趣的事实是，tïlmač 被许多语言所借用，包括波斯语、所有斯拉夫语、罗马尼亚语、匈牙利语、德语。几乎可以得出这样的结论，只有当说这些语言的民族发现自己面对突厥人时，才第一次有了对翻译人的真正需要。

关于“翻译人”的标准表述在古典蒙古语中的形式是 Kelemürči，近代喀尔喀书面语为 xelmerč，布里亚特蒙古语是 xelemeršen，卡尔梅克语是 Kelmerči。李盖提在研究这个词已知的最早形式（拓跋鲜卑的“乞万真”）时，把这些形式集中在一起进行了考察。[3]这个词早在公元 5 世纪的时候就以汉字转写的形式存在，即早于最早的蒙古文文献约 800 年。对于李盖提给出的

1 “Zur Geschichte des Wortes tolmács ‘Dolmetscher’,” *AOH* Ⅷ (1958): 1–8.

2 Gerhard Doerfer, *Türkische und mongolische Elemente im Neupersischen*, 4 Vols. (Wiesbaden, 1963–1975), Vol. Ⅱ, pp. 662–665.

3 “Le tabgatch, un dialecte de la langue sien-pi,” in Louis Ligeti (ed.), *Mongolian Studies* (Budapest, 1970), pp. 292–293.

关于拓跋词汇早期研究的参考资料，或许可以加上伯希和的几篇文章，他在编写于 1451 年、一年后出版的 *Koryo să* 一书中找到了 kälämäči 一词。[1]

在 Kelemürči、kälämäči 和其他形式中，这个词显然来自词根 kele-“说”。事实上，这是一个从动词转化而来的名词性词。作为名词（kele，kelen），它具有“口语、语言”的含义。因此，如同在突厥语中那样，在蒙古语中用来表示“翻译人”词语的词根是“口语、语言”的意思。某一语族中的这个词，作为以另一语族为基础的语义转借，不是不可能的。

李盖提还令人信服地提出蒙古语 kele 与一些芬－乌戈尔语词语的等价关系，例如芬兰语中的 Kiele，摩尔多瓦语中的 k'el'、Votiak 和 Zuryen 语中的 kïl，沃古尔语中的 kēl，奥斯提亚语的 kel，它们都具有“口语、语言、词汇”的含义。在萨摩耶德语中有相似的形式，例如 sioδo、sioro、še、sie。拓跋语词汇的年代很早，这就使该词的蒙古语－乌拉尔语等价关系显得格外有价值。

除了“翻译人”的标准词语，蒙古语可能有时使用其他的表述方式来指代这种职业或其从业者。此类例子之一是使用 ügetü 一词作为一名蒙古翻译的描述性的人名。他第一次被提到很可能是在 1285 年伊利汗阿鲁浑（Arghun）写给教皇的信件的拉丁文译本中。这件相当令人困惑的文献说阿鲁浑任用了一个名叫 Ugeto 的翻译（用波斯语 terciman、turciman 来介绍他的职业）。[2] 他的名字，带有

---

1 Paul Pelliot, “Les mots mongols dans le Korye să,” *JA* 217（1930）: 258。另参看 Karl Heinrich Menges, *The Oriental Elements in the Vocabulary of the Oldest Russian Epos, the Igor' Tale*（supplement to Word, Vol. 7），1951，p. 52。

2 参看 O. Raynaldus，*Annales Ecclesiastici*，editio novissima... ab A. Theiner，27 Vols.（Barri/Ducis 1864–1874），s.a. 1285; I. L. Mosheim，*Historia Tartarorum Ecclesiastica*，Helmstadt 1741，no. XXV；Maurice Prou，*Les Registres d'Honorius* Ⅳ，Paris，1888，no. 489; J. B. Chabot，“Notes sur les relations du roi Argoun avec l' Occident,” *Revue de l'Orient Latin* Ⅱ（1894）: 570–571; A. C. Moule，*Christians in China Before the Year 1500*（London，1930），p. 106。

限定语 interpres，在尼古拉四世（Nicholas Ⅳ）写给景教大主教雅八拉哈三世（Mar Jabalaha Ⅲ）日期为 1288 年 4 月 7 日的信中又一次出现。[1] 尼古拉四世在同一天（1288 年 4 月 2 日）写给阿鲁浑的两封信中，也提到了 Uguetus interpres。[2]

古典蒙古语中的 ügetü 从 üge "词语，讲话" 发展而来，名词化的派生词缀 -tu、-tü 显示，该词所具有的概念来自词根。那么 ügetü 就可以翻译为 "有口语 / 词语才能的人"。科瓦列夫斯基（Kowalewski）在同一个词条 ügetü 和 ügetei 下解释说 "善于辞令、雄辩的人（qui contient les mots，doué de la parole，éloquent）"。[3]《穆卡迪玛特蒙古语词典》（*Mukaddimat al-Alab*）有复合词 ügetü ere，突厥语翻译为 sözlük er，鲍培（Poppe）译作 "话多的男子"（rečistyj mužčina）。[4] 土族（Monguor）语中有 uGeDu，意为 "有话的人"（qui a une parole），用在 oluon uGeDu k'un 这样的复合词中，意为 "健谈的人"（un homme bavard），照字面翻译就是 "一个多话的人"。[5]

我不相信阿鲁浑的译员被称作 ügetü 纯粹出于巧合。这究竟是一个绰号还是对他职业的说明，现在还不能得出明确的结论。

至少另一个蒙古人名字的最初含义可能是 "翻译人"。根据拉施特的记载，脱欢（Toqoqan，拔都之子）的一个儿子名叫 Ügeči。具备足够多才智的伯希和曾经试图澄清相关的文献和世系问题。[6] 因为不打算讨论这些问题，我们还是依照波伊勒（Boyle）的研究，在

---

1 参看 Raynaldus，s. a. 1288; L. Wadding，*Annales minorum seu trium ordinum a. s. Francisco institutorum*，3rd ed. by J. M. Fonseca ab Ebora，31 Vols.（Quaracchi/Rome，1931–1956），Vol. Ⅳ，s. a. 1288; Chabot，p. 577; Moule，p. 112。

2 参看 Wadding，Vol. Ⅴ，s. a. 1288，nos. Ⅳ，Ⅴ; Mosheim，nos. XXⅥ，XXⅦ; Moule，p. 114。

3 *Dictionnaire mongol-russe-français*，3 Vols.（Kazan，1844–1849），Vol. Ⅰ，pp. 558，559.

4 N. N. Poppe，*Mongol'skij slovar' Mukaddimat al-Adab*（*Trudy Instituta Vostokovedenija* XⅣ）（Moskva/ Leningrad，1938），p. 374.

5 见 Antoine Mostaert，*Dictionnaire monguor-français*（Pei-p'ing，1933），p.467。

6 *Notes sur l'histoire de la Horde d'Or*，1949，pp. 35–37.

他的拉施特书译本中采用了 Ügechi 的形式。[1] 这个名字显然是由蒙古语词 üge 附加后缀 -či（nomen actoris）而来的典型派生词，意思可能是“拥有或使用语词的人”。因此，也表示“翻译人”。目前我不能在任何蒙古语中找到 ügeči 这个词，而该词的动词化派生词是广为人知的。莱辛（Lessing）提到了 ügečile-，意为“逐词报告；根据指令行事；用口语形式书写”。[2] 从语义来看，这和我们所期待的多少有些不同——但是在鄂尔多斯蒙古语中有 ügečile-，意为“当翻译”（servir d’interprête）。[3] 在近代喀尔喀书面语中 ügčle- 的意思是“逐词传达”。

虽然没有确凿的证据证明拔都孙子的名字的确有“翻译人”的意思，但这种可能性是相当确实的，我感觉值得在此提及。

在 1290 年伊利汗阿鲁浑致教皇尼古拉四世的一封信中，出现了表示“翻译人”的另一个名称。[4] 在信的第 13 行有一个严重损坏的词，被文献的刊布者推测为 [ü]g[ü]leči。这个词出现的从句读作 kedün-te ba duγulγan ilčin ileged ügüleči kü ilen aba je，意思是“你还多次派出大使和带口信的人来与我们交流”。[5] 坦率地说，我不认为此处有“带口信的人”的意思。我找不到理由说明为什么要有“带口信的人”陪同大使。然而，正如我们看到的，却有大量的证据显示在蒙古使团中包含翻译，那些由阿鲁浑派出的使团也不例外。此处的词是由 ügüle“讲、说”带 -či 构成表动作的名词（nomen actoris），这一点尚未得到确证，但田清波和柯立甫（Cleaves）出色地证明了它存在的可能性。根据文献具体的上下文

1 “Ala-ad-Din ‘Ata-Malik Juvaini,” *The History of the World-Conqueror*, John Andrew Boyle（trans.）（Manchester, 1958）, p. 108.

2 F. D. Lessing, *Mongolian-English Dictionary*（University of California Press, 1960）, p. 997.

3 见 Mostaert, *Dictionnaire ordos*, 3 Vols.（MS Monograph V, Peking, 1941–1944）, p. 751。

4 Antoine Mostaert–Francis Woodman Cleaves ed., “Trois documents Mongols des Archives Secrètes Vaticanes,” *HJAS* XV（1952）: 445–467.

5 Ibid., pp. 450–451, 461.

关系，从语义和语源两方面来看，把 ügüleči 理解为“翻译人”是更合理的。

西部内亚的古典时期

关于内亚语言的多样性及其对交流所造成问题的最早资料，可能出现于公元前 5 世纪希罗多德的书中。在谈到比斯基泰人更远（从希腊人的角度而言）的民族时，希罗多德指出，为了与他们交流，斯基泰人使用“七个翻译和七种语言”[《历史》(*The Histories*)，bk. Ⅳ，24]。希罗多德发现，相比之下，询问这些到过遥远民族的斯基泰人则是非常容易的，这种说法暗示，不难找到会说斯基泰语和希腊语两种语言的人。黑海、亚速海、里海地区语言的多样性，看来给老普林尼（Pliny the Elder，公元 23~79 年）留下了印象。他说过去在 Anthemus 河边有一座一度很著名的、名叫 Dioscurias 的城市，“有操不同语言的三百个部落”时常到访，通过“一百三十个翻译”的帮助才能做生意 [《自然史》(*Natural History*)，Ⅵ，v]。在 Bosporan 王国的官员中，翻译们形成了一个独特的群体。一件公元 208 年的希腊文铭文赞扬了阿兰人主翻译官的能力。[1] 正如 Bachrach 正确指出的那样，使用“主翻译官”（chief interpreter）一词意味着存在着下级，[2] 那么反过来又说明有一个翻译人的小群体，他们懂得阿兰语，可能还有希腊语或该地区其他的重要语言。

在棘手的谈判中充当翻译，常常意味着会分享那些很可能导致不眠之夜的秘密。有一个这样的事例，一个叫 Bigilas 的人“帮助”（假如可以用这个词的话）狄奥多西二世处理他和阿提拉的噩

1 见 Ellis Hovell Minns，*Scythians and Greeks: A Survey of Ancient History and Archaeology on the North Coast of the Euxine from the Danube to the Caucasus*（Cambridge，1913），p. 614。

2 B. S. Bachrach，*A History of the Alans of the West*（University of Minnesota Press，1973），p. 13.

梦般的关系。公元 449 年，当以 Edeco 为首的匈人使团出使君士坦丁堡的时候，Bigilas 积极参与谋划了一场名副其实的阴谋。阴谋的内容就是买通 Edeco 暗杀阿提拉，Edeco 将因自己的行动得到 50 磅黄金，当然还会得到罗马帝国的保护。和一支拜占庭使团一起返回后，Edeco 来到阿提拉的宫廷，忠实地报告了这个阴谋，并且在 Bigilas 行李中找到了那笔买凶钱（blood-money）。由于阿提拉惊人的宽容，加上他满足于另外 50 磅黄金的赎金，Bigilas 得以逃过一死。关于 Bigilas，汤普森有这样的评论："如此不适合严密的外交事务的人却在东罗马帝国政府和匈人打交道时得到多次任用，这可以从寻找具备匈人语言知识的合适人选的极度困难中得到解释。"[1] 并不是所有的翻译都是文职官员。普里斯库斯记载了注定要破产的刺杀阿提拉的阴谋，他三次提到一个叫 Rusticius 的西罗马人，"他完全掌握了蛮族的语言，他和我们一起去斯基泰人（此处指匈人）那里，但不是为了出使的目的，而是办理有关 Constantius 的事务"。[2] Constantius 显然是一个地位不那么高的人，他被匈人处死了，由于 Rusticius "在语言方面的技能，他被雇用为蛮人（即阿提拉）起草书信"。[3] 不过，我们没有被告知这些书信用的是何种语言和文字。

关于阿瓦尔人和拜占庭谈判过程中有翻译参与的详细资料，可以在弥南德（Menander）的史书中找到。他提到了这个翻译的名字 Vitalianos，并说看上去他同时为阿瓦尔人和罗马人服务。在公元 568 年，他和大使 Komitas 一道，被查士丁二世（Justin Ⅱ）派往阿瓦尔人的首领巴颜（Bayan）那里。虚张声势的巴颜不遵守外交豁免

1　*A History of Attila and the Huns*（Oxford，1948），pp. 98–99.

2　C. C. Gordon，*The Age of Attila*；*Fifth-Century Byzantium and the Barbarians*（Ann Arbor，1966），p. 77.

3　Ibid.，p. 97.

权，将这些使者们关押起来。[1]不过，弥南德告诉我们，在同一年，Vitalianos 成为阿瓦尔人派向查士丁二世的、以 Targitios 为首的使团的译员。[2]从他的名字判断，Vitalianos 肯定是一个罗马人，我们不知道他是怎样娴熟地掌握阿瓦尔语的。据记载，在公元 565 年 11 月 20 日查士丁二世接见的一个阿瓦尔人使团中有一位佚名翻译在场。[3]

大约与此同时，在君士坦丁堡出现了突厥人的使者——先是在 563 年，然后是 568 年。正像哈尔马塔令人信服地指出的那样，[4]史料中第一个突厥使团的突厥人被称为 Kermixiones，其原因在于进行谈判所选择的语言上。由于 Kirmixyōn 是突厥人的波斯语名称，所以哈尔马塔认为他们使用的翻译是波斯人。我甚至愿意进一步推测，谈判是用波斯语而不是希腊语进行的。如果突厥人的波斯翻译用自己的语言交谈，那么对他们来说称呼突厥人的波斯语名称便是极其自然的事情。如果谈判是用希腊语进行的，波斯翻译就没有理由不用 Türk（即希腊语对突厥的称呼形式）来称呼他们的主人。

公元 568 年的突厥使节是粟特人 Maniakh，他向查士丁二世进呈了一封用“斯基泰”字母书写的信。皇帝让 Maniakh 本人为皇帝的译员们翻译此信。[5]据哈尔马塔研究，虽然这些译员也用波斯语作为与他们的拜占庭同行进行交流的手段，[6]但是他们的母语是粟

1 E. Doblhofer, *Byzantinische Diplomaten und östliche Barbaren. Aus den Excerpta de legationibus des Konstantinos Porphyrogennetos ausgewählte Abschnitte des Priskos und Menander Protektor*（Byzantinische Geschichtsschreiber, Ⅳ, Graz, 1955）, p. 144.

2 Ibid., p. 149.

3 Ibid., p. 119.

4 “Byzantinoturcica,” *Acta Antiqua Academiae Scientiarum Hungaricae* X（1962）: 131–150，特别是 pp. 146ff。

5 Menander Protector, Fr. 16, in L. Dindorf（ed.）, *Historici Graeci Minores*（Leipzig 1871）, Vol. Ⅱ, 48, 12: διὰ των ἑρμηνέων. Doblhofer（p. 134）的翻译“用斯基泰语言写的信”并不很准确。原文是 τὸ γρμμα τὸ Σκυθικὸν。在另一个例子中提到，一封来自内亚使者的信是用这种字母（script）书写的，见下文，p. 311。

6 Harmatta, “Byzantinoturcica,” 尤其是 pp. 148–150。

特语。

一些带有告密标记的其他事例揭示了翻译人的来源，正是通过这些翻译人的媒介作用，一份情报被送到了拜占庭。在君士坦丁堡人 Porphyrogenitus 写的《论帝国行政》（*De administrando imperio*）一书中，两次使用斯拉夫词 zakon 表示“习俗”（custom）的含义。在该书的 8.16~17 中称，说突厥语的佩切涅格人依照他们的 zakana 立誓。[1] 在 38.52 中又说，匈牙利人按照可萨人的习俗或 zakanon，立 Almoutzis 为大公。[2] 这份情报的来源是匈牙利语还是别的语言，如同注释（Commentary）中那条含糊不清的注解所讨论的那样，[3] 并不是我们这里要关注的问题。我确信 Bury 是正确的，他的“第一感觉就是，它们（这些词）指向一个推测，有斯拉夫人被雇用翻译了这些语言”。[4] 也就是说，是斯拉夫译员翻译了那些可能是佩切涅格人或匈牙利人的告密者的情报。出现的另一个斯拉夫词，是作为官衔的 voivode，被用于指称匈牙利人的首领（例如 38.5），这只是证实了 Louis Bréhier 也同样持有的朴素看法。[5]

尽管与波斯人的交往超出了本文的范围，但我还是忍不住要提到有关在拜占庭 - 波斯关系中使用翻译人的一些资料。可以放心地设想，他们的服务方式与我们所讨论的突厥人或其他内亚民族相似。公元 560 年查士丁尼一世（Justinian Ⅰ）的使节和波斯国王科斯洛埃斯一世（Chosroes Ⅰ）为实现长期和平进行了谈判。弥南德对此有详细的记载。我们被告知，有六个罗马翻译和六个

---

1 Gy. Moravcsik–R. J. H. Jenkins (eds.), Constantine Porphyrogenitus, *De administrando imperio* (Corpus Fontium Historiae Byzantinae Ⅰ, Dumbarton Oaks, 1967), pp. 56–57: κατὰτὰ ζακανα αὑτῶυ.

2 Ibid., pp. 172–173:κατὰτὸτῶυ Χαζάρων ἔθος καί ζάκανον.

3 Constantine Porphyrogenitus, *De administrando imperio*, Vol. Ⅱ: *Commentary*, R. J. H. Jenkins (ed.), London, 1962, pp. 145–146.

4 J. B. Bury, "The treatise De administrando Imperio," *Byzantinische Zeitschrift* XV (1906): 542.

5 *Le monde byzantin, Ⅱ. Les institutions de l'empire byzantin* (L' Evolution de l' humanité, Vol. XXXⅡ bis, Paris, 1949), p. 303.

波斯翻译参加了预备会谈，在用波斯文和希腊文草拟的条约定本上，盖有这些翻译的个人印章。[1]他们还被注意到与财政官员一起出现，这些财政官员是被派遣接受罗马人的赔款的。这些翻译偶尔的浮夸见于弥南德的记载："这时双方大使各自的翻译开始互相争辩，力图澄清各自的意思，这个过程中，他们讲了很多冗长烦琐的话。一方面是为了确保他们自己的利益，另一方面是为了让他们和平的愿望能够准确地表达出来。"[2]有些时候——比如波斯使节 567 年对查士丁尼二世的充满暴怒的拜会——不管对错，翻译人会因为造成误解而受到责备。

对一个翻译人来说，失宠可能就等于丧命，就像 Braducius 的例子所显示的那样。Braducius 是科斯洛埃斯一世的使节 Isdigousnas 随行人员中的一名翻译。让恺撒利亚（Caesarea）的 Procopius 来讲述这个故事吧：

> 查士丁尼皇帝友好地接待了这位 Isdigousnas，比起我们知道的其他使节来，他得到了更大的荣誉。是真的，无论皇帝何时招待 Isdigousnas，都要叫来他的随行翻译 Braducius，让他们一起靠在睡榻上。这种事情以前从来没有发生过。没人看到过一名翻译成为哪怕地位比较卑微的官员的座上客，更别说国王了。[3]

Isdigousnas 后来重访查士丁尼皇帝：

> 但是 Braducius 没有和他一起来到拜占庭。因为他们说科斯洛埃斯一世已经把他从这个世界上除掉了，除了成为罗马皇帝

1 Doblhofer, p. 111.

2 Ibid., p. 100.

3 *Bello Persico* Ⅱ, xxviii, 40–42, 收入 Procopius, *History of the Wars*, H. B. Dewing (ed.), 7 Vols. (Loeb Classical Library, 1914–1940), Vol. Ⅰ, pp. 526–527.

> 的座上客，他没有其他罪名。“因为，”科斯洛埃斯一世说，“作为一个小小的翻译，他不应该从皇帝那里得到这么高的荣誉，除非他背叛了波斯人的利益。”[1]

东罗马帝国有一个常备的翻译团队（ἑρμηνενταί），虽然有关他们身份的资料没有我们希望的那样完整。5~8 世纪，外交事务是执事官（magister officiorum）主管的一项工作。大约完成于公元 425 年的《百官志》（*Notitia Dignitatum*）提到了“不同民族的翻译”（interpretes diversiarum gentium），其办公机构 scrinium barbarorum 即希腊文的 σκριυίος τώυ Βαρβάρωυ，意为“蛮族事务机关”。甚至其中一名主翻译官 μέγας ἑρμηυευτής 的印章还保存了下来。对我们来说有点儿不走运的是，它属于一个瓦兰吉语（Varangian）的主翻译官，而不属于一位内亚语言的专家。[2]后来，在利奥三世（Leo Ⅲ）统治时期（公元 741 年前后），这个机构被废除，翻译都隶属于专职的外交行政官（the Logothete of the Course）——其职责相当于外交部部长。在数量庞大的东罗马帝国高官中，外交行政长官具有相当高的地位。他每天早晨都受到皇帝的接见。[3]在他的领导下，翻译人的工作显得在某种程度上也沾光受益。9~10 世纪，翻译的社会地位比刚刚引用的 6 世纪文献所记载的要高。关于翻译人，Bréhier 是这么说的：

> 看起来 10 世纪时他们（翻译人）的人数非常多，此外，拜占庭对各种外国语言的知识了解很广泛，这是因为有各民族大量的移民和战俘进入君士坦丁堡及各个省份。伴随外国君

1　*Bello Gothico* Ⅷ，xi，8–9，ibid.，Vol. Ⅴ，pp. 150–151.

2　A. Sorlin-Dorigny，“Le Bureau des barbares à Constantinople，” Ⅴ（1884）：273.

3　J. B. Bury，*The Imperial Administrative System in the Ninth Century*，the British Academy Supplemental Papers，Ⅰ（1911）：91–92.

> 王的大使而来的翻译们，携带着用外国语言所写的书信，在接待大使的活动中扮演重要的角色……斯拉夫语在9世纪欧洲事务中的重要性，可以解释那些懂得斯拉夫方言的文官们所获得的好处。……在翻译团体所处理的其他语言中，最重要的是从6世纪起就已经非常突出的阿拉伯语以及高加索地区的各种方言，如亚美尼亚语和格鲁吉亚语。Cherson一定是有可萨语翻译的，这样860年Constantin和Methodius才能够在那里学习可萨语。土兰（touraniennes）诸语言最早的翻译可能是斯拉夫人。[1]

与阿拉伯人贸易的增长甚至导致了术语的转变。12世纪翻译们开始被称作δραγούμενος，这个词是从阿拉伯语词tarjumān借用来的，这个名称后来进入欧洲的很多语言中。

拜占庭帝国的逐渐衰落，或者说西方重要性的上升，特别是西方和蒙古的交往，造成对能够双向翻译拉丁文的人员的需求。在本文稍后你会见到他们。

东部内亚的古典时期

在内亚东部的、中国的内亚的边境上，对翻译的需求像内亚西部地区交往所需求的一样多（如果不是更多的话）。汉朝向西方的大举扩张，使中国中原王朝接触到讲着前所未知的语言的当地民族。政治和商业利益都要求建立与这些民族的交往，于是翻译人就变得必不可少。西汉的翻译人隶属于负责接待外国使节的机构大鸿胪（汉代这一机构最初称为“典客”，所以原文译为the

1 Bréhier，p. 302.

Superintender of State Visits——译者注）[1]。西域和中原密切的交通、频繁的往来在《后汉书》中有很好的记载：“立屯田于膏腴之野，列邮置于要害之路。驰命走驿，不绝于时月；商胡贩客，日款于塞下。”[2]《汉书》卷96《西域传》中在22处共列举了39位译长。[3]这里，就像我们前面提到的阿兰人的例子，译长的存在使我们推测还有一大批低级职位的翻译存在。[4]

在秦朝的行政体系中，翻译已经有了适当的位置，隶属于“典属国”。译长具有“九译令”的头衔，即九名翻译人或九种翻译工作（interpretation）的长官。这个头衔在汉代被使用过一个时期。根据沙畹的研究，这种表达方式传递了这样的观念：翻译的长官能够处理至少九种外语。[5]但是，就像福兰阁正确指出的那样：“‘九译’的含义仅仅意味着，在中国这样幅员辽阔的国家，其属国的语言在到达中原朝廷之前的传达过程中必须经过九次翻译。”[6]

---

1 Michael Loewe, *Crisis and Conflict in Han China 104 B. C. to A. D. 9*（London, 1974）, p. 310. 对拜占庭和中国接待外国高级官员的方式进行比较研究，将是极有价值的。

2 Yü Ying-shih, *Trade and Expansion in China: A Study in the Structure of Sino-Barbarian Economic Relations*（University of California Press, 1967）, p. 143. 也参看Edouard Chavannes, “Les pays d'Occiaent d'après le Heou Han chou,” *TP* Ⅷ（1907）: 216。原文见《后汉书》卷88《西域传》。——译者注

3 A. F. P. Hulsewé认为，他们都不是汉人。见*China in Central Asia: The Early Stage, 125 B.C.–A.D. 23, An Annotated Translation of Chapters 61 and 96 of the History of the Former Han Dynasty*（Sinica Leidensia, Vol. XIV, Leiden, 1979）, p. 84。E. Zürcher认为《汉书》卷96提到的翻译都是在汉朝中亚长官的统辖之下，似乎推断这些人都是现代术语所说的汉人（Han Chinese）。见*The Buddhist Conquest of China: The Spread and Adaptation of Buddhism in Early Medieval China*（Leiden, 1959）, p. 334。

4 大鸿胪这个官职被王毓铨和Rafe de Crespigny译为“大使者”（Grand Herald），前者见“An Outline of the Central Government of the Former Han Dynasty,” *HJAS* Ⅻ（1949）: 151；后者见*The Last of the Han Being the Chronicle of the Years 181–220 A.D, as Recorded in Chapters 58-68 of the Tzu-chih t'ung-chien of Ssu-ma Kuang*, Australian National University, Centre of Oriental Studies, Monograph 9, 1969, p. 526。据前者研究，公元前144年，担当同样职事的官员叫“典客”，公元前104年称作“大行令”。

5 *Les mémoires historiques de Se-ma Ts'ien*, Ⅰ–Ⅴ（6 Vols.）, Paris, 1895–1905, Vol. Ⅱ（1897）, p. 523.

6 *Geschichte des Chinesischen Reiches* (Berlin, 1937), Vol. Ⅲ, p. 137.

似乎沙畹自己也有相同的结论。[1]关于边远人民，中国人经常使用“重译”这种表述，字面的含义是“两重翻译”。沙畹对此有很好的说明：“这种说法表明，中原王朝以外诸民族的王国要想把他们的要求传递给皇帝，需要通过中介诸国的语言进行连续的翻译。”[2]至少有一个例子，在《史记》卷123《大宛列传》中“九译”和“重译”两个词合在一起，成为“重九译”。对这个复合词出现的句子，沙畹做了这样的翻译：“那些（与我们联系的人）要进行九次连续的翻译，才能够带来他们那陌生的风俗。”[3]

“重译”一词在唐代也被使用。在一通公元640年的纪念碑上，“重译”被用来描述北族：“……他们堵塞了远方人民的忠诚和贡物，阻止了那些有用的多种语言的翻译们的来来往往……”[4]

翻译不仅在唐代是必不可少的——也许很难估计过高——这一时期与内亚民族的交往特别活跃。不过，可以有把握地说，涉及翻译的文献是可以从唐代史料中精选出来的，比如在《旧唐书》《新唐书》关于回鹘和唐朝官员会见的记载中。[5]然而，令人不解的是，翻译在唐代行政系统中的地位不是被错误解释，就是由于地位太低而不能见诸《新唐书》卷46~50《百官志》，对这部官制文献戴何都（R. Des Rotours）有出色的研究。[6]这种省略的确非常令人

1 见 E. Chavannes, “Dix inscriptions chinoises de l’Asie centrale,” *Mémoires présentés par divers savant à l’Académie des inscriptions et belles-lettres*, Ière série, t. Ⅺ, Iie partie, 1902, p. 28。

2 Ibid..

3 Ibid.. Hilda Ecsedy 对于和“重译”有关的表达方式做了博学而有趣的评论，见“Cultivators and Barbarians in Ancient China,” *AOH* XXⅧ（1974）: 343–348。她论文的英文通常难以理解（出于多位翻译人？），但是这不应影响去利用她提供的丰富资料。然而，这样做将会使我超出这篇论文所要讨论的范围。此处《史记》原文为：“广地万里，重九译，致殊俗。”《正义》：“言重重九遍译语而致。”——译者注

4 Chavannes, “Dix inscriptions,” p. 28.

5 Colin Mackerras, *The Uighur Empire According to the T’ang Dynastic Histories: A Study in Sino-Uighur Relations, 744–840*（Australian National University Press, 1972）, pp. 80, 99.

6 *Traité des fonctionnaires et Traité de l’armée*, traduits de la Nouvelle histoire des T’ang（Chs. XLⅥ – L）, 2 Vols.（Bibl. de l’Institut des hautes études chinoises, Ⅵ）, Vol. Ⅰ, Pairs, 1947.

震惊，因为在关于官员的详细列举中，连鸿胪寺（主管外交接待的中央机构）绝大部分仆从的职位都被考虑到了。《新唐书》卷 45《选举志》在鸿胪寺的官员中列出了“译语”这一官职，对他们的选拔条件有所提及。事实上，对素质的要求非常低，明显不包括外语知识，只要申请者的年龄在 15 岁到 20 岁之间就属合格。[1] 在中书省的官员中，有四个“番书译语”，品级只比二十名乘驿高一点。[2] 关于这些人，伯希和认为“他们是书面文件的翻译，而不是口语翻译”。[3] 这是很有可能的，但是我不想排除另外一种可能性：这个小群体（只有四个人！）的专长是阅读外国文字，这可是一项充满疑难的工作。[4]

笔译（translators）和口译（interpreters）的区别是非常重要的。史料中这种不同常常被混淆，又时常被研究者忽视。这两种职能是很不相同的，需要不同的技巧，这种不同的标准表现为处理原始文件的方式。一个人口头翻译书面文献，仍是一名笔译，常见的例子是佛教文献的翻译。[5] 本文所研究的翻译人，提供的是语言交流中同声或几乎同声的口头翻译。一个这样的口译者可以是，而且往往就是文盲。成为好的，或者至少水平可以接受的口译，需要相当多的技巧。那些鸿胪寺官员中十几岁的孩子不太可能胜任。看起来很有可能那些有能力被委以这项任务的人，是天生的或者经过教育的双语人。

在这方面也许安禄山是一个非常恰当的例子。据说，这个 8 世

---

1 Idem., *Le Traité des examens*, traduit de la Nouvelle histoire des T'ang（Chs. XLIV, XLV),（Bibliothèque de l'Institut des hautes études chinoises, II), Pairs, 1932（2e éd. revue et corrigée: 1976), pp. 233–235.

2 Idem., *Traité des fonctionnaires*, p.186. 原文见《新唐书》卷 47《百官志二·中书省》:“蕃书译语十人，乘驿二十人。”——译者注

3 Pelliot, “Le Hōja,” p. 217.

4 Cf. *supra* p. 299 and *infra* p. 31.

5 Cf. e. g., Liu Mau-tsai, *Kutscha und seine Beziehungen zu China vom 2. Jh. v. bis zum 6. Jh. n. Chr.*, 2 Vols.（Asiatische Forschungen 27, Wiesbaden, 1969), p. 253.

纪前半期的著名反叛者，在他年轻的时候做过翻译人。他的传记说，“及长，忮忍多智，善亿测人情，通六蕃语，为互市郎”。[1]尽管关于安禄山早期经历的很多细节可能具有想象性，但我认为安禄山做过翻译这件事并不是根本不可能的。他有一个突厥母亲和粟特父亲，在中国长大，几乎可以肯定，他生来就至少掌握三种语言。这一史料的准确性并没有因为另一件相同的事实而削弱。据说安禄山的继承人、另一位自立为王的史思明“又解六蕃语，与禄山同为互市郎”，他天生就具有成为一名优秀翻译的素质，是“突厥杂种胡人”。[2]

人们试图推测史料中提到的一些翻译人的一种或几种母语。在630年，唐朝的求法僧人玄奘得到西突厥可汗的隆重接待，可汗通过一名口译（“传语”）和玄奘谈话。[3]这个会讲突厥语和汉语的译员也属于上述那些人吗？后来，文献告诉我们，这位高僧坚持要继续西行，突厥“可汗乃令军中访解汉语及诸国音者，遂得年少，曾到长安数年，通解汉语”。[4]我们也许要问，这个年轻人是如何获得所需要的语言知识的？他的语言知识中至少必须包括他要陪同求法僧人去的迦毕试国（Kapiśa，位于今天的阿富汗）所讲的一种语言。

常识告诉我们，如果没有翻译人的帮助，在两组操不同语言的群体之间进行谈判是不可能的。即使史料没有提及，也可以推测他们几乎必定在场。为了在唐朝和蒙古（关于蒙古，我后面还要谈很多）的时间鸿沟上搭建一座桥梁，我想提及1120年宋朝使者和金朝缔造者女真人阿骨打之间进行的一场谈判。文献直截了当地说，后

1 Edwin G. Pulleyblank，*The Background of the Rebellion of An-lu-shan*（Oxford，1955），p.8. 原文见《新唐书》卷225《安禄山传》。——译者注

2 Ibid.，pp. 16–17，19. 原文见《旧唐书》卷200上《史思明传》。——译者注

3 Samuel Beal，*The Life of Hiuen-Tsiang by the Shaman Hwui Li*（London，1911），p.43.《大慈恩寺三藏法师传》此处的原文为“可汗出帐迎拜传语慰问”。——译者注

4 Ibid.，p. 44. 原文见《大慈恩寺三藏法师传》。——译者注

者依靠一名翻译人的效劳。[1] 在成为中国皇帝的两年之前，阿骨打还不会说汉语。

蒙古帝国时期

13 世纪早期蒙古帝国的建立，为内亚出身或是涉及内亚事务的翻译们带来了一个黄金时代。成吉思汗及其直系继承者的令人震惊的征服，导致了蒙古——人数非常少的民族，可以有把握地推测，他们的语言除了他们自己极少有人说——要和从日本到今天英国对岸的欧亚大陆几乎所有的民族打交道。对绝大部分行政工作，包括征税和管理新征服地区的居民，蒙古人只能依靠从征服人口中任命的合作者或叛降者。“为蒙古效劳的契丹人和汉人也被任命为使者、侍从、秘书官、行政官。”[2] 讲突厥语的畏兀儿人牢牢地把持了蒙古人的文书事务。他们不仅把他们的字母教给了新主子，还教给他们与文字相关的各项事务。畏兀儿人利用这种局面是非常自然的，他们在这样做的同时，往往不会忘记他们自己的私利。饱经世故的波斯历史学家志费尼哀叹他那个时代知识分子的堕落，痛苦地指出，畏兀儿的语言和文字已经逐渐被认为是“知识与学术的高峰”。[3] 他很不满地提到一个没有道德的人被提拔到很高的官位上，只不过“能用畏兀儿字母拼写蒙古语（原文的字面含义是：他把蒙古语和畏兀儿字母这两种技能结合到一起），在当今时代，这是博学多识的根本”。[4]

---

1 Dagmar Thiele, *Der Abschluss eines Vertrages: Diplomatie zwischen Sung-und Chin-Dynastie 1117–1123*（Münchener Ostasiatische Studien 6, Wiesbaden, 1971）, p. 170.《三朝北盟会编》卷 4 载赵良嗣《燕云奉使录》，称“阿骨打令译者言”云云。——译者注

2 Igor de Rachewiltz, “Personnel and Personalities in North China in the Early Mongol Period,” *JESHO* Ⅸ（1966）: 132.

3 Juvaini, Boyle（trans.）, p. 7.

4 Ibid., p.523.

南宋的考察者也注意到，掌握了一点蒙古语和畏兀儿字母的汉人翻译莽撞无礼、收受贿赂。两位宋朝使者彭大雅（1234 年被派去觐见大汗窝阔台）和徐霆合写了一部著作《黑鞑事略》，书中对这方面表达了极大的疑虑。这本《黑鞑事略》成书于 1237 年，是把两位作者各自在蒙古的见闻并列编排在一起。徐霆的判断在严重程度上不亚于志费尼：

> 燕京市学多教回回字及鞑人译语。才会译语，便做通事，便随鞑人行打，肆作威福，讨得撒花，讨得物事吃。[1]

《黑鞑事略》的其他段落显示出，徐霆对于畏兀儿人没有好感，尽管他承认回回“且多技巧，多会诸国言语，直是了得”。[2]

但愿我们的这个看法是准确无误的：元朝比此前中国的任何朝代在多语言交流的能力方面都高出一筹。蒙古人面临的任务是巨大的。一小群人——他们的语言（蒙古语）除了他们自己很少有人懂——背着沉重的负担：先是征服战争，然后是管理一个庞大的帝国，而他们对其治下之民的语言——首先是汉语——却根本不懂。

成吉思汗似乎不懂汉语。他和道士长春真人的对话（1222 年秋）依赖耶律阿海（即 Aqai）的翻译。阿海是一个契丹人，也是帝国最有权力的人之一[3]。在另一次大汗和长春真人的会见中，翻译是唐兀出身的阿里鲜，他代表成吉思汗，长途接送长春真人往返中原。就连忽必烈的汉语对于很棘手的谈话也显然是不够用的。据记

1 Peter Olbricht–Elisabeth Pinks, *Meng-ta pei-lu und Hei-ta shih-lüeh. Chinesische Gesandtenberichte über die frühen Mongolen, 1221 und 1237*（Asiatische Forschungen 56, Wiesbaden, 1980）, pp. 133–134.

2 Ibid., p. 152.

3 Cf. Arthur Waley, *The Travels of an Alchemist: The Journey of the Taoist Ch'ang-ch'un from China to the Hindukush at the Summons of Chingiz Khan*（London, 1931）, p. 113; Paul Pelliot, "Notes sur le 'Turkestan' de M. W. Barthold," *TP* XXⅦ（1930）: 48.

载，他和自己信任的谋臣许衡谈话，就选了一个很好的翻译，忽必烈只是有时顺便纠正错误。[1]我们甚至知道一些著名翻译的名字，例如畏兀儿人阿鲁浑萨理。[2]也有其他一些在元朝有突出表现的翻译人。姚从吾的论文列出了这个名单的一部分。[3]罗依果教授善意地告诉我，如果使用澳大利亚国立大学的元人传记计划提供的资料，那么这份名单可以在很大程度上得到扩充。

不过，帝国不能通过哲学对话来进行征服和统治，而是要让蒙古人的统治至少被各种臣民所接受。“由于他们军队的数量非常少，”罗依果说，“蒙古人只要一有可能，就对敌人进行威胁利诱以取得胜利。这种劝降工作选择汉人、契丹人、女真人担任使者要优于选择那些蒙古的将军们，因为后者不了解对象国的语言和习俗。”[4]这一观察不仅是正确的，而且也提示那些翻译人的存在：他们通常天生就是讲多种语言的人，愿意为蒙古人效劳。在等级序列上，契丹人尤其有用而且数量很多，这部分由于他们对灭亡了北中国的契丹－辽政权的女真金朝的憎恨，部分由于他们自己也是讲蒙古语的。我们不能确切地了解契丹语和成吉思汗的民族所使用的语言有多接近，但是很多契丹人轻而易举地适应了新环境，这也许可以解释像阿海这样的人可以很容易地从自己的母语转换到主子的语言。

在一些国家，交流的问题要比其他国家困难得多。高丽就是一个这样的例子。1218 年蒙古人以镇压契丹人的一次反叛为名，进入高丽。他们和高丽王朝的合作很不轻松。一个高丽的翻译

1 Walter Fuchs, “Analecta zur mongolischen Übersetzungsliteratur der Yüan-Zeit,” *MS* I（1946）: 38; Yao Ts’ung-wu, “Liao Chin Yüan shih-ch’i t’ung-shih kao,” *Wen-shih-che hsüeh-pao* XVI（1967）: 218.

2 Herbert Franke, “Could the Mongol Emperors Read and Write Chinese?” *Asia Major* III（1952）: 28.

3 Yao, pp. 218–220.

4 Rachewiltz, “Personnel and Personalities,” p. 108.

（也许不是一个非常有技巧的人）不得不反复请求“盟友”蒙古人，让他们的指挥官确信，让高丽国王出宫迎接是不合适的。[1]一个不明出身的翻译赵仲祥更有能力，或者比较幸运，他为进入高丽的蒙古指挥官哈真（？）工作。他受命在哈真与他的高丽对手之间建立一种友好的关系。[2]同样的，肯定是翻译的缺乏使得哈真在离开高丽的时候，留下了 41 个下属在边城义州“学习高丽的语言，等待我们返回”。[3]他们确实在撒礼塔（Sartaq）的指挥下返回了。在他攻打龟州的时候，撒礼塔派一个名叫池义深的高丽翻译劝说该城投降。[4]一个原来是僧人的高丽人赵彝由于精通语言，成为忽必烈宫廷的翻译。据说是他最先让大汗的注意力转移到征伐日本的可能性上。[5]

除了被挑选出的翻译群体——出于这样那样的原因，他们的名字被记载了下来——必定还有数以千计的人在蒙古的民政、军事管理系统中担负高低不等的职务。像《黑鞑事略》记载的那些滥用权力的人，一定属于地位较低的“小虾米”（smaller fry），而重要人物（bigger fish）也有他们自己的人性缺点。比如安天合的例子，他的劣迹可以在耶律楚材的神道碑中找到记载。[6]虽然在上述文献中他被写成回鹘译史，但从他的姓氏（安）判断，他可能是一个粟特人。在 10~14 世纪，用来指口译者的词通常是通事，而负责笔译的则被称作译史。不过，在实际使用中，并不常常做这种区分——正如我已经提到的那样——两者在工作上的分工，可能并不像今天大型国

1 William Ellsworth Henthorn, *Korea: The Mongol Invasions*（Leiden, 1963）, p. 21.

2 Ibid., pp. 14, 17.

3 Ibid., pp. 21–22.

4 Ibid., p. 67.

5 Ibid., pp. 157, 167.

6 Herbert Franz Schurmann, *Economics Structure of the Yüan Dynasty, trans. of chs. 93, 94 of the Yüan shih*（Harvard Yenching Institute Series XVI, 1956）, p. 90. 宋子贞《中书令耶律公神道碑》：“回鹘译史安天合至自汴梁，倒身事公，以求进用。公虽加奖借，终不能满望。即奔诣镇海，百计行间。”——译者注

际组织那样泾渭分明。可以说，通事和译史在元朝的地位在某种程度上高于其在唐朝的地位，也许这反映了对翻译所能提供服务的需求增加了。[1]

在关于军制的《元史》第 98 卷中，提到了特殊部队“通事马军”“通事军”。根据萧启庆的研究，这些编制都是从宋朝继承下来的，“很可能不是简单的军事翻译”。[2] 他们似乎属于宋朝从内亚招募的亡命之徒组成的一种外籍军团，主要用于前线作战。即使在 1280 年，通事军还被认为属于“诸色人等，因得罪，皆亡命往依亡宋”，[3]“每战皆列于前行，愿效死力”。[4] 看来这些军队的确是首先用来作战的。他们的名称显示，蒙古人以及之前的宋朝，曾在内亚民族中招募军队。我可以理所当然地认为，这些为蒙古所用、几乎全部由翻译人组成的“通事军”，肯定不是从蒙古人或汉人中招募的。

同样的现象还可以从蒙古帝国的西部边疆观察到，现在我们就把注意力转过去。

蒙古人与西方

在 1230~1240 年代，蒙古人首先侵入俄罗斯，然后进入匈牙利，引起了欧洲的大恐慌。匈牙利多明我会修士曾去伏尔加地区寻找生活在那里的同胞，他们是最早一些通报蒙古人对该地区造成浩劫的人。1237 年，两位多明我会修士和他们的陪同翻译在俄罗斯苏兹达尔（Suzdal）公国与蒙古人之间的某个地区失踪了。另一位派

1 Hsiao Ch'i-ching, *The Military Establishment of the Yuan Dynasty* (Harvard East Asian Monographs 77, 1978), p. 199.

2 Ibid., p. 198.

3 Ibid., p. 201. 连同紧接着的下条注释，原文皆见《元史》卷 98《兵志一》。——译者注

4 Ibid., p. 85.

去探究他们命运的翻译为伏尔加地区的芬－乌戈尔人的一支、野蛮的摩尔多瓦人所杀。幸运的是，多明我会修士于连（Julian，亦有作Julianus处——译者注）不仅返回了匈牙利，还带回那边国王的书信。这封信“是用异教徒的字母书写的，使用的却是鞑靼的语言。所以，（匈牙利）国王能够找到认识字母的人，但是没有人能够读懂它”。[1]这封信的字母可能是畏兀儿字母，最终这封信被一位库蛮突厥人读懂，在他的帮助下，于连译出了一个拉丁文译本。根据一个名叫Richardus的人所写的备忘录《大匈牙利纪事》（*De facto Ungarie Magne*），于连曾遇到一个懂匈牙利语、俄语、库蛮语、日耳曼语、波斯语、蒙古语的蒙古使者，[2]这位使者可以不需要翻译人的协助。

在1241~1242年蒙古入侵匈牙利之前，双方一直在互派间谍。一个被捉获的“蒙古”间谍居然是个英国人。波尔多主教收到的一封信中讲述了他的故事的一些细节，这封信保存在玛窦（Matthew Paris）的编年史中。[3]这个被英国驱逐的人，参加了十字军，在一些中东国家毫无目的地流浪，在那里他凭借自己的写作能力，记录下那些他听到别人说的词。对这些词“他的发音如此准确，以至于他被认为是一个当地人，用同样的办法，他学会了好几种语言。鞑靼人（即蒙古人）从他们的间谍那里知道了他。……雇用他做事，给了他很多礼物，因为他们非常需要有人来做他们的翻译”。

这个不大寻常的、为蒙古效劳的英国人的例子，凸显了这样的事实：这一时期的绝大多数翻译人似乎是从这个庞大帝国的非蒙古

---

1 关于Julian的旅程，参看Denis Sinor, “Un Voyageur de treizième siècle: Le Dominicain Julien de Hongrie,” *Bulletin of the School of Oriental and African Studies* XIV（1952）: 589-602。关于该文献的评注本，见Heinrich Dörre, “Drei Texte zur Geschichte der Ungarn und Mongolen: Die Missionsreisen des fr. Julianus O. P. ins Uralgebiet（1234/5）und nach Russland（1237）und der Bericht des Erzbischofs Peter über die Tartaren,” *Nachrichten der Akademie der Wissenschaften in Göttingen*, I. Phil.-hist. Klasse, No.6（1956）: 125-202。此处翻译的段落在p. 178。

2 See Dörre, p. 158.

3 *Chronica Majora*, H. R. Luard（ed.），7 Vols.（Rolls Series 57, London, 1872-1883），Vol. Ⅳ, pp. 274-275. 据说这个人曾两次作为使者和翻译来到匈牙利国王处。

臣民中招募的。我们已经提到了畏兀儿翻译的作用。在西方，在蒙古统治区乌拉尔山的另一侧，斯拉夫人和库蛮人大概担负了相同的任务。

在1245年春天，教皇英诺森四世向蒙古派出了几批使者，他们都需要翻译。方济各会修士柏朗嘉宾在另一位教士本尼迪克特（Benedict the Pole）的陪同下出发，后者将是他这次冒险的同伴，也可能为他在必经之地俄罗斯的斯拉夫人中充当“翻译人”。[1] 当修士们来到蒙古军队在西方的统帅拔都的大营时，他们提出需要翻译，或者更确切地说需要能够把教皇的拉丁文信件翻译为“鲁塞尼亚文（Ruthenian）、萨拉森文、鞑靼文”（可能就是俄文、波斯文、蒙古文）的笔译人。柏朗嘉宾提到了在旅途中帮助他的两名翻译的名字。他们都是库蛮突厥人，一个名叫帖木儿（Temür，意为铁），另一个名叫升豁尔（Shonkkur，意为鹰）。前者曾经为俄罗斯大公雅罗斯拉夫二世（Yaroslav Ⅱ，1238–1247）服务，这位大公死在蒙古，很可能是被毒死的。帖木儿的角色是很引人注目的。就是他，大概还有柏朗嘉宾本人的帮助，把贵由大汗致教皇的信翻译为拉丁文。柏朗嘉宾描述了这个艰苦的过程（Ⅸ，40–41）：“（大汗）问我们在教皇的周围有没有人能够阅读俄文、波斯文或蒙古文。我们回答说我们既不使用俄文、蒙古文，也不使用波斯文。尽管在西方有波斯人，但他们距离教皇太遥远。我们补充说：我们认为对他们来说最好的方案是用蒙古文写信，然后把它翻译给我们。我们会用我们的语言，仔细将它记下。……这封信被逐词地翻译给我们，我们把它翻译成拉丁文。他们让我们解释每一个句子，因为他们想知道我们是否译错了任何一个词。当两封信都写好后，他们让我们把两

1　柏朗嘉宾的 *Yistoria Mongalorum* 的最好版本见 A.van den Wyngaert，*Itinera et Relationes Fratrum Minorum Saeculi XIII et XIV*（Sinica Franciscana Ⅰ，Quaracchi/Firenze 1929），pp. 1–130。此处引用的段落见 pp.123–124。本尼迪克特的报告见 pp. 131–143。据说，本尼迪克特是这样加入柏朗嘉宾使团的：“为了陪伴他……并给他做翻译。”（p. 135）

封信放在一起读，然后再分开读，唯恐我们漏掉什么。”[1] 大汗非常希望信件能够到达教皇那里，并且为他所了解，为了保险起见，又准备了一份波斯文的翻译，如果它不是为教皇准备的，那么它就是为“我们”准备的——因为这份波斯文的原件被保存在教皇的档案中，直到 1920 年被发现。[2]

另一个教皇的使团由多明我会修士阿思凌率领，大约与柏朗嘉宾使团同时启程，到达高加索蒙古军队的统帅拜住将军那里。西蒙记录的这个使团的历史中，包含了一些关于拜住所用的翻译人的资料。[3] 用哪种或哪些语言作为交流的工具，现在还不清楚。很有可能拜住自己只懂蒙古语。我们可以肯定地认为，阿思凌使团中没有人熟悉这种语言，甚至他们的翻译 Guiscardus of Cremona 也不行。为了得到英诺森四世拉丁书信的蒙古文翻译，先是由突厥和希腊的翻译们在阿思凌和他的同伴帮助下，将拉丁文翻译为波斯文。拜住派往教皇的使者 Aybeg 和 Sargis 肯定不是天生的蒙古人。前者有一个突厥名字，后者是一个基督徒（Serge，Sergius），很可能是亚美尼亚人。[4] 也许正是在这两个人的帮助下，教皇的书信被译成了波斯文。看来他们都不懂教皇能懂的任何一种西方语言，因为我们被告知，在他们的几次会见中都使用了翻译。[5]

尽管从外交的观点来看很不成功，教皇的第一批使团还是清楚地显示出对蒙古人进行某种了解的愿望。而要实现这一点，先决条

1 Ibid., pp. 123–124.

2 最基本的出版物见 Paul Pelliot, “Les Mongols et la Papauté. Ⅰ,” *Revue de l'Orient Chrétien* XXⅢ (1923): 3–30。

3 Simon de Saint-Quentin, *Histoire des Tartares*, Jean Richard (ed.), *Documents relatifs à l'histoire des Croisades publiés par l'Académie des inscriptions et belles-lettres* Ⅷ (Paris, 1965). pp. 95, 96, 98, 101, 103.

4 Ibid., pp. 106, 115. 参看 Berthold Altaner, “Sprachkenntnisse und Dolmetscherwesen im missionarischen und diplomatischen Verkehr zwischen Abendland (Päpstliche Kurie) und Orient im 13. u. 14. Jahr.,” *Zeitschrift für Kirchengeschichte* LV (1936): 110–111。

5 对于这两位使者的抵达，见 Matthew Paris, Vol. Ⅴ, p. 37。

件是对他们使用的语言有更好的了解。

1253~1255 年到遥远的蒙古做第一次无关政治的传教旅行的方济各会修士鲁布鲁克痛苦地认识到，需要好的翻译人，或者更确切地说，需要蒙古语或至少突厥语、波斯语的知识。[1] 对于这位修士来说不幸的是，他的翻译——他称之为 Homo Dei，即“上帝的仆人”——是个“既没有智力也不会讲话”的人。而且，Homo Dei 对酒的抗拒根本无法和他饮酒的欲望相比。于是，就有这样的事情发生了：当大汗蒙哥接受鲁布鲁克觐见时——这是鲁布鲁克漫长艰险的旅程中最重要的事件——这位“上帝的仆人”喝醉了，没过多久，修士就无法理解他说出的任何一句话。相比之下，“上帝的仆人”的很多缺点都是可以原谅的，因为鲁布鲁克不信任那些亚美尼亚翻译的工作，唯恐他们出于基督教热情，把他带给大汗的信做某些意思相反的歪曲。在和蒙古将领撒里塔（Sartaq）交谈的时候，鲁布鲁克也不愿相信他的翻译，“担心他说的一些话与我告诉他的不同，因为他想让我们把我们所有的东西都奉献出来”。[2] 根据鲁布鲁克的个人经验，他给法国国王书信的最后一句话包含这样强烈的建议就不足为怪了：无论谁再次到蒙古去，都应当“有一个好翻译，不，要有一些翻译”。[3]

在大汗的宫廷中，并不缺乏掌握多种语言的人。俄罗斯人、匈牙利人、亚美尼亚人、法兰克人、日耳曼人，以及其他民族的人，都可以大量找到，他们中的许多人至少有时充当翻译。我们知道一个这样的例子：法国金匠 Guillaume Boucher——大汗的宠臣——就有这样的职责。在撒里塔的侍从中，鲁布鲁克遇到了一个亚美尼亚的神父。他懂突厥语（turcum，可能是库蛮语）和阿拉伯语，另一个人除了这两种语言，还讲叙利亚语。鲁布鲁克没有提及这个人的

1　鲁布鲁克行记 *Itinerarium* 的最好版本可以在 Wyngaert，pp. 145–332 中找到。

2　XVI，3; Wyngaert，p. 204.

3　Epilogus，5; Wyngaert，p. 332.

母语。[1]然而，像这样的人并不是总能找到。有大量证据说明有能力处理西方和蒙古交往事务的翻译是缺乏的。一个恰当的例子是1267年8月20日教皇克雷芒四世（Clement Ⅳ）致波斯的蒙古统治者阿八哈汗信里的抱怨之词。在信中，教皇表达了他的遗憾，他不能阅读阿八哈最近写给他的一封信，因为它不是像此前的通信一样用拉丁文写成。[2]但是，事实上那些"蒙古人"中哪一个有能力代表他们的君主用拉丁文书写呢？

根据可靠的证据，我们怀疑在有些事例中，他们（指书写拉丁文的"蒙古人"——译者注）很可能是西方人。我们不止一次地发现，多明我会修士充当蒙古人派往西方的使者，可以非常肯定这是由于他们的语言能力。依靠两名多明我会修士做翻译，一个23人的蒙古使团在1262年访问了路易九世（Louis Ⅸ）。[3]他们两个人的名字没有见诸记载，不像他们的教友、多明我会修士Gigardus（可能是个有问题的读法？）和Jacobus那样，后两个人曾作为蒙古人的使者与教皇克雷芒四世见面。[4]我们知道有一个叫理查德（Richard）的人——他的国籍不明，但是他的名字显示他肯定是个基督徒——他作为16名"蒙古人"中的一员由伊利汗阿八哈派往1274年在里昂召开的天主教第十四次大会。他把自己描述为蒙古统治者的"公证人"（notary）和"拉丁文翻译"。在1263年，他作为蒙古使团的成员访问法国国王路易九世。这个使团的领队是另一个西方人，即匈牙利人约翰（John the Hungarian）。派往里昂宗教大会的蒙古使团中还有英国多明我会的修士大卫（David of Ashby），他是伊利汗旭烈

1 XV，7; Wyngaert，p. 202.

2 Raynaldus，s. a. 1267，no. 10. 也见 Altaner，"Sprachkenntnisse，" pp. 106–107。教皇不能阅读这封信，不得不通过一名翻译，听取蒙古使者口头的汇报。

3 *Monumenta Erphesfurtiensa saec. XII. XIII. XIV*. Oswaldus Holder-Egger（ed.）（Scriptores Rerum Germanicarum，1899），p. 666. 也见 Altaner，"Sprachkenntnisse，" p. 106。

4 参看 Altaner，"Sprachkenntnisse，" p. 106。

兀及其继承人阿八哈的心腹。[1] 1288 年，教皇尼古拉四世（Nicholas Ⅳ）给 9 个意大利人写过一封信，他们是“鞑靼王的翻译”。[2] 蒙古人作为征服者，看样子并不特别倾向于学习外语，可是也可以这样认为：和被征服的人口比较起来，蒙古人显得极少，他们面临着自身人力资源的永久短缺。

不过，如果认为所有和西方进行交往的蒙古翻译都是欧洲人，那就错了。我们已经提到阿鲁浑的翻译 Ügetü，他的名字在教皇尼古拉四世的信中被反复提到。在日期为 1285 年 5 月 18 日的阿鲁浑汗的信中，出现了另一位翻译的名字：Ise 或 Ase terciman。他是一个叙利亚基督徒，在汉文史料中也有记载，被称作“爱薛”。据说他“熟悉西域所有部落的语言”。他的真正名字是 Jesus，拉施特也知道他，称他为 ‘Isā Tarsā kelemechi，末尾一词是表示“翻译人”的蒙古语词。他也谈到他的“可憎的追随者”，即基督徒们。[3] 爱薛由于卷入了一起贿赂案——与翻译人常有关联——被完者都汗判处死刑，但是得到了宽恕。[4] 他在 1308 年以 81 岁的高龄死于中国。[5]

东方传教使团

蒙古对宗教事务的宽容为天主教传教活动打开了广阔的空间，也因此导致了对优秀翻译的迫切需求。这样的人并不是能够

1 参看 Burkhard Roberg, “Die Tartaren auf dem 2. Konzil von Lyon,” *Annuarium Historiae Conciliorum = Intern. Zeitschr. f. Konziliengeschichtesforschung* V（1973）: 241–302，passim。

2 Chabot，p. 591; Giovanni Soranzo，*Il Papato, l'Europa cristiana e i Tartari. Un secolo di penetrazione occidentale in Asia*（Milano，1930），p. 270. 文献给出了收件人的名字，根据 Altaner（“Sprachkenntnisse,” p. 105），他们是商人，“有时也被鞑靼汗用作口译”。这是一种推测，实际上是教皇把他们称作翻译的。

3 John Andrew Boyle，*The Successors of Genghis Khan, trans. from the Persian of Rashīd al-Dīn*（Columbia University Press，1971），p. 294.

4 Ibid.，p. 330.

5 关于他在中国的事迹，见 Moule，*Christians in China*，pp. 228–229。

轻松找到的，他们中只有一些人的名字为人所知，例如匈牙利人Karichinus，他是为 Gazaria 教区方济各会会长（Custos）工作的一名翻译，死于 1287 年或 1288 年。[1]但是，在中世纪传播福音的事业中，翻译人的使用就像今天一样没有效率。有很好的理由使人相信，由于懒惰、无能，或者二者兼有，翻译们没能用人们所预期的技巧来完成传递思想的委托。天主教教会所要求的对忏悔保守秘密，也受到翻译的威胁。在《库蛮语汇集》(*Codex Cumanicus*）中包含了一条声明，向忏悔者保证，在忏悔过程中使用的翻译也受保密誓言的约束。[2]

在 1280 年代，意大利多明我会修士 Ricoldo de Montecroce 在大不里士城（Tabriz）度过了大约六个月时间，然后在蒙古的统治下，通过一名翻译用阿拉伯语传播福音。[3]这位传教士认识到这些努力是徒劳的，他试着学习语言，但是因为要对巴格达的基督教奴隶执行教职而终止。他向皈依者布道。他传道经验的结果之一便是他变成了一个语言学习的热心拥护者，敦促他的传教同伴不要通过翻译布道，因为，作为一条规律，这样做不能准确地传达教义。根据Ricoldo 神父的说法，翻译人不愿承认他们的无知，因而会造成很多危害，把事情变得更糟。[4]

天主教传教士很快就变得很清楚学习当地语言的必要性，这样可以避开对翻译的依赖。即使翻译很有天赋，也很少能够满足神学

---

1 Girolamo Golubovich, *Biblioteca bio-bibliografica della Terra Santa e dell 'Oriente Francescano*, 5 Vols.（Quaracchi/Firenze, 1906–1927）, Vol. Ⅱ, p. 144; Jean Richard, *La Papauté et les missions d'Orient au Moyen Age*（*XIII e- Xve siècles*）, Collection de l'Ecole Française de Rome 33, 1977, p. 90. 我不能确定 Karichinus 这个名字的匈牙利语来源。

2 Vladimir Drimba, *Syntaxe comane*（Bucuresti/Leiden, 1973）, p. 248. 用来表示"翻译"的词是 tolmač。对于《库蛮语汇集》最好的全面介绍见 Louis Ligeti, "Prolegomena to the Codex Cumanicus," *AOH* XXXV（1981）: 1–54。

3 J. C. M. Laurent, *Peregrinatores medii aevi quatuor*（Leipzig, 1873）, p. 123.

4 Berthold Altaner, "Die fremdsprachliche Ausbildung der Dominikanermissionare während des 13. und 14. Jahrhunderts," *Zeitschrift für Missionswissenschaft und Religionswissenschaft* XXIII（1933）: 234.

辩论对语言的要求。《库蛮语汇集》有一小段用库蛮语写的致歉的话，一个神父在其中表达了因为缺少翻译而不能宣讲上帝教义的遗憾之情。接下来是一个请求："我本人向上帝祈祷，愿他给我智慧，使我能把你们的语言学得又快又好。"[1]

学习语言的能力看起来不是——或至少被认为不是——平等地分布在不同民族中的。在 1323 年从克里米亚的 Caffa 城发出的一封信中，一位方济各会的修士要求其他传教士在蒙古统治的百姓中积极活动。[2] 他也对使用翻译人感到痛心——何况翻译们对他们所译的拉丁文并不熟悉——主张支持传教士学习当地的语言。Ricoldo 为传教士编写的"基本准则"（Regulae generales）对于在布道中使用翻译人采取了坚定的反对立场。[3]据这位作者说，匈牙利人、日耳曼人、英吉利人能够在短时间内学会这些语言，而法兰西人和意大利人要掌握它们则比较困难。[4] 当然，肯定不能完全相信这样的概括。对意大利人的诽谤尤其没有道理，他们中有很多人在蒙古帝国升任高官，例如比萨人 Anastasio de Zolo 成为蒙古一个行省的长官。[5] 大量意大利人也作为蒙古使团的成员被派到西方。不考虑意大利人对蒙古语的了解，就对他们进行上述指责是不可理解的。此外，他们并不是获得蒙古帝国所用的语言知识的少数西欧人。在 1342 年西班牙方济各会修士 Pascal de Victoria 的一封信中，他报告说，上帝保佑，他已经掌握了突厥库蛮语和畏兀儿字母，这种字母在蒙古帝国、波

---

1 这份库蛮语文献的最好刊本见 Drimba，p. 222。

2 Richard，La Papauté，p. 96.

3 Ibid.，p.126.

4 A. C. Moule–Michael Bihl，"De duabus Epistolis Fr. Minorum Tartariae Aquilonaris an. 1323，" *Archivum Franciscanum Historicum* XV（1923）:109. 1320 年匈牙利修道士 Johanca 在从蒙古占据的乌拉尔地区发给方济各会大主教的一封信中表达了同样的观点，肯定英吉利人、日耳曼人、匈牙利人学习语言的能力。见 Michael Bihl–A. C. Moule，"Tria nova documenta de missionibus fr. min. Tartariae Aquilonaris annorum 1314–1322，" *Archivum Franciscanum Historicum* XVII（1924）: 67。

5 见 Jean Richard，"Isol le Pisan: un aventurier franc gouverneur d'une province mongole?" *Central Asiatic Journal* XIV（1970）: 186–194。

斯、中国中原王朝和许多其他国家广泛使用。[1]

也许方济各会和多明我会的传教士最能认识到学习外语的必要性。宣道弟兄会（the Friars Preachers）的大主教（master-general）Humbert of Romans（1254~1263 年在任）对更加精深地学习语言提出了热情洋溢的呼吁，不仅要学习希腊语、阿拉伯语、希伯来语，还要学习“野蛮人”的语言，可想而知，其中包括蒙古语。[2] 伟大的英国方济各会学者 Roger Bacon（Opus maius Ⅲ，xiv.）认为，上帝也许会让欧洲人为他们的行为负责，“由于忽视语言，他们也就忽视了传播信仰”。[3]

他的同时代人、卡塔兰（Catalan）的哲学家拉蒙·陆里（Ramon Lull，约 1232~1316）成为语言学习的不知疲倦的拥护者。他试图劝说巴黎大学和法国国王“美男子”腓力（Philip the Fair）引入蒙古语的教学。拉蒙·陆里还建议邀请蒙古人到巴黎学习法语或拉丁语。他认为，一旦这些人回到他们的国家，就会引发他们民众的转变。在拉蒙·陆里看来，蒙古人的转变是穆斯林基督教化一个必要的前期步骤。在他写于 1283 年的故事 *Blanquerna* 中，他设想了一种类似于现在流行的“语言强化课程”的制度：让 50 个蒙古人和 10 个修道士相互教学对方的语言。至少在故事中，这样做的结果是非常值得的：

> 50 个鞑靼人（蒙古人）学习了我们的语言，具备了对我们信仰的理解。30 人成为基督徒，教皇把他们连同 5 位修道士派到汗的宫廷。这 30 人以及学习了鞑靼语言的 5 位修道士来到大汗面前，宣讲基督教信仰，使大汗从生活的错误中发生转变，产生怀疑，过了一段时间，经过这个怀疑的过程，他获得

1 Wyngaert，p. 503; Wadding，Vol. Ⅶ，p. 304; Mosheim，no. XCⅡ.

2 Altaner，“Fremdsprachliche Ausbildung，” pp. 237–238.

3 见 J. H. Bridges 刊本（Oxford，1990）。

了永生。[1]

在拉蒙·陆里的很多作品中，他反复强调蒙古语的重要性。[2] 为此，在写于 1291 年底或第二年年初、献给尼古拉四世的备忘录《关于改造无信仰者皈依》（*Tractatus de modo convertendi infideles*）中，他再次提出学习那些语言的问题，认为有关的知识将最终导致"鞑靼人的失败"。他建议在罗马、巴黎、西班牙、普鲁士、匈牙利、威尼斯成立一些语言学习中心或其他机构，"（因为）那里的人民经常同萨拉森人和鞑靼人接触"。Pierre Dubois 的著作《恢复圣地》（*De recuperatione Terre Sancte*）写于 1305 年到 1307 年的某个时候，并进献给英国国王爱德华一世（Edward Ⅰ），它代表了一种最极端的观点。Pierre 也坚持学习东方语言的必要性，建议成立学校训练翻译，但是他走得更远，以至于因为教皇不是通晓数门语言的人而被质疑领导教会的资格。他提出了这样的问题："如果罗马教皇不懂得这些语言，他就不能让别人理解他所讲的话，又怎么能让全世界都归于罗马教廷呢？"[3]

当西方世界的宗教和政治领袖对与异教徒交往的利弊进行反思的时候，更为世俗化的考虑体现了商人对这一问题的态度。裴戈罗提（Pegolotti）在他写于 14 世纪前半期的《商业手册》（*La pratica della mercatura*）中建议该书的使用者"别图省钱用坏翻

---

1 见 Ramon Lull, *Blanquerna: A Thirteenth Century Romance*, E. Allison Peers (trans.) (London, 1926), pp. 330–331。

2 Berthold Altaner, "Sprachstudien und Sprachkenntnisse im Dienste der Mission des 13. und 14. Jahrhunderts," *Zeitschrift für Missonswissenschaft und Religionswissenschafgt* XXI (1931): 122–123. 又见 Ramon Sugranyes de Franch, *Raymond Lulle docteur des missions*, avec un choix de texts traduits et annotés (*Neue Zeitschrift für Missionswissenschaft*, Supplemeenta Ⅴ, Schöneck-Beckenried, 1954)。

3 Ch.-V. Langlois, *De recuperatione Terre Sancte*, traité de politique générale par Pierre Dubois (*Collection de texts pour servir à l'étude et à l'enseignement de l'histoire*, Vol. 9, Pairs, 1891), pp. 47–49.

译人来代替好翻译人。你雇好翻译所用的多出来的钱要少于他为你省下来的钱。除了翻译之外，还应当雇两个通晓库蛮语的好仆人。如果商人非常愿意的话，他可以带一个女人，尽管没有必要这样做。但是他带一个女人，要比不带更加舒适。如果是这样的话，如果他确实要带一个，那么她最好像仆人们那样熟悉库蛮语”。[1]

然而，拉蒙·陆里的努力和愿望收效甚微。传教士和商人仍然依靠翻译人的服务。在一个不同的历史舞台上，中国人和他们内亚邻居的交往也没有导致他们着手学习后者的语言。和西方一样，尽管并不完善，翻译人在东方仍然是与内亚进行交流的最好桥梁。对于在不同人群之间保持联系，翻译人的服务至关重要。

“现在的世界是一场大洪水。”圣奥古斯丁（St. Augustine）说：

> 越大越危险。首先，语言的不同区分了人和人。如果两个人，由于某些意外事件而偶然相遇，他们应互相容忍、协商。可是如果他们不懂得对方的语言，那么，你也许能够让两只不同种类的凶残野兽比这两个人更快地友善相待。当他们想一起谈心的时候，他们的语言不允许这样做，如果是这样，那么所有自然界的其他帮助便是无效的。所以，相对于另一个讲陌生语言的人，人宁愿和自己的狗待在一起。[2]

1 Francesco Balducci Pegolotti，*La Pratica della Mercatura*，Allan Evans（ed.）（Medieval Academy of America，1936），pp. 21–22.

2 St. Augustine，*The City of God*，XIX，vii; John Healey（trans.）（London，1945），p. 243.

中古内亚的外交实践

党宝海　译
罗　新　校

在国际关系纷繁复杂的网络中，使节通常扮演着重要角色。即使在当今，在一个有“热线”连接国家元首、有“峰会”、有媒体源源不断地提供大量信息的时代，我所知道的所有独立自主的国家，没有一个会忽略外交工作。在传统上，对外交事务的控制通常是国家元首的特权。因为他所领导的国家或民族的生存，很大程度上不仅取决于内部状况，还取决于这个国家或民族与他无法控制的其他政权之间主导力量的平衡。处理外交事务通常有两个先决条件，一是有关其他国家各项状况的信息，二是与其他国家的交往。在无线电通信还不存在的时代，满足其中一项或两项的唯一方法，就是派出合适的人选担负获取第一手情报的任务，用口头或书面的方式双向传递。获取情报的方式可以是公开的，所作所为得到允许，至少是为外国官员所知晓；也可以是秘密的。第一类活动往往属于我们所泛称的使节，而派出间谍获取情报则要设法保密。

我希望，以上的老生常谈不会让人感觉怪异。我觉得有必要回顾外交事务那些最基本的合理之处，确切地说，这些合理之处具有普遍的适用性。尽管外交活动由于时间、地点而可能有所不同，但它确实遵循了一些固定的模式，这些模式取决于实现目标的各项要求。外交特权与豁免权的合理性不是体现在某些抽象的、做作的礼节中，而是表现在确保使节的利益上，表现在获取使节所传递情报的必要性上，无论这情报可能多么令人不快。在最低限度上，使节仅仅是情报的传递者。关于使节的德语词 Botschaft 仍保留着相同的含义。[1]

长期以来，历史学家们知道在中古时代的内亚有外交使团往来。但是，也许因为这些活动被那些熟知此类事情的人视若寻常，除了施普勒的一些文章，[2]很少有人尝试进行详细的研究。在汉文史料中，这样的使者数以百计，在其他文献中也可以找到丰富的例证。遗憾的是，大多数有关这些外交活动的资料要从中国、拜占庭这样的接待国来获取，而这些资料充其量也是间接地反映内亚地区如何处理外交关系。同样，由于源自内亚的文字资料极度缺乏，我们对于这一地区内部的外交活动近乎一无所知。由于篇幅有限，在下文中，只会提及外交的若干方面，只举一些精选的事例。由于我的目的只是在这篇短文中搜集一些与论题相关的资料，并说明这个问题也许值得进一步、更加全面的研究，所以我避开了文献涉及的语言学问题或翻译问题，多数情况下我得依靠别人的翻译。

1 Botschaft 有两个含义，一是指大使馆，二是指消息、信息。——译者注

2 见 *Die Mongolen in Iran*, 2nd ed.（Wiesbaden, 1965）; *Die Goldene Horde*, 2nd ed.（Wiesbaden, 1965）。两部书都有一个专门的部分讨论外交（Das Gesandtenwesen）。

在我们关心的这个时代和区域内，外交使节的工作常常是很危险的，几乎总是在冒险。使者实际上是探险者，具有和西班牙征服者相似的、驱动他们的欲望和手段。而在我们的时代，外交特权的滥用使得使者可以迅速而轻松地获取利益。1716 年，Monsieur de Callières 在他撰写的《与主权国家谈判的方法》(*De la Manière de négocier avec les Souverains*) 中，提出了如下后来常常被忽视的建议：

> 一个聪明的外交使节，只要不是出于个人私利地滥用权利，或是支持那些以他的名义进行的欺诈活动，他可以心满意足地享受在任何一个外国所能享有的特权。[1]

这个崇高原则一点儿也不适用于那些想应召深入大部分尚属未知的内亚地区的中国中原使者。《汉书》这样写道：

> 天子为其绝远，非人所乐……募吏民无问所从来，为具备人众遣之，以广其道。来还不能无侵盗币物，及使失指，天子为其习之，辄复按致重罪，以激怒令赎，复求使。使端无穷，而轻犯法。[2]

在这些看法被表达出来的一千多年后，用中古突厥文写于喀什的《福乐智慧》，描述了一个被认为是理想使者的更为夸张的形象：

> 使者（此处的突厥文是 yalavach）应当是人类的精华，聪

1 *On the Manner of Negotiating with Princes*, trans. by A. F. Whyte (Notre Dame, Ind., 1963), p. 81.

2 A. F. P. Hulsewé, *China in Central Asia: The Early Stage, 125 B.C.–A. D. 23: An Annotated Translation of Chapters 61 and 96 of the History of the Former Han Dynasty*, with an Introduction by M. A. N. Loewe (Sinica Leidensia XIV, Leiden, 1979), pp. 221–222. 原文见《汉书》卷 61《张骞李广利传》。——译者注

> 明、机智、勇敢。这是由于真主从他的仆人中选择最好的人做他的使者。大量重要的事情通过一位使者来完成。所以，使者必须富有才智，稳健、聪慧，是语言的优秀翻译者。文书就是他的工作：他必须了解书里书外……他应当忠诚，表现在眼睛和心灵，可靠、诚实、正直……目光贪婪的人不能自制，不适合使者之职。[1]

对理想使者素质的列举连续书写了七十多行。人们可能会感到难以置信，具有这样品质的模范人物曾经为内亚的某位君主效劳。但是，至少在该书的作者看来，这反映了他所在社会的观念：使者被认为是应当具有伟大品格的人。

可以说，使者的豁免权——最简单形式就是使者不会被处死——必定是所有外交实践的关键因素。正如尼科尔森（Harold Nicolson）在他很流行的《外交》（*Diplomacy*）中所写的：

> 即使在史前时期，也必定会有这样的时候：一群原始人打算和另一群原始人进行谈判。……从最初，甚至包括我们的祖先克罗马农人（Cromagnon）和尼安德特人（Neanderthal），这样的情况就很明显：如果一方的使者没来得及传递消息就被另一方杀掉或吃掉，那么谈判将会受到严重的妨害。[2]

这种最实用、最关键的外交惯例被内亚的统治者们小心翼翼地坚持着。关于坚持这一做法最生动的例子，也许是一个在君士坦丁堡筹划的暗杀阴谋的令人震惊的故事。这个秘密计划的目标是杀死

---

1 Robert Dankoff，edited and trans. by Yūsuf Khāss Hājib, *Wisdom of Royal Glory*（*Kutadgu Bilig*）: A *Turko-Islamic Mirror for Prince*（Chicago，1983），pp. 125–126. 关于引用的这段以及其他段落的突厥文原文，参看 Reşid Rahmeti Arat，*Kutadgu Bilig*，I（Istanbul，1947）。

2 3rd edition（Oxford，1963），p. 171.

匈人的首领阿提拉。

448 年，狄奥多西皇帝的权臣、宦官 Chrysapius 注意到，宫廷的富有和华丽给匈人的使者 Edeco 留下了深刻的印象。他考虑 Edeco 也许可以通过贿赂拉拢过来。于是他在住宅举行了一次宴会，Chrysapius 通过翻译 Bigilas 的出色协助，告诉可以随意接近阿提拉的 Edeco 关于刺杀阿提拉的计划。一旦行动成功，Edeco 就可以返回君士坦丁堡，过上富足的生活。这个匈人似乎对这个计划很感兴趣，但是提出先要一笔钱。钱数不多，只要五十磅黄金，这笔钱可以使他获得阿提拉一些侍从的配合。回访的拜占庭使团除了大使 Maximinus，还有 Bigilas 以及——对我们来说幸运的是——历史学家普里斯库斯，正是他后来对事件做了细致的记录。他们伴随 Edeco 踏上归程。故事的结局是，Edeco 向他的主子揭露了阴谋。阿提拉假装毫不在意，邀请 Maximinus 和他的随从参加宴会，继续按照一贯的方式对待他们，直到回东罗马境内取五十磅黄金的 Bigilas 返回阿提拉的大营。Bigilas 被抓了起来，要他解释为什么他拥有如此大额的财产。开始 Bigilas 不愿意透露事情真相，后来阿提拉威胁他，除非他坦白，否则将杀死他的幼子。Bigilas 屈服了。就这样，真相大白，此时阿提拉只是下令把 Bigilas 锁起来，直到交纳另外五十磅黄金作为赎金才释放他。Bigilas 和拜占庭使团中的其他成员都没有受到伤害。这是匈人尊重外交豁免权的一个真实事例。给予这些使者的特殊待遇和对待罗马人派到匈人中的一位“斯基泰”间谍截然不同——后者被抓之后，很快就被钉死。[1]

另一个事例也许情节不够鲜明，不能给人留下深刻的印象，那就是阿提拉之前的匈人统治者采取了相同的态度。在 412 年或 413 年，以历史学家奥林匹奥德鲁斯（Olympiodorus）为首的东罗马使

1　普里斯库斯相当详细地讲述了这个故事。相关段落见译文 C. D. Gordon，*The Age of Attila*（Ann Arbor，1966），pp. 70–102。

团访问了匈人的首领 Karaton。在 Karaton 的身边有一个名叫 Donatus 的人，现代历史学家倾向于把他视为匈人的“王”（king），也许和 Karaton 共同执政。这一观点得不到文献的支持，而且从 Donatus 的基督徒式的人名来看也不大可能（a priori unlikely）。无论如何，是希腊人杀死了 Donatus，然后又逃脱了罪责。尽管非常愤怒，Karaton 在会见时保持平静，没有伤害奥林匹奥德鲁斯使团的成员。[1] 依我看，整个情节在我们现在的时代也经常上演，很可能 Donatus 是一个在匈人那里寻找并得到庇护的政治避难者，成为匈人首领信赖的人。他被自己的同胞杀死，对他们而言，Donatus 的存在是一种刺激。他的同胞滥用了被野蛮的匈人明确尊重的外交特权。

当然，我们也会遇到保护外交人员这一不成文法暂时受到破坏的事例。例如，568 年阿瓦尔人的可汗巴颜把两个拜占庭的使者套上枷锁，像普里斯库斯愤怒地评论的那样——“不顾被普遍接受的规则”。[2] 对于这些规则，阿瓦尔人自己显然没有忽视，这从 6 世纪 70 年代他们对自己使团的一员被劫匪杀死一事的态度表现出来。阿瓦尔人要求赔偿损失，皇帝提比略（Tiberius）满足了他们的要求。[3]

6 世纪中叶，突厥汗国的建立开创了内亚地区到那时为止全新的局面。在有文字记录的历史中，第一次出现了一个从中国中原的边境直到拜占庭、伊朗边境的比较统一的游牧帝国。这促成了以突厥为一方，以三个主要的农耕文明为另一方的外交往来。关于他们外交往来的一些零散信息被保存下来，清楚地显示出突厥人对外交豁免原则的尊重。

君士坦丁堡和突厥的外交往来非常频繁。我们知道，在

---

1 参看 L. Dindorf，*Historici Graeciminores* Ⅰ（Leipzig，1870），fr. 18，p. 457。

2 根据 Menander Protector 的记载，见 *Excerpta de legationibus*，ed. C. de Boor（Berlin，1903），p. 456。利用这个机会，我提请大家注意关于阿瓦尔人的非常有用的拜占庭史料集，由 Samu Szádeczky-Kardoss 收集并译为匈牙利文，见“Az avar történelem forrásai,” in *Archeologiai Értesitő*，CV－CVIII（1978-1981）。

3 Menander，p. 460.

568~576 年，有五个罗马使团被派去觐见突厥的君主。最后的一个使团由经验丰富的外交官瓦伦丁（Valentine）率领（这是他第二次出使突厥）。他的使命是去告知突厥人，提比略二世成为和查士丁二世共同执政的皇帝，同时也是为了加强反波斯同盟，这种同盟关系在某些时期是突厥 – 拜占庭外交政策的中心。突厥统治者 Silziboulos 刚刚死去，他的儿子、继承人 Turxath 以突然爆发的愤怒来接待那些期待着友好招待的罗马使者。这不仅对于出使的成功是个坏兆头，而且危及使团每个成员的生命。Turxath 指责罗马搞两面派，其表现是罗马人向被他视为逃亡奴隶的阿瓦尔人提供庇护。他发誓要把罗马使者毫不犹豫地全部杀死。他说，突厥人不习惯和撒谎的人打交道。瓦伦丁处于把自己和同伴从险境中解救出来的困难时刻。他辩解说，Turxath 继承了父亲的领土，也就变成他外交政策的继承者，不应该在突发的坏情绪中破坏由 Silziboulos 开创的同盟关系。但是——据弥南德记载，这是他讲话的力量所在——更为重要的是，他坚持了保证使者人身安全的原则。瓦伦丁说，他宁愿去死，也不愿听到他的皇帝被称作说谎者。如果 Turxath 对罗马的使者下手，那么整个世界会怎样评价他呢？想想都让人恐惧。瓦伦丁活着讲述了这个故事，那么很显然，他的申辩使发怒的 Turxath 感到了相当的分量。[1]

外交使臣和商业使者的区别往往不能被轻易觉察出来，商务使者可能仅仅是商人。但是有把握推测，那些派遣他们执行危险使命的人很清楚他们的目的。与前者（外交使臣）相比，后者（商业使臣）不受豁免权的保护。大约公元 568 年，粟特人 Maniakh 率领的一个主要由粟特商人组成的突厥使团来到波斯，打算在那里为丝绸贸易立下一个基础。波斯人不喜欢这个计划，但不愿意伤害这些

1　根据 Menander Protector 的记载，译文见 Ernst Doblhofer，*Byzantinische Diplomaten und östliche Barbaren*（Byzantinische Geschichtsschreiber Ⅳ，Verlag Styria，1955），pp. 169–174。

使者。波斯人可能不太清楚他们的身份，于是从粟特人那里购买丝绸，然后在公共场所烧掉。通过这种不那么聪明但并无害处的暗示，波斯人表明自己不愿意与突厥人开展贸易。也许是被粟特人挑唆，突厥人勇敢地派出第二个使团，不过，其成员都死于——或许只是波斯人如此声称——他们无法适应的严酷的炎热天气。此后似乎没有发生什么报复行动。显然，第二个使团是由商人组成的，并没有被认为是外交性的。

商业性使团和政治性使团的区别通常不能轻易区分，商人倾向于扮演外交角色，以利用外交人员的特权。在公元前 1 世纪，罽宾国（大约在巴基斯坦的西北部）派出使者来汉朝，但是据观察，“今悔过来，而无亲属贵人，奉献者皆行贾贱人，欲通货市买，以献为名”。[1] 也有一些事例表明由商人到使者的真实转变。主要利益在于丝绸贸易的粟特人 Maniakhd，成为突厥使团的首领，由上文提到的 Silziboulos 派遣，携带着国书，于 568 年到达君士坦丁堡。

对一个使团的性质出现误判，导致了一场巨大的、中古晚期的文化灾难。1217 年由成吉思汗派去参见花剌子模的皇帝（shah）穆罕默德二世的一些“商人”被处死，引发了蒙古对花剌子模的战争，最终导致蒙古对西方的大规模进军。志费尼告诉我们，当商人被杀死的消息传到成吉思汗耳中的时候，“怒火使他暴跳如雷，以致他用毁灭和沉沦之水，把算端（此处指穆罕默德二世，‘alā’al-Dīn Muhammad Ⅱ，——引者注）帝国的寸寸土壤冲毁干净”[2]。

蒙古人在要求使者的豁免权方面极端严格。方济各会教士柏朗嘉宾——关于他本文下面还要谈很多——对于这一点非常清楚，

1 Hulsewé, op. cit., p. 109. 这句话出自《汉书》卷 96 上《西域传上 · 罽宾》。——译者注

2 John Andrew Boyle, *'Ata-Malik Juvaini, The History of the World Conqueror* (Manchester, 1958), Ⅱ, p.368.

“鞑靼人有这样的习俗，他们从不与杀死其使者的人缔结和平，直到他们报了仇为止”。[1] 他害怕在他从蒙古返回的途中会有蒙古人相伴，唯恐他们在欧洲被杀死，“因为我们大多数地区的人民都傲慢自大”。[2] 蒙古人愿意接受并尊重外国使臣，也许是在1244年所谓“俄罗斯大主教彼得”（Archbishop Peter of Russia）致法国人（France）的文书中第一次公开宣布的，彼得说蒙古人“殷勤款待使者，给予方便，来去自由（nuntios benigne admittunt，expediunt，et remittent）”。[3] 这个事情值得提及是因为在西方的传统中，如后来格劳秀斯归纳并编写的那样，“事实上，国际法没有规定所有的使节都应被承认”。[4]

关于蒙古人的外交活动以及他们如何对待来自东欧、中欧统治者的信使的有趣信息，保存在匈牙利多明我会教士于连给佩鲁贾（Perugia）主教的书面报告中。于连由匈牙利国王贝拉四世派遣，一方面是为了寻找仍在俄罗斯中部名叫 Magna Hungaria 地方的匈牙利人；另一方面，人们推测，是为了带回关于蒙古人的情报。根据到过苏兹达尔的于连的记载：

> 蒙古人向匈牙利国王派出的使者在穿越苏兹达尔国境时，该国大公扣留了他们，并拿走了那封致匈牙利（国王）的信；我自己，连同派给我的随从，看到了这个使团，苏兹达尔的大

1　柏朗嘉宾和鲁布鲁克的拉丁文原始文本的最佳版本，见 A. van den Wyngaert，*Sinica Franciscana*（Florence，1929），Ⅰ。在本文中，我使用 Stanbrook 修道院一位修女对两种文献的翻译，稍加改动。译文见 Christopher Dawson，*Mission to Asia*（New York，1966）。

2　Dawson，op.cit.，p.68.

3　Matthew Paris，*Chronica majora*，ed. Luard，Ⅳ，389.

4　Hugo Grotius，*De jure belli ac pacis libri tres*，trans. Francis W. Kelsey（repr. New York，1964），Ⅱ，440（原文见Ⅱ. XⅧ. iii）。

> 公把这封信交给我，我把它送呈匈牙利国王。[1]

尽管没有任何证据显示于连看到的蒙古使者受到苏兹达尔大公任何形式的虐待，不过，很明显他们被阻止继续赶路，他们携带的书信被取走。幸运的是，在于连的报告中有这份蒙古最后通牒的拉丁文翻译，连同其他一些有价值的信息，提供了关于蒙古占领之前以及蒙古使者命运的简单情况。这份由不明身份的蒙古首领书写、致贝拉四世的文件这样写道：

> 我，察因（Chayn），天子的使者，已经被天子授权，在世界上提拔那些归顺他的人，推翻其对手。我对你匈牙利国王感到疑惑，尽管我已经三十次向你派出信使，你从来没有送他们中的任何一人返回我处，也没有见到你自己的信使或书信。我知道你是一个富有并且强大的国王，你指挥着很多士兵，你自己统治着一个伟大的王国。因此，让你自愿向我投降是困难的。我还知道，你把我的奴隶、那些库蛮人置于你的保护之下。为此，我警告你：从今以后不要让他们跟随你，不要因了他们而让我成为你的敌人。如果逃跑的话，他们比你更容易逃脱。由于他们继续住帐篷流浪，那就可能逃脱，可你却住在房子里，拥有要塞和城市，你怎么可能逃出我的手掌心呢？

本文不宜讨论这份罕为人知但富有趣味的文献。其中只有抱怨派去见匈牙利国王的蒙古使团消失的那一段，与我们现在的主题直

1 这篇文献的最好刊本见 Heinrich Dörre，*Drei Texte zur Geschichte der Ungarn und Mongolen: Die Missionsreisen des fr. Julianus O. P. ins Uralgebiet*（*1234/5*）*und nach Russland*（*1237*）*und der Bericht des Erzbischofs Peter über die Tartaren,* Nachrichten der Ak. d. Wiss. In Göttingen，I. Phil.-Hist. Kl. 1956，No. 6。我发现 Dörre 提出的日期是不可接受的，见 Denis Sinor，“Un Voyageur de treizième siècle: Le Dominicain Julien de Hongrie,” *BSOAS*，XIV（1952），pp. 589-602。

接相关。无从知晓这种违背豁免权规则的行为，是不是接下来蒙古入侵匈牙利的原因之一。

蒙古人不仅希望他们的使者被正确对待，他们也尊重外国使者的豁免权，哪怕是在很棘手的情况之下。一个很好的例子是教皇英诺森四世在 1245 年春季向蒙古派出的四个使者之一、多明我会教士阿思凌。阿思凌是一个令人无法理解的没有外交策略的使节。他在到达高加索地区蒙古军队统帅拜住的营地时，不仅拒绝向大汗的代表行三跪拜之礼，还认为他的职责是告诉拜住：教皇比任何人都伟大，蒙古人应当为他们犯下的罪行忏悔。拜住是一个脾气极端暴躁的人，他想把阿思凌和他的随员统统处死。[1] 有人建议把阿思凌的皮剥下来，用草填充，送还给教皇。但是，调和派占了优势。为了帮助使者，拜住的嫡妻进行了干预，她指出死刑所产生的悲惨印象将造成广泛影响，拜住自己的使者将极可能遇到危险。负责接待使节的高级官员威胁说，会拒绝执行危及教皇使者生命的任何命令，并且告诉拜住，他将会跑到大汗那里去谴责拜住。这个官员适时地回顾了另外一个事件。根据拜住的命令，他杀死过一名使者，将掏出的心脏捆在他的马的胸带上在营中示众，用来恐吓其他使臣。后来大汗知道了，感到非常不安。尽管这个由西蒙记载的故事讲述了一个使团成员的不可侵犯的规则被践踏，但它同时表明，贵由大汗完全接受了这项规则的合法性。

关于内亚盛行的对出使人员的尊重，《福乐智慧》一书有个很好的概括。它借助一位想象的突厥可汗之口讲了下面一段话：

1　在 Simon de Saint-Quentin, *Histoire des Tartares*，Documents relatifs à l'histoire des Croisades Ⅷ（Paris 1965）中，Jean Richard 搜集了摘录在 Vincent de Beauvais 所编 *Speculum historiale* 中的段落。这里提到的事件见 p. 101。书中说拜住“既不害怕流血，也不害怕破坏各民族都遵守的规矩，按照这个规矩使节本来可以自由而安全地来去”（innocentem eorum sanguinem effundere non abhorrens nec omnium gentium consuetudinem approbatam metuens infringere que permittit ubique nuncios progredi et regredi libere et secure）。

> 不要因为情报惩罚信使，只要他如实报告了他听到的，他不应受到惩罚或被处死；像和平的使者那样，信使甚至是不可侵犯的，如果他传递了委托给他的消息，那么他就应该得到相应的赞扬和奖励。[1]

拜住对于阿思凌使团的不悦，由于后者缺乏策略的行为以及教皇信件的语气——至少是不礼貌的、声称对全世界拥有统治权——而显得是正当的。1395 年派往帖木儿那里的一个明朝使团遇到了类似的情况。在使节进呈的书信里，明朝皇帝把帖木儿当作自己的附庸。这个出于无意的侮辱令接待者感到极大的愤恨。明朝使者拒绝向帖木儿磕头并没有提高他们的声望。不过，尽管他们被迫在帖木儿广阔的国境内作“有人陪伴的旅行”(conducted tour)，并且被禁止返回明朝，他们的性命还是得以保全。1397 年派出询问前面使者情况的第二批使者被同样拘留。正如我们所看到的，1403 年派出的第三批使者受到了更加羞辱的接待。[2]

尽管大使的不可侵犯性被广泛接受并得到尊重，同样特殊的保护并不总是完全适用于使团的其他成员。尽管格劳秀斯主张“大使的权利也延伸到大使的随员”，但是连这个博学的荷兰人也不觉得这是一项绝对的规则，因为他补充说，“只要看起来对大使有利”。[3] 我们已经看到，外交豁免权保住了 Bigilas 的性命，相对于他的大使 Maximinus 的完全不受侵害，Bigilas 没有得到完全的保护。下面的例子清楚地表明使团首领和随员之间的明显区别。

在 762 年，一个由雍王率领的中原使团访问了回鹘可汗。去见

---

1 Dankoff，p.164，Turk text 3818–20 (ed. Arat p. 384) .

2 参看 Morris Rossabi，“Cheng Ho and Timur: Any Relation?” *Oriens Extremus*，XX (1973)，pp. 129–136. 关于明朝和帖木儿帝国之间后来的其他使者，参看 Morris Rossabi，“Two Ming Envoys to Inner Asia，” *T'oung Pao*，LXII (1976)，pp. 1–34，特别是 pp. 15–34。

3 Op. cit.，II，XVIII . viii.

面的时候，雍王没有按照（回鹘）礼节的要求表演仪式性的舞蹈。他的行为得到本使团成员药子昂的辩解，因为雍王正处在服丧时期，这样的礼节是不妥当的。另外，他是唐朝的太子，怎么可能在一位异族可汗面前表演仪式性的舞蹈呢？双方争执了很长时间。最后，回鹘的大臣们失去了耐性，他们把四位唐朝的使者，包括药子昂在内，各打了一百杖。他们中有两人在笞打后死去，但雍王没有受到伤害，被允许返回营地。[1]

理论上——通常也表现在实践中——虽然大使的生命是安全的，但是这些大使会遇到很多方面的困扰，有时会遭受相当多的口头谴责。我已经提到，突厥可汗 Turxath 的侮辱对于瓦伦丁的打击。在此之前，在公元 569 年的一次宴会上，拜占庭的大使受到突厥君主 Silziboulos 的款待，这位突厥君主对同时出席的波斯大臣大发雷霆。在这种场合下，使者显然有可能进行勇敢的对抗。我们此处提到的这个事例中，在 Silziboulos 和他的波斯客人之间展开了一场近乎大喊大叫的比赛式的争吵。这种口角会发展到何种程度取决于当时的境况，而且，我们承认，也取决于大使的勇气或脾气。有时候，使节的所作所为会超出他的接待方所能接受的程度。大概在 560 年，Antae 派往阿瓦尔的名叫 Mezamiros 的大使是一个“饶舌的笨蛋”，他的行为超出了可以忍受的程度。一个居住在阿瓦尔人中的 Kutrigur 人仇恨 Antae，他利用大汗对 Mezamiros 行为的不满，建议将其处死，并侵略 Antae 人的国家。就这样，大使被处死。记录

1 Colin Mackerras, *The Uighur Empire According to the T'ang Dynastic Histories* (Canberra, 1972), pp. 72–75. 事见《旧唐书》卷 195《回纥传》：“元帅雍王领子昂等从而见之，可汗责雍王不于帐前舞蹈，礼倨。子昂辞以元帅是嫡孙，两宫在殡，不合有舞蹈，回纥宰相及车鼻将军庭诘曰：‘唐天子与登里可汗约为兄弟，今可汗即雍王叔，叔侄有礼数，何得不舞蹈？’子昂苦辞以身有丧礼，不合。又报云：‘元帅即唐太子也，太子即储君也，岂有中国储君向外国可汗前舞蹈。’相拒久之，车鼻遂引子昂、李进、少华、魏琚各搒捶一百，少华、琚因搒捶，一宿而死。以王少年未谙事，放归本营。”——译者注

此事的历史学家弥南德对这种公然践踏国际法的行为很不赞同。[1]有一些惩罚鲁莽使者的方式或手段不必公开违反国际法。汉朝的使者对大宛（今费尔干纳）的国王说话"没有节制"，而且发展到这样的地步——打碎了他们带给他的礼物金马。此时，大宛的国王让他们离开，但命令他的诸侯郁成王在路上袭杀他们。汉朝的报复随之而来，大宛的居民都很清楚是什么导致了汉朝的进攻。[2]显然，大使对外交特权的滥用会引发统治者对外交豁免权的漠视，但通常情况下，大使可以畅所欲言。

在1255年的圣灵降临节，方济各会修士鲁布鲁克最后一次面见大汗蒙哥。尽管很多现代学者说鲁布鲁克是法国国王路易九世（Louis Ⅸ）的特使，但事实上他只是一个谦卑、诚实的传教士，就像下文显示的那样。在关于他们对话的长长的、许多方面还相当感人的记叙中，鲁布鲁克这样评论道：

> 从那以后，我没有机会，也没有时间让他感受天主信仰。因为没有人能够当着他谈他不愿听的事情。除非这人是使臣；使臣能够随意说话，蒙古人总是问使臣还有什么话要说。至于我，他们却不让我多说。我只能听他说，回答他的问题。[3]

虽然得到特殊的保护，但使者不能任意违背当地的习俗，他们被认为应当能够遵守接待国的那些往往并不令人愉快的礼俗规矩。在Monsieur de Callières看来，"天才不能代替好的举止"。外交代表必定被他们的委派者寄予正确行事的厚望。特别令人痛苦的是那些

---

1 Doblhofer，op. cit.，p. 92. 这段非常忠于原文的翻译认为Kotrageros（kutrigur）是一个人（而不是部族名称）。

2 Hulsewé，op. cit.，p.232.《史记》卷123《大宛传》的原文是："汉使怒，妄言，椎金马而去。宛贵人怒曰：'汉使至轻我！'遣汉使去，令其东边郁成遮攻杀汉使，取其财物。于是天子大怒。"——译者注

3 Dawson，op. cit.，p. 195.

出席死去君主葬礼的任务。瓦伦丁和他使团的成员在 Silziboulos 死后不久到达突厥，他们被要求按照内亚民族表达悲痛的普遍方式割破脸皮。572 年，中国北朝使者参加另一位突厥君主木杆（Mughan）可汗的葬礼时，也被希望有同样的表示。北朝使者拒绝向这种礼仪妥协，突厥人因他不同于常人的外交特权，最后默许了。[1]

1245 年最为成功的教皇使者柏朗嘉宾，对在拔都（蒙古西方军队的统帅，类似于联合君主）营地以及大汗宫廷中接待自己的仪式有详细的记载。在被拔都接见之前，柏朗嘉宾使团被告知：

> 我们必须从两堆火中间穿过。这是我们绝不愿意做的事情。但是他们对我们说："请放心大胆地走，我们之所以让你们从这两堆火中间穿过，并无他意，只是为了看你们对我主是否怀有恶意或带有毒药。如果这样，火可以驱走一切邪恶的东西。"……我们先鞠躬，然后他们领我们进入住地，告诫我们不要踩到门槛……[2]

在弥南德关于 Silziboulos 接见 Zemarkhos 的描述中，也有使者从火中穿过的记载。因此，这种习俗被证实至少已经存在了 8 个多世纪，显示了内亚外交仪式超越时空的、显著的连续性。

得到贵由的接见不是一件轻而易举的事。使者的名字被询问并记录下来，还包括是谁派他们来的。他们要四次下跪，彻底搜查有没有武器。这种搜查显而易见是出于安全目的，但是使者们对此缺乏适应性，他们通常对自己尊严的关注超过了要完成的任务，不愿

1 Edouard Chavannes, *Documents sur les Tou-kiue (Turcs) Occidentaux* (St. Petersburg, 1903), p. 240. 事见《周书》卷 33《王庆传》：王庆"后更至突厥，属其可汗暴殂，突厥谓庆曰：'前后使来，逢我国丧者，皆剺面表哀。况今二国和亲，岂得不行此事。'庆抗辞不从，突厥见其守正，卒不敢逼"。——译者注

2 Dawson, op. cit., p. 56.

意接受这样的程序。举例说明，在返回的路上，Zemarkhos 去访问了阿兰人的君主。这位君主坚持要求解除陪同 Zemarkhos 的突厥人的武装。Zemarkhos 用了三天时间来劝说他的突厥同伴这样做。他们的明智得到了回报：阿兰的君主向他们提供了宝贵的建议，即如何避开波斯人为抢劫整个使团而设下的陷阱。[1] 柏朗嘉宾和他的同伴从东面的门进入大汗的宫帐，因为“除了皇帝本人，没有人敢从西面进入”。不过，柏朗嘉宾评论说：“那些职位很低的人对这些事情并不很在意。”[2] 他还注意到：

> 有这样一个习俗，鞑靼人的皇帝除非通过翻译（per interpositam personam），否则绝不和一个外国人说话，无论这个外国人多么重要。他同样借助翻译来倾听和答复。[3]

这个习俗被一个投靠蒙古人的马穆鲁克 al-Shārim Uzbek 所证实：

> 当我站在旭烈兀面前时，他通过四位侍从的翻译同我讲话，他对我说：“你是一个 al-Malik al-Ashraf 马穆鲁克人吗，是 Hims 的领主吗，是穆斯林中的贵人吗？”我说：“是的。”然后他开始通过一个接一个的侍从和我谈话，第四个侍从跟我讲突厥语。旭烈兀见我有雄辩的口才、良好的心态、快捷的应答，他便让我靠近他，下令在他和我之间只留下一名侍从。[4]

现在无法知道这种习俗是由于语言交流的困难，还是对讲那些

---

1 Doblhofer，op. cit..

2 Dawson，op. cit.，p.64.

3 Dawson，op. cit.，p.95.

4 Bernard Lewis, *Islam from the Prophet Muhammad to the Capture of Constantinople*（New York，1974），Ⅰ，90.

蒙古语的“外国人”也同样采用。显然，在像柏朗嘉宾那样的大多数情况下，这种中间传话的人实际上就是一名翻译。

根据《福乐智慧》，一名大侍卫掌管宫廷的礼仪，他的职责是应付外国使节，“安排他们的来来往往，交换礼物，批准他们启程，留意他们的食宿，接待那些有礼物和没有礼物的人”。[1]

正如在现代世界一样，这些礼仪的规矩不仅规范着使者和接待方的君主的行为，也会约束那些在外国举行的并非总是友好的外交会谈。一成不变的老规矩是不存在的，规矩取决于接见使节的君主的想法，以及使者自负心态的膨胀程度。在宴会上座位的安排明显暗示出在君主眼中使者的相对重要程度，以及他对他们的感受。在公元前 1 世纪，汉朝的使者抱怨康居（可能在撒马尔罕地区）的君主傲慢自大，“而康居骄黠，讫不肯拜使者”。它表现为这样的事实：他们的坐席被安排在乌孙和别的国家的使者之下。[2] 在阿提拉的宫廷中，尊贵的位置是在统治者的右边，但有普里斯库斯参与的拜占庭使团则被安排在阿提拉左边的座位上。根据 Ibn Fadlān 的报告，在 10 世纪中叶保加尔人君主的宫廷中也盛行同样的习俗，外国使者被安排在其东道国君主左面的位置。[3] 值得注意的是，在拔都的宫廷，去参见大汗的使者们坐在他的左边。当他们从蒙古返回时，可能是对他们取得大汗接见这一荣誉的象征性承认，拔都让他们坐在自己的右边。1403 年，西班牙使节克拉维约（Ruy Gonzalez de Clavijo）和明朝永乐皇帝的使者都出席了帖木儿举行的一次宴会。原来是要给后者（明朝使臣）优待，但根据帖木儿的命令，做出了对克拉维约有利的座位调整。帖木儿竟然对这一行动做了解释，他认为西班

1 Dankoff, op. cit., pp. 121–122.

2 Hulsewé, op. cit., p. 127.《汉书》卷 96 上《西域传上》“康居”条：“都护吏至其国，坐之乌孙诸使下，王及贵人先饮食已，乃饮啖都护吏，故为无所省以夸旁国。”——译者注

3 A. Zeki Validi Togan, “Ibn Fadlān's Reisebericht,” in *Abhandlungen für die Kunde des Morgenlandes*, XXIV. 2 (1939).

牙国王是“帖木儿和他儿子的好朋友，西班牙使者一定要得到高于明朝使者的位置，而明朝使者是一个强盗、坏人，是帖木儿敌人的使者”。[1]

在使者一方，不愿意将优先权让给其他国家的代表。西方外交的编年史充满了表明这一立场的各种奇闻异事。这种情况在内亚也会遇到。《旧唐书》记载了以下发生在758年的事情：

> 回纥使多亥阿波八十人、黑衣大食酋长阁之等六人并朝见，至阖门争长，通事舍人乃分为左右，从东西门并入。[2]

鲁布鲁克注意到在拔都和蒙哥宫廷中接待使者方式的不同。在拔都的大营，他们是分开住宿的，通过精心安排使他们只能在宫廷之内相遇。而在蒙哥的营地，使者们住在一起，可以自由相见。阿提拉的宫廷也是这样做的。一般说来，不会采取措施阻止使者和当地居民进行接触。通过这种方式，使者可以获得非常有价值的信息。当普里斯库斯在阿提拉的营地自由漫步时，他有许多有趣的经历。其中包括遇到一个希腊叛逃者，他使普里斯库斯确信，“匈人习惯于在战争之后过安逸的生活，每个人都尽其所有进行享乐，不会惹是生非，也不愿被干扰”。[3]更令人惊异的是，普里斯库斯还对阿提拉的妻子做了一次非正式的访问。他报告说，“我获准进入。从门口的蛮族人中穿过，来到安放在软布之上的她的卧具前。……走近的时候，我向她致意，献上我们的礼物，然后走了出来”。[4]八百年之后，柏朗嘉宾在蒙古享受到同样的自由：

---

1 Guy Le Strange, *Clavijo: Embassy to Tamerlane 1403–1406* (London, 1928), p. 233; Francisco Lopez Estrada, *Embajada a Tamorlán* (Madrid, 1943), pp. 159–160.

2 Mackerras, op. cit., p. 62. 此事见《旧唐书》卷195《回纥传》乾元元年五月壬申朔。——译者注

3 Gordon, op. cit., p. 86.

4 Gordon, op. cit., p. 90.

> 我们从那些与其他首领来的人那里，得到了关于大汗的很多其他私人信息。他们是一些懂拉丁文和法文的俄罗斯人、匈牙利人，以及俄罗斯的文书人员和那些生活在鞑靼人中的人。他们由于战争或其他事情来到鞑靼，有的生活了大约三十年。他们知道关于鞑靼人的一切，因为他们懂得语言，已经不间断地和他们生活了大约二十年。有些人是十年，多少不等。在这些人的帮助下，我们能够得到关于一切事情的详尽信息。他们自愿告诉我们任何事情，他们知道我们的意图，即使有的时候没有被问到。[1]

蒙古人随和的方式与欧洲人的态度形成强烈对比，至少根据一个有案可查的事例，对蒙古使者便是如此。在 1248 年夏季，名叫 Aybeg、Sargis 的两个蒙古使者和返回欧洲的阿思凌使团一道，来到了里昂。他们携带着拜住的书信，还有一份是贵由写的。Mattew Paris 记载，尽管这些使者受到教皇的礼遇，得到了很多有价值的礼物，他们还是被扣押了起来。[2] 也许对他们的限制是受柏朗嘉宾想法的启发。贵由汗曾打算派一些蒙古人跟他去法国，面对这种情况，柏朗嘉宾“唯恐蒙古人看到在我们中间普遍存在的纠纷和战争，……这可能会进一步鼓动他们来进攻我们”。

总之，这个方济各会修士提出了六点原因，说明为什么蒙古使者与他在归途同行对其来说是不利的。除了刚刚谈到的那个原因，我将引用他反对蒙古人与他同来的另外两点看法。他担心“他们的真实目的可能是窥探欧洲”，他认为“他们来没有什么好意图，因为除了我们拿的给教皇和其他国王的信件，他们没有其

1　Dawson，op.cit.，p. 68.

2　*Chronica majora*，ed. Luard，V，37.

他的书面命令或授权”。[1]

柏朗嘉宾的考虑是正当的，然而，蒙古的要求绝不是非同寻常的，它和内亚外交传统所倾向采取的做法一致，即任何使者在返回本国时都应有接待国的使者陪同。有大量的事例显示这的确是一种好的措施，具有实行的合理性——很显然它会缓解那些外国人在陌生的、通常没有地图的地形条件下旅行所不可避免要面临的问题。我们看到有这样一个例子，匈人 Edeco 在返回阿提拉营地的路上由不走运的 Maximinus 使团陪同。前面提到的以 Maniakh 为首的突厥使团由以 Zemarkhos 为首的拜占庭使团陪同。由于 Maniakh 去世，在 Zemarkhos 返回时，则由 Tagma 率领新的突厥赴君士坦丁堡使团陪同。在 576 年，瓦伦丁启程去面见 Turxath 时，由一百多名返回的突厥人陪同。我曾经提到，Aybeg 和 Sargis 陪同阿思凌从拜住那里返回。1248 年，去面见法国国王路易九世的蒙古使者大卫（David）和马可（Mark）在返回蒙古时，带着由 Andrew of Longjumeau 率领的法王使团。景教教士列班·扫马（Rabban Sauma）被伊利汗国阿鲁浑汗派遣出使西方，1288 年他出使返回时，有（法国国王）“美男子”腓力九世的使者 Gobert de Helleville 陪同。我们还可以给出大量类似的例子。

这种制度不可否认便利了外国使团的行动，但是，也减少了行动的自由及获取所在国不愿提供的情报的可能性。对 Turxath 对瓦伦丁突然爆发的指斥，人们会想到罗马人这样的习惯：他们带着突厥使者穿越高加索地区，假装没有其他更便捷的到拜占庭的道路。

在上面近乎梗概的介绍中，只提及了内亚外交活动的若干方面。那些剩下未被提及的方面，如书面委任状、使者的国籍等问题特别具有挑战性。看来简直有一个“国际文职官员”群体（借用现代术语 international civil servants）的存在，至少在蒙古时期是这样。

1 Dawson，op.cit.，p. 69.

在最近的一篇论文中，我相当详尽地讨论了翻译的这种角色。[1]不过，尽管这篇材料零散的文章表明内亚的资料对于格劳秀斯是有价值的，但并没有根本改变他的著作所提出的论点。至少在欧亚大陆，“国际法”的有效性看来是普遍存在的。

1 Denis Sinor, “Interpreters in Medieval Inner Asia,” in Marcel Erdal, ed., *Studies in the History and Culture of Central Eurasia = Asia and African Studies. Journal of the Israel Oriental Society*, XIV, 3(1982), pp. 293-320. 该文即本书所收《中古内亚的翻译人》一文。——译者注

西方的契丹史料及相关问题

曹　流　译
党宝海　校

本文利用迄今为止大部分未被使用的原始资料和词源学资料，试图论证1218年哈喇契丹（Karakitay）帝国灭亡之后，契丹（Kitan）和哈喇契丹群体曾经幸存于西伯利亚和俄国的欧洲部分。

契丹人在保持其身份认同（Identity）意识的同时，在大约八百年间经历了两次文化和语言上的显著变化。他们在三个不同地域的历史舞台上都扮演了重要的角色：首先是在中国东北（大约8~12世纪）；然后是在以“辽”（907~1115）为名的中国朝代中；最后是在中亚——逃离中国东部的契丹人在此成功地建立起第三个帝国，即众所周知的哈喇契丹（黑契丹），其延续了近一个世纪，直到 1218 年灭亡。

我在这里并非要介绍一个简明的契丹史，而是想就哈喇契丹帝国的灭亡略作评述。当代的一些历史学家，包括我本人（1971，p.130–131）和博斯沃思（Bosworth，1978，p.583）在内，都倾向于将它的灭亡归结于受到乃蛮（Naiman）王子屈出律（Küchlüg）和花剌子模国（Khorezm）算端穆罕默德的夹攻。这一仍有讨论余地的结论是基于志费尼的以下记述（Boyle，1958，p.64）：

> （屈出律）像从云中射出的闪电一样袭击菊儿汗（gürkhan），出其不意地抓住他，并将他变成囚犯，夺取了他的王国和军队。[1]

事实上，为躲避成吉思汗的屠戮，1208 年屈出律逃奔哈喇契丹，娶直鲁古汗女儿为妻，皈依佛教，并于 1211 年逼菊儿汗直鲁古（The gürkhan Chih-lu-ku）退位。屈出律谋划了这场宫廷政变，但他的目的显然不是毁灭哈喇契丹，而只想借此夺取权力。长春真人丘处机于 1219 年西游路经此地时留下的记载，称“乃满失国，依大石士马复振，盗据其土”云云（Waley，1939，p.89.）。[2]据《辽史》记载，屈出律“据其（直鲁古）位，遂袭辽衣冠，尊直鲁古为太上皇，皇后为皇太后，朝夕问起居，以侍终焉”（Wittfogel，1949，p.652.）。[3]直鲁古于 1213 年去世。方济各会修士柏朗嘉宾曾间接地表示契丹 – 乃蛮是和平相处的盟友。据他说（Menestò，in Pian di Carpine: 254），同被蒙古人击败的乃蛮人和哈喇契丹人是同盟者。哈喇契丹的灭亡时间可确定为 1218 年，也就是出逃的屈出律为蒙古人所杀的那一年。保罗·达菲纳（Paolo Daffinà）为柏朗嘉宾的著

1　见志费尼《世界征服者史》上册，何高济译，商务印书馆，2004，397 页。——译者注

2　引文见李志常《长春真人西游记》卷上。——译者注

3　引文见《辽史》卷 30《天祚皇帝纪》附《耶律大石传》。——译者注

述所做的译注（Menestò，in Pian di Carpine: 430）也认为应以是年为宜。契丹人自此开始向外流散，本文即探讨这个问题。

当然，乃蛮人作为蒙古人征战的主要目标，其残部也被驱散了，但有证据表明，在契丹和乃蛮两个群体之间仍旧存在着一条强有力的纽带。正如 Kuzeev（1974，p.227 et passim）所指出的那样，两个群体的财产印记（tamgas[1]）是一致的。乃蛮人的名称被保存在西至克里米亚的许多地名中，这些组合性的地名包含乃蛮一词，其中就有一个地方叫"契丹 - 乃蛮"（Ktay-Naiman）（Kuzeev，1974，p.228）。

在经历了中国东北时期、辽朝和哈喇契丹三个时代之后，契丹人，或者至少是他们的名称，在很长时期里仍具有多种形式的、事实上持续至今的遗存。众所周知，代指中国的 Cathay 一词已经得到了透彻的研究，所以我并不打算详细叙述它的历史。一个同样众所周知但较为含混不清、尚未解决的问题是起源于契丹的祭司王约翰（Prester John）传说。在这篇短文中我也将避开这一问题。[2]

下面我将考察的，首先是出现在欧洲文献中的契丹和哈喇契丹的名称；其次是在哈喇契丹国分崩离析后，这一族群的活动区域。

契丹之名称

契丹一词虽然有书写上的差异，但是在各种文献中大致表现为四种基本形式：Kitan，Kitay，Katay，Katan。[3]

Kitan 这一写法见于汉文、藏文和突厥文对契丹族名的转写。

1 tamgas 是一个突厥语词，原意为"印章、徽记"。——译者注

2 近期关于这一问题的学术性论述见 Knefelkamp Gumilev 关于该主题的著作。该书充其量只是一部历史小说。我在 *The English Historical Review* 106（1991）：155–157 中对它做过评述。

3 关于 Kitay 一名及其异体形式，伯希和（1959，pp.216–229）做过极为详尽而精致的研究。遗憾的是因为一个印刷错误，该文将一个并不存在的 Qïtaÿ（e.g.,on p. 218）当作古突厥语的形式，而正确的拼法应当是 Qïtań。可能受到这个拼法的误导，傅海波（1990，e.g. p. 402）将鄂尔浑碑铭中出现的该名称写成 Qïtaÿ 的形式。

更确切地说，出现在碑铭中的突厥文形式带有一个颚化音 ń。在成书于 13 世纪中叶的《蒙古秘史》中，该名称仅以复数形式 Kitat/Kitad 出现，这意味着 Kitan 应是一个单数形式。应当注意的是，该书中 Kitat 指女真（Jurchen），即女真统治下的中国。在该书中，哈喇契丹被称为 Karakidat 或 Karakitat。Kitad 一名很少见于前古典蒙古文文献。[1] 最早的一例可能出现在一个 1338 年汉蒙合璧的碑铭中，在碑铭中它用来表示“汉人”（the Chinese，元朝实行四等人政策，该词应是指原来金朝和南宋统治下的汉人及南人，即广义的“汉儿”）。[2]

正如我们所见到的那样，Kitan 这种形式也出现在古俄文文献和许多具有相同史源的匈牙利编年史中。这些编年史是 14 世纪用拉丁文写成的，但很明显它们具有更早的史源。有意思的是，古俄文同匈牙利编年史一样都使用 Kitans 这种原始的形式。

Kitay　在伊斯兰文献中，向西迁徙的契丹人（Kitans）是以 Kara Kitay 的名称出现的，也就是“黑契丹”（black Kitay）。用 -y 替代 Kitan 的尾辅音 -n，这种形式也见于新疆发现的突厥语文献，例如在他们的佛教文献中，词尾的 -y 与古突厥碑铭中的 -n 或 -ń 是相对应的。[3] 这很可能是突厥西部人通过塔里木盆地的突厥人得知这个名字，进而采纳了这种形式。

最早在拉丁文文献中使用 Kitay 这种形式的，很可能是于 1245~1247 年游历蒙古的柏朗嘉宾，他提到了契丹（Kitay）和黑契丹（Nigri Kitay）。在柏朗嘉宾行纪的所有抄本中，拼写该名称时都

1　所谓蒙古语文的前古典时期相当于蒙元时代。——译者注

2　即《竹温台碑》。——译者注

3　很久以前，我就指出，传统上将绝大多数吐鲁番出土文书归属于突厥语方言回鹘语（Uighurs）是不对的（Sinor，1939，pp.561–567）。我认为 ayïγ 方言并非原始的回鹘语，这无疑是正确的结论，但由于太有悖于人们根深蒂固的习惯认识而未被普遍接受。对于不断地寻找这种语言与塔里木盆地突厥人语言之间的区别，我已经感到厌倦了。

在第一个音节中用 i，最后一个字母用 -y。[1] Charakitay（哈喇契丹）这种形式也见于温森特 · 布维斯（Vincent of Beuvais）的《史鉴》（*Speculum historiale*，lib. XXXXI，cap. 8）。

伯希和（Pelliot，1952，p.220）认为，可以从俄文的转译来解释柏朗嘉宾所使用的带有 i 的 Kitay 形式，这个观点是无法接受的。这种想法有点儿本末倒置，的确，中国的俄文名称为契丹（Kitay），但这仅能说明这一名称是通过突厥语传入俄语的，而突厥语中词首音节原本就有这个 i。

最有意思的是，Kitay 这一形式还见于一份伯希和未能见到的文献。这是一封 1262 年由伊利汗旭烈兀致法国国王路易九世的拉丁文书信。在这位伊利汗宣称已经征服的地区中，有契丹地区（regi Kytayorum）。[2] 很明显，旭烈兀不可能通过俄语的中介才知道这个地名。

Katay 方济各会修道士威廉 · 鲁布鲁克于 1253~1255 年游历蒙古，比柏朗嘉宾稍晚。他也曾谈到黑契丹（Black Katay），在拼写该名时最后一个字母用 i 或 y，但第一个元音用的是 a。他是西方第一个将 Cathay 一名与中国联系到一起的人，但他也知道有 Caracatai 这种形式，并且提供了一个正确的译名：

> 它意为黑契丹（Black Catai），这一名称被用来区别于临海的东部契丹（Catai）。（Jackson and Morgan，1990，pp.121–122）

需要对鲁布鲁克在词首音节中使用 a 的拼法（Catai）做一些解释。首先要说的是拼写形式，尽管鲁布鲁克最早在西方使用了这

1 参见 Menestò'edition，Pian di Carpine，1989，p.289。

2 参见 Meyvaert，1980，p.254。这份资料亦见于 Richard，1979 和 Ligeti，1981。

一拼法，但并非只有他一人使用过这种拼写形式，其他旅行家如约翰·蒙特科尔维诺（John of MonteCorvino）、鄂多立克（Odoric of Pordenone）和约翰·马黎诺里（John of Marignolli）也用这种形式来指代中国。这些人都在 14 世纪游历蒙古，但他们所使用的这种形式却不是从鲁布鲁克那里继承来的。事实上，在最早的 13 世纪的文献中，唯有柏朗嘉宾、他的旅伴本尼迪克特（Benedict the Pole）和 C. 布雷迪亚（C. de Bridia）在他们关于柏朗嘉宾行程的记载中（Önnerfors，1967，p.6），拼写该名称时词首音节用的是 i, 这个词不是指中国就是指哈喇契丹。温森特·布维斯的《史鉴》不过是简单地因袭了柏朗嘉宾的拼写形式而已。

伯希和试图将西方使用的 Cathay 形式解释为一种失真的拼写结果，他认为这种失真是由以阿拉伯人的抄本为媒介所致，因为阿拉伯语的抄本忽略了词首元音的拼法，通常将该词读作 Xatai。出于对伯希和本人的尊敬，同时也考虑到他的这一见解是在其遗著中提出来的，所以人们在反驳他的观点时总是犹豫不决，但他的看法的确不合理。他没有对鲁布鲁克使用 Cathay 这种形式加以解释。鲁布鲁克一定对这个名称耳熟能详才能正确地将它读出来，如果要说他是以阿拉伯语抄本为媒介来熟悉该词的，那显然很荒谬。

不过，还有其他更为重要的证据可以反驳 Cathay 这一形式系由阿拉伯语转译的说法。我们应当看到，Katan 和 Katay 这两种词首元音为 a 的形式所出现的环境都与阿拉伯语毫无关系，这就排除了 Cathay 一名是通过阿拉伯文的书面形式而传至西方的假设。

Kitay—Katay 的分化，可能要从突厥语或蒙古语的语音演变规律中去寻找答案。在最早的汉文、突厥文、藏文抄本中所见该词的原始形式，其词首音节的元音是 i。在突厥语中 a–i 的交替是为人所知的，但这种交替通常出现在第二音节中。在蒙古语中情况有所不同。众所周知，古蒙语和中古蒙语中词首音节的 i，在后来的口语中通常会被该词第二音节的元音所同化。正因如此，比如现代蒙语的 max(an)、žad(=j)、zagas，分别对应于古蒙语的 miqan(肉)、jida(矛)、jiγasum(鱼)。这些词以及相似的元音同化现象出现于何时，其确切时间已不可知，但通常认为这些变化始于中古蒙古语末期，也就是 13~14 世纪。[1] 因此我们能够得出这样一个结论：词首音节中有 *a* 的形式本是一种方言变体，但随着时间推移，它在蒙古语口语中变得极为普遍。这一尝试性解释的假设前提是，-n>-y 的变化先于 i>a 的变化，以及从 Kitan 到 Kitay 再到 Katay 的先后发展演变过程。在柏朗嘉宾与鲁布鲁克相继游历蒙古的前后短短几年里，词首音节的元音即由 i 演变为 a 的可能性是很小的，但是有理由相信，i–a 的演变是存在的。最有可能的是，在 13 世纪的 40~50 年代，Kitay 和 Katay 两种形式并存于鲁布鲁克与柏朗嘉宾所游历的广袤的蒙古帝国内；甚至有可能 i- 形式被用于说突厥语的地区，而 a- 形式被用于说蒙古语的地区。

Katan 这种混合形式仅出现于某一特定的地区。词尾的 -n 来自原始的 Kitan 一名，而词首音节中的 a 则表明该词经历了上述 i–a 的转变过程。它的方言变体形式 Xadań[2]，仅见于北西伯利亚奥斯提亚人和沃古尔人(合称为鄂毕 – 乌戈尔人)所使用的芬 – 乌戈尔语中，在那儿这个名字指鞑靼人。

契丹之地域

现在，让我们考察与哈喇契丹残部亡国后的活动区域有关的某些资料。上述奥斯提亚语和沃古尔语的材料，也透露了一些关于契丹人行踪的历史信息。Kitan 这一名称出现在鄂毕 – 乌戈尔人的英雄史诗中，虽然这部史诗在 19 世纪才被记录下来，但它包含了许多

1 关于此问题参见 Poppe，1955 and 1956；Sanzheev，1953；Janhunen，1990。

2 参见 Karjalainen，1948，p.362。现今窝古儿文中仍有 xadań 一词(Baladin，1958，p.136)。

早期的历史信息。对契丹－乌戈尔人（Kitan-Ugrian）发生联系的区域，人们只能进行推测，因为存在太多的未知因素，以至于不能知晓发生这些交往的可信地点，譬如他们的英雄史诗反映出鄂毕－乌戈尔人还有某些更早的居住地。有一首沃古尔人对太阳神的赞美诗这样说，“穿上契丹人和卡尔梅克人的黑色服装”（Munkácsi，1892，p.321）。这可能反映了该部与两个相邻部族间的贸易关系。

19 世纪后半期，在西伯利亚鄂毕河流域搜集到了契丹和卡尔梅克名称同时出现的奥斯提亚和沃古尔的文献。卡尔梅克人现今的分布区域靠近伏尔加河下游以西和里海西北部，他们是在 17 世纪初从准噶尔盆地穿越西伯利亚向西迁徙的最后阶段，才迁徙到这个地区的。他们与鄂毕－乌戈尔人的交流联系可能就发生在这里。在该地区也发现了我们所知道的契丹人遗存。

Sigismund von Herberstein 是马克西米利安二世（Maximilian Ⅱ）皇帝的驻俄大使，他在出版于 1549 年的《莫斯科札记》（*Rerum Moscoviticarum Commentarii*）一书中谈到了“契丹湖”（Lake Kitay），亦即鄂毕河的源头之所在，沃古尔人和乌戈尔人也生活在那里。[1] 该书中的地图也同样反映了他的这一说法。据地图标示，鄂毕河发源于契丹湖（Kithay Lacus），在发源于乌戈尔（Ungarum）的 Ivhra 河以东，[2] 这也就暗示了乌戈尔人与匈牙利人之间存在着联系。亚伯拉罕·奥特吕（Abraham Ortelius）于 1570 年出版的《奥特吕图集》（*Theatrum Orbis Terrarum*）中有一幅名为 Tartariae sive Magni Chami Regni Typus 的地图，同样标出了“契丹湖”（Kÿtaia Lacus），按照该图所示，流向北冰洋的鄂毕河亦发源于此。至少还有另外两幅 16 世纪后半期的地图，一幅所依据的信息是由英国商人安东尼·詹金森

1　Hunc quoque Vuogolici & Vgritzschi gentes accolunt，1571 年版（巴塞尔），第 82 页。目前我手头有这个本子。

2　此句原文为拉丁文：“Ivhra inde Ungarorum origo。” Ungarum 是 Ungarorum 一词的原形。——译者注

（Anthony Jenkinson）提供的，另一幅 Van Deutecum 地图则兼采詹金森和赫贝尔施泰因所搜集的信息，它们均标示出契丹湖（Kÿtaia Lacus）就是流入北冰洋的鄂毕河（被称为 Mare Glaciale 或 Mare Septentrionale）的源头所在。在所有这些地图上，契丹湖恰被定位于 Yugria[1] 的正南方，也就是乌戈尔人所在的区域。安东尼·詹金森两次提到契丹湖，都没有说明确切的地理位置。据他说，契丹湖的水源自 Ardock 河，而 Ardock 河则源于阿姆河（Oxus），它经五百英里的地下暗河注入该湖。[2]

在一部关于莫斯科公国（Muscovy）的文献中，有一条涉及鄂毕河的特殊材料，这部文献由 Heinrich von Staden 写成于 1578 年，并由 Fritz Epstein 精心编辑。据作者说，鄂毕河（他称为 Oba）源于"水量丰沛的契丹湖"，并且暗示"来自鄂毕河地区的人进入美洲，而鞑靼人则乘船前往美洲"。他估计从鄂毕河或科拉半岛（Kola）到美洲所花的时间相当于从西班牙到美洲的一半。[3]

契丹湖虽已不再存在，但这并不影响我们的研究目的。使我们感兴趣的是，上述文献中的"契丹"（Kitay）一名出现在西西伯利亚。Kitay 一名与中国相混淆的可能性可以完全排除，因为在有赫贝尔施泰因所搜集信息的那幅地图上，中国远在一个月路程之外的东方。值得注意的是，在鄂毕盆地的克麦罗沃州（Kemerovskiy），亚亚河（Yaya）的两条支流今天仍以 Kitat 为名：右边的支流叫 the Zolotoy（金）Kitat，左边的支流被称作 the Mazalovskiy Kitat。如果说想象中的契丹湖（Lake Kitay）是因为这两条河流的存在而出现在地图上的，那似乎是不可能的（不同的词尾 -y 和 -t，使这种猜

1 关于 Yugria 一词与匈牙利人的关系很多学者有涉及，Vásáry（1982）做了较好的研究并且提供了一个新的思路。

2 Hukluyt，1907，pp.448，451.

3 Epstein，1964，pp.213–214，217. 几乎过了一个半世纪之后，Vitus Bering 才得出了西伯利亚与美洲并不相连的结论。

测鲜有可能）。事实上，Kitan 一名也能在鄂毕盆地的河湖名称中得到验证：在瓦休甘河（Vasyugan）流域所用的奥斯提亚方言中，额尔齐斯河（Irtysh）被称为 Katán äs，即契丹河（请注意词首音节中的 a）。[1]

据一位不知姓名的绅士向威尼斯地理学家拉穆西奥（Ramusio）提供的信息，他记得在与一位俄国大使交谈时，曾被告知契丹湖一带是那些“向契丹大汗”（the Great Khan of Cathay）[2] 进贡的鞑靼人的最初居住地。[3]

在约翰·巴拉克（John Balak）1581 年 2 月 20 日写给著名制图师拉德斯·墨卡托（Gerardus Mercator）的信中，出现了另一种完全不同的说法。巴拉克让一个名叫 Alferius 的信使去送此信。这位信使是个荷兰人，去过鄂毕河地区的很多地方。他“曾通过陆路穿越萨莫耶德人和 Sibier 人的一些地区，也曾通过海路，沿着白绍拉河（Pechora）河岸向东”抵达鄂毕河。巴拉克在信中似乎概括了这位信使所了解的一些有关鄂毕河地区的情况：当地居民“称那条河（鄂毕河）为阿尔东河（Ardoh），它流入契丹湖，他们称该湖为 Paraha。邻近湖的地方有一个强大而辽阔的国家，他们称之为 Carrah Colmak，这只能是中国”。[4]

对于 Carrah Colmak 等同于中国的猜测，我们完全可以置之不理，但作为当地河湖名称的 Ardoh 和 Paraha 则是可以采信的（虽然目前我对这两个词还都无法解释）。很显然，在巴拉克的这封信中，契丹湖（Lake Kittay）被看作鄂毕河的下游湖泊，类似于日内瓦湖与隆河（Rhône）的关系。Carrah Colmak 在这里显然是指哈喇卡尔梅克（Qara Qalmak），也就是黑卡尔梅克人。詹金森在 1558 年的

---

1 参看 Tereshkin，1981，p.158。

2 此处契丹指中国。——译者注

3 以上内容参见 Baddeley，1919，Ⅰ，pp.364-367。

4 Hakluyt，1907，Ⅱ，pp.364-367. 我不完全同意巴拉克的说法。

记载中也提及了它，它与中国的区别是很清楚的。詹金森所说的黑卡尔梅克，是比 17~18 世纪常见的俄语用法更早的例子。黑卡尔梅克人是真正讲蒙古语的卡尔梅克人，而与黑卡尔梅克人相区别的白卡尔梅克人则是讲突厥语的特留特人（Teleuts）。[1] 另外，还有一小部分卫拉特人（Oirats）被称为哈喇卡尔梅克（Kara Kalmak），现今分布在吉尔吉斯斯坦的伊塞克湖（Issikkul）地区。他们于 1864 年从特克斯河（Tekes）和伊犁河谷迁徙到那儿，后来他们就不再说蒙古语了。[2]

在赫贝尔施泰因的书里有一段有趣的内容，可能与这些黑卡尔梅克人有关。在谈到契丹湖时，他提到了来自湖区的“黑人”，据说他们熟悉当地的语言，并随身携带各种商品，如洋葱和宝石。[3] 在约翰 · F. 巴德利的书中可以看到，这些“黑人”中有来自布哈拉（Bukharan）的萨尔特人（Sarts），[4]不过这只是根据常识判断他们为萨尔特人，因为布拉哈的商人与西伯利亚保持着良好的商贸关系。[5]

由此看来，我们可以在西西伯利亚的鄂毕河地区探寻哈喇契丹国灭亡三百多年后的契丹踪迹。在匈牙利编年史里，契丹人甚至出现在更西边的地区，即接近里海和阿兰人的顿河下游地区。这一事

---

1 Potapov，1953，pp.9–12.

2 参见 Zhkaskaya。

3 Herberstein（p. 82）：“来自这个湖区的众多黑人熟悉当地的语言，他们随身携带各种商品，其中最主要的是洋葱和宝石。”（此段引文原为拉丁文——译者注）布哈拉的洋葱质量很好，被出口到波斯（Burton，1993，p.22）；所谓“宝石”可能只是布哈拉人从中国进口的彩色玻璃（ibid., p.40）。上面这段文字有两点错误。首先，作者将拉丁文 uniones（珍珠）误解为英文的 onions（洋葱），故引文和注解均称洋葱；其次，将拉丁文 expertes（没有）误解为英文的 expert（擅长、精通），故作者原文作 be familiar with（熟练、熟悉），遂将“没有通用的语言”误释为“熟悉当地的语言”。——译者注

4 Baddeley，1919，Ⅰ，p.lxxii；Ⅱ，p.24. 此处的 Sarts 意为“商人”。这是一个来自梵文的词，曾在中亚广泛使用。——译者注

5 参见 Burton，1993，特别是 pp. 66–85。布哈拉商人与卡尔梅克人保持着密切的贸易联系，还有一小支卡尔梅克人居住在布哈拉（Zhukavaskaya，1985，p.102）。19 世纪末，哈喇卡尔梅克人的一支被俄国当局更名为萨尔特 · 卡尔梅克（Sart Kalmak）。

实见于好几部编年史，我引用的这条材料出自 14 世纪中叶一部名为 *Illuminated Chronicle* 的编年史中：

> 顿河是一条发源于斯基泰的大河，被匈牙利人称为 Etul。当它穿过环绕斯基泰地区的雪山之后，便被改称为顿河。契丹人（the Kytans）和阿兰人生活在它的南面。它汇聚三条支流后注入亚速海。（Szentpétery，1937–1938，p.253）

左尔坦·贡博茨（Zoltán Gombocz）认为，这条材料是匈牙利历史学家从某种不为人知的西方文献中抄来的，而我则确信它是通过俄文渠道传到匈牙利的，并且是通过文字而非口语。也许在 1241 年入侵匈牙利的蒙古军队中有一些契丹（更可能是哈喇契丹）士兵，但他们在匈牙利的活动似乎不大可能对匈牙利的历史学家产生什么影响。然而，Lavrentiev 和 Hypatian 的编年史都提到了契丹人（the Kitans，注意词尾为 -n），[1] 两部史书中也都有 Kitanopa 这样一个人名，这一名字最初见于俄罗斯英雄史诗《伊戈尔远征记》（*Lay of Igor's Campaign，1185–1187*）。[2] 它是 Kitan 和 oba“部族”两个词的混合体。[3]

于是我们可以得出这样一个结论：契丹一名的原始蒙古形式是在 12 世纪末传到西方的，也就是哈喇契丹国仍处于繁盛阶段之时。最令人困惑的是 Qitan 这个名称，是由一位库蛮使者于 1095 年告知基辅大公（great prince of Kiev）弗拉基米尔（Vladimir Monomakh）的，[4] 而此时契丹人仍雄踞中国北方。契丹人与库蛮人之间即便有什

1　参见 Zajaczkowski，1949，pp.3–38。

2　参见 Baskakov，1985，p.84。

3　参见 Baskakov，1984，p. 6。另外 Golden，1986/1987，p.19 列出了其他含有 oba 成分的人名及部族名。

4　Golden，1987/1991，p.67.

么联系，也为迷雾所笼罩，单凭这条材料要想驱散这片迷雾是不大可能的。

契丹人存在于俄国的欧洲部分的事实，后来也得到了证明，大概在 17 世纪见于《卡尔梅克可汗的历史》(*History of Kalmuck Khans*) 一书。从该书中可以看到，Qitan 一词出现在乌拉尔河以西的各个鞑靼部落名称中。[1]

族名和地名提供了契丹曾经遗存于俄国欧洲地区的大量证据。这表明世系关系的部族名称通常是最不容易变化的，因此可以举这样一个例子，17 世纪时，在阿姆贡河（Amgun）流域的一支埃文基（Evenki）部落仍在沿用契丹（Kitan）一名。[2] 在契丹故土及邻近地区有契丹人生存下来并不奇怪，但契丹（Katay）一名出现在乌拉尔山两侧的巴什基尔人（Bashkirs）部落名称中则有些出乎意料。据希萨穆季诺娃（Khisamitdinova）说，[3] 巴什基尔地区有 19 个地名含有 Katay 成分，同时它也见于该地区的河湖名称中，如 the rivulets Katay、Erekle-Katay 或 the lake Katay。

契丹 – 巴什基尔人（Katay Bashkirs）是巴什基尔部族的一个重要组成部分。18 世纪时，有六个部落（six clans, *rod*）使用含有 Katay 成分的名称，其中三个属西部集团或者叫山林集团：Inzer Katay、Kuzgum Katay 和 Idel Katay；另外三个属于东部集团，即 Ulu Katay、Bala Katay 和 Yalan Katay。它们都是生活在锡纳拉河（Sinar）、捷恰河（Techa）和 Karabol 河沿岸的属于乌拉尔山区两侧的部落群体。[4] 其中之一的 Bala Katay 属于 Salyut 部族，[5] 这个部族显然源于

1 Halkovic，1985，p.42; Oirat test，p.104. 这条材料的发现应归功于 Dr.Junko Miyawaki。

2 Vasilevich，1958，p.579. 据 Cincius，1975，Ⅱ，p.391，契丹人（Kitans）出现在鄂温克、鄂温人（Even）的民间传说中。这一事实并不出乎人们意料，但它不是我们关注的焦点。

3 1991，p.68. 在 Khisamitdinova，1994 中有一份按字母次序排列的这些地名的名录。

4 Kuzee，1974，p.220. Kuzee 是研究巴什基尔人部族组织的权威，但他使用的术语也不一致。在一篇较早的论述中（Kuzee，1959），他把此处提到的六个群体（six units）称为“部族”（tribes，*plemen*）。

5 As signaled by Abramzon，1971，p.62.

一个讲蒙语的散只兀惕（Salji'ut）部落，该部落较为频繁地出现在成吉思汗的早期历史中。他们的语言究竟是严格意义上的蒙语（比如，就像我们认为由成吉思汗时代的蒙古人所讲的那种蒙语）还是契丹语，这一问题现在已经无法回答。大部分 Salyut 人居住在车里雅宾斯克州的乌拉尔山东侧。直至今日，在他们的突厥 – 巴什基尔方言中仍遗留有丰富的蒙古语词。[1]

最迟在 13~14 世纪，在巴什基尔人的部族中融入了丰富的蒙古成分，这一点是相当清楚的。其中至少有部分成分可能是通过契丹部落传入的，这似乎是一个合理的假设。

带有 Kitay/katay 成分的部落或氏族名称普遍存在于一个广大的区域。白诺盖人（Nogays）有一个契丹（Kitay）氏族。甚至在克里米亚半岛的鞑靼人中，其部落名称也含有 Kitay 成分：如 Karača-Kitay 和 Orta-Kitay。[2] 在范围很广的乌兹别克部落系统中也包含一个 Kitay 部落。

在钦察（Kipchak）部落过去居住的摩尔达维亚（Moldavia）南部大草原上，有几个地名显示出更早一个时期有契丹人在此存在过：Kitay、Kara-Kitay、Kod-Kitay、Shikirli-Kitay 等都属于这个地区；Kirgiz-Kitay 则是当地的一条河流名。[3] 在多瑙河三角洲，临近多瑙河北部支流 Kilia 的地方，发现了 Rum Chitay——契丹湖（Kitay Lagoon），有一条被称为契丹（Kitay）的小河注入此湖。[4]

根据上面揭示的材料，我们可以得出以下两个结论。

第一个结论是很明确的。据柏朗嘉宾说，亡于蒙古的哈喇契丹国的绝大部分人被杀死了，而其他未能逃走的人则受到蒙古人的奴役。换句话说，他们被并入蒙古帝国，并被驱散到它所征服的整个

1　Maksimova，1976，pp.206–207.

2　Lezina–Suparankaya，1984，p.81.

3　参见 Baskakov，1964; Vinnikov，1956，p.156。

4　参见 *The Columbia Lippincott Gazeteer of the World*（New York，Columbia University Press，1962）。

无边的领地。所有带有 Kitay 和 Katay（仅仅是语音的不同而已）成分的地名和部族名都证明了这种流布状况。

第二个结论是，Kitan 形式在鄂毕－乌戈尔语及俄国、匈牙利编年史中的遗存说明了一个尚未解决的历史之谜。我们应当怎样解释原始的蒙文形式是如何出现在远离契丹故地数千公里以外的欧亚大陆中部西缘的呢？此外，我们如何解释在俄文资料中契丹（Kitan，带有尾音 n）一名的出现远早于哈喇契丹国的建立，更别说比哈喇契丹的灭亡要早很多年了？

大约 80 年前，马迦特（Marquart，1912–1914，p.137）曾经提出，1120 年在乌拉尔地区出现了一支与契丹人有关的蒙古人，后来被钦察人吸纳并突厥化。伯希和（1920，p.149）在对他这项研究所做的精彩的评述中，似乎已经证明了这一观点，至少不反对这种说法，并把其称为"一个真正具有预见性的亮点"（p.129）。我们在此也采纳马迦特的这个说法，至少上文引证的部分资料似乎给他的假设提供了滞后的支持。

可以肯定的是，契丹人在 1218 年的浩劫中幸存下来了。他们不再被笼罩在历史阴影中，而是拥有了一段政治余生。借助于西方的史料，我们可以尝试着勾勒其梗概。这篇短文的目的，就在于为这样的研究提供一些资料。

参考文献

Abramzon, S.M. 1971. *Kirgizy i ikh êtnicheskie i istorikokul'turnye svyazi*. Leningrad.

Aubin, Françoise. 1985. À propos des Kalmak ou Sart-Kalmak de l'Issyk-kul. Études mongoles 16:81–89.

Baddeley, John F. 1919. *Russia, Mongolia, China*. London. Reprint New

York: Burt Franklin, n.d.

Baladin, A. N., and M. P. Bakhrusheva. 1958. *Mansiyskorusskiy slovar'*. Leningrad.

Baskakov, N. A. 1964. Rodo–plemennye nazvaniya kipchakov v toponimii yuzhnoy Moldavii. In *Topsnimika Vostoka: Novye issledovaniya,* ed. Redkollegiya. pp. 46–51. Moskva.

——1984. Imena polovcev i nazvaniya poloveckikh plemen v russkikh letopisyakh. In *Tyurkskaya onomastika,* ed. A. T. Kaydarov. pp.48–77. Alma–Ata.

——1985. *Tyurkskaya leksika v "Slove o polku Igoreve."* Moskva.

Bosworth, C. E. 1978. Kara khitāy. *The Encyclopaedia of Islam.* Vol. Ⅳ , pp. 580–583.

Boyle, John Andrew. 1958. *The History of the World-Conqueror by 'Ata-Malik Juvaini.* Manchester: Manchester Univ. Press.

Burton, Audrey. 1993. *Bukharan Trade 1558–1718.* Paper on Inner Asia, no. 23. Bloomington, Ind.: Indiana University Research Institute for Inner Asian Studies.

Cincius, V.I.1975. *Stravnitel'nyy slovar' tunguso-man'chzhurskikh yazykov.* 2 Vols. Leningrad.

Cleaves, Francis Woodman. 1951. The Sino-Mongolian Inscription of 1338 in Memory of Jigüntei. *Harvard Journal of Asiatic Studies* 14: 1–104.

Epstein, Fritz T. 1964. Heinrich von Staden: *Aufzeichnungen über den Moskauer Staat.* 2nd ed. Universität Hamburg. Abhandlungen aus dem Gebiet der Auslandskunde, Bd.34. Hamburg: Cram, de Gruyter & Co.

Franke, Herbert. 1990. The Forest Peoples of Manchuria: Kitans and Jurchen. In Sinor 1990. pp. 400–423, 492–494.

Golden, Peter. 1986/87. Cumanica Ⅱ. *Archivum Eurasiae Medii Aevi* 6: 5–29.

——1987/91. Nomads and Their Sedentary Neighbors in Pre-Činggisid Eurasia. *Archivum Eurasiae Medii Aevi* 7: 41–81.

Gombocz, Zoltán. 1917. A Magyar őshaza és a nemzeti hagyomány. *Nyelvtudományi Közlemnyek* 45: 123–193.

Gumilev, L. N. 1987. *Searches for an Imaginary Kingdom: The Legend of the Kingdom of Prester John.* Cambridge: Cambridge Univ. Press.

Hakluyt, Richard. 1907. *The principall Navigations of the English Nation as published in Richard Hakluyt Voyages,* Vol.Ⅰ. London: Everyman's Library (no. 264) .

Halkovic, Stephen A., Jr. 1985. *The Mongols of the West* .Indiana University Uralic and Altaic Series 148. Bloomington, Ind.

Jackson, Peter, and David Morgan. 1990. *The Mission of Friar William of Rubruck.* London: The Hakluyt Soceity.

Jannunen, Juha. 1990. On Breaking in Monglic. In *Altaica Osloensia: Proceedings from the 32nd Meeting of the Permanent International Altaisic Conference,* ed. Bernt Brendemoen. pp.181–191. Oslo: Universitersforlaget.

Karjalainen, K. F. 1948. *Ostjakisches Wörterbuch,* bearbeitet und herausgegeben von Y. H. Toivonen, Ⅰ–Ⅱ. Helsinki: Suomalais–ugrilaisen Seura.

Khisamitdinova, F. G. 1991. *Bashkirskaya oykonomiya* XⅥ – XⅨ *vv.* Ufa.

—— 1994. *Geograficheskie nazvaniya Bashkortostana.* 2nd ed. Ufa.

Knefelkamp, Ulrich. 1986. *Die Suche nach dem Reich des Priesterkönigs Johannes, dargestellt anhand von Reiseberichten und anderen ethnographischen Quellen des 12. bis 17. Jahrhunderts.* Gelsenkirchen: Andreas Müller.

Kuzeev, R. G. 1959. Rodo-plemennoy sostav bashkir v XⅧ veke. In *Voprosy bashkirskoy filogii.* pp.60–67. Moskva.

—— 1974. *Proiskhozhdenie bashkirskogo naroda.* Moskva.

Lezina, I.I., and A.V. Superanskaya. 1984. Ob êtnotoponimakh Kryma. In *Tyurksaya onomastika,* ed. A.T. Kaydarov. pp.77–89. Alma–Ata.

Ligeti, Lajos. 1981. Joannes Ungarus és az 1262. évi Mongol követjárás. *Magyar Tudományos Akadémia I. osztály közleményei* 32: 117–137.

Maksyutova, N. Kh. 1976. *Vostochnyy dialect bashjkirskogo yazyka.* Moskva.

Marquart, J. 1912–1914. Über das Volkstum der Komanen. *Abhandlungen der königl. Gesellschaft der Wissenschaften zu Göttigen,* phil. –hist. Kl., n. F. XⅢ, no. 1: 25–238.

Menestò, E. See Pian di Carpine.

Meyvaert, Paul. 1980. An Unknown Letter of Hulagu, Il-Khan of Persia to King Louis IX of France. *Viator* 11: 245–259.

Munkácsi, Bernát. 1892. *Vogul népköltési gyüjtemény,* Ⅱ.1. Bundapest: Magyar Tudományos Akadémia.

Önnerfors, Alf. 1967. *Historia Tartarorum C. de Bridia Monachi.* Texte für Vorlesungen und Übungen 186. Berlin: Walter de Gruyter.

Pelliot, Paul. 1920. À propos des Comans. *Journal asiatique* Ⅰ: 125–185.

——1959. *Notes on Marco Polo*, Ⅰ. Paris: Adrien Maisonneuve.

Pian di Carpine. 1989. *Storia dei Mongoli* a cura di P.daffinà, C. Leonardi, M. C. Lungarotti, E. Meneò, L. Petech. Spoleto: Centro Italiano di Studi sull'Alto Medioevo.

Poppe, Nicholas. 1955. *Introduction to Mongolian Comparative Studies. Mémoires de la Société Finno-Ougrienne* 110. Helsinki.

——1956. On the so-called breaking of 'i in Mongolian. *Ural-Altaische Jahrbücher* 28: 43–48.

Potapov, A.P. 1953. *Ocherki po istorii altaycev.* Moskva–Leningrad.

Richard, Jean. 1979. Une ambassade mongole à Paris. *Journal des Savants*, pp.295–303.

Sanzheev, G.D. 1953. *Sravnitel'naya grammatika mongl'skikh yazykov,* Ⅰ. Moskva.

Sinor, Denis. 1939. A propos de la biographie ouïgoure de Hiunan-tsang. *Journal asiantique*, pp.543–90.

——1971. *Inner Asia:History–Civillization–Languages*. 2nd ed. Indiana University Uralic and Altaic Series, Vol. 96. Bloomington, Ind.: Indiana University.

——ed. 1990. *The Cambridge History of Early Inner Asia*. Cambridge: Cambridge Univ. Press.

Szentpétery, Emericus, ed.1937–1938. *Scriptores rerum Hungaricarum*. 2 Vols. Budapest: Academia Litter. Hungarica.

Tereshkin, N. I. 1981. *Slovar' vostochno-khantyyskikh dialektov.* Lenigrad.

Vásáry, I. 1982. The "Yugria" Problem. In *Chuvash Studies*, ed. A. Róna-Tas. pp.247–257. Budapest: Akadémiai Kiadó.

Vasilevich, G. M. 1958. *Êvenkiysko-russkiy slovar'*. Moskva.

Vinnikov, Ya. R. 1956. Rodo-plemennoy sostav I rasselenie kirgizov na territorii Yuzhnoy Kirgizii. In *Trudy Kirgizskoy Arkheologo-êtnograficheskoy Êkspedicii,* ed. G.F. Debec. Vol. Ⅰ, pp. 136–188, Moskva.

Waley, Arthur. 1931. *The Travels of an Alchemist*. London: Routledge & Kegan Paul.

Webb, John W. 1965. The Van Deutecum Map of Russia and Tartary. In *Merchants and Scholars: Essays in the History of Exploration and Trade,* ed. John

Parker. pp. 136–181. Minneapolis: Univ. of Minnesota Press.

Wittfogel, K. A., and Chia-shêng Fêng. 1949. *History of Chinese Society: Liao (907–1125)* . Transactions of the American Philosopical Society, n.s., 36. Philadelphia.

Zajączkowski, Ananiasz. 1949. *Związki językowe połowieckosłowiańskie.* Travaux de la Société des Sciences et des Lettres de Wrocław, seria A, nr. 34.Wrocław.

Zhukavskaya, N.A. 1985. Les Kalmaks de l'Issyk-kul. *Études mongoles* 16: 91–106.

蒙古人在西方

孙　瑜　译

党宝海　校

以中原王朝为一方、以蒙古高原的游牧帝国为另一方，那些导致两者之间几乎不可避免发生冲突的经济和社会因素，通常并不会促成蒙古向西的扩张。蒙古对西方地区的征服——包括伊朗和东欧——也许被认为是以下行为的副产品（事实就是如此）：个人野心、能力有限的领袖所犯的错误、军队根据自己的策略来自行确定行动路线。下文将尝试用最小的偏误来展示蒙古人在西方历史的主要特征。这是一个被很多良莠不齐的学者，以多卷本专著或者短文的形式，反复耕耘过的领域。我一直认为，这个领域可能需要一个简短易懂的叙述，它既能作为一般的介绍性读物，又能包含丰富的新材料和新观点，以确保其发表在一个学术性的期刊上。本文是否达到了上述目的，将由读者来判断。

* * *

哈喇契丹的瓦解发生在1218年，当时逃跑的乃蛮人屈出律已经有效统治哈喇契丹近十年，结果被他的劲敌蒙古人杀害。[1]蒙古人的目的不是要摧毁西辽的政权，而是要惩罚屈出律。但是这次行动使蒙古人接触到好斗的花剌子模算端摩诃末，他在1218年完全错误地判断了蒙古人的实力，犯下了杀害蒙古外交使节的致命错误。这种杀害使节的行为一直被内亚民族所憎恨。蒙古人惩罚性的远征开始了，当年首先征服了河中地区（Transoxiana），然后扩大到阿富汗和东部伊朗。愚蠢自大的摩诃末妄想征服中国，但是他既没有卓越的政治才能，也没有足够的军事实力。他不近情理的构想，使哈里发成为他主要的反对者，这样一来伊斯兰世界在蒙古进攻的前夕就已经分裂了。作为一名蹩脚的战略家，摩诃末也没有利用他的军队在数量上的优势。尽管每个人都可能对历史的发展负责，但毫无疑问花剌子模算端摩诃末的所作所为引发了人类历史上的巨大灾难。蒙古征服的后果的确是破坏性的。复杂的灌溉系统被严重毁坏，肥沃的土地变成了沙漠，一些寸草不生、毫无人烟的地区展示着蒙古征服所带来的彻底毁灭。

当成吉思汗在波斯指挥军事行动时，他的两个将军哲别（Jebe）和速不台（Sübe'etei，通常又作Sübetei和Sübötei）在追踪花剌子模沙（Shah，即波斯语“国王”——译者注）的过程中到达高加索地区。[2] 1220年至1221年的冬天，他们攻击了格鲁吉亚，那时候格鲁吉亚由国王拉申四世（Lashen Ⅳ）统治。这是蒙古军队第一次遇到基督教军队的反抗。尽管格里哥尔（Grigor of Akanc）提到，“弓箭手的国家（蒙古）”犯下了“毫无人性的屠杀罪行”，[3]但可以

1 关于哈喇契丹政权解体的新解释，见Sinor，1995，p. 263。

2 更多情况见Allsen，1991。

3 Blake-Frye，1949.

猜想由哲别和速不台指挥的小规模军队无意占领格鲁吉亚或者阿塞拜疆作为永久基地。蒙古军队继续前进，沿途顺便袭击了设里汪（Shirvan）和达尔班特（Derbend），他们翻过高加索山脉，1222年出现在南俄草原。自11世纪中期以来，这里一直是突厥部落钦察人（Kipchaks）或者库蛮人的领地。[1]据阿拉伯历史学家伊本·阿昔儿（Ibn al-Athīr）的记载，蒙古取得的第一次军事胜利，是通过分化钦察人和阿兰人的军事联盟实现的，他们引诱钦察人说，库蛮人和蒙古人"是同一个种族，而阿兰人和你们没有关系"。这个似是而非的观点，却吸引了库蛮人。[2] 1223年1月，蒙古军队进入克里米亚主要的商业地区苏达克城（Sudak，Soldaia），它是特列比宗德（Trebizond）帝国的殖民地，那里人口构成很复杂，主要是希腊人和亚美尼亚人。库蛮人的背叛简直得不偿失，他们现在脱离了阿兰人，就不得不独自忍受蒙古军队的冲击。库蛮人被打败后，他们的王公忽滩（Kŏten，Kotien）向其岳父加利奇的密赤思老（Mistislav of Halich）需求庇护，忽滩警告密赤思老说："今天他们（蒙古人）夺走了我们的土地，明天他们也会来夺走你们的。"[3]他成功地说服了一些俄罗斯的王公采取主动，在蒙古军队到达他们的领土之前就去拦截蒙古军队。这种大胆的态度给俄罗斯和库蛮联军带来了最初的胜利，但是他们没有足够的能力转移灾难，在关键战役中他们失败了。这场战役发生在迦勒迦河（Kalka）附近（现在的Kalec河，是Kalmius河的一条小支流），根据我们掌握的资料，战争或始于1223年5月31日，或始于6月16日。由基辅大公领导的俄罗斯人在城中抵御了三天，蒙古人保证只要他们投降就可以保全性命，可是投降后，所有的守城者都被屠杀，指挥官们则是窒息而死——他们被压在厚木板下，蒙古人坐在上面举行庆功宴。这是迦勒迦河战役的

1　关于钦察和库蛮的更多情况，见Golden，1997。

2　引文见Marquart，1914，p. 142。

3　引文见Marquart，1914，p. 148。

尾声。“这是一次对俄罗斯王公的胜利，”《特维尔编年史》（*Chronicle of Tver*）记载，“这是自俄罗斯领地建立以来从未发生过的。”[1]

蒙古的进攻持续了一段时间，到达了北部的诺夫哥罗德和西部第聂伯河一线。也许对不里阿耳（Bulghar）的攻击只是不经意的尝试，[2]蒙古人最终失败。伊本·阿昔儿曾记载这一事件，还提到蒙古人随后返回，去觐见成吉思汗。此时大约已接近1223年年底。

为了理解哲别和速不台所领导的远征的动机和运行机制，我们需要记住：他们几乎按照自己的意志行事，成吉思汗只下达了追踪并抓捕花剌子模沙的命令，他们在行军过程中所做的事，就是让尽可能多的人臣服于蒙古人的统治。蒙古军队远离他们的大营数千里，只能严格遵守事先约定的时间来进行军事行动。这个时间表使军事指挥官有义务在规定的时间出现在约定的地点，同时他们也能够按照个人主张来领导军事行动。[3]出人意料的撤军（比如进攻俄罗斯之后）、不愿占领防御工事坚固的地方，这些常常被同时代人和历史学家所诟病，然而事实上蒙古人运用的战略概念完全不同于西方的军事思想。因为蒙古将军们不得不遵守他们的时间表。

蒙古征服伊朗以及短暂而令人印象深刻的对俄罗斯的袭击，立即引起了西方的注意，尽管人们不会马上认识到这两个事件之间的关联，以及这两次军事行动都由同一个蒙古民族所为。整个蒙古和欧洲的关系史，无论敌对抑或友好，都是在两个剧院各自上演的历史剧。信息的获得也通过两种不同的渠道。蒙古和西方的交流要么在奥特雷默（Outremer）地区，通过十字军；要么在东欧，主要通过匈牙利。这两个交叉的途径，无论是和平的还是战争的，都很少被历史学家认真考虑。

---

1 引文见 Marquart，1914，p. 150。

2 这是位于伏尔加河附近的不里阿耳王国（Bulghar kingdom）。为了清楚地区别于巴尔干半岛的保加利亚人（Bulgars），我在拼写时带上了 h。

3 关于蒙古军事行动的协调性，见 Sinor，1975a。

蒙古入侵中亚造成混乱以及伊斯兰世界面临困境的消息传到十字军那里，使他们萌生了很大的希望。在他们的观念中，蒙古人和祭司王约翰[1]或他的儿子大卫（David）的神秘部众有关，他们被视为基督徒，因此是十字军的潜在盟友。1221 年，詹姆士（James of Vitry，即 Jacobus Vitriacus）向聚集在达米埃塔（Damietta）附近的军队“公开鼓吹说，两印度（the two Indies）的国王大卫赶来帮助基督徒，他带着他最凶残的部下，野兽般地毁灭遭天谴的撒拉逊人（Saracen）”。[2]同一年，《阿勒别里克编年史》（*Chronicle of Alberic of the Three Fountains, Albercus Trium Fontium*）记载大卫王来到库蛮和俄罗斯，杀害了无数的库蛮人和俄罗斯人。第二年（1222）的记事中，阿勒别里克强调，匈牙利人和库蛮人称大卫王和他的军队为鞑靼人（Tartars）。1223 年，理喀德斯（Ricardus of Sancto Germano）记载：“匈牙利国王通过使节向罗马教皇汇报，有一个大卫王常常被称作祭司王约翰，他带着无数的民众已经来到俄罗斯。他七年前离开印度，带着使徒圣托马斯（Apostle Thomas）的尸体；在一天之内，他们杀死了二十万俄罗斯人和库蛮人（Plavci）……”[3]在向罗马教皇送达报告之前，匈牙利国王已经知道了这个消息。很明显，这条消息总体上与詹姆士所用的信息具有相同的性质，不过这个传闻源自东欧，可能出自俄罗斯。这很明显地表现在 Plavci 这个名字上，它是库蛮人（Polocvy）的斯拉夫语的名字。而人们很难指望在源于圣地（巴勒斯坦）的报告中找到库蛮的斯拉夫语名称。随着由哲别和速不台领导的蒙古军队的撤退——用阿勒别里克的话说——“有利于蒙古一方的流言马上消失了”。[4]十字军因祭司王约翰或大卫王赶来

1　关于祭司王约翰问题，哪怕是精选的书目都需要几页纸来介绍。Klopprogge（1993，pp.105–152）对这个问题进行了精彩的分析。不能被过度强调的基本观点是，祭司王约翰的传说只是与事实毫不相干的虚构作品。

2　拉丁原文见 Zarncke，1876，p. 9。

3　Rerum Italicarum Scriptores 7/2，pp.110–111.

4　*Albercus Trium Fontium*，ed. Pertz，p. 912.

援助他们而燃起的希望全部破灭了；对于俄罗斯王公或者匈牙利人来说，蒙古人的入侵只是他们长期与草原游牧民族斗争的一个有始无终的插曲。

成吉思汗死于 1227 年 8 月，他在世时已经将庞大的帝国分给四个儿子。长子术赤（Jöchi）在成吉思汗去世前的几个月已经死去，他的兀鲁思（ulus）留给了儿子拔都（Batu）。这是未来的蒙古大帝国最西边的部分，大致来说，它包括花剌子模、西伯利亚西部的额尔齐斯河（Irtysh）、咸海和乌拉尔山之间的草原。成吉思汗的次子察合台（Chagaday）分得了河中地区。按照古老的传统，幼子拖雷（Tolui）继承了蒙古本土。三子窝阔台（Ögedei）统治河中地区以东的部分，但在 1228 年或 1229 年举行的忽里勒台大会（quriltay，即国务大会）上，他被选举为大汗，成为整个帝国的最高统治者。窝阔台统治时期（1228/1229~1241）的特征是巩固成吉思汗统治下蒙古征服的领土，并且进一步扩张。此时，蒙古已经征服中国的北方地区，并再一次征服波斯。花剌子模摩诃末的儿子札兰丁（Jalāl al-Dīn）于成吉思汗第一次征服撤离之后，在波斯重建了政权，这时则再次逃离。这些情况与我们的论题没有直接关系，而以下的事实和我们的主题更为接近，窝阔台继任不久即召开了第二次忽里勒台大会。针对俄罗斯人、阿兰人（蒙古称之为 As）以及和拔都营地接壤的不里阿耳人，会议决定发动一场大规模战争。一群引人瞩目的王子（包括拖雷的儿子、未来的大汗蒙哥）被指派去镇压“叛乱者”（所谓的“叛乱者”就是那些还没有承认蒙古统治的人）。同时加入的还有巴哈秃儿（baghatur，一种荣誉称号，意为“勇士”）速不台，他是一名很有经验的将军，也许还是第二次西征的实际领导者。这些王子们返回各自的营地，去准备这次远征。[1] 与以前的策略相同，他们约定了一个地点集合。用志费尼的话说，在 1236 年年

1 见 Pashuto，1970。这是一篇出色而简洁的关于第一次蒙古出征欧洲的文章。

初，“他们聚集在不里阿耳的领土上，大地因为这支军队的庞大而发出阵阵回响，以他们军队的规模以及喧嚣程度，连真正的野兽都会震惊呆立”。[1]

蒙古军队左翼由蒙哥指挥，他可能出于保护后方的考虑，将军队直接插入了钦察领地。库蛮人肯定已听到了入侵的风声，他们的领袖之一忽鲁速蛮（此名只有汉文音写）[2] 认为长途跋涉去窝阔台的汗廷递交投降书是明智之举。在他离开期间，蒙哥的军队已经入侵了钦察领地的东部，忽鲁速蛮的儿子出来投降，这显然避免了一场战争。经过长途而艰险的追击，在伏尔加河三角洲的沼泽地区，库蛮的另一个首领八哈蛮（Bachman）被抓到并被处死，他的军队也被消灭殆尽。同样的厄运也落到了阿兰人首领的身上。钦察草原就这样被征服了，蒙哥和其他的蒙古军队在不里阿耳城会合，该城于1237 年秋天被攻占。

攻打不里阿耳的战役经过了精心准备（在最后进攻之前的一年里没有发动其他战争），这表明这次军事行动的意义对蒙古人而言远远超出对这个重要贸易中心的简单征服。蒙古的行动方案（毫无疑问这个行动方案必定存在）构想了对俄罗斯诸公国、波兰和匈牙利的征服，事实上包括整个东欧和部分中欧。这是一个持续很多年的庞大行动计划。对不里阿耳的征服只是蒙古军队“闪击战”（Blitzkrieg，如果用现代术语来表达的话）的第一步，俄罗斯的很多城市遭到了一系列毁灭性的、根本无法抵抗的攻击。按照蒙古人的习惯，他们喜欢在寒冷的季节发动战争，他们不在意严酷的气候，冰冻的河流也不是他们行军的障碍。由尤里大公（Yuri）防护的梁赞城（Ryazan）于 1237 年 12 月 21 日陷落，接下来是科洛姆纳（Kolomna）、弗拉基米尔（Vladimir）、苏兹达尔和莫斯科（当

1　Boyle，1958，p.269.

2　Pelliot-Hambis，1951，p.97.

时还是一个不太重要的城市）。到 1238 年 3 月初，14 个城市被蒙古人征服，包括托尔若克（Torzhok），它的陷落标志着这次有组织的、以大规模屠杀为特征的战争结束了。蒙古军队以万户（tümen）为单位，系统地搜查了整个国家。用拉施特的话说，经历了长期的、绝不轻松的战争之后，蒙古的主帅们"回家休息了"。[1] 这句过于简单的话可以通过名为《大匈牙利纪事》(*De facto Ungarie Magn*e）的文献中一段评论更好地解释清楚，文献的作者是某个叫理喀德斯的人，[2] 他的绝大部分史料来自于连，也可能还有其他的匈牙利资料。根据理喀德斯的说法，在大匈牙利（Magna Hungaria）或其附近，一个传教修道士（也许是于连）遇到了一位蒙古使节，使节说：一支蒙古军队驻扎在距离这里五天行程的地方，"想进军德国，但是正在等待另一支被派去消灭波斯的军队"。[3] 很可能奉命进攻西方的军队正在等待进一步的军事增援，而援兵可能来自蒙古在伊朗西部、美索不达米亚和高加索有权势的长官绰尔马罕诺颜（noyan Chormagan）。无论如何，这条消息揭示了蒙古军队协调行动的另一事例，而这也是蒙古全球战略计划的重要特征。1238 年春天，蒙古人停留在第聂伯河以东。我们既不能描述出准确的前线位置，也不清楚接下来的两年所发生的事情。事实上，这一时期一定没有爆发重要的战争，此时蒙古人正在准备对匈牙利进行大规模的进攻。

蒙古军队高层的钩心斗角可能减缓了备战的效率。高层军官间的相互猜忌是军旅生活永恒的特征，我们能够清楚地看到一场斗争的发展：一方是拔都，另一方是不里（Böri）和贵由。《蒙古秘史》中包含了一段关于拔都给大汗窝阔台书信的文字。在信中拔都提到，在使俄罗斯和十一个国家臣服之后，胜利的蒙古主帅们聚在一起举行宴会。拔都就座，他是那些在场王子中的长者，在其他人之

1 Boyle，1971，p.60.

2 现在翻译成德文，见 Göckenjan，1985，pp.67–91。

3 拉丁原文在 Dörrie，1956，p.158。

前先喝了几杯。贵由和不里认为这是不对的，他们拒绝参加宴会，声称："拔都和我们地位平等，为什么让他先喝酒？"其他王子也加入了贵由和不里的行列，说了很多诋毁拔都的话，把他比成"长胡子的女人"。拔都深感屈辱，将这件事向他的叔叔窝阔台大汗汇报，指出斗争产生的时候"正是被派去镇压异族叛乱之时，我们自问是否已经取得了胜利"。[1]收到拔都的信后，窝阔台汗极其愤怒，他恶言谩骂贵由，这些语言被恰当地记录在《蒙古秘史》中（§276），给读者以极为深刻的印象。大汗的决定有利于拔都，他授权拔都指挥下一场战役。

在1238年剩下的时间里，都是一些小规模的战役，显然这是为了保护蒙古军队的侧翼和后方。要精确地知晓蒙古人的军事行动是不可能的，不过我们知道，在那年的12月26日，克里米亚半岛的苏达克城再一次被洗劫。另一个更为重要的事件是蒙古人再次进攻了库蛮人，迫使他们大量移民到匈牙利。尽管库蛮人在言语和种族上都是同源的，但他们组成的部落联盟非常松散，各部落之间相当独立。钦察的西部在一段时间里由前文已经提到的忽滩统治，虽然他的家族和俄罗斯公国有亲属关系，但他还是拒绝加入基督教。受到蒙古即将入侵的刺激，忽滩派使节拜见匈牙利国王贝拉四世，请求国王庇护他及他的百姓，其中包括四万名士兵。作为回报，他们将皈依基督教。贝拉接受了这个请求，因为他受到多明我会修道士的鼓励。修道士们看到在这个移民运动中将打开一个改变宗教信仰的新的、充满希望的领域，可以实现他们过去的期望，这个期望是圣多明我（St. Dominic）本人所珍视的——库蛮人的皈依。1239年的复活节，贝拉在匈牙利的边境接见了忽滩，在给他洗礼的时候，贝拉表现得像一名教父。在蒙古人可能入侵的前夕，接收一个拥有庞大而有效军队的民族作为军事同盟似乎是一个政治家的决定，而

1 《蒙古秘史》§275，李盖提（Ligeti）编译本，1971，p. 130。这段译文由我本人译出。

库蛮人自愿投靠匈牙利国王并奉其为宗主的事件，一定会提高贝拉在本国领主中本来较低的威信和声望。然而事与愿违，把操突厥语、过游牧生活的库蛮人融入匈牙利人的生活中引发了许多问题。为了照顾新近移来的臣民，贝拉疏远了他自己的人民。君主和臣民、领主和平民紧张的内部关系严重地削弱了这个国家，而此时它还将面临一场空前的浩劫。

俄罗斯的城市和斯拉夫人不是蒙古入侵的唯一牺牲品。莫尔多瓦人（Mordvins）是一支好战的芬－乌戈尔人（Finno-Ugric），现今广泛分布于奥卡河（Oka）和 Bielaya 河之间的区域；但在 13 世纪他们却集中在伏尔加中游地区，不得不忍受蒙古人的冲击。这样的军事进攻同样毁灭了大匈牙利，该国的准确位置以及该地区人口的种族构成，尚属学术上争论的问题，但是出于实际考虑，根据我们掌握的有限知识，可以比较稳妥地认为大匈牙利在地理上和不里阿耳很难区分。在 13 世纪的史料里，大匈牙利就是指巴什基尔人地区（现在这里说突厥语）和匈牙利人地区，后者的名称表明了这一点。这是符合当时情况的合理观点，许多现代研究支持这种看法，大匈牙利就是匈牙利人古代的居住地，当时他们没有迁移到多瑙河的匈牙利地区。在我们关心的这个时代，对大匈牙利的兴趣已经充分促使一些匈牙利的多明我会修道士开始远行，他们希望能查清这些分开的同族人的具体位置，并把他们变为基督徒。在他们的启发下，一个名叫于连的多明我会修道士走了同样的旅程，但是当他到达“俄罗斯的边界”（limits of Russia）、大匈牙利、不里阿耳和“很多其他的国家”的时候，它们已经臣服于蒙古了。对于“传教士、小兄弟会修道士（Minorites）和其他被匈牙利国王派出探险的使者”，宗教狂热不是唯一的推动因素。这种看法并不是微不足道的。因为匈牙利主教在给巴黎主教的信中提到了于连，所以这封信后收入玛窦的著作。[1] 换言之，于连是一

1 Chronica Majora，由 H.R.Luard 编辑，Rolls Series，Vol. Ⅵ（1882），p.76。

个间谍，事实上他提供的报告（现在存有残本）写有蒙古军队行踪的细节。就在苏兹达尔被蒙古人征服之前不久，他经过此地，弗拉基米尔－苏兹达尔的大公尤里·弗谢沃洛多维奇（Yuri Vsevolodovich）警告于连说："鞑靼人整天都在商讨如何进军征服匈牙利这个基督教国家。据说他们十分想征服罗马，以及比罗马还要远的土地。"[1]大公的警告源于可靠的消息。他捕获了经过苏兹达尔领地的蒙古使者，搜到了蒙古人写给匈牙利国王的信。经过艰苦的释读和翻译，发现这封信是一份最后通牒：

> 我，察因（Chayn）[2]，天子的使者，已经被天子授权，在世界上提拔那些归顺他的人，推翻其对手。我对你匈牙利国王感到疑惑，尽管我已经三十次向你派出信使，[3]你从来没有送他们中的任何一人返回我处，也没有见到你自己的信使或书信。我知道你是一个富有并且强大的国王，你指挥着很多士兵，你自己统治着一个伟大的王国。因此，让你自愿向我投降是困难的。我还知道，你把我的奴隶、那些库蛮人置于你的保护之下。为此，我警告你：从今以后不要让他们跟随你，不要因了他们而让我成为你的敌人。如果逃跑的话，他们比你更容易逃脱。由于他们继续住帐篷流浪，那就可能逃脱，可你却住在房子里，拥有要塞和城市，你怎么可能逃出我的手掌心呢？

1239年没有发生任何重大事件，1240年的前11个月也是如此。1240年12月6日，基辅（也许是俄罗斯最重要的城市），只经过蒙

1　见 Dörrie，1956，pp.177–178。我不同意 Dörrie 关于日期的看法，参见 Sinor，1952。德文翻译见 Göckenjan，1985，pp.93–125。

2　Chayn 一定是 qan 称号的误写。在拉丁文献中，qan 常被拼成 cam。见 Sinor，1952，pp. 594–595。我推测最后通牒的作者是拔都。我认为这是最有可能的假设，Dörrie 也同意这个观点。这段文字的大意毫无疑问显示了它的真实性。

3　这个数字似乎被夸大了，也可能是一个抄写错误。

古人九天的围攻就陷落了。关于这座城市的突然毁灭，考古发掘令人触目惊心。[1]发掘中发现了一个盛满麦片粥的罐子，一柄木勺插在里面，人们来不及吃它，房子就着火了。还有许多珍贵的水晶珠子放在水罐中，逃跑的主人将它们掉落、遗弃。更悲惨的是，两个小女孩蜷缩在一个炉子里，她们再也没能走出这个藏身之地；还有几个绝望男子的藏身处，他们希望能够挖出一个地道，通过地道逃离这座燃烧的城市，可是他们头顶的墙塌了，把他们全部掩埋，其中包括一个叫马克西姆（Maxim）的工匠，据鉴定，他就是那个在城市的另一街区没来得及吃麦片粥的人。可能在当时没有人（至少蒙古人自己没有）意识到基辅陷落的重要意义。这是俄罗斯人向东方迁移，向未来他们生活的重心莫斯科方向迁移的最早、最根本的原因。这次迁移不仅对俄罗斯，也对整个世界历史产生了决定性的影响。

基辅陷落后，在加利奇（Halich）和伏尔希尼亚（Volhynia）地区的其他城市也很快被攻陷，但这些对蒙古人来说都是小规模的战事，只能算是攻打匈牙利前的“热身”，匈牙利才是蒙古人此番行动的战略目标。

蒙古人制订长期战略计划，又以绝无仅有的谨慎态度去执行。在这一方面，入侵匈牙利是一个经典案例。为了对抗匈牙利，蒙古人构想了一个三路进军的方案。左、右两翼各发动三路进攻，而中军则由主力部队组成，不再分兵，集中向前推进。右军向西进攻，由拔都的兄弟斡儿答（Orda）统率，察合台的儿子拜答儿（Baidar）和海丹（Qaidan）做副统帅。他们的军队从弗拉基米尔向西推进，主要目的是使贝拉的同盟波兰和西里西亚（Silesia）保持中立。贝拉的女儿古涅恭（Kinga）是博勒思老（Beleslaw）的妻子，博勒思老是 Piast 王朝国王赖则克（Leszek the White）的儿子。斡儿答军队的右翼，在他亲自领导下，向西北方向前进，绕过或者实际上已经

1　参见 Karger，1958，pp. 496，580。

进入普鲁士，接着几乎走了一个半圆的路线，又向南到达了布雷斯劳城（Breslau，Wroclaw）。斡儿答的中路军，在海丹的领导下，直接向布雷斯劳城的方向前进，而由拜答儿领导的左翼军队，横穿了桑河（San），向西南方向的克拉科（Cracow）进军。桑朵米儿（Sandomierz，Sandomir）在 1241 年 2 月 13 日陷落，克拉科在同年 3 月 22 日失守。拜答儿故意放慢行军速度，沿河前进，先是桑河，然后是维斯瓦河（Vistula），攻陷克拉科后，他们又顺流而下来到奥得河（Odera）。4 月 2 日，在布雷斯劳城前，拜答儿的军队和斡儿答、海丹的军队会合。他们约定的时间再次准确无误。布雷斯劳城被烧毁，它要么是被蒙古人点燃的，要么是城市居民干的——他们跑到一个岛上的堡垒里避难。蒙古人对这个堡垒的第一次进攻失败了，不愿意错失时间的蒙古人，不得不面对自从他们离开弗拉基米尔之后进军路上的第一个巨大障碍。在 4 月 9 日里格尼茨（Liegnitz）的战场上，蒙古人与西里西亚公爵、贝拉之侄亨利二世的军队交战。一队战斗力很强的圣殿骑士（Templar）为亨利二世助战。蒙古人赢得了决定性的胜利，亨利二世命丧疆场。德国的民族主义者在各种场合宣称，尽管战争失败了，但它阻止了蒙古人对德国的入侵，可是这种说法得不到证明。蒙古人的目标是包围匈牙利，现在后方很安全，他们可以从西北方通过摩拉维亚（Moravia）进入匈牙利。时间非常紧迫，斡儿答的军队要和拔都的军队在佩斯（Pest）附近的某地会合，他们应该沿多瑙河左岸顺流而下。蒙古军队没有时间进入波希米亚（Bohemia），波希米亚明智的国王温赤思老一世（Wenceslas Ⅰ）虽然也准备保卫疆土，却从来没有主动向蒙古人表示敌意。只有很少的蒙古兵被派去侦查奥地利的边境，刚一交锋就撤军了。

我们还不能确认朝南进军的蒙古部队左翼的统帅。不过，我们知道大汗窝阔台的儿子合丹，由察合台的孙子不里（Bori）辅佐，正指挥他们的军队从东北方来，由 Borgó 隘口，穿过喀尔巴阡山

（Carpathians），在 3 月 31 日到达了特兰西瓦尼亚（Transylvania）。另一支可能力量稍弱、指挥官不明的蒙古军队，沿喀尔巴阡山的弓形部分（arc），经 Ojtuz（Oituz）隘口穿过该山。第三支最南面的左翼军队通过 Olt 河边的小路进入特兰西瓦尼亚。上面提到的三支军队在 Maros（Mures）和蒂萨河（Tisza，Tisa）交汇处 Csanád（Cenad）会合。会合的部队没有遇到有组织的抵抗，他们接下来准备和斡儿答、拔都的军队会师，给贝拉的军队以致命一击。

蒙古中军由拔都率领，他是西方蒙古军队的最高司令，正准备沿着德涅斯特河（Dniester）展开攻势。取得无数军事胜利的功臣速不台和拔都的弟弟昔班（Shiban）辅佐拔都。虽然没有可靠证据显示三支蒙古军队的实力，但由拔都和速不台率领的中军很可能强于右军（斡儿答统率）和左军（合丹和其他人统领）的总和。拔都选择从北部的 porta Russiae 即 Verecke 隘口进入匈牙利，三百年前匈牙利人就是从这里长驱直入占领了他们后来的家园。从形势来看，再过一段时间，蒙古人发动的攻击将摧毁匈牙利这个许多年前由外来入侵者建立的国家，引用巴伐利亚编年史家简短的话说："已经持续了三百五十年的匈牙利王国，被鞑靼人毁灭了。"[1]

贝拉四世已经意识到蒙古的威胁（尽管我们不知道他是否收到了前文提到的最后通牒，假如他收到了，也不知道他是否认真对待），他已经做出很多努力来加强国家的抵御能力。听到基辅陷落的消息，他命令加强匈牙利的边防，巡视新建的木制路障。他还要尽他所能劝说封建领主们增强军力和调整防务。在 3 月 15 日，当贝拉正在举行会议讨论对策时，他得到了 Verecke 地区防御将领的使者带来的消息，其内容是：在 5 月（May，原文如此——译者注）12 日，防守该关隘的匈牙利军队已被蒙古军队击溃并歼灭。这个

---

1 "regnum Hungariae quod 350 annos duravit a Tataris destruitur"，引自 Strakosch-Grassman，1893，p.159。

消息虽然可怕，但是封建领主们却不了解事情进展的实际情况，他们不相信贝拉，仇恨忽滩，他们控诉忽滩的百姓是背信弃义者，他们把蒙古入侵也归咎于库蛮人。此时，蒙古的先头部队已经到达了佩斯，袭击并劫掠了佩斯以北大约 20 英里的城市 Vác。蒙古人出动了很多小股部队，但一直避免大规模的战争。蒙古人的外貌特征和库蛮人很像，这强化了库蛮人是背叛者的观念。忽滩和他亲近的随从成为暴徒施暴的牺牲品，这导致他的部族大批离去。义愤填膺的库蛮人向南迁移到保加利亚，他们在所经之地烧杀抢掠，与应贝拉的要求向北进发的匈牙利兵团交战。混乱的无政府状态在匈牙利蔓延，在那里没有人，甚至连国王也不能对蒙古的军力做出正确的判断。由于习惯于更早时期佩切涅格人（Pechenegs）、库蛮人等草原民族的入侵，加之几个世纪以来在他们的领土上从来没有打过败仗，匈牙利的领主们对他们的军事实力非常自信。

拔都的军队像蜗牛一样慢慢向南推进，这样做能够照顾路程更远的左军和右军，以便让他们和主力军同时到达佩斯。拔都命令他们在一周之内到达佩斯，无疑他已经意识到这样做可以利用匈牙利的毫无防备。原来的行动计划已经设想在三军会合后发动一场决战，所以拔都不愿意自己的军队单独吸引贝拉的军队。此外，拔都也不得不等待会师，因为从 4 月份开始，由国王召集起来的、全副武装的军队已从佩斯出发来抵御蒙古军。他们的遭遇战是在佩斯距 Verecke 不到一半路程的地方，在撒岳河（Sajó）附近，最初这条河把双方隔开。4 月 11 日拔都的军队跨过此河，夜袭匈牙利的营地，使那些遭围攻的守军损失惨重。国王自己异常艰难地从溃败中脱身。遭遇战的结果是毫无疑问的，一些人称之为屠杀而非战争。一些人认为贝拉明显不称职，而历史学家们对此类评价并不赞同。当然，匈牙利人也许能做得更好，但是无论如何没有一个专门的封建军事力量，可以和蒙古军队相匹敌，这是一支由纪律严明、训练优良的职业士兵组成的军队。有一种方法可以估计匈牙利抵抗的效果，但它很少被考虑到，那就是看入侵者一方受损的程度。在这方面，蒙古人损失惨重。当 1245 年方济各会修道士柏朗嘉宾访问蒙古时，这些损失还能被生动地忆起。这位修道士记载说，为那些倒在匈牙利的蒙古人建有专门的墓地。[1]他还发现，在拔都的营地里有一个曾经属于贝拉四世的漂亮的帐篷。

尽管这场战争的统帅拔都不急于前进，蒙古的特遣部队早已四散去恐吓和掳掠，只有军队的主力在慢慢地向多瑙河进发，但到同年秋天，多瑙河以北和以东的领土已被占领，各支独立军队的抵抗被粉碎。

匈牙利的崩溃使教皇、弗里德利希二世皇帝，以及西方所有的当权者极为震惊，他们全都责怪贝拉（弗里德利希二世所用的词是"无用的、粗心的"国王），[2]但没有人愿意提供有效的帮助，以阻止蒙古人进一步的侵略。此时贝拉正在匈牙利的西部，他预料到蒙古人企图渡过多瑙河，所以尽最大努力阻止本国的进一步毁灭。经验表明，尽管防御工事不能有效地阻挡蒙古人前进（他们常常绕过工事），但至少能够给百姓提供一个庇护所。国王尽其所能增加防御工事的数量，并提供足够的防御设备。

匈牙利在多瑙河以东、以北的部分陷入了混乱，被蒙古人所控制，但是贝拉四世靠着好运和一些部下的忠诚，得以逃脱。他向西逃，到达奥地利边境，停在布拉迪斯拉发（Pozsony，Pressburg，Bratislava），在那里奥地利公爵弗里德利希（Frederick）邀请他去做客。"但是，唉，" Várad 的神父 Roger 编写的《悲歌，或贝拉四世时期鞑靼人毁灭匈牙利王国之历史》（*Carmen miserabile, seu Historia*

1 Carpini Ⅲ，14: Aliud est in quo sepulti sunt illi qui in Hungaria interfecti fuerunl; enim ibidem fuerunt occisi... 这是一段最令人惊异的叙述，通常被文献的注释者所回避。柏朗嘉宾称这些墓地坐落在远离蒙古的地方。但是根据通常作为信史的《黑鞑事略》记载，当时的蒙古人会尽力把倒下同伴的尸体带回家。参看 Olbricht-Pinks，p. 22。

2 原话是 rex deses et nimis securus, 见一封 1241 年 7 月 3 日给英格兰国王亨利三世的信。参看玛窦的著作，由 Luard 编辑，Vol. Ⅵ，p. 113。

super Destructione Regni Hungariae Temporibus Belae IV. Regis per Tartaros facta，以下简称《悲歌》)[1] 告诉我们，“这个可怜的国王像一条尝试从冰柜里逃脱的鱼，却跳到了烘烤的火中。”[2] 一旦公爵控制了国王本人，他就提出很多要求。他强取了匈牙利三个郡，并要了一大笔钱。流亡的贝拉没有那么多钱，不得不留下全部金银器皿作为抵押品，这些都是他在逃亡中试图保留的。在这种情况下，我们可以理解匈牙利国王不愿留在奥地利。1241 年的 5 月中旬，他在萨格勒布等地努力重新组织国家的剩余力量，防止蒙古人渡过多瑙河后可能发起的进攻。

蒙古人好像已经停驻在多瑙河的东部和北部，可是在奥地利境内发生了一些劫掠事件。各种消息相互矛盾，其中有一个缺乏任何历史根据的奇怪传说，说拔都自己跳入多瑙河中丧命。[3] 蒙古军事行动有一个暂停阶段，统治德国军队的国王康拉德四世（Konrad Ⅳ，他是皇帝弗雷德里克二世的儿子）受到虚假安全感的误导，裁减了军队。贝拉则变得更加明智。他坚信蒙古军队一定会尝试通过多瑙河，因而他采取了相应的行动，试着建立一个有效的防御体系。在空旷地带抵御蒙古人可能的冲击是没有任何希望的，贝拉将注意力集中在建立拥有高效抛石机（ballistarii）的防御工事上，以使自己有机会抵挡蒙古人的入侵。在这方面最有启迪作用的是一封日期为 1242 年 1 月 19 日的信，该信被送给教皇格里高利九世（Gregory Ⅸ）的接班人：

> 看！这是第三次我们送信给您，我们敬爱的宣道士弟兄会之父（your Paternity our beloved Friars Preachers）。送这些礼

1　该文献有注释丰富的德文翻译，见 Göckenjan，pp. 127–223。

2　原文在 *Scriptores Rerum Hungaricarum*, Ⅱ，p.575。

3　见 Sinor，1941–1942。此后，我发现关于拔都被淹死的事件也被海敦（Hayton, p.162）提到。关于拔都之死其他想象版本的全面研究，见 Halperin，1983。

物的使者按照自己的心愿，带着他们教长（prelates）的美好愿望，恳请教父去倾听被束缚者的呻吟，悲伤的寡妇、儿童和孤儿的哭泣，这一切将在您神圣的心灵中浮现。最重要的是，教会的巨大热忱将说服您，为了避免匈牙利新的农庄被完全地、可悲地破坏，请快些选派经验十足而且愿意参战的士兵到匈牙利人这里，和我们以及我们的人民（由于上帝保佑，我们现在还有一些民众）一起，这些士兵能够像一堵墙一样保卫上帝的家园，尤其是防止蒙古人渡过多瑙河。到现在为止，最有力量的上帝阻挡了他们渡过此河。对我们的帮助，也是为了牢记基督之名，为了我们王冠的荣耀，这份荣耀因罗马教廷的祝福，被我们和我们的父辈所保有，而现在却要被剥夺。……因而我们请求您发挥神圣的力量，为建立一支十字军而在威尼斯人中布道。威尼斯人是我们现在最急需的，因为他们的抛石机是我们在多瑙河上设防和防止蒙古人进入其他天主教公侯国所必不可少的。[1]

贝拉预见的事情发生了，在1242年2月的某一天[2]，蒙古军横穿多瑙河。Roger 神父在他的《悲歌》中描述道：

看！在冬天下了这么多雪，以至于多瑙河结冰，很久没有发生过这样的事情了。但是匈牙利人每天要将河里的冰凿开，来保卫多瑙河。为此，步兵们要和冰做持续的斗争。然而当严寒来临，整个多瑙河都结冰了，但是蒙古人并不试图骑马过河。看他们都做了什么：他们把很多马和牲畜牵到多瑙河岸

1 Huillard-Bréholles，Ⅵ，2，pp.903-904.

2 根据 Thomas of Spalato 的记载。据《悲歌》一书，此事发生在 1241 年圣诞节。我选择 Thomas of Spalato 的日期是因为，像我们看到的那样，在 2 月 12 日贝拉仍然不知道蒙古军的行动，如果它发生在前一年的圣诞节，国王应该知道此事。

> 边，连续三天他们都不派人来看管这些动物，看上去这些动物没有看护者，被遗弃在那里；没有一个鞑靼人出现在那些地区。匈牙利人以为鞑靼人已经撤退了，突然过河，沿着冰面牵走了牲畜。这时鞑靼人对此已有察觉，他们知道可以骑马自由地通过冰面。于是他们就这样做了。一声令下，鞑靼人从那里（放马匹牲畜的地方——译者注）跨过多瑙河，他们的人数如此之多，以至于挤满了整个地面。[1]

多瑙河的西部也是欧亚草原的西部边界，蒙古人的目标不是侵占那么多领土，他们最重要的任务是捉住逃跑的国王。像早年哲别和速不台追捕花剌子模的摩诃末那样，合丹表现出同样的精力。甚至蒙古人施行屠杀的原因也是相同的——前文最后通牒责备贝拉的话已经指出，蒙古的使者失踪了，可能被谋杀了。

蒙古人对国王的追踪，没有像他们尝试捕捉摩诃末那样成功。贝拉和花剌子模的算端一样，认为最能安全逃脱蒙古骑兵的避难所是岛屿，所以他向西南方逃到了克罗地亚和亚德里亚海，经历了很多风险之后，他把朝向 Trogir 城的一个岛屿作为自己的藏身之所。派去追踪他的蒙古人不能抓到他。由于缺乏足够的牧场，他们的行军受阻，只能在达尔马提亚和克罗地亚进行小规模的掠夺活动，直到全部撤离匈牙利。他们穿过塞尔维亚，在保加利亚加入拔都的主力部队。在匈牙利东部执行任务的蒙古军队从他们的来路经特兰西瓦尼亚隘口返回。撤离匈牙利——出色军事计划的另一范例——于1242 年 5 月完成。

根据柏朗嘉宾的记载，窝阔台的去世导致蒙古从匈牙利撤退。这个修道士的记载价值非凡，但也包含很多错误，这个解释就是其中一个重要的例子。不幸的是，这个错误被数代历史学家（包括我

1　原文见 *Scriptores Rerum Hungaricarum*, Ⅱ，pp. 583–584。

在内）所坚信。在很长时间内，他们从来没有思考过这个理论内在的弱点。窝阔台死于 1241 年 12 月 11 日，据说当拔都得到了这个消息时，他也许产生了称汗的野心，所以他决定返回蒙古，至少离它近一点。但事实是，没有任何迹象表明拔都要返回蒙古。从匈牙利撤军之后，他继续驻留在南俄草原，这离蒙古的权力中心依然很远。拔都是否怀有成为大汗的野心是个有待讨论的问题，但他的行为一定没有反映出这种想法。有证据表明，他很满足于成为蒙古帝国西部的实际统治者，他对窝阔台的继任者贵由表现出极大的忠诚。蒙古人从匈牙利撤军的原因必须在其他地方寻找——撤军是后勤的需要所造成的。

对蒙古军队的规模做出正确的评估是根本不可能的，更别说蒙古侵略匈牙利的军力了。时人 Roger 说军队有 50 万士兵，不过这肯定有所夸大。根据西蒙的记载，[1] 拔都的军队（1245）是近东地区指挥官窝阔台（Ögedai，原文如此——译者注）军队的七倍，窝阔台大概有 60 万人，包括 16 万蒙古人。蒙古军队分成很多万户，每个万户人数多达一万人。组成拔都军队左翼和右翼的是四个军团。很难想象，它们中的任何一个会少于一个万户。即使在最低限度上，他们也会有 4 万人。贝拉的军队估计多达 65000 人。我们有理由认为对抗并击败他们的蒙古中军的人数至少和他们一样多。做一个很保守的估计，蒙古军的人数应该在 105000 人至 15 万人之间，这个数字明显低于我们所用资料中的任何数字。

所有伟大游牧帝国的军事力量，特别是蒙古帝国的军事力量，主要来自他们的骑兵和几乎是源源不断的马匹供给。根据柏朗嘉宾的记载，蒙古人“拥有如此之多的牡马和牝马，我都不相信世界其余地区所拥有的也能有那样多”。[2] 有证据表明每个战士至少有三匹

1 Ed. by Richard，p. 93.

2 Dawson，p. 8.

或四匹马，但是马可·波罗说每个人有十八匹坐骑。让我们来思考蒙古人所承受的损失。我们可以计算一下，假如有 10 万人占领匈牙利，保守的估计他们至少需要 40 万匹马。大约有 42000 平方公里（10378425 英亩）土地能够或可能用于放牧。对放牧量或载畜量（carrying capacity）的估计会有很大不同，但是可以假定，那时候大约 25 英亩可供养一匹马一年所需，那么匈牙利牧场载畜量的最高限额必定是 415136 个动物单位。在一种完全不真实的条件下——没有其他动物在草原上吃草，每个蒙古骑兵有五匹马——进行计算，匈牙利草原的极限是供养 83027 名骑兵的马匹，很显然这远远低于蒙古的军力。蒙古的高级将领发现，他们正处在一种困境之中——类似于现代装甲兵团面临燃料短缺。继续向西前进，进入外多瑙河流域（transdanubia），将会使事情变得更糟。蒙古人的习惯是在春天停止战争，让他们的马自由地喝水、吃草、繁殖，为他们在秋天的战争做准备。蒙古人在 1242 年春天从毁坏的、过度放牧的匈牙利撤军，转往水草丰美的草原，其原因就在于此。在那里他们能够增加牧群、养壮牲畜，而这正是他们的军事力量所依赖的。[1]

窝阔台生前选择他的三子阔出继承汗位。但是阔出比他的父亲早去世，窝阔台下令由阔出的儿子、年幼的失烈门（Siremün）做他的继承人。窝阔台去世后，他的寡妻脱列哥那合敦（katun Töregene）不同意他的选择，她更喜欢她和窝阔台所生的长子贵由。组织忽里台大会不是一件简单的事情，因为作为选举人的各个王公贵族分散在庞大帝国的不同部分。当他们缓慢向将要举行选举的哈拉和林聚集时，未来属于贵由汗的“政府”（正如实际发生的那样）在继续处理日常事务，由脱列哥那确保各种形式的外交活动，用拉施特的话说，“用各式各样的礼物来打动亲属和异密的心，直到他们

1　关于上述内容，见 Sinor，1972，尤其是 pp.181–182。这里我采纳了 Lindner（1981）所做的评述。关于蒙古人撤退的各种不同学术观点，有一个非常全面的总结，见 Rogers，1996。

都倾向于她，来到她的统治之下”。[1]脱列哥那实现了她的目标，贵由在 1246 年 8 月 24 日登基，柏朗嘉宾目睹并记录下这个引人瞩目的仪式（Ⅸ，32–35）。

这个方济各会修道士是 1245 年春天教皇英诺森四世派遣的三名使者中最成功的一位。遣使的目的是进一步了解那个给匈牙利带来巨大破坏的民族，并劝告其不知名的统治者，避免进一步的罪行并皈依基督教。他们带来了两封给“鞑靼的国王和百姓”的信，一封信（Dei patris immense）上的日期是 3 月 5 日，另一封（Cum non solum）的日期是 3 月 13 日。[2]其中一个由多明我会修道士阿思凌带领的使团，通过安纳托利亚到达蒙古人的地区，此地比第比利斯（Tiflis）远一些。阿思凌受到蒙古将军、高加索地区指挥官拜住的接见，他向拜住据理力争，后来把拜住给教皇的回信送到里昂。另一个使团由法国的多明我会修道士龙如美（Andrew of Longjumeau）带领，他穿过叙利亚，在大不里士（Tabriz）附近遇到了一支蒙古军队（军队将领的叔叔曾参加对匈牙利的战争）。龙如美还在那里遇到了窝阔台大汗的熟人、聂斯托里教传教士西蒙——他的“列班·阿塔”（Rabban Ata）的称号更为知名。1235 年到 1240 年间的某段时间西蒙被派往亚美尼亚。作为一个具有很高声望的人，他施加影响以改善在蒙古人统治下的基督教徒的生活。

尽管阿思凌和龙如美的出使可能是有意义的并且是重要的，但它们被上文时常提到的柏朗嘉宾的出使所掩盖。[3]柏朗嘉宾出使的显著特点在于他选择的路线。前面提到的两位（修道士）以叙利亚作为起点，而柏朗嘉宾是穿过波兰和俄罗斯。这是蒙古侵略匈牙利

---

1 Boyle，1971，p. 176.

2 书信的英文翻译，见 Dawson，pp.73–76。这些事件已经被广泛地研究过。不过，为了历史图景的完整，我不得不提到它们，但列出相关的文献目录则是没有必要的。

3 Wyngaert 1929 年的版本已经被一个极好的意大利文版所取代，这是由一些意大利学者翻译、注释的。见参考文献中的 Pian di Carpini。此外还应提到一部新的英文译本（Hildinger，1996）和两部新德文译本（Gießauf，1995; Schmieder 1997）。

的路线，也是于连返程的路线。有证据表明，柏朗嘉宾在返回里昂的路上，曾经拜见了匈牙利国王。[1]前面提到过，蒙古和欧洲的交流通过两条渠道：从奥特雷默（Outremer）出发，要经过地中海；从东欧出发，要经过匈牙利。后一条路线更有利于抵达蒙古权力的中心——西方的拔都和蒙古的大汗。柏朗嘉宾见到了他们，首先是拔都，他在伏尔加河下游附近游牧，这位修道士报告说，拔都对自己的百姓很友好，善于作战，“因为许多年来他一直在打仗”。[2]接下来，在大汗登基典礼之后，他拜见了贵由。在柏朗嘉宾看来，贵由的年龄在40岁到45岁之间（实际上他至少比这个年龄年轻大约10岁），中等身材，“非常聪慧，极其精明，他的风格是十分严肃而庄重的”。[3]

由阿思凌和柏朗嘉宾带回的蒙古人致教皇的书信令人万分沮丧：蒙古人要求的是彻底投降，甚至前面提到的列班·阿塔捎来的友好的信息也是催促教皇和蒙古人和平相处，“整个基督教世界都无法抵挡蒙古人的力量”。[4]柏朗嘉宾描述的众多见闻，使我们确信那些回信所反映出的十分冷淡的态度。这个传教士带回了一个危险的警报：被认为支持基督徒的新任大汗贵由，正准备全力攻击西方所有信奉基督教的民族和王国。事实上，结果恰恰相反。贵由的统治十分短暂，1248年春天他就去世了，距即位不到两年。他的寡妻斡兀立·海迷失在短期内封锁了丈夫的死讯，继续管理政务，不过她绝大多数时间是和萨满巫师在一起，她对他们言听计从。她努力确保失烈门即位，而失列门曾被他的叔叔贵由取而代之。理论上，蒙古的统治者应是贵由之子，拔都却不同意这个主张，自从前文提到的令人难忘的宴会之后，他和贵由的关系一直很紧张，拔都也不同情

1　见Sinor，1957。

2　Dawson，p. 57.

3　Dawson，p. 68.

4　原文见Matthew Paris，ed. Luard，Vol. Ⅵ，p.115。

斡兀立·海迷失。1250 年，斡兀立·海迷失接见了第二次出使蒙古的龙如美。他这次代表法国国王路易九世，这位国王自认为继承着英诺森四世所开创的事业。这次出使完全以失败告终：斡兀立·海迷失把法国使臣当作一个请求宽恕的人引见给她的臣民。她在给路易九世的回信中言辞毫不妥协、专横无理，就像她死去的丈夫贵由一样。斡兀立·海迷失不仅要对付拔都的敌意，还要和贵由叔父拖雷的寡妻唆鲁禾帖尼别吉竞争。唆鲁禾帖尼是个基督徒，用拉施特的话说，“她是世界上最聪明的女人”。[1] 她已经下定决心推举他的儿子蒙哥成为蒙古的统治者，她派蒙哥到拔都那里，让这个在蒙古最有影响力的人用他的善意保护蒙哥。唆鲁禾帖尼别吉获得了拔都的承诺，更加努力地为她的儿子争取利益。反对意见来自对贵由忠诚的人，他们认为贵由的儿子应成为未来的统治者，他们不接受拔都的主要观点，即贵由的儿子太年轻，不能统治这个庞大的帝国。那些反对推举蒙哥的人认为不参加选举大会就可以阻止他。但是一次缺席大会导致了永远的错误（les absents ont toujours tort）。拔都的弟弟、他在蒙古最信任的谋士别儿哥（Berke）坚持说，年长的国王拥立者（king-maker）拔都传来命令：“让他（蒙哥）登上大汗的宝座。”因此，那些参加忽里勒台大会的人选举蒙哥做大汗，而斡兀立·海迷失则被处死。在一封蒙哥给路易九世的信里，她被说成“比狗还要卑鄙”。[2]

包含这段引语的信由方济各会的鲁布鲁克传递，他常常错误地被认为是路易九世的使者。事实上，这个传教士受传教热情的驱使，为了他自己而来到蒙古。他在 1253 年初离开巴勒斯坦，穿过黑海，沿着柏朗嘉宾走过的“北路”去蒙古。在 1253 年 12 月 27 日，他到达蒙哥的汗廷，在那里一直驻留到第二年七月初。他返回时，

1 Boyle，1971, p.199.

2 Dawson，p. 203.

带着大汗给法国国王的信，信中蒙古人反复声称要统治世界。

在蒙哥与传教士真实而非同寻常的谈话中，[1]他强调了拔都的重要性，把他们之间的关系比喻为一个头上的两只眼睛。很明显，蒙哥很信任拔都，对于拔都使自己登上汗位心存感念。他对后来成为拔都属地的金帐汗国的地位（status quo）也很满意（称为“金帐汗国”的原因还不十分清楚）。[2]蒙哥的计划主要涉及两个“反叛的地区”，那里的情况不利于蒙古人。蒙哥主要将精力放在对南宋的战争上，在这方面由他的弟弟忽必烈（Khubilai）辅佐他。他第二个重要举措是指挥攻打波斯，他任命另一个弟弟旭烈兀去波斯重新确立蒙古人的统治，这片土地曾经被成吉思汗征服，但是现在蒙古人对该地的控制渐渐削弱了。外高加索地区（Transcaucasia）的统帅绰儿马罕（Chormaghan）和后来的拜住主要关心高加索地区、美索不达米亚北部和小亚细亚。自从 1243 年的 Köse Dagh 一战之后，安纳托利亚的塞尔柱算端就成了蒙古人的附庸。在伊朗重新确立蒙古的统治，对旭烈兀来说并不是一件难事。就像征服匈牙利那样，旭烈兀领导的征服战争是战略计划的杰作，导致了亦思马因派（Ismā‘īlīs）势力灭亡。1258 年 2 月 10 日占领巴格达，阿拔斯王朝（Abbasid）最后一任哈里发被杀。旭烈兀在中东地区确立了永久的统治。尽管旭烈兀仍同他的兄弟们（两位相继统治的大汗）保持密切联系，但他已经成为第一位统治伊朗的伊利汗（1256~1265）。所有这些都是人们耳熟能详的，但我认为在此回顾一些重要事件可能会有所裨益。

拔都死于 1256 年。他的儿子撒里答（Sartak，可能是个聂斯托里教教徒）得到这个死讯时正在蒙古。蒙哥汗立即将拔都的领土授予他。然而，撒里答死于返回钦察草原的路上，他的儿子（或是兄

1　见 Jackson，pp. 236–239。

2　这个名称的由来见 Egorov，1985，p. 154。

弟）兀剌赤（Ulagchi）几乎与他同时去世。最后拔都的弟弟别儿哥继承了拔都的位置（至 1267 年）。

在短期内，别儿哥似乎要继承他的哥哥早期向西扩张的政策，他发起了几次小规模的战役，进攻伏尔希尼亚和加利奇。令人惊奇并具有重要意义的事件是，别儿哥要和贝拉四世结盟。金帐汗国的汗建议，他们彼此的子女进行通婚，还保证免除匈牙利的赋税；但作为回报，四分之一的匈牙利士兵要加入蒙古军队，发动一场对西方国家的战争。相应的，这些匈牙利士兵将得到五分之一的战利品。面对这样可怕的两难选择，贝拉求助于罗马教皇亚历山大三世（Alexander Ⅲ），当然教皇并没有帮上什么忙，难听的建议倒是给了很多。贝拉为了敷衍了事，派了一个讲库蛮语的使者去拜见别儿哥，而别儿哥在其他方面的事务不断增加，结盟一事从他过去优先考虑的计划中取消。

拔都去世之后的几年里，政治环境发生了很大变化。在拔都的一生中，蒙古帝国是两头政治：他曾经为三位大汗效劳，更确切地说，是与三位大汗并驾齐驱。多年过去，拔都的权威没有被削弱，反而加强了。与拔都相比，别儿哥和蒙哥以及新任大汗忽必烈的血缘关系并不远，但是我们没有发现别儿哥和他们之间存在着像过去拔都和窝阔台、蒙哥那样的友善关系。此时一个新的要素是，在蒙古人的眼中，中国和伊朗的重要性不断上升。命中注定，忽必烈是元朝的缔造者，旭烈兀的后代将要统治伊朗，这两个人是兄弟，关系非常和睦。而别儿哥是他们众多堂兄弟中的一个，他在一块遥远的土地上，这块土地对于忽必烈和旭烈兀没有任何特殊的利益。而且，蒙哥去世之后，别儿哥支持汗位竞争者阿里不哥（Ariq-Böke），反对忽必烈，而后者一定会记住这件事。这时，别儿哥和旭烈兀之间的矛盾愈发严重，伊利汗在临近金帐汗国的土地上不断提升他的影响力，如阿塞拜疆地区。蒙古帝国的各个部分渐渐疏远，他们的统治者对其直辖属民之福利（或者满足自己的野心）关心的程度，远远超过庞大帝国的整体利益。

宗教和种族－语言因素加剧了别儿哥和旭烈兀之间的斗争。在所有成吉思汗家族的统治者中，别儿哥是第一个信仰伊斯兰教的人，据说他非常憎恨旭烈兀攻打巴格达以及接下来杀害哈里发的行为。实际上在别儿哥统治的早期，不里阿耳铸造的一些钱币上就有大哈里发纳昔尔（al-Nāsir，1180–1225）的名字，这位哈里发在伊斯兰世界被人们广泛尊重。[1]在种族和语言方面，金帐汗国人口的主体是突厥人。旭烈兀的首要敌人——埃及的马穆鲁克人和别儿哥的突厥臣民一样，都是钦察（库蛮）血统。埃及算端拜巴尔斯（Baibars）最早意识到与别儿哥结盟的潜在利益。1261 年他和别儿哥开始接触。1260 年 9 月 3 日在加利利（Galilee）附近的艾因札鲁特（'Ain Jālūt），拜巴尔斯的前任算端忽都斯（Kutuz）打败了由旭烈兀的将军怯的不花（Kitbuka）率领的蒙古军队，这位将军也命丧疆场。别儿哥对这场决战表现出的消极态度必定鼓舞了拜巴尔斯，[2]使他有理由相信两国之间存在着共同利益。通过艾因札鲁特之战，突厥马穆鲁克军队被证明可以和伊利汗的突厥－蒙古－伊朗联军匹敌。1265 年旭烈兀的去世并没有结束两个蒙古汗国——金帐汗国和波斯（伊利汗国）的敌对状态。不过，1266 年别儿哥的死，阻止了他和旭烈兀的继承人阿八哈之间新一轮全面冲突的发展。

钦察人的联盟要比蒙古人更加团结，金帐汗国和马穆鲁克埃及的联盟促使伊利汗国在马穆鲁克的后方寻找盟友。伊利汗国和法兰克人都在探求双方联盟的可能性。在 1260 年 2 月 24 日大马士革落入蒙古人之手以后，耶路撒冷的大主教詹姆斯（patriarch James Pantaloon）决定觐见旭烈兀，弄清旭烈兀对于采取联合行动打击马

1　参看 Fedorov-Davydov，1968, p.95。

2　关于这场战争的近期评价，见 Amitai-Preiss，1992。该文大量引用前人的研究成果，而 Schütz（1991）总结性的研究，Amitai-Preiss 可能并不知晓。

穆鲁克的意图。新选举出的罗马教皇乌尔班四世（Urban Ⅳ）也敦促这件事，他的继任者克雷芒四世（Clement Ⅳ）和阿八哈之间继续展开会谈。两方的接触非常频繁，目的是建立东西方力量的合作，平衡可怕的马穆鲁克的威胁。1271 年 5 月 9 日，英国的爱德华（未来的爱德华一世）在阿迦（Acre）刚一登陆，就积极寻求阿八哈的帮助。有很多原因（这不是我们这篇文章的任务）使伊利汗国和西方的联盟最终没有实现。别儿哥和他的继任者忙哥帖木儿（Mõngke Temür）竭力阻挡伊利汗国将势力扩展到地中海世界。到他们在奥特雷默的殖民国（implantation）瓦解的时候，法国人和伊利汗国联合的希望变得更加渺茫。

别儿哥的当务之急是南方，包括伊利汗国、马穆鲁克以及次要一点的拜占庭。拜占庭和伊利汗国的关系十分友好，阿八哈是米哈伊尔八世的女婿，米哈伊尔八世庶出的女儿玛丽（Maria）已经和旭烈兀订婚，当她的未婚夫死去后，她就嫁给了继承汗位的旭烈兀之子。为了安全起见，米哈伊尔八世不可能也不会做任何事来反对别儿哥，他和别儿哥拥有一条很长的公共国界。事实上，他另一位庶出的女儿欧菲柔细纳（Euphrosyne）嫁给了一个野心勃勃、有权势、独立于别儿哥汗的蒙古将军那海（Nogai）。

出于地理位置的原因，埃及和金帐汗国之间的商人和使节不能绕过君士坦丁堡。金帐汗国和埃及的关系以贸易和外交政策上的共同利益为基础。埃及依赖金帐汗国进口奴隶，马穆鲁克的势力依赖这些奴隶；从金帐汗国的角度，奴隶贸易也是非常有利可图的。历史学家乌玛里（al-'Umarī）赞美从钦察高原来的突厥人有很好的体质和心理素质。[1] 在外交政策上，金帐汗国和马穆鲁克的联盟是使伊利汗国陷入困境的最好方法。两国贸易不得不经过拜占庭皇帝控制的海峡，使节偶尔会被拘留。1265 年发生了这样一件事，当时别儿

1 Lech，p. 138.

哥和米哈伊尔八世关系非常紧张，已经演变为公开的敌人。一种可能的原因是，后者软禁了失宠于旭烈兀的塞尔柱算端凯卡兀思二世（Saljuk sultan ʻIzz al-Dīn Kaykāwūs Ⅱ）。凯卡兀思二世逃到君士坦丁堡，不愿意反对伊利汗的米哈伊尔八世很冷淡地接待了他。由于一些我们不必在此探究的原因，被软禁的凯卡兀思二世直到1265年春天才被那海与保加利亚君主君士坦丁·泰奇（Constantine Tech）的联军救出，重获自由。然后，蒙古军队劫掠了色雷斯和保加利亚的大部分地区。[1]凯卡兀思二世最后被安置到由金帐汗国控制的克里米亚半岛，1279年死在那里。这个事件本身没有多么重大的意义，但它可以表明拜占庭处于一个非常微妙的位置：它处在两个互相敌对的蒙古汗国的中间。

应当记住的是，从匈牙利撤军后，蒙古军队会聚在保加利亚，当时该国由摄政王代表年幼国王科洛曼一世（Koloman Ⅰ）进行统治。为了避免遭到同匈牙利相似的侵略，他们决定承认蒙古的宗主权。接下来的几年，史书没有提到蒙古和保加利亚的关系，但是贝拉四世在1254年写给教皇的一封信中提到，当时保加利亚人仍然要向蒙古人进献贡品。[2]很明显，1265年的战争是保加利亚人第一次在蒙古人的军事行动中承担义务。

宗教成为金帐汗国的斯拉夫人和拜占庭人最重要的联系，超过了政治联盟或者贸易。1261年君士坦丁堡被米哈伊尔八世占领，他恢复了东正教会和大主教的主导地位，而俄罗斯教会从建立之初就是君士坦丁堡东正教会的从属。俄罗斯的教长、主教、普通神职人员具有很高的权威，这种权威连同语言，形成了最强大的纽带，把一个在政治上分裂的民族凝聚在一起，并且通过东正教，与拜占庭联系起来。尽管别儿哥改信伊斯兰教，他总体上保持了大汗宗教宽

1　见 Zlatarski，pp. 514–516。

2　Fejér，1829，Vol.2，p. 219.

容的传统；忙哥帖木儿则回归早期蒙古统治者不明确的有神论，赋予教会很多特权，包括免除赋税。

对于在最初屠杀中幸存下来的人们，蒙古人允许他们按照自己的意愿生活，继续他们习惯的生活方式。很大程度上，他们不会受到在文化上、体质上与他们相差很大的统治者的侵扰。对于草原地区的突厥人而言，蒙古人与他们非常相似，通过婚姻，征服者慢慢地被融合并突厥化了。再往北，在农业区和森林地带，斯拉夫人的日常生活几乎没有被蒙古人打扰，因为蒙古的控制是针对俄罗斯王公的。这些王公不得不亲自面见蒙古的汗，从而获得汗对他们统治权的确认，但是王公的选举则留给俄罗斯人，蒙古人一般不参与这个过程。蒙古人的首要政务是收取税款。在他们统治之初，这个权力掌握在他们自己的官员巴思哈（basqaq）手中，在 14 世纪，这个任务渐渐委托给了俄罗斯的行政机关。在蒙古占领的早期，征税是相当随机的，人们不得不以物代钱，包括人、动物、能够供养以上两者的物资、皮毛等。随着时间的推移，税务得到重新组织，对农业人口和游牧人口做了区分。前者付可兰税（qalān，在俄文中为 poslina），后者交忽卜绰尔税（qubčur），这种税依然非经常地临时征收。[1]

不管长期的影响如何，蒙古人占领俄罗斯基本没有改变公国制的下层政治组织。上文已经提到，它反而增强了教会所体现的凝聚力。大体说来，俄罗斯王公常常参与那种持久的、通常使用武力的彼此争斗，但他们都小心地不去触怒蒙古的汗；他们惧怕汗的报复，而且谁得到了大汗的帮助，谁就取得了这场内部战争的胜利。俄罗斯和金帐汗国的历史似乎是平行发展的，好像他们是邻国，时而友好，时而敌对，当金帐汗国的统治者干预政治时，实际上是被看成一种外国力量。蒙古统治的影响后来大大削弱了，1280 年忙哥

1 参见 Smith，1970。

帖木儿去世之后，简直不能将两个默默无闻的继任者的统治称作统治。第一个继任者是脱脱蒙哥（Töde Möngke），他对伊斯兰教比对处理政务更感兴趣，1287 年他退位；他的侄子秃剌不花（Tölebuka）继任，除了领导两次反对阿鲁浑的不成功的战争，他几乎没有做其他事情。在那海的教唆下，他被忙哥帖木儿的儿子脱脱（Toktai，Toqtogha）谋杀。

自从 1260 年代末，那海代表着金帐汗国国内最有活力的力量，他常常被外人视为统治者、"沙"（tsar，这一称号他始终未用过）。那海的一生在不间断的战争中度过。他多次干预俄罗斯王公的内争，1285 年他侵略特兰西瓦尼亚，接下来的一年，他迫使塞尔维亚国王斯蒂芬（Stephen Uros Ⅱ Milutin）承认了他的宗主权。那海还重新伸张蒙古人在保加利亚的既得利益，派人谋杀了秘密群众运动的领导人猪倌伊凡洛（swineherd Ivajlo），使乔治·特尔特（George Terter）成为他的附庸，当乔治逃到拜占庭之后，他把自己的傀儡 Smilec 立为国王。

当那海帮助年轻的脱脱取得权力时，他无疑希望脱脱会像一个傀儡那样，可以被操纵或是不必予以重视。可是事与愿违，这个能力超群的脱脱，[1] 用他非凡的意志开始进行统治。他和过去"导师"间的冲突变得不可避免。在他们军事力量的第一次较量中，脱脱被击败。约一年后，大概到 1299 年末，那海假装生病（这是他经常使用的诡计），把自己说成一个身体虚弱的老人，实际上他试图发动一场对脱脱的进攻，而脱脱已经了解真相，为战争做了准备，最后那海的军队失败，那海在逃跑过程中被擒杀。那海的很多事务，尤其是在巴尔干的所作所为，都没有什么意义。不过可以肯定的是，他的这些活动都表现出蒙古的强大，为此他尽力贡献了自己不平凡的能力。他最明智的举动是和波斯的伊利汗国保持友好的关系。尽

1　脱脱可能是一个基督教徒。关于这个问题，见 Sinor，1993，p.112 和已给的参考文献。

管诚信度时有增减，但脱脱继续和伊利汗国维持和平。

在伊朗，阿八哈去世后是帖古迭儿（Negüder，应该是 Tegüder）的短暂统治，他皈依了伊斯兰教，改名阿合马（Ahmad）。他的统治就像一场充满暴风雨的过渡，导致佛教徒阿鲁浑的上台。阿鲁浑的统治以令人忧伤的财政问题作为标志。这个国家的情况在他的兄弟海合都（Gaikhatu，1201–1295）统治时期变得更为恶化。海合都后来被推翻，他的侄子、阿鲁浑的儿子合赞登上了汗位。在他统治期间，长期未决的高加索归属问题又一次出现。在 1301 年，脱脱很随意地尝试吞并这片有争议的地区，但毫无收获，于是他试图通过外交手段达到这一目的。合赞汗在 31 岁过早地去世了，脱脱面对第三位伊利汗，仍顽固地坚持他的领土要求，向新的伊利汗完者都施加压力。对于脱脱提出的联合对抗伊利汗的建议，马穆鲁克算端纳昔尔反应冷淡。这使脱脱改变了计划。他和完者都缔结了一项和平条约，结束了长期同族相残的斗争。1305 年夏天完者都给法国国王腓力写了一封蒙古文书信。信中通报了这个令人高兴的事件：

> （我们）成吉思汗的子孙经过四十五年，直到最近还沉溺于相互谩骂指责。现在，长生天保佑我们所有的人，不论哥哥还是弟弟，已经达成了协议，从太阳升起的国家中国到世界的边界，我们的国家联合起来，彼此间有驿站相通。[1]

完者都真诚地希望和金帐汗国保持和平，与法国结成联盟，不过他这么做有自己的打算：以此提高他的地位，对抗马穆鲁克。在他给教皇克雷芒五世的信中，完者都承诺，如果基督教军队计划在小亚美尼亚（Cilician Armenia）登陆，他可以提供 20 万匹马和同样数量的谷物。伊利汗会率领 10 万骑兵在那里和他们会合，发动对马

1 原文见 Mostaert–Cleaves，1962，p. 55。

穆鲁克的进攻。以“历史学家 Hayton”之名广为人知的亚美尼亚王子海敦，对当时的情况有准确的描述：

> 就我而言，我非常了解鞑靼人的意图，我坚信他们很乐意……将所有占领的城市和土地交给基督徒，因为那里夏天很热，鞑靼人不能驻留在那些地区，他们很愿意基督教徒接管它们。对于鞑靼人，他们不会为了获取领土而发动对埃及算端的战争，因为整个亚洲已经臣服于他们，但是算端是他们的首要敌人，因为比起其他人来，算端更多地冒犯了鞑靼人。[1]

上引文可以作为例子来说明蒙古人对其敌人的报复和无情的追击。完者都和法国国王、英格兰国王、阿拉贡（Aragon，指西班牙北部——译者注）国王、教皇通信，表明他对加强与西方的联系很感兴趣。[2] 最后，为了表现出善意，他准备在宗教领域让步。尽管他开始皈依伊斯兰教什叶派，并发动对佛教徒的迫害，但他允许基督徒在他的臣民中传教。方济各会和多明我会的修道士在伊利汗国的传教活动将不会受到阻挠。

金帐汗国的统治者和伊利汗之间的和平是短暂的。在最后一位有能力的伊利汗不赛因（Abū Sa'īd）的统治下，颠覆联盟的事件发生了：通过一项和平条约（1323），伊利汗国和马穆鲁克之间的世仇结束了。这不可避免地引发两个姊妹之邦重新开始冲突。不赛因去世之后，国家陷入混乱，波斯衰落下去。我们对此不拟论述。毫不奇怪的是，伊利汗国和金帐汗国的冲突对这段动荡的历史再一次起了作用。1335 年，脱脱的继任者月即伯（Özbeg）发动了进攻阿

1　Hayton，pp. 245，357. Emmanuel J. Mickel 正在进行完整的英文翻译，由 Edmond Schülz 和 Denis Sinor 进行注释，这项工作正在进行中。

2　关于这一主题已经有很多研究成果。总结性的文章见 Sinor，1975b。Lupprian（1981）对相关文献做了极好的搜集。

塞拜疆的战争，1357 年，他的儿子、继任者札你别（Jānībeg）甚至进入了大不里士。分裂的伊利汗国无法对金帐汗国的侵略做有组织的抵抗。

蒙古人在俄罗斯的统治被证明比伊利汗在波斯的统治更加持久，像已经表现出的那样，部分原因是蒙古人同俄罗斯王公的合作。蒙古人的政策不是一成不变的，尤其在月即伯的长期统治下，金帐汗国和莫斯科的关系发生了重大变化。月即伯宠信莫斯科大公伊凡一世卡里塔（Ivan Ⅰ Kalita），这不仅是对他作为一名高效税收官工作的承认，也是把他视为值得信赖的盟友。例如在 1328 年，他和蒙古军队合作占领了特维尔城（Tver）。一年前，大汗的一个外交使节在当地的起义中被杀。1331 年，月即伯把“管理俄罗斯全部土地的大公国”授予伊凡。在伊凡的余生中（他去世于 1340 年），他与大汗一直保持了和谐的关系。据说，伊凡心甘情愿做大汗手里的一个工具，是大汗政策的执行者，而大汗的政策并不代表俄罗斯人的利益。不过，尽管月即伯的统治无可否认，但事实上协作对双方都有利。伊凡的亲鞑靼政策没有妨碍他处理内部事务，当涉及对外政策时，这个联盟是阻挡立陶宛扩张的有效屏障，无论俄罗斯人还是鞑靼人，都不愿看到立陶宛的扩张。这样的政策同样适合他们各自的继承者札你别和西蒙。在这个时期，所有的重大决定，无论战争还是和平、联盟或者继位，都必须得到金帐汗国的同意。可是，由于卷入俄罗斯公、侯内部斗争之中，蒙古人已经下降到与其臣民相同的层次。在俄罗斯东北部地区他们的权力既没有普遍深入，也没有绝对权威。在那里，绝大部分时期内是由俄罗斯代理人居中管理。事实上，那片地区离草原如此之远，以至于军事力量的天平不再向以前的征服者倾斜。俄罗斯王公的联合本来可以结束蒙古人的统治，之所以没有发生这样的事情，说明“鞑靼人的统治”（Tatar yoke）并未在他们肩上造成太重的负担。早在其统治的前期（1353~1359），伊凡二世就在找寻脱离金帐汗国的道路；不过，部分由于他自己的特权贵族（boyars）的压力，他不得不调整策略。在札你别去世时，他启程去萨莱城（Sarai），要求新的大汗别儿迪伯（Berdi Beg）给他敕书（yarlïq）确认其独立地位。

别儿迪伯被暗杀预示着一个漫长的内部斗争时期将要来临，它使金帐汗国失去了在东欧地区的统治。在 1380 年 12 月 8 日的库里科沃（Kulikovo）战役中，鞑靼将军马麦（Mamai）的军队遭到了决定性的失败，莫斯科和弗拉基米尔的大公德米特里・伊凡诺维奇・顿斯科伊（Dmitry Ivanovich Donskoy）取得了胜利。尽管这不是蒙古人第一次在战争中表现得很差，但这场战争通常还是被人们认为是俄罗斯和鞑靼关系的转折点——它彻底粉碎了鞑靼人战无不胜的观念。尽管由金帐汗国实际统治者脱脱迷失（Toktamish）率领的军队在 1382 年占领了莫斯科，重新确立了金帐汗国至高无上的权力，但是库里科沃之战的耻辱是不能被抹去的。

脱脱迷失是金帐汗国历史上最后一位重要人物，他有卓越的政治见解，却犯下了一个致命的错误——和他以前的保护者、"导师"帖木儿（Tamerlane）为敌。1377 年，族属不明的脱脱迷失在帖木儿的帮助下成为白帐汗国（有时称蓝帐汗国）的首领，[1]过去这里是拔都的哥哥斡儿答的属地，他占领了乌拉尔山以东的草原（现在是哈萨克斯坦的一部分）。利用库里科沃之战的契机，脱脱迷失合并了白帐汗国和金帐汗国的军队。被胜利冲昏头脑的他认为自己可以凌驾于帖木儿之上。1387 年和 1388 年，他侵略了帖木儿宣布过主权的区域。帖木儿领导的长期战争在 1391 年 6 月取得了胜利，[2]但没能结束脱脱迷失无休止的侵略。1394 年脱脱迷失新一轮的进攻渗透到高加索的南部，导致帖木儿施以报复，首先摧毁了热那亚人在克里米亚繁荣的商业殖民地，然后在 1395 年末摧毁了萨莱城。就像基辅

1　见 Fedorov-Davydov，1973，pp. 118-122。其中包含了关于行政术语 horde 的一些注释。

2　见 Nagel，1993，pp.193-201。

一样，屠杀和毁城带来的恐怖，已经通过挖掘这个曾经繁荣的城市的遗址反映出来。无数伤痕累累的骨骼证明，居民们曾绝望而徒劳地尝试逃避帖木儿给他们安排的命运——城市和所有的居民全部毁灭死亡。甚至没有留下任何人掩埋尸体。[1]

即使是冷漠、不动感情的历史学家，也必定会停下来思考帖木儿北征的动机是什么。这有别于传统的解释。北征的军队期望得到什么呢？根据阿拉伯历史学家、月即伯同代人乌玛里的说法，在金帐汗国的庞大领土上，草原是富有的，而城市是贫穷的。乌玛里报告说，和伊利汗相比，金帐汗并不富足。由于武器不足，马的质量不好，而且不适合走山路，这个国家对战争的准备比较困难。[2]攻打脱脱迷失的战争包括大战略和后勤计划。在几个月的时间里痛苦地穿过沙漠和沼泽，即使是帖木儿最坚毅的部队，也受到了极限的考验。把这些人聚集在一起的纽带是什么呢？在向遥远目标的痛苦行军中，无法体会到战斗的纯粹快乐（在美国这样的社会里，人们很难想象到这种战斗的快乐。在美国，目击了武装抢劫银行的人需要接受心理治疗），这场战争没有什么战利品，只有因水草不足而死掉的、体质极差的牲畜，他们最好的战利品充其量是一些金、银器物，而由于士兵人数众多，很难进行分配。萨莱[3]不是聚集着大量财宝的巴格达和德里，帖木儿的军队会发现，这些有战利品的土地比起钦察草原所能提供的东西更有价值。在钦察地区有女人，但是她们所能提供的，跟其他更加近便的地方没有什么不同。

历史学家又一次面对这种循环现象，即为了征服的目的而进行征服。他们必定会意识到这位卡里斯玛型的领导人的无法触及而又

---

1 见 Fedorov-Davydov，1968，pp.145-148。

2 Lech，p. 136.

3 这座城市坐落在现在的 Carev，通常被认为是新萨莱，也许是由别儿哥所建。旧萨莱坐落在阿斯特拉罕（Astrakhan）地区，它的存在也许归功于拔都。关于这两个萨莱城见 Egorov，1985，pp.112-117。

普遍存在的力量，他能够团结他的属民向偏远之地进军。在所有蒙古时代的军事行动中，没有一次行动像帖木儿攻打脱脱迷失的战争那样毫无意义。脱脱迷失逃脱了帖木儿的捉拿，1406 年死于西伯利亚。

客观地说，首都的毁灭没有给金帐汗国致命一击，因为萨莱扮演的角色没有巴格达或德里那样重要。然而这是金帐汗国逐渐衰落过程中的一件大事，一个半世纪以来把种族混杂的人们团结在一起的凝聚力丧失了。那些跟着脱脱迷失的无关紧要的汗王们（我们几乎不知道他们的名字），不能建立足够强大的核心权威去制定政策，或是指挥军队执行有关任务。到 1419 年额第古（Edigü）去世时，只有他所代表的力量被俄罗斯人、立陶宛人、波兰人认真对待，而他的军事行动大部分只是对事件做出反应，缺乏中心观念（central concept）。在那时，鞑靼军队往往只是唯利是图的军事力量，服务于外国的统治者，那些统治者也明白（或者假装明白）军人们所追逐的目标。此后，金帐汗国四分五裂，因为它不再具有存在的意义和价值，不能再被中肯地评价为代表生活在该政权下百姓们的最大利益。继之而起的喀山（Kazan）、阿斯特拉罕、克里米亚诸汗国似乎更关心本土利益，或者至少被人们希望能这样做。尽管他们可能继续向俄罗斯各公国收取贡品，[1] 但实际上诸汗已经不再把这些公国看成自己国家组织的一部分。无论在俄罗斯王公内部发生怎样的争执，语言和宗教都是他们强有力的纽带，把他们及其斯拉夫臣民与鞑靼统治者区分开来。鞑靼统治者在语言、宗教方面的权力基础是非常薄弱的。让我们简要地分析这两方面。

毫无疑问，13 世纪中叶在拔都的王廷，蒙语被普遍使用，也许因为大部分人是文盲，几乎没有在金帐汗国境内写下的蒙文文

1　应记起，直到 1700 年斡罗斯人才停止向克里米亚汗（the Khans of Crimea）支付贡品。

书被保存下来。[1]现存的几乎所有金帐汗国发布的法令都是俄文翻译的。根据格里高利耶夫，它们的原件是蒙文，然后被翻译成库蛮文。最后的俄文本只是从突厥文粗略翻译的。[2]很明显，根据时间和场合的不同，金帐汗国的大臣们选择使用突厥文还是蒙文。[3]月即伯汗在 1314 年 3 月 20 日颁布的法令，只能通过同时代的一份拉丁文译文来了解，而它的原文一定是用蒙文写的。[4] 14 世纪中期出现了阿拉伯语－蒙语词典和波斯语－蒙语词典，它们是为埃及的马穆鲁克王朝编写的，这表明在处理和金帐汗国通信的工作中，马穆鲁克大臣确实需要此类书籍。由此可以推断，马穆鲁克收到的信（假如不是他们自己人写的）一定是用蒙文写的。没有任何现存资料能说明，库蛮语何时被广泛地应用于行政管理之中。在 1393 年，脱脱迷失用突厥文给波兰国王拉迪斯拉斯二世（Ladislas Ⅱ）写信。在威尼斯人的登记册上被称作“波斯语”的这种语言，可能是突厥语，正如已经失传的 1333 年金帐汗国和威尼斯的条约所使用的语言。[5]

库蛮语一定是最经常被使用的语言，它的普遍性是被许多旅行者所赋予的。在 14 世纪前半期，意大利商人裴戈罗提在通常被称作《商业手册》的书中，力劝他的商人伙伴们雇用精通库蛮语的仆人。[6]

在金帐汗国，用库蛮文书写的主要文献是所谓的《库蛮语汇集》，[7]它是意大利人、德国人于14世纪头十年所写各种文书的汇编。

---

1 著名的例子是写在桦树皮上的蒙文歌曲，测定时间在 14 世纪，见 Poppe，1941。

2 Grigot’ev，1987，p.85.

3 关于金帐汗国官方语言的问题，见 Grigor’ev，1981。关于金帐汗国语言情况的全面评述，见 Spuler，1965，pp.285−293。虽然该书有点儿过时，但还是很有用处。

4 Sinor，1993，pp.111−112.

5 见 Spuler，1965，p.291。

6 Evans，p.22.

7 关于此书，哪怕一篇简短的介绍也会超出本文的范围。幸运的是，我们有李盖提（Ligeti）1981 年的权威研究，这必将成为深入研究该书的基础。

这些文书包含了拉丁文－波斯文－库蛮文字典、库蛮文－德文字典，还有翻译成库蛮文的拉丁赞美诗、《圣经》片段、短篇训诫、谜语，这本书是为了实际使用的需要，在黑海北岸意大利人的一个殖民地编写而成的。对于我们现在的论题，这是至关重要的一点：编辑者考虑到当时特定的环境，那些文书里的库蛮语借用了很多蒙语词。对于该书的使用者而言，库蛮语甚至波斯语要比蒙古语更有用。虽然握有宗主权，统治者的语言却没有统治克里米亚。因此，在金帐汗国的广大区域内，有三种语言在竞争首要位置——蒙语、俄语、突厥库蛮语，每一种语言都有自己的文字。不过，它们竞争的方式是不平等的。斯拉夫俄文和突厥库蛮文都有一部重要的文学作品集作为后盾，它们分别用西里尔字母和阿拉伯字母书写。对这两种语言来说，它们各自连接了欧亚大陆西部两个伟大文明中的一个，即具有文化传统的基督教世界和伊斯兰教世界。蒙古字母是近期内从突厥畏兀儿文借用的，还没有文化底蕴来支持它。人数不多的蒙古人没有深厚的文化和以此为基础的历史－政治传统。

为了方便区分，不断增加的说突厥语的蒙古人被称作鞑靼人。他们和斯拉夫人之间的区别不仅在语言方面，宗教上的差别也是区分他们的重要因素。在宗教方面也存在着三种甚至四种形式的矛盾冲突。随着时间的推移，13 世纪中叶蒙古统治阶层共同信仰的宗教，并没有得到有组织的神职人员的支持，也没有宗教书籍来指导他们。没有与《圣经》和《古兰经》相对应的蒙古文典籍。

伊斯兰教在前蒙古时代就在突厥人中深深扎根，在月即伯和札你别统治时期（1342~1357），它被普遍接受，不过它的信徒仍然对其他信仰保持宽容态度。没有人能比 Fr.Iohanca 更好地总结蒙古人的宗教态度，根据他的说法，鞑靼人不在意人们信仰什么，只要他们履行他们需要的义务，交纳贡品和税金，根据蒙古人的法律服兵役。[1]

比起罗马的天主教，俄罗斯的东正教有双重优点。大体说来，东正教对世俗力量更加包容，但更重要的是，东正教已经被安全地灌输到蒙古人统治的大部分地区。早在 1261 年，一个东正教的主教区就设在萨莱。另一方面，罗马也向这些遥远的地区派出“传教团”。一道可能由忙哥帖木儿颁布的法令允许方济各会传教士传教。1314 年，这条法令被皈依伊斯兰教的月即伯重新发布。[2] 在月即伯统治下，就像在前几任统治者统治时期一样，天主教传教团虽然有些起落，但依然可以传教，未受阻碍。[3] 他们中的一些人，如前面提到的匈牙利传教士 Iohanca，“随着蒙古人的营地”，[4] 到遥远的巴什基尔地区传播福音。值得一提的是，这个西方人还进一步到了更北的森林地带——方济各会教徒说他“在危险的北方”（in partes infidelium aquilonares）。不过，这些活动似乎没有留下什么影响就消失了。[5] 可是，我们知道巴什基尔的统治者 Estokis 和他的整个家族，被一个叫亨利的德国方济各会传教士施洗。[6] 1320 年，Iohanca 要求他的上司派其他传教士到那里，而且最好是英国人、德国人或匈牙利人，因为他们在学习外语方面似乎比法国人和意大利人更有天赋。宗教冲突的确发生过，大部分是由于基督教教徒的挑衅，例如 1334 年方济各会传教士、匈牙利人斯蒂芬（Stephen）。他已经改信了伊斯兰

1 *Nam diuersas naciones sibi potencia prelii de populis xristianis Tartarl subiecerunt,quos permanere sinunt in sue legis&fidei obseruanciis,noncurantes vel modicum quisquam seclam lenueril:sic ul in temporalibus*（*r*）*seruiciis, tributis&vectigalibus ac sequelis bellicis suis faciant dominis,ad que obligantur secundum edictam legis*（Bihil-Moule,1924），p.66.

2 关于月即伯皈依伊斯兰教，见 Deweese，1994，pp.93-158。另见 Sino，r 1993，pp.111-112。

3 关于在金帐汗国领土上天主教传教士活动的全面总结，见 Richard，1977，pp.87-98。

4 Bihl-Moule，1924，p.66: *castra Tartarorum sequendo.*

5 粗略搜寻一下俄国人关于巴什基尔的著作，使我印象深刻的一点是，早期巴什基尔史的专家们并不知道这些拉丁文资料。

6 *Estokis dominus totius Baschardiae cum uxore el filiis et familia multa /baptizatus est/.* Golubovich, Ⅱ，p.73.

教，但是又改变主意，在萨莱清真寺庄严宣布了他的基督教信仰，为此而殉难。但是无论什么形式的基督教都不能阻挡伊斯兰教的发展，这是具有巨大历史意义的进程。施普勒做了敏锐的判断："伊斯兰教在金帐汗国取得胜利，和在波斯蒙古人中取得胜利的后果完全不同。因为后者在宗教方面与臣民达成了认同，而前者却在他们的臣民（斯拉夫人）和自己之间设立了一道宗教的障碍……通过选择……引导他们自己的民族伊斯兰化，他们阻止了俄罗斯化的任何可能。"[1]

蒙古人是在欧洲边缘地带形成新的人口层的最后一批内亚民族。尽管他们没有对西方文明做出持久的贡献，他们的历史地位还是十分重要的。历史表明，欧亚大陆中部的民族被这样一种想法所吸引，他们设想把所有定居文明的中心纳入自己的利益范围。匈奴、柔然和突厥觊觎中原，匈人和阿瓦尔人向往拜占庭。对于在西方的蒙古人而言，他们的福地似乎是伊朗。可以肯定的是，尽管他们远征波兰或匈牙利，给教皇和西方其他权贵写下傲慢的信，但他们努力的方向则是一次又一次穿过高加索山到南部的安纳托利亚和伊朗。从别儿哥到脱脱迷失，金帐汗国的统治者努力而又徒劳地追逐他们的梦想——将南方的土地置于他们的统治之下。他们和遥远故乡蒙古的联系，使他们意识到能够用集中的方式控制如此广大的领土。与不知名而且零碎的欧洲国家相比，伊朗、伊拉克、美索不达米亚和小亚细亚的富裕是更加直接和诱人的。他们将目光投向伊斯兰世界，当伊斯兰进入停滞期时，他们进入了这个区域。蒙古人把自己的梦想作为遗产留给了俄罗斯的统治者。比起西部，俄罗斯更热心向南部和东部扩张。在这里，我们不想介入正在进行的争论，诸如蒙古人对俄罗斯文明有哪些贡献之类的问题。不过，我冒昧地建议：应对欧洲和亚洲的相对重要性做不偏不倚的评价，与此

1　Spuler，1960，p. 52.

相关的是，蒙古人留下的世界观具有比欧洲人更伟大的种族宽容性。这说明进行公正评价的必要性。为了消除这一观点所引起的怀疑，让我引用一个世纪以前俄罗斯帝国主义在中亚的伟大对手乔治·N. 寇松（George N. Curzon，后封爵）的观点，他有一部著作“献给误导别人的恐俄大军和被别人误导的亲俄大军”，书中有这样的内容：

> 俄罗斯的确是友善的。它没有故意的优越感和令人讨厌的傲慢，这些只能激发仇恨，比做事残忍还严重……它自己不能克服的粗心大意使它很容易对他人采取放任主义的态度。对于宗教事务、社会习俗和亚洲属民的地方偏见，它都采取了宽容的态度，这与其说是出于外交算计，不如说是由于它根深蒂固的漠不关心。[1]

对于确立和保持一个民族的认同，语言和宗教通常是重要的。不过，人口出生率决定了民族生存竞争的结果。在几代人的时间内，征服者蒙古人被他们所征服的突厥人吸收了。这个同化的过程如此迅速，以至于乌玛里在他那个时代就已经认为蒙古人和钦察人似乎属于同一种族。[2]因此他重复了早在一个世纪之前伊本·阿昔儿对蒙古人的看法。通过自然的过程，蒙古人消失了。金帐汗国的遗产，只留下了两个竞争者——斯拉夫人和突厥人。两者的斗争依然在继续。

---

1 Curzon，p. 399.

2 Lech，p. 141.

参考文献

缩略语

AEMAe=Archivum Eurasiae Medii Aevi

AOH=Acta Orientalia Academiae Scientiarum Hungaricae

CAJ=Central Asiatic Journal

HJAS=Harvard journal of Asiatic Studies

JRAS= Journal of the Royal Asiatic Society

MGH.SS=Monumenta Germaniae Historca Scriptores

Albericus Trium Fontium, Chronica. MGH. SS xxiiii, pp.631–950.

Allsen, T., 1991, "Mongols and Transcaucasia." *AEMAe*7, pp.11–17.

Amitai–Preiss, Reuven, 1992, "Ayn Jālūt Revisited." *Tārīh* 2, pp.119–150.

Blake, Robert O.– Frye, Richard N., 1949, "History of the Nation of the Archers (the Mongols) by Grigor of Akanc'." *HJAS* 12, pp.269–399.

Bihl, Michael–Moule A.C., 1924, "Tria nova documenta de missionibus Fr. Min. Tartariae Aquilonaris annorum 1314–1322." *Archivum Franciscanum Historicum* 17, pp.55–71.

Curzon, George N., 1889, *Russia in Central Asia in 1889 and the Anglo-Russian Question*. (London). Reprint:1967, New York.

Boyle, John Andrew, 1958, *'Ala-ad-Din'Ata-Malid Juvaini, The History of the World Conqueror*. Translated by––. Ⅰ–Ⅱ (Manchester).

Boyle, John Andrew, 1971, Rashīd al-Dīn, *The Successors of Gengis Khan*. Translated by –– (New York–London).

Dawson, Christopher (editor), 1955, *The Mongol Mission. Narratives and Letters of the Franciscan Missionaries in Mongolia and China in the Thirteenth and Fourteenth Centuries* (London and New York).

De Weese, Devin, 1994, *Islamization and Native Religion in the Golden Horde. Baba Tükles and Conversion to Islam in Historical and Epic Tradition* (The Pennsylvania State University Press).

Dörrie, Heinrich, 1956, *Drei Texte zur Geschichte der Ungarn und Mongolen: Die Missionsreisen des fr. Julianus O. P. ins Uralyebiet (1234/1235) und nach Russland (1237) und der Bericht des Erzbischofs. Peter über die Tartaren.* Nachrichten der Ak. d. Wissenschaften in Göttingen, Phil-hist. Klasse No.6.

Egorov, V. L., 1985, *Istoricheskaja geografija Zolotoj Ordy v xiii-xiv vv* (Moskva) .

Evans, Allan (editor) ,1936, *Francesco Balducci Pegolotti, La Pratica della Mercatura.* Medieval Academy of America.

Fedorov–Davydov, G. A.,1968, *Kurgany, idoly, monety* (Moskva) .

Fedorov–Davydov, G. A., 1973,*Obshchestvennyj stroj Zolotoj Ordy.* (Moskva) .

Fejér,Georgius,1828–1829, *Codex Diplomaticus Hungariae.* Ⅳ , 1–2 (Buda).

Gießauf, Johannes,1995, *Die Mongolengeschichte des Johannes von Piano Carpine* (Graz) .

Golden, P.B., 1997, "Cumanica Ⅳ . The Tribes of the Cumin-Qipčaqs." AEMAe 9, pp.99–107.

Golubovich, Girolamo, 1906–1927, *Biblioteca bio-bibliografica della Terra Santa e dell'Oriente Francescano,* Ⅰ – Ⅴ (Quarachi–Firenze) .

Göckenjan, Hansgerd–James R.Sweeney,1985, (Übersetzt, eingeleitet und erläutert von-) *Der Mongolensturm. Berichte von Augenzeugen und Zeitgeossen* (1235–1250) . Ungarns Geschichtsschreiber 3 (Graz–Wien) .

Grigor'ev, A.P., 1981, "Official'nyj jazyk Zolotoj Ordy XIII – XIV vv." *Tjurkologicheskij Sbornik 1977*, pp.81–89.

Grigor'ev, A.P.,1987, "Grants of Privileges in the Edicts of Toqtamiš and Timur Qutlug." In Kara 1987, pp.85–104.

Halperin, Charles J.,1983, "The Defeat and Death of Batu." *Russian History Histoire Russe* 10, pp.50–65.

Hayton, *La Flor des estoires d'Orient. In Recueil des Historiens des Croisades, Documents Arméniens* Ⅱ (Paris 1906) .

Hildinger, Erik,1996,*The Story of the Mongols Whom We Call Tartars. Historia Mongalorum quos nos Tartaros apellamus* (Boston) .

Huillard–Bréholles, de J. L. A., 1852–1861, *Historia diplomatica Frederict secundi* (Paris) .

Kara, György (ed.),1987, *Between the Danube and the Caucasus* (Budapest).

Karger, M.K.,1958, *Drevnij Kiev,* Ⅰ (Moskva–Leningrad) .

Kloprogge, Axel, 1993, *Ursprung und Ausprägung des abendländischen Mongolenbildes im 13.Jahrhundert*, Asiatische Forschungen 122 (Wiesbaden) .

Lech, Klaus, 1968, *Das Mongolische Weltreich. Al-'Umari's Darstellung der mongolischen Reiche in seinem Werk Masalik al-absar fī mamalik al amsār ,* Asiatische Forschungen 22 (Wiesbaden) .

Ligeti, Louis,1971, *Histoire Secrète des Mongols,* Monumenta Linguae Mongoliace Collecta Ⅰ (Budapest) . Edition of the Mongol text.

Ligeti, Louis,1981, "Prolegomena to the Codex Cumanicus." *AOH* 35, pp.1–54.

Lindner, Rudi Paul, 1981, "Nomadism, Horses, and Huns." *Past and Present* 92, pp.3–19.

Lupprian, Karl–Ernst, 1981, *Die Beziehungen der Päpste zu islamischen und mongolischen Herrschern im 13.Jahrhundert anhand ihres Briefwechsels,Studi e testi* 291 (Ciltà del Vaticano) .

Marquart, J., 1914, "Über das Volkstum der Komanen" *Abhandlungen der Koniglichen Gesellschaft der Wissenschaften zu Göttingen, Phil.-hist. Kl.* N.F. Ⅻ , pp.25–238.

Matthew Paris, Chronica Majora, ed.H.R.Luard, Rolls Series.

Mostaert, Antoine–Cleaves, Francis Woodman, 1962, *Les letters de 1289 et 1305 des ilkhan Aryun et Öljeitu à Philippe le Bel.* Harvard Yenching Institute ,Scripta Monqolica Monograph Series Ⅰ.

Nagel, Tilman, 1993, *Timur der Eroberer und die islamische Well des späten Mittelalters.* (München) .

Nazarov, Bakhtiyar A. and Denis Sinor (eds) ,1993, *Essays on Uzbek History ,Culture, and Language.* Indiana University Uralic and Altaic Series 156 (Bloomington, Indiana) .

Olbricht, Peter–Elizabeth Pinks, 1980, *Meng-Ta pei-lu und Hei-Ta shih-lüeh. Chinesische Gesandlenberichte über die frühen Mongolen.* Asiatische Forschungen Bd.56 (Wiesbaden) .

Pashuto, V.T., 1970, "Mongol'skij pokhod v glub' Evropy." In Tikhbinskij 1970, pp.204–211.

Pegolotti, see Evans.

Pelliot, Paul et Louis Hambis, 1951, *Histoire des campagnes de Gengis khan. Cheng-wou ts'in-tcheng Lou* (Leiden)

(Pian di carpini, Giovanni) , 1989, Giovanni di Pian di Carpine: *Storia dei Mongoli*, a cura di P. Daffinà, C. Leonardi, M.C. Lungarotti, E.D.Menestò, L. Petech (Spoleto) .

Plano Carpini, see: Pian di Carpini.

Poppe, N. N., 1941, "Zolotoordinskaja rukopis'na bereste." *Sovietskoe vostokovedenie* 7, pp.81–136.

Rerum Italicarum Scriptores 7/2 ed. C.A. Garufi (1936–1938) (Roma) .

Richard, Jean, 1965, *Simon de Saint-Quentin.Histoire des Tartares.* Documents relatifs à l'histoire des croisades publies par l'Academie des Inscriptions et Belles–Lettres Ⅷ (Paris) .

Richard, Jean, 1977, *La l'apaute et les Missions d'Orient au Moyen Age* (*xiii-xiv siècles*) , Collection de l'Ecole Francaise de Rome 22 (Rome–Paris) .

Rogers, Greg. S., 1996, "An Examination of Historians' Explanations for the Mongol Withdrawal from East Central Europe." *East European Quarterly* 30, pp.3–26.

Schmieder, Felicitas, 1997, *Johannes von Plano Carpini. Kunde von den Mongolen* 1245–1247 (Sigmaringen) .

Schütz,Edmond, 1973, "Tatarenstürme in Gebirgsgelände. (Transkaukasien, 1220, 1236) ." *CAJ* 17, pp.253–273.

Schütz, Edmond, 1991, "The Decisive Motives of Tatar Failure in the Ilkhanid–mamluk Fights in the Holy Land." *AOH* 45, pp.3–22.

Scriptores Rerum Hungaricarum, Ⅱ , ed. E. Szentpétery, (1938)(Budapest) .

Sinor, Denis, 1941–1942, "La mort de Batu et les trompettes mûes par le vent," *Journal Asiatique*, pp.201–208. Reprint in Sinor 1977.

Sinor, Denis, 1952, "Un voyageur du trèizieme siècle: le Dominicain Julien de Hogr ì e." *BSOAS* 14, pp.589–602. Reprinted in Sinor 1977.

Sinor, Denis,1957, "John of Plano Carpini's Return from the Mongols. New Light from a Luxemburg Manuscript." *JRAS* pp.193–206. Reprinted in Sinor 1977.

Sinor, Denis,1972, "Horse and Pasture in Inner Asian History." *Oriens*

Extremus 19, pp.133–144. Reprinted in Sinor 1977.

Sinor, Denis,1975a, "On Mongol Strategy." *Proceedings of the Fourth East Asian Altaistic Conference*, edited by Ch'en Chieh-hsien, pp.238–249 (Tainan) . Reprinted in Sinor 1977.

Sinor, Denis, 1975b, "The Mongols and Western Europe." In Kenneth M. Setton, Genetal Editor, *A History of the Crusades* Ⅲ (Madison Wisconsin) , pp.513–544.

Sinor, Denis, 1977, *Inner Asia and its Contacts with Medieval Europe* (London:Variorum) .

Sinor, Denis, 1993, "Some Latin Sources on the Khanate of Uzbek." in Nazarov 1993, pp.110–119.

Sinor, Denis, 1995, "Western Information on the Kitans and Some Related Questions." *JAOS* 115, pp.55–72. Reprinted in Sinor 1997, No. Ⅶ .

Sinor, Denis 1997, *Studies in Medieval Inner Asia* (London: Variorum) .

Smith, John Masson, 1970, "Mongol and Nomadic Taxation." *HJAS* 30, pp.307–345.

Spuler, Bertold, 1960, *The Muslim World*. An Historical Survey, Part Ⅱ , *The Mongol Period,* translated from the German by F.R.C. Bagley (Leiden) .

Spuler, Bertold,1965, *Die Goldene Horde.Die Mongolen in Russland 1223–1502*, 2nd edition (Wiesbaden) .

Strakosch–Grassman, G., 1893, *Der Einfall der Mongolen in Milleleuropa in den Jahren 1241 und 1242* (Innsbruck) .

Tikhvinskij, S.L., 1970 (ed.) , *Talaro-mongoly v Azii I Evrope* (Moskva) .

Wyngaert, Anastasius van den, 1929, *Sinica Franciscana I.Itinera et relations Fratrum Minorum Saeculi XIII et XI V* (Quaracchi–Firenze) .

Zarncke, Friedrich, 1876, "Der Priester Johannes, Ⅱ . Abhandlungen der Königl. sächsischen Gesellchaft der Wissenschaften," *Phil.-hist.* Kl. Ⅷ .

Zlatarski,V.N.,1940, *Istorija na Bulgarskata durzava prězh srednitě věkově.* Ⅲ (Sofia) .

论中央欧亚之水运

罗 新 译
毕 波 校

虽然在阿尔泰诸民族的生活中，水上运输只扮演有限的角色，但毕竟是他们物质文化的一部分，因而值得引起注意。这些年里我搜集了一些相关的资料，我想可能会让民族志学家、历史学家和比较语言学家们感兴趣。我的调查还远远没有完成，特别是我未曾对旅行记录中的相关信息做一系统梳理。我在其中找到的材料，很少或根本没有超过以往那些常常被错误描述的事实，不过我相信，如果做一系统的研究，就会得到更好的结果。

这里我要提交的材料分成两个部分。第一部分是从历史资料中搜集到的证据，第二部分则是对阿尔泰诸语言中有关舟船的某些名称的考察。

要检验文字与语言两方面的证据，最重要的

是在多种多样的舟船之间做出清晰的区分。只要可能，我都会努力阐明我引述的文献或话语所提到的轻型舟船的具体类型，只有这样我们才能指望在调查中获得可靠的结果。

现在把我们可能涉及的舟船类型简要列举如下，这样或许有助于我们的研究。[1]

Ⅰ. 主要以皮革制成的舟船。

（1）浮漂（floats），即充气鼓胀起来的皮袋，让浸在水里的人有所依托，或让人跨骑。

（2）筏子（rafts），以充气皮袋浮在水面上，也可以干草或其他有浮力的材料填充在皮袋里。

（3）圆形小船（coracles），通常是在木制的或柳条框架的小船上，平铺上皮子。

（4）类似因纽特人所用的木架蒙皮船或海豹皮筏子（umiak or baidara）的船，即较大的船形筏子，非常近似那种普通的外板平接的船，不同的是木支架上支撑着的是动物皮革而不是木板。

（5）爱斯基摩式的皮船（kayaks），即全部蒙上皮革的轻型船，只在中间留一个洞坐划桨的人。

Ⅱ. 主要以木材制成的舟船。

（1）以圆木或芦苇制作的筏子（rafts）。

（2）独木舟（dug-outs），即掏空树干制作的船。

（3）树皮船（bark canoes），即船的外壳全是树皮。

（4）厚木板制成的船（plank-built boats），这是最先进的类型，以最好的木板建造或以外板平接而成，不过本文将不会论及这个类型。

1　为写作本文，我一直在研读 James Hornell 的优秀著作 *Water Transport: Origins and Early Evolution*（Cambridge，1946）。对于浮游（swimming-floats）来说，Johannes Hubschmid 的 *Schläuche und Fässer*（Romanica Helvetica，Vol. 54，Bern，1955）是不可或缺的。对这两个研究我要致以由衷的感激，它们构成了下文的主要背景。

文献材料

Ⅰ.1. 在阿尔泰诸民族的历史上，浮漂的使用是得到很好证明的。12 世纪的库蛮人是用干草填充皮袋来浮漂。Niketas Choniates 给了我们如下的描述：

> 过河的时候，斯基泰人（=库蛮人）不需要做太多准备：他们把麦秆塞进皮袋子，仔细地扎紧，让一滴水也渗不进去。然后他们把马鞍和武器绑在这个小筏子上，再把它拴在马尾上。库蛮人就这样渡水，像用船一样用马，轻易地跨过伊斯特洛斯（Istros）地区宽阔的水面。[1]

在弗里德利希二世给英王亨利三世的一封信中，称鞑靼人是“无与伦比的弓箭手，过河时以训练有素的技术，凭借着随身携带的皮袋，就这样穿越深水和沼泽”。[2]

匈牙利 12 世纪的年代记作者无名氏（the Anonymous）说匈牙利人“以异教徒世界的某种仪式，坐在 tulbou 上游过了 Etylus 河”[3]。最要紧的词 tulbou，指的是皮浮漂，既可能是充气的，也可能是塞满干草的那种。这段话表明了跨骑在上面的那种皮浮漂的应用。

Georgios Akropolites 记述的为了逃避鞑靼人而渡过多瑙河的库蛮人，可能就是使用了与此相似的一种发明。[4]

游水浮漂的存在，可由古突厥文的摩尼教文献考知。相关的段

---

1 Franz Gabler，*Die Krone der Komnenen*（Graz，1958），p. 132.

2 转引自 Matthew Paris，*MGH.SS*. XXVIII，p. 211。

3 Scriptores Rerum Hungaricarum I，editor: Emericus Szentpétery（Budapest，1937），p. 41.

4 Migne PG. 140，col. 1061. 单词 ἀσχος 指“制作袋子的皮，特别是装葡萄酒的皮囊”，参看 Hubschmid，op. cit.，pp. 79–81。

落见于班格和冯·加班的译释："树都鼓起来，被吹得大大的，就好像一个人用力吹起游水的皮袋一样。"[1] 翻译成 Schwimmschlauch（游泳的皮袋）的词是 tolquq。正如我们将在本文第二部分看到的那样，[2] 这个被讨论的突厥词通常有更一般的词义，并不限于用作浮漂的膨胀起来的皮袋子。不过从上下文看，无疑就是这个意思。由于 tolquq 在这里一定是被吹得鼓胀起来的，它除了用作游水的浮漂，不可能有别的用途。

Ⅰ.2. 以充气皮袋用作浮筏的材料，很少见于文献，可是凭借现代证据来判断，其使用范围一定很广。例证之一是，忽必烈汗的蒙古大军于 1253 年横渡金沙江时，就使用了这类皮筏。[3]

有关充气皮筏子的一个有趣的、迄今都被误解的材料，可在吐鲁番突厥文译本的《金光明经》（*Suvarnaprabhāsa sūtra*）中找到。其中一句表达了虔敬的心愿：sansarlïγ taluy ügüz ičintä tar kämi bulayïn "让我在轮回的海里，找寻到一个充气皮筏子吧！"[4]——马洛夫（Malov）把 tar kämi 译作 **тесная ладь**，即一只"窄船"。[5] 事实上他在词汇表里把 tar 译作 **тесный**，[6] 所依据的是 Qutadγu bilig 和阿塞拜疆语。虽然这个语言中无疑存在着一个词 dar "窄的"，但我觉得在上引句子中其词义肯定是"皮筏子"。[7] 复合词 tar kämi 一定是指一个"被鼓胀起来的皮袋子所浮起来的筏子"。

尽管对中央欧亚诸民族词汇表的考察清楚地显示，这一类型的

1 "Ein uigurisches Fragment über den manichäischen Windgott，" *UJb*，Bd. 8，pp.248–256 at 251.

2 p. 174.

3 O. Franke，*Geschichte des chinesischen Reiches*，Ⅳ，Berlin 1948，p. 317.

4 613. 参看 S. E. Malov，*Pamjatniki drevnetjurkskoj pis'mennosti*（Moskva–Leningrad，1951），pp. 165，182。

5 Ibid.，p. 182.

6 Ibid.，p. 426.

7 参看下文"词汇"部分之第 4 条。

水上交通工具的使用是普遍和广泛的，但他们与筏子的联系并不经常被提到，其原因可以在两种情况中找到。第一种，我想，只有那种颇不寻常的水运工具值得一提；第二种，由浮漂支撑起来的皮筏子，可能常常与那种简单的游水皮浮漂混在一起难以区分。

Ⅰ.3. 柏朗嘉宾所记的蒙古船只，显然是那种圆形船："当他们（蒙古人）遇到河流时，即使河面宽阔，他们也以下面的方式渡河。贵族们有一张圆而轻的皮子，在皮子的边缘做了许多环圈，用一根绳子穿过这些环圈；把绳子拉紧，就成了一个袋子，装进他们的衣服和其他东西，紧紧地压在一起；在这上面的中间部分，放他们的马鞍和其他坚硬的东西。人也坐在中间，他们把这样做成的船绑在马尾上。让一个人在前面游泳并引领着马，有时他们也用一对桨来划水，这样就渡过了河流。"[1]

从这个描述来看，似乎构成支架的是"马鞍和其他坚硬的东西"，再加上"紧紧地压在一起"的那些装载物。

Thomas of Spalato 谈到蒙古人有一种圆形船，其柳条支架的外面包着皮子。因为就我的了解，这个材料还不为那些对皮制舟船感兴趣的人所知，在此我最好还是引原文："当他们面临迅疾的、不能渡过的那种河流，有时候他们可以骑着马过去；如果波浪太大，他们很快制作一种小型快船，用小树枝先做一个箱盒式的架子，再套上他们所携带的动物生皮，凭这个他们就可毫不畏惧地渡过河去。"[2]

据伊本·阿昔尔所记，蒙古人使用木框架的圆形船："他们用木头制作一种像大水槽一样的东西，蒙上牛皮以防水，把武器和其他器具放进去，让马下到河里，(用手）抓紧马尾，再把这种木水

1 *The Mongol Mission, Narratives and Letters*...translated by a Num of Stanbrook Abbey, edited by Christopher Dawson（London and New York, 1955）. 这是最好的柏朗嘉宾记录的英译本。

2 *Historia Salonitana, Monumenta Spectantia Historiam Slavorum Meridionalium*, XXVI（Zagreb, 1894）, pp. 170–171.

槽与自己紧紧拴在一起，这样，马拉着人，人拉着木槽，槽子里装载着武器等物，一切都同时过了河。”这一段话我们用了巴托尔德（Barthold）的译文，[1]他很适当地对伊本・阿昔尔是否真正抓住了蒙古舟船的技术细节提出了疑问。

伊本・阿昔尔提到了牛皮，可是制作这种圆形船也会用马皮。12世纪下半叶的旅行者 Rabbi Petachia of Ratisbon 报告说，在 Kedar 地方，即第涅伯河（Dniepr）以东、居住着库蛮人和佩切涅格人的地区，“那里他们没有船，而是把十张铺展开的马皮缝在一起，再在边缘缝一条皮带；然后他们坐在皮子上，也把马车和所有行李置于皮上。然后，他们拉紧皮子边缘的皮带，把它系在游水的马的尾部，这样他们就过了河”。[2]

Ibn Fadlān 记载的前往伏尔加的保加尔人（Bulgars of the Volga）的行记里（921~922），有对圆形船的详细描述[3]：“我们向前旅行，直到Yaghandî河边[4]。在那里，人们拿出用骆驼皮做的皮船，铺展开来，从那些突厥骆驼上卸下货物；因为（船）是圆的，他们把（货物）放进去直到它伸展开来。然后他们用衣服和器皿把它塞满。当每一个皮船装满以后，一组五六人或四个人，或多或少，就坐了上去。他们手里拿着桦木当桨用，不停地划动，水带着船向前移动，船身旋转，直至我们渡过河去。”

---

1 *Turkestan down to the Mongol Invasion*（2nd ed.，London，1928），pp. 420–421.

2 A. Benison–William F. Ainsworth，*Travels of Rabbi Petachia of Ratisbon*（2nd ed.，London，1861），p. 3.

3 这段话至少有四种近期的译文：Zeki Validi Togan，“Ibn Fadlān's Reisebericht，” *Abh. f. die Kunde des Morgenlandes*，XXIV，3，1939，pp. 31–32; A. P. Kovalevskij，*Kniga ibn-Fadlana o ego putešestvii na Volgu v 921-922 gg*（Kharkov，1956），p. 130; Marius Canard，“La relation du voyage d'Ibn Fadlân chez les Bulgares de la Volga，” *Annales de l'Institut d'Études Orientale*，Alger，XVI，1958，pp.41–146 at 81–82；Robert P. Blake–Richard N. Frye，“Notes on the Risala of Ibn-Fadlān，”*Byzantina-Metabyzantina*，I，pt. 2，1949，pp.7–37 at 20。我这里所引的是最后一个译本，因为它很清楚而且是英文的。

4 对该河名的发音，我采用的是 Kovalevskij 和 Canard 的释读。

因为不是阿拉伯学的学者，我不能讨论这段文字里用来指圆形船的词 sufar 的确切词义。Canard 把它译作 bateau pliant（可折叠的船），Kovalevskij 译作 дорожный мешок（旅行袋），Czeglédy 则译作不可通解的 Lederschläuche（皮套子）[1]。Canard 正确地指出："无论如何它都是指一种船，是用山羊皮缝合起来的，称作 atwâf。"这段文字很显然说的是圆形船，Ibn Fadlān 的记录也很有趣，因为他描述的圆形船是用桨推动的，说明这类圆形船不仅仅是要绑在马尾上。事实上他清楚地提到："至于那些马和骆驼，在他们的呼喝之下，它们也游过河去了。"就连用这类不怎么结实稳当的船只渡过大河时的危险，Ibn Fadlān 也有明确的记录。在渡过"最大、最宽、最湍急"的乌拉尔河时，Ibn Fadlān"看到一只皮船是如何倾覆，而船上的人也都溺死了"。

从我们的观点看，只有一件事削弱了 Ibn Fadlān 记录的价值。他描述了他的探险队在 Ğurğaniya 长时间逗留的时候，是如何"购买突厥骆驼，并用骆驼皮制造皮船，因为我们考虑到那些我们在突厥的土地上必须跨越的河流"。[2] 可以设想，尽管不可能，制造这类圆形船的技艺并非源自当地，而是由阿拉伯探险队带来的。

以下几段文字，描述得不大明确，但所指无疑是圆形船。

Matthew Paris 在谈及蒙古人时，报告说："他们有牛皮船，每 10 到 12 人共用一只。他们能够游泳，也能驾驭船只，因此他们能够毫无障碍地渡过最大、最湍急的河流。" [3]

据说匈牙利人 899 年攻击威尼斯时使用了皮船。*Chronicon Venetum* 的文本中提到"cum ... pelliciis navibus（使用……皮船）"。[4]

---

1 "Zur Meschheder Handschrift von Ibn Fadlāns Reisebericht," *AOH*, Ⅰ, 1951, pp.217–260 at 225.

2 Blake–Frye, op. cit., p. 12.

3 参看 W. W. W. Rockhill, *The Journey of William of Rubruck*（London, 1900）, pp. XV and XVI。

4 A. F. Gombos, *Catalogus Fontium Historiae Hungaricae*（Budapest, 1937）, Ⅱ, p. 1313.

我必须说我不同意 Hubschmid 把这段话理解为浮漂。[1] 几乎可以肯定，这里所说的是圆形皮船。

威利（Arthur Waley）提醒我注意《晋书》卷 123 里的一条材料，慕容垂进攻翟钊的时候，佯装要从一个渡口过黄河，“为牛皮船百余艘，载疑兵列杖，溯流而上”。应当注意的是，虽然后燕王朝源自阿尔泰，但这时已经过于汉化，因此，这条材料不适于用作证明阿尔泰技术的材料。

一条相当晚近却很有意思的有关圆形船制造的材料，来自 Ysbrants Ides 的旅行记录。他是沙皇派去见中国皇帝的大使。1693 年 8 月 13 日，大使和他的随从人员来到额尔古纳河东部的支流甘河边上。

“这条河，”大使写道，“给我们的通行造成了相当大的麻烦，因为它涨水涨得如此之深，以至于没有骆驼可以踩到河底，所以我们被迫搜寻树木（在这个荒凉没有人烟的地方，希望渺茫），把树砍倒以后，绑在一起来运送我们的货物和旅行物资。而且，为了让我们自己渡河，我们也用小树枝制作一种船，蒙上缝在一起的牛皮，再铺上柔韧的树皮，能够承载一千磅左右的重量。马、牛和骆驼游水过去，它们做得很容易，因为只要它们的脚松松地点在河底，它们就侧过身，不需要用力动它们的脚，就像漂浮用的皮袋一样。”[2]

我感觉相当肯定，Ides 建造的船是圆形船，而不是如 Shirokogoroff 所认为的“小的和轻的独木舟”。[3]

Ⅰ.4. 很少有材料涉及较大的、木架蒙皮船（船形筏子）类型的皮船，就是有也可以理解为与圆形船相关。写于 12 世纪的 *Marwāzi*

1　Op. cit.，p. 113.

2　*Three Years Travels from Moscow Over-land to China*... 用荷兰语出版，现已被忠实地译成英语（London，1706），p. 48。

3　“Northern Tungus migration in the Far East,” *JNCh*. Br. RAS. LVII，1926，pp.123–183 at 163.

提到一个部族 Fûrî 或 Qûrî，生活在吉尔吉斯以东无法穿透的森林里。“他们运东西的船，是用鱼皮或野生动物的皮制造的。”[1]

已知室韦人是使用皮船的，但中文史料没有谈到他们造船的方法。[2]

根据朝鲜史料，当女真进攻高丽时（12 世纪），入侵者使用了皮船。[3]

Ⅰ.5. 没有证据显示因纽特人那种 kayak 式皮船被阿尔泰人使用过。可是，正如本文后面所做的，我将不得不研究这种船的名称，我将会提到一条中文史料。如果我的理解是正确的，它将是迄今最早的与 kayak 相关的证据。

它是有关驱度寐的一段话。驱度寐这个民族首见于隋代，位于室韦之北。据《通典》记载，其人“又能立浮、卧浮，履水没腰，与陆走不别。数乘大船，至北室韦抄掠”。[4]

一个人坐在 kayak 式的皮船里，特别是当海里波浪起伏时，就会给人“履水没腰”的印象。Kayak 船本身从有波浪的水面上是很难看见的，而移动中的划桨者看起来就像是没有凭借任何东西的帮助、自己在水中漂浮着一样。再考虑到中国人对新奇怪异的喜好，我还是很想确认这段文字里的人，使用的就是 kayak 式的皮船。所提到的大船与我的解释也不矛盾，它或许表明在 kayak 式皮船之外，还存在着 umiak 式大船。显然，我不认为上面所引的文字是可以做

---

1 V. Minorsky，*Sharaf al-Zamān Tāhir al-Marwazī on China, the Turks and India*（London，1942），p. 31.

2 参看 W. Eberhard，*Kulture und Siedlung der Randvölker Chinas*（Leiden，1942）第 43 页的参考文献。对相关中文文献的解释，可见 J. Klaproth，*Tableaux hidtoriques de l'Asie*（Paris，1826），p. 91，以及 Lucien Gibert, *Dictionnaire historique et géographique de la Mandchourie*（Hong kong，1934），p. 116。

3 参看 Shinji Nishimura（西村真次），*A Study of Ancient Ships in Japan*，Ⅳ，Skin-boats（Tokyo，1931），p. 134。

4 《通典》卷 200。又见《太平寰宇记》卷 199，文字略有不同。威利向我提供了译文，谨此深致谢忱。

结论的证据，但我想它是值得引述的。

Ⅱ.1.《蒙古秘史》(第106节和109节[1])提到筏子，称这种筏子是用猪鬃草结扎而成的。[2]

1314年普颜笃汗发布的一道诏敕中，谈到了属于某个道教社团的筏子和船。[3]虽然诏敕是用蒙古文（和中文）写成的，但它涉及的事情却与我们的主题不相干。表“筏”的词（hụa）的词义似乎从敕文的中文部分得到确定，但它不可能（如鲍培所建议的那样[4]）是中文“筏”字的音译。

感谢威利帮助我从《隋书》(卷81）里找到一条材料，称南室韦“渡水则束薪为筏，或以皮为舟”。

伯希和引过《元史》所记蒙古人与匈牙利人的漷宁河（Sajó river）之战（1241）的材料。[5]为了渡过漷宁河，速不台下令“结筏”。我们不知道这些筏是如何制作的，与这一事件相关的拉丁文史料，也没有提到这一点。

沃古尔民歌里常常提到圆木筏子（log rafts）。[6]

Ⅱ.2. 在普里斯库斯出使匈人的著名记录里，提到了独木舟。他描述了他的大使前往多瑙河的旅程：“野蛮人的摆渡者接待了我们，并且用独木舟把我们送过多瑙河，这种独木舟是他们自己制作的，把树砍切掏空。他们并不是为了我们而制作这种独木舟的，他们刚

---

1 第106节当作第105节。——译者注

2 表“筏子”的词是sal，参看下文“词汇”部分之第6条。这种植物的名称是saqal baiyai。

3 N. Poppe，*The Mongolian Monuments in hP'ags-pa script*（Wiesbaden，1957），pp. 49-50.

4 Ibid.，p. 93.

5 *Notes sur l'histoire de la Horde d'Or*（Paris，1950），p. 131.

6 参看Kannisto-Virtanen-Liimola，“Materialien zur Mythologie der Wogulen，”*MSFOu*，CXⅢ，pp. 83，84; B. Munkácsi，*Vogul népköltési gyüjtemény*（Budapest，1892-1902），Ⅰ，p. 223。

刚运过去一队野蛮人的军队，我们在路上还碰见过……”[1]

关于独木舟，有一条非常有意思的、半藏着不为人知的资料，可以在突厥语的乌古斯可汗的传说中找到。诗篇23~24[2]描述了乌古斯可汗来到 Itil 河（即伏尔加河）边，他手下有个叫 Uluγ Ordu Bäg 的人很聪明，注意到河边有很多树，就砍倒了这些树。不幸的是，文书中有三处残损，我们搞不清 Uluγ Ordu Bäg 对这些树到底做了什么。不过接下来的句子是绝对不含混的：ïγač-larda yaddï käčdi “他放下这些树，并且过了（河）”。乌古斯可汗欣喜于他的成就，决定把 Uluγ Ordu Bäg 的名字改成 Qïpčaq Bäg。

这个传说讲述了一些结构相似的逸事，在故事中英雄的名字都与他的特殊技能相联系。这样我们就知道 Qïpčaq 这个词在某个方面、以某种方式，是与造船有关系的。这样的考虑促使伯希和想知道为什么 Qïpčaq 被用在这段文字中。[3]在同一篇文章的前一部分里，[4]在详细考察 Qïpčaq 这个名字和与其联系的传说时，伯希和得出结论，认为它的意思是“一棵空树”。他偏偏没有意识到“空树”和“船”之间也可能建立起关联。这里没有必要重述伯希和的结论性讨论，不过我们也没有必要再去问为什么要把“空树”这个名字，送给一个借助树干把军队渡过河去的人。Uluγ Ordu Bäg，又名 Qïpčaq Bäg，就是神话中独木舟的发明者。

为便于今后的研究，也许值得提一下，沃古尔的英雄诗篇中常常说到独木舟，并且做了一些详细的描述。[5]

1 Ernst Doblhofer, *Byzantinische Diplomaten und östliche Barbaren*（Graz ，1955），p. 29; Priskos M. 8.

2 参看 W. Bang–G. R. Rachmati, “Die Legende von Oghuz Qaghan,” *SPAW*, 1932, XXV, pp.683–724 at 696; A. M. Ščerbak, *Oghuz-nāme–Muhaddat-nāme*（Moskva，1959），pp. 44–45.

3 “Sur la légende d'Uγuz-khan en écriture ouigoure,” *TP*, XXVII, 1930, pp. 247–358 at 324.

4 pp. 279–281.

5 B. Munkácsi, op. cit., II（Budapest, 1910–1921），pp. 609–615.

词汇[1]

（1）突厥语小船最普通的名称，可能是 qayïq。最早的形式见于喀什噶里（Kāšγarī）的书：qayγïq。这个词以 qayïq 的形式，与其

---

1 分别指出每个词的资料出处，会使本文过于累赘，而且我觉得也是多余的。只有当某一资料来源只用一两次，或另有可选择的资料时，我才会特别标出具体出处。在不注明出处的情况下，我用的是以下资料。

关于突厥语——Wilhelm Radloff，*Versuch eins Wörterbuches der Türk-Dialecte*，Ⅰ–Ⅳ，St. Petersburg，1893–1911. 关于古突厥语，主要是 Annemarie von Gabain，*Alttükische Grammatik*，Leipzig，1941。关于中古突厥语，最常参考的是 C. Brockklemann，*Mitteltürkischer Wortschatz, nach Mahmud al-Kāšyarī Dīvan Luāyāt at-Turk*, Budapest，1928; Krønbech，*Komanisches Wörterbuch*，København，1942; A. Zajaczkowski，*Vocabulaire arabe-kiptchak de l'état Mamelouk, Bulgat al-muštāq fī lugat at-Turk wa-l-Qifžāq*，Ⅰ，Warszawa，1958; Ahmet Caferoğlu，*Abu-Hayyân, Kitâb al-Idrâk li-lisân al-Atrâk*，Istanbul，1931。关于当代突厥诸语言，基本上按各有关语言的字母顺序：G. Gusejnov，*Azerbajdžansko-russkij slovar'*，Baku，1939; M. A. Širallev and E. H. Oručov，*Azerbajdžansko-russkij slovar'*，Baku，1951。集体编纂的有 *Baškirskij slovar'*，Moskva，1948; N. K. Dmitriev，K. Z. Akhmerrov and J. G. Baišev，*Russko-baškirskij slovar'*，Moskva，1948; N. K. Dmitriev，*Russko-čuvašskij slovar'*，Moskva，1951; H. Paasonen，*Csuvas szójegyzék*，Budapest，1908; N. A. Baskakov，*Karakalpaksko-russkij slovar'*，Moskva，1958; Kh. Makhmudov and G. Musabaev，*Kazakhsko-russkij slovar'*，Alma–Ata，1954; N. T. Sauranbaev，*Russko-kazakhskij slovar'*，Moskva，1954; N. A. Baskakov，A. I. Inkižekova and Grekul, *Khakassko-russkij slovar'*，Moskva，1953; K. K. Yudahin，*Kirgiz sözlügü*，Ⅰ–Ⅱ，Ankara-Istanbul，1945–1948; *Russko-kirgizskij slovar'*，Moskva，1957; Z. Z. Bammatov，*Russko-kumykskij slovar'*，Moskva，1960; N. A. Baskakov，*Russko-nogajskij slovar'*，Moskva，1956; N. A. Baskakov and T. M. Toščakova，*Ojrotsko-russkij slovar'*，Moskva，1947; R. Gazizov，N. Isenbeg and G. Išmukhametov，*Tatarsko-russkij slovar'*，Kazan，1950; N. K. Dmitriev，*Russko-tatarskij slovar'*，Ⅰ–Ⅱ，Kazan，1955–1956; H. C. Hony，*A Turkish-English dictionary*，Oxford，1947; N. A. Baskakov and M. Ja. Khamzaev，*Russko-turkmenskij slovar'*，Moskva，1956; A. A. Pal'mbakh，*Tuvinsko-russkij slovar'*，Moskva，1955; T.R. Rakhimov，*Russko-ujgurskij slovar'*，Moskva，1956; *Ujgursko-kitajsko-russkij slovar'*, Peking，1953; S. F. Akabirov，Z. M. Magrufov and A. T. Khodžakhanov，*Uzbeksko-russkij slovar'*，Moskva，1959; E. K. Pekarskij，*Slovar jakutskogo jazyka*, Ⅰ–Ⅲ，Petrograd-Leningrad，1907–1927。

关于蒙古语——J. E. Kowalewski，*Dictionnaire mongol-russe-français*, Ⅰ–Ⅲ，Kazan，1844–1849; 集体编纂的有 *Mongol-English Practical Dictionary*（for the Evangelical Alliance Mission，1949–1953）; A. R. Rinčinê，*Kratkij mongol'sko-russkij slovar'*，Moskva，1947; A. Luvsandêndêv，*Mongol'sko-russkij slovar'*，Moskva，1957; C. B. Cydendambaev，*Russko-burjat-mongol'skij slovar'*，Moskva，1954; G. J. Ramstedt，*Kalmückisches Wörterbuch*，Helsinki，1935; Antoine Mostaert，*Dictionnaire ordos*, Ⅰ–Ⅲ，Peking，1941–1944; A. de Smedt and A. Mostaert，*Dictionnaire monguor-français*，Pei-P'ing. 1933。

他词一起，存在于下列语言中：吉尔吉斯语、哈萨克语、乌兹别克语、诺盖语（Nogaj）、巴什基尔语，很奇怪地，还有土耳其语。库梅克语有 k'ayïk'，塔塔尔语有 kaek，现代维吾尔语有 keyik。词首浊音者，可以找到土库曼语的 gayik 和阿塞拜疆（阿兹里 – 阿塞拜疆语应为 Azerbaijani）语的 gayig。值得注意的是，卫拉特语的 qayiq 有“桨”的意思，而哈卡斯语（Khakass）的 xazïx 的意思是“匙”。

Kowalewski 引述了一个“通俗”（不管这可能是什么意思）文学中的蒙古语形式 qayaq，这个词在卡尔梅克语中也有：xajag。

埃文基（即鄂温克）语中有 kajuk“桦皮船”，Castrén 已经引证过这个词。我不能追寻到兰司铁（Ramstedt）提到的 ajuk“桦树船”形式的资料出处。[1] 由于兰司铁常常凭记忆举例，这个形式可能从来就不存在。

考虑到这个词在蒙古语和通古斯诸语言中不是特别普及，看起来有理由假定，蒙古语和通古斯语的形式是从突厥语借入的。的确，突厥语形式似乎构成了一棵词汇树（word-tree）的根部，这棵树的枝叶不仅覆盖了整个的中央欧亚，而且覆盖了欧洲，以及亚洲和美洲的北极地区。

关于通古斯语——Erich Hauer, “Handwörterbuch der Mandschusprache,” Ⅰ–Ⅲ, Wiesbaden, 1952–1955; H. C. von der Gabelentz, *Mandschu-Deutsches Wörterbuch*, Abh. f. die Kunde des Morgenlandes, Ⅲ, 2, Leipzig, 1864; G. M. Vasilevič, *Êvenkijsko-russkij slovar'*, Moskva, 1958; *Russko-êvenkijsij*（*russko-tungusskij*）*slovar'*, Moskva, 1948; V. I. Cincius and L. D. Rišes, *Russko-êvenskij slovar'*, Moskva, 1952; W. Grube, Goldisch-deutsches Wörterverzeichnis mit vergleichender Berücksichtigung der übrigen tungusischen Dialekte（Anhang zum, Ⅲ, Bande; L. von Schrenck, *Reisen und Forschungen im Amur Lande*, St. Petersburg 1900）; O. P. Sunik, *Kur-urmijskij dialekt*, Leninggrad, 1958; E. I. Titov, *Tungussko-russkij slovar'*, Irkutsk, 1926; P. Schmidt, “The language of the Olchas, *Acta Universitis Latviensis*,” Ⅷ, 1923, pp.229–288; “The Language of the Oroches,” ibid., ⅩⅦ, 1927, pp.17–62.

为便于辨认资料出处，Grube 引证的 Nanaj 形式写作 Goldi。

转写不得不简化，并且也没法做到规范化。——为方便印刷，俄文定义译成英文：

boat= лодка; dug-out =лодка-долблёнка, долбленная лодка; birch-bark canoe = лодка берестянка; plank-built boat = досчатая лодка; raft = плот; skin-boat = кожаная лодка.

1 Op. cit., p. 161.

让我们首先考虑芬－乌戈尔语的某些形式。奥斯提亚语的kāiək“Kaik，船”，[1]肯定是从某些突厥语方言中借入的。[2]——一个可疑的Votiak语的kaj“船”，据Munkácsi说，[3]也可以与突厥语的形式联系起来。

更有意思的例证是匈牙利语的hajó “船”。这个词已知最早的形式有双元音的词尾（hojou），后来随着匈牙利语语音的发展，这个词又有了现在这种长元音形式。Szinnyei把hajó 与奥斯提亚语的xōp、沃古尔语的xāв 、xāp联系起来，[4] Bárczi接受这个语源的认定。[5] Collinder引述了沃古尔语和奥斯提亚语中与hajó 相关的形式，[6]但没有正式地把它与鄂毕－乌戈尔语联系起来。在同一本书的其他地方，[7] Collinder假设性地把hajó 与Erzä——摩尔多瓦语的kujme及Moksha——摩尔多瓦语的kujmɛ、kujvɛ“篮子、平槽、盘子”联系起来（这个语源首先是由Toivonen提出的）。[8] Toivonen把沃古尔语和奥斯提亚语的词与Votiak语的kïpï、køpi“圆木，树干”联系起来。[9]由于他没有提这个匈牙利语的hajó，人们可以猜想，在Toivonen的认识里，hajó 与鄂毕－乌戈尔语的形式没有联系。Irene N. Sebestyén最近考察了这些词语。[10]她发现沃古尔语的qāp-jiv“杉树”的第一个因素是鄂毕－乌戈尔语的“船”，而且，为了支持她的理论，她举出了北奥斯提亚语的jux“树，船”。她没有提hajó。

1　K. F. Karjalainen and Y. H. Torvonen, *Ostjakisches Wörterbuch*（Helsinki, 1948）, Ⅰ－Ⅱ, p. 385.

2　Munkácsi首先注意到这一点，H. Paasonen重新考察了这个问题，见Paasonen, “Über die türkischen Lehnwörter im Ostjakischen,” *FUF*, Ⅱ, 1902, p. 122。这个想法来自Toivonen, *Ostjak*, Wb., p. 385。

3　*A votják nyelv szótára*（Budapest, 1896）.

4　*Magyar nyelvhasonlitás*（7th ed., Budapest, 1927）, p. 39.

5　*Magyar szófejtő szótár*（Budapest, 1941）, s. v. hajó.

6　*Fenno-Ugric Vocabulary*（Stockholm, 1955）, p. 93.

7　p. 80.

8　*MSFOu*, LⅡ, p. 312.

9　“Wortgeschichtliche Streifzüge,” *FUF*, XV, 1915, p. 71.

10　“Fák és fás helyek régi nevei az uráli nyelvekben,” *NyK*, LⅠ, 1913, p. 425.

Steinitz 举证奥斯提亚语的 xop 时，[1] 也没有提 hajó，虽然他通常喜欢参考匈牙利语中的对应词语。

这样，关于匈牙利语 hajó 的芬－乌戈尔语语源，似乎是相当不确定的，这个事实给了我胆量来提出一个新的、突厥语的语源。

突厥语 qayïq 和匈牙利语 hajó 的对应，完全符合匈牙利语中突厥语借词的模式。

突厥语以元音加 k、g、q、γ 结尾的单词，到了匈牙利语中，通常变成一个以长元音结尾的单词：匈牙利语 kapu“门”（＜ qapɯγ），komló “跳”（＜ qamlaq），karó“树桩”（＜ qazïq），等等。不必详说这个人们已经熟知的对应。[2]

更难解释的是 hajó 词首的 h-。匈牙利语中的突厥借词中，无疑只有一个显示出同样的特性：homok“沙子”（＜ qamaq)。在所有其他的例证中，突厥语的 q- 在匈牙利语中成为一个爆破音。[3] homok 和 qamaq 的对应是如此明显，没有任何人会想去否认它。这样关于突厥语 q- 和匈牙利语 h- 的对应，我们就至少有一个别的例证了。不过我想，即使没有 homok 的可靠证据，对 hajó 语源的提议也可以变得容易接受。

芬－乌戈尔语中词首 k- 后面是一个后元音，在匈牙利语里通常发展成 h- 加上后元音。例如，匈牙利语 hat“6”和奥斯提亚语 xót、沃古尔语 kåt、芬兰语 kuute- 等。只有在借入词中，无论其来源如何，k- 在近似的位置上维持不变。[4] 因此可以有相当的理由设想，hajó 的借入早于“q- ＋后元音 ＞ h- ＋后元音”的变化。与芬－乌

1 *Ostjakische Grammatik und Chrestomathie*（Leipzig，1950），p. 137.

2 参看较近出版的 G. Bárczi，*A Magyar szókincs eredete*（Budapest，1951），p. 49。

3 L. Ligeti，“Mongols jövevényszavaink kérdése，” *NyK*，XLIX，1935，pp.190–271. 李盖提这篇文章在澄清匈牙利语中的突厥语借词的 h- 方面做得最多。此处不加详细讨论，但我不能接受匈牙利语的 harang“钟”的突厥语语源。

4 W. Steinitz，*Geschichte des finnish-ugrischen Vokalismus*（Stockholm，1944），pp. 21–22：“乌戈尔语 k- 加上后元音的词，没有很好的芬兰语语源。”

戈尔语 q- 读音的词一起，qayïq 的词首 q- 变成 x-，最终变成了 h-。就是这同一个理论，以稍微不同的形式，被用于解释 homok 的词首 k-。[1] 对 q- 在 homok 和 hajó 里的不同处理，引出一个有趣的问题。不过对这个问题的讨论将使我们远离本文的主题。

可以肯定，匈牙利语是在一个非常早的时候借入 qayïq 的，也许早至乌戈尔语时期。那么奥斯提亚语和匈牙利语的词语可能分别代表突厥语 qayïq 借入乌戈尔语以后不同的变化形式。不利于这一假设的事实是，在奥斯提亚语的 Upper-Demjanka 方言中，找到了 kāiək 一词，古奥斯提亚语的 a 是用 o 来表示的。Steinitz 把这种 a > o 的变化的发生时间置于 17 世纪前半叶。[2] 由于突厥语词是很早以前借入的，奥斯提亚语的形式就理应显现出第一个音节的 o。因此，奥斯提亚语的 kāiək 一词，应当考虑为相当晚近从某一突厥语方言中所借入，而不能直接与匈牙利语的 hajó 相联系。

突厥语 qayïq 的分布远远超出了乌拉尔 – 阿尔泰语言的范围，几乎没有哪一种欧洲语言未受到这个词的渗透。K. Lokotsch 已经搜集了很多用例，[3] 更细的列举或许并非没有益处。

这个词见于俄语是不奇怪的，在俄语里它有两个不同的形式：**каюк**，意思是 **небольшая лодка с плоским дном и двумя веслами**（平底双桨小船）；以及 **каик**，意思是 **небольшое гребное судно в Турции**（土耳其的划桨小船）。[4] 第二个词 **каик** 不是真的借词，而更像是从土耳其语借入的 terminus technicus（术语），并以其原有形式和词义在俄语中使用。反过来，俄语的 **каюк** 则被借进奥斯提亚语

1　例如 G. Bárczi，*Magyar hangtörténet*（2nd ed.，Budapest，1958），p. 122; Sz，M. Kispál，Ugor-Török érintkezések，*NyK*，LIII，1951，p. 53。

2　*Geschichte des ostjakischen Vokalismus*（Berlin，1950），p. 53.

3　*Etymologisches Wörterbuch der europäischen（germanischen, romanischen und slavischen) Wörter orientalischen Ursprungs*（Heidelberg，1927），No. 1014.

4　定义参照的是 *Slavar' sovremennogo russkogo jazyka*（Moskva-Leningrad，1956）。

的 Jugan 方言的 kāiük[1]，以及 Jurak- 萨莫耶德语的 xajjwk ~ kājwk[2]。

Lokotsch 引述了其他的斯拉夫语形式，包括乌克兰语、保加利亚语、塞尔维亚语和波兰语。Zajączkowski 搜集的资料中，[3]有关于波兰语 kaik 的历史的有趣材料。

意大利语的 caicco 一词，出现于 16 世纪，它是直接从土耳其语借入的。[4]这个词从意大利语进入法语 caïque（caïc），最早见于 1579 年。[5] 18 世纪葡萄牙语从法语借入了这个词 caique[6]，然而西班牙语的 caique 是从土耳其语来的。[7]英语的 caique 来自法语，有两个词义："一种轻型小船，由一个或更多划手驾驶，用于横渡博斯普鲁斯海峡（Bosporus）"（首见于 1625 年），以及"一种累范特（Levantine，地中海东部地区）帆船"（首见于 1666 年）。[8] 18 世纪这个词进入了瑞典语：kaik、kajik、kaiker、keit[9]。

埃及阿拉伯语从土耳其语借入了 qāyiq[10]。

就我所知，裕尔（Yule）是第一个想到突厥语 qayïq 与爱斯基摩语 qayaq 相联系的可能性的："是一种巧合吗？还是有一种词根的联系？是不是通过西伯利亚北极圈海岸的突厥部落，格陵兰人的 qayaq 才会如此一致？"[11]

1 参看 Paasonen，*FUF*，Ⅱ，1902，p. 122。

2 所有Jurak-萨莫耶德语的形式，都转引自 T. Lehtisalo，*Jurak-samojedisches Wörterbuch*（Helsinki，1956）。

3 "Studia orirntalistyczne z dziejów slownictwa polskiego," *Travaux de la Société des sciences et des lettres de Wrocław*，Série A，Nr. 49，1953，pp. 95-96.

4 Carlo Battisti-Giovanni，*Dizionario etimologico italiano*（Firenze，1950）.

5 Bloch-Wartburg，*Dictionnaire étymologique de la langue française*（Paris，1950）.

6 Jose Pedro Machado, *Dicionário etimologico de lingua portuguese*（1952）.

7 *Diccionario critico etimológico de la lengua castellana*（Madrid，1954）.

8 *Oxford English Dictionary*.

9 *Ordbok över Svenska språket*（Lund，1935）.

10 Enno Littmann，"Türkisches Sprachgut im Ägyptisch-Arabischen,"*Westöstliche Abhandlungen Rudolf Tschudi...überreicht*（Wiesbaden，1954），p. 122.

11 Hobson-Jobson（London 1903），s. v. caique.

David MacRitchie 可能是独立地鉴别出突厥语与爱斯基摩语这两个名称的关联，并且指出它们指的是颇不相同的船只。据 F. B. Steiner 说："突厥语 qayiq 与爱斯基摩语 qayaq 的相似，当然是应当做进一步思考的。"[1] Zajączkowski 也曾把这两个词联系起来。[2]

爱斯基摩语的 qayaq，在近代已经被大多数欧洲语言所借入：德语、荷兰语、瑞典语、波兰语、匈牙利语（kajak）、法语（kayac）、意大利语（caiaco）、葡萄牙语（caiaque），等等。

现在问题就来了：为什么因纽特人要采用一个突厥词语，来指称一种典型的爱斯基摩船只呢？或者真实情况并非如此？Kayak（爱斯基摩类型的皮船）有悠久的历史。其遗存发现于阿拉斯加的圣劳伦斯岛（St. Lawrence Island）最古老的考古地层里，年代可能早至公元 5 世纪。到 19 世纪初期，鄂毕河河口的萨莫耶德人还知道它。A. Leroi-Gourhan 写道："这样，我们可以把 kayak 看作一种重要的文化特征，以白令海为中心向外辐射，向东至格陵兰岛，向西至新地岛（原文作 Nouvelle-Zemble，即 Novaya Zemlya 岛），东南至基奈半岛，西南可能到了北海道，至少是到了堪察加（Kamchatka）。"[3]

然而，对舟船名称进行的仔细研究显示，它们常常被借用来指称本地类型的船只。英语对应于拉丁语 barca 的词可以用来指 barks（barques），也可以用来指 barges。在匈牙利语里，barca 不仅用来指亚得利亚海岸那种轻型船舰，因采用了挪亚方舟（Noah's ark）之名（因为 arca ~ barca 发音近似）而颇为荣耀，而且早在 13 世纪，已经用来指船形的长条状容器，渔民用它来装活鱼。[4] Jurak- 萨莫耶德语

---

1 "Skinboats and the Yakut 'xayik'," *Ethnos*, 1939, 3–4, pp.177–183 at 182.

2 Loc. cit..

3 *Archéologie du Pacifique-Nord*（Paris, 1946）, p. 36. 一个并非完全相同的情况，是由 Rudolf Trebitsch 提供的，见 "Fellboote und Schwimmsäcke und ihre geographische Verbreitung in der Vergangenheit und Gegenwart," *Archiv für Anthropologie NF*, XI, 1912, pp.161–184, passim。

4 关于匈牙利语 bárka，参看 Hadrovics, *Gálya, bárka, sajka*, *Pais Emlékkönyv*（Budapest, 1956）, pp.284–292。

的 kàràbl'a 不过是 caravel 的名字，可为什么萨莫耶德人要借用这样一个名称呢？

甚至还有一个爱斯基摩语借用外语中的船名的例子。阿拉斯加因纽特人的 kayak 被称作 baydarka，是起源不明的 baydar~baydera 加上俄语后缀的形式，被 Kamchadals 人用来指称一种较大的、敞口的皮船，对应着因纽特人的 umiak。[1] Učur-Zeja 的埃文基方言有 bajdara“皮船”，但是这个名字在第涅伯地区又被用来指一种十分不同的船只。

这些例证——其数量可以轻易地成倍增长——清楚地显示，语义学的或民族志的考虑，有助于语言学上 qayïq ~qayaq 完美地勘同。我们尚没有有关最早的突厥语－爱斯基摩语之间词汇借代方向的任何线索，我们也不能确定这个名字最早是用来指哪一种类型的船。这个词在突厥语中没有满意的语源。拉德洛夫关于这个词从 qai- 演变出来的旧解释，在我看来似乎也是不能令人满意的。[2]

考虑到突厥语形式分布之广，以及它们在向北、向东的方向上的逐渐消失，我非常想说，qayïq 作为真正的突厥语词，是被爱斯基摩语借入的。

（2）蒙古语关于“船”的一般名称，最初无疑指独木船。古典蒙古语有 ongγuča “bassine，éventaire，grand auge，bac; esquif，bateau，vaisseau; mangeoire des chevaux（碗，盘子，大槽，渡船；小船，船，

---

1 参看 K. Birket-Smith，*The Eskimos*（London，1959），p. 80，以及 Steiner，op. cit.，p. 181。байдак（baydak）的语源及它与байдара（独木舟）的关系，还是不清楚的。Max Vasmer 在 *Russisches etymologisches Wörterbuch* 中，认为第一个词“显然是一个东方借词”。他，还有 Preobraženskij 在 *Etymologičeskij slovar' russkago jazyka*（Moscow，1910-1914）中，称 байдара 是第涅伯地区的一种船。可是 *Slovar' sovremennogo russkogo jazyka* 却说它是堪察加地区和阿留申群岛使用的一种船。由于 байдак 早已见于古俄语，它可能是在俄国征服东西伯利亚的时候被借入俄语的。

2 *Wörterbuch*... Ⅱ，column 4.

船；马槽）”。Mostaert 和 Cleaves 搜集了这个词的许多古老形式和方言形式。[1]“槽～船”的双重词义是相当普遍的，而且无疑是关于ongγuča 的原始词义的：一棵被掏空了的树。由此，它可以被用作槽子、船或棺材（鄂尔多斯蒙古语这个词的词义之一是棺材）。在现代书面蒙古语中我们见到 ongoc（on）“船”，布里亚特语有 ongoso。就我所知，最早的用例是 1314 年在普颜笃的诏令里，使用了复数形式的 ongqoč'as。[2]

通古斯诸语言中这个词的使用是很广泛的。在杰出的 *Evenkijsko-russkij slovar'* 中，G. M. Vasilevič 列举了三个不同的形式。在 Podkamenno–Tunguz 和 Erbogočen 方言中的 ongkočo “独木舟”。一幅小图画展示了一只颇为精美的、有八块横板的独木舟。在大多数埃文基方言里，onggočō 的词义就是简单的“船”；然而在 Čumikan 方言里，保留了原始的“独木舟”的词义。最后，在 Podkamenno–Tunguz 方言里，Vasilevič 记录了一个 omkočo“独木舟”的形式。Vasilevič 用 досчатая лодка（木板船）来翻译埃文基语的 ongkočō，这也许是为了求方便：看起来该实用辞典的使用者，不太可能找出埃文基语里表示独木舟的词。[3] 出于同样的理由，我们对 Cincius–Rišes 把埃文（Even）语的 ongočo 翻译为 лодка（船）也就不要给予太多重视。Titov 依据各种方言给了 onggočo 两个词义：“独木舟或木板船。”他还注意到一个 onggučo 的形式。Gorcevskaja 列举了 Podkamenno-Tunguz 方言中的亚方言里 ongkočo 的三种形式。[4] 在 Bajkit 和 Vanaver 的亚方言里，它们是指木板船，尽管在后来的亚方

---

1 "Trois Documents Mongols des Archives Secrètes Vaticanes," *HJAS*，XV，1952，pp.419–506 at 438.

2 N. Poppe，*The Mongolian Monuments*...，p. 49.

3 我刚刚收到一本 *Êvenkijsko-russkij slovar'*（Leningrad，1958），编纂者是 V. A. Gorcevskaja、V. D. Kolesnikova 和 O. A. Konstantinova。其中对 ongkočō 的解释是：“1. 木板船；2. 独木舟。”

4 "Slovarnye osobennosti podkamenno–tungusskikh govorov êvenkijskogo jazyka," *Leningradskij Gos. Pedagog. Inst. Učenye Zapiski*，101，1954，pp.49–70 at 56–57.

言里，同一个名称用来指独木舟。在Čemdal亚方言中，只有独木舟的意思是通用的。Shirokogoroff记录了多种不同的形式，[1]而且相近的通古斯形式早已为Castrén[2]和Czekanowski[3]所知。

兰司铁想把ongγuča与可能不存在的ongγa“ausgehöhlt（掏空的）”联系起来，[4]即使我们不理会他的建议，也有其他表示“船，空树”的词可供联系——Kowalewski提出的ongqur“enfoncement，cavité，creux（低洼，空洞，掏空）”等。因而，看起来ongγuča是真正的蒙古语，被北方通古斯方言所借入。似乎满语中缺少这个词可以支持这一理论。原始的蒙古船应当是独木舟。

（3）通古斯诸语言有一个共同的词来表达桦树皮独木舟：埃文基语žav、žab“船”，纳乃语（Nanaj）žai，Udihe语（据Castrén）žav，满语ĵaya“Boot mit einwärts gekrümmten Spitzen; dasselbe wie tolhon veihu（从内里挖空的船，与tolhon veihu一样，tolhon veihu = 桦皮船）”——Castrén和Czekanowski列出了一定数量的其他形式。Cincius搜集了通古斯语诸形式，[5]他还提到了蒙古语的ĵabi。

古典蒙古语有ĵabi“esquif，canot，chaloupe（尖船头和宽船尾的小船、小舢板、救生艇）”；在俄语定义中列出了“桦树皮独木舟”。现代书面蒙古语有zav'“小船”。这个词出现在北京的《五体清文鉴》（*Peking Quinquelingual Dictionary*）中（第3705页），它被用来翻译满语的tolhon veihu（桦皮船）。在同一部字典中，对应满语ĵaya的蒙古语词是ĵay-a，这个词我不知道，大概源自

1 A *Tungus dictionary*（Tokyo，1944），p. 103.

2 *Grundzüge einer tungusischen Sprachlehre*，nebst kurzem Wörterverzeichnis，herausgegeben von Anton Schiefner（St. Petersburg，1856）.

3 A. Schiefner，“Alexander Czekanowski's tungusisches Wörterverzeichnis，” *Mélanges Asiatiques*，Ⅷ，1877，pp.335–416.

4 *Kalmückisches Wörterbuch*，p. 287.

5 *Sravnitel'naja fonetika tunguso-man'čžurskikh jazykov*（Leningrad，1949），p. 303.

书本。

从上述词根派生出来的词，有埃文基语的 žavkan，据各个方言知道其词义为“独木舟”或“桦皮舟”。

我想上面所举的证据已经说明，žav 是一个真正的通古斯词，本来的词义是“桦皮舟”，而蒙古语的形式都借自通古斯语。[1]

（4）“游水浮漂”（swimming-float）的突厥语名称最早见于记载，是在喀什噶里的书中：tar“Schlauchfloß（皮浮漂、皮筏）”。他把这个词明确地归之于塔塔尔和Yabaqu部落。我已经说明（见 I.2.）在古突厥文文献里这个词是出现在复合词 tar kämi“皮浮筏”里的。奇怪的是，马洛夫应该没有辨认出这个词，而冯·加班列古突厥文词语时就有它：tar“Floß(筏子)”——可能不是一个非常准确的定义。

这个词的本来词义是“袋子”，广泛使用在突厥诸语言中：图瓦语有 taar“мешок из холоста（用来过滤酸奶以制作奶酪的袋子）”。卫拉特语有 taar“мешок，куль（袋子、大袋子）”。现代维吾尔语有 taγar“мешок（袋子）”。在安纳托里亚的各个方言里，由于皮制容器逐渐被陶罐代替，其结果是发生了相应的语义变化：dağar 主要用于表示“陶罐”[2]——尽管在至少一个方言里保留了原始的“皮袋”的词义。土耳其语有 dağarcik“牧羊人使用的皮袋或钱包，等等”——这是由 dağar 派生出来的。

这个词也见于蒙古语。古典蒙古语有 taγar“sac pour faire passer le petit lait; bourse de filet; un sac，mesure de blé（过滤少量奶的袋子；网状袋；装谷物的袋子）”；现代书面蒙古语（Rinčine）有 taar“1. грубый ковёр; домотканное сукно; грубая ткань. 2. мешок.（1.粗地毯；毡布衣服；粗织物。2. 袋子）”。土语（Monguor）有 t'ār“tissu dont

---

1　在 Olchas 语中使用 žai 的情况，已经被提到了，见 M. G. Levin–A. P. Potapov，*Narody Sibiri*（Moskva–Leningrad，1956），p. 820。

2　*Türkiye Halk Ağzından Söz Derleme Dergisi*（Istanbul. 1941），Ⅱ.

on fait des sacs，sac usé（制袋子用的织物，磨损了的袋子）”。

Räsänen 比较了突厥语和蒙古语的形式。[1] 他似乎没有注意到喀什噶里引述的重要形式。

双音节的形式也进入了葡萄牙，非常奇怪的是，其时间与喀什噶里写作其著作几乎相同。1073 年的一份拉丁语文件提到 tagaram auream。[2] 这并不是中世纪拉丁语唯一提到 tagara 的。在杜康（Ducange）引自一份文件的文字里，tagarae 作为某种瓶子被提到了。[3]

Hubschmid 希望把阿尔巴尼亚语的 tarkač“皮袋”与突厥语 – 蒙古语的形式联系起来。他只是因为不能找到一个合适的突厥语 -qač 后缀而有所迟疑。我无意对他所做的比定的有效性发表看法，我只是想提示，这样一个源于名词的后缀在突厥语中是存在的，而且是用作词尾的，例如 quš“鸟”、qušqač“小鸟”。[4]

（5）突厥语和蒙古语诸语言至少有一个表“筏子”的共同词：sal。从 Joki 搜集的词中，[5] 我想简单地提提那些最早的形式。喀什噶里的书和《蒙古秘史》都有 sal——布里亚特语的 hala 现在可以加到蒙古语诸形式中了。

正如 Joki 所指出的，sal 被借入萨颜 – 萨莫耶德语、匈牙利语（szál）和奥斯提亚语（sot）。——切列米斯（Cheremis）语的 šolo

1 “Zur Lautgeschichte der türkischen Sprachen，” SO，XV，1949，p. 113.

2 参看 R. Dzy–W. H. Engelmann，*Glossaire des mots espagnols et portugais dérivés de l'arabe*（2nd ed.，Leyde，1869），p. 345。书中提出的阿拉伯语语源，似乎是不令人满意的。

3 我怀疑突厥语 tavar“货物、拥有物”与 taγar 是同源词，而 taγar 可能是匈牙利语 tár 的祖先（tár 用于复合词中，如 tárház“仓库”）。这个词的历史，已经引起并且值得进一步关注。又请参看 Räsänen，Lautgeschichte...，p. 125。

4 参看 M. Räsänen，“Materialien zur Morphologie der türkischen Sprachen，” SO，XX，1957，p. 101。

5 “Die Lehnwörter des Sajansamojedischen，” *MSFOu*，CIII，1952，pp. 260–261.

是一个楚瓦什语借词。[1]

我要略微迟疑地提议，把上面所说的词与下面两个词联系起来：Jurak－萨莫耶德语的 šie“Floß（筏子）”，以及 Kamass－萨莫耶德语的 sō“Floß aus zwei zusammengebundenen Baumstämmen，beim Fischfang auf den Seen des Sajanischen Gebirges verwendet; Floß im allgemeinen（把两根树干绑在一起做成的筏子，萨颜岭地区用这种筏子在湖里捕鱼；筏子的通称）”。[2]

（6）Sal 好像没有进入通古斯世界。事实上，舟船名称很丰富的通古斯诸语言，即使有，也很少有专门的词来表示“筏子”。

有个词 ada 在满语和纳乃语中的词义是“筏子”。在 Olcha 语和 Goldi 语（据 Grube）中，它的意思是“船”——但是，这个定义可能是不准确的。《五体清文鉴》给 ada 下的定义是“筏子”，并且把它等同于蒙古语和维吾尔语（Turki）的 sal。

有个词 têmu“筏子”在埃文基语、Orok 语、纳乃语中可以找到。埃文语有 têm，Olcha 语有 têmun。[3]

满语的 fase 是汉语“筏子”的借词，而埃文基语的 bolōt 则源于俄语的 плот（筏子）。

（7）有一个表“船”（可能是木板船）的通称词，其使用似乎局限于一个有限的通古斯方言圈子里。它出现在 Goldi 语中是 ugda，在 Oroch 语（据 Grube）中是 ukga，在 Samagir 语中是 ogda，在 Olcha 语中是 ugda。[4]

---

1 M. Räsänen, “Die tschuwassischen Lehnwörter im Tscheremissischen,” *MSFOu*，XLVIII，1920，p. 211.

2 A. J. Joki，*Kai Donners Kamassisches Wörterbuch*（Helsinki，1944）.

3 Cincius 在 *Sravnitel'naja*... 中对多种多样的形式进行了分组。

4 转引自 *Narodi Sibiri*，p. 820。

现代纳乃语中已知有两个形式：ugda“木板船”和 ogda。一条纳乃谜语的谜面是：“一条没有脊梁骨却活着的大马哈鱼，它游走在阿穆尔河里，它游走在大海里。”[1] 谜底是 ogda。这无疑暗示着 ogda 是平底木板船。

这些形式可以与满语的 veihu（又作 veiku）“Einbaumkahn，Nachen，Boot（木船，小船，船）”进行比较。从发音相近来看，可以比较埃文基语 ikte、满语 veihe“牙”。通常的对应形式是北通古斯语 -gd- ~ 满语 -gĵ-，可是我们对通古斯语言历史的知识还是如此的不完整，以至于 ugda ~ veihu 的对等在进一步考察之前是不能排除的。

与这些形式可能有联系的是 Goldi 语的 ogdima“лодка долбленная из целого куска дерева，преимущественно из ивы（一棵树挖空制成的船，通常用的是柳树）”。

我想可以在 ogdima 与一个相当稀见的蒙古语词之间建立关系，这个词是由 Kowalewski 所引述的，即 oyimu“petit bateau，esquif，nacelle（小船，小渡船，小艇）”。现在我不能找到其他的蒙古语变化形式，可是《五体清文鉴》把 oyimu 等同于满语的 ĵaha。

无论 Cincius[2] 还是 Benzing[3]，都没有谈过北通古斯语 -gd- 和满语 -y- 的对应。然而它的确是存在的。例如，满语 deye-“飞”~ 埃文基语 dêgde-、埃文语 dêg-、纳乃语（Kur–Urmij 方言）dêgdeu-。满语 -y- 与蒙古语 -y- 的对应是很常见的，例如满语 / 蒙古语的 bayan“富人”、满语 / 蒙古语的 beye“身体”等。我很想说 oyimu 是一个通古斯词，从满语进入了蒙古语。

---

1 A. P. Putinceva，“Nanajskie zagadki”，*Lenibgradskij Gos. Pedagog. inst. Učenye Zapiski*，132，1957，pp.227–248 at 241.

2 *Sravnitel'naja...*，p. 236.

3 *Die tungusischen Sprachen. Versuch einer vergleichenden Grammatik*，Akademie der Wissenschaften und der Literatur，Abhandlungen der geistes und sozialwissenschaftlichen Klasse，1955，Nr. 11，Mainz，p. 978.

（8）另外一个分布范围较小的通古斯语词，可在以下形式中见到：满语的ĵaha “vorn spitzer und hinten flacher Kahn，Einbaum oder aus Brettern hergestellt（船头尖船尾宽的平底船，用树或木板制成）”；Goldi 语的 d’aka “großes Handelsboot（大型商船）”。

这个词以 diha、dihai 的形式，亦见于女真文。[1]

据李盖提说，ĵaha 不能从满语的 ĵahûdai “船”分离出来。虽然是可能的，但只要无法解释词尾 -dai 的功能，这种联系就不能认为是靠得住的。李盖提举出了一个女真语的形式 ĵaxudai。它的存在使 Hauer [2] 所宣称的 ĵahûdai 较晚进入满语的说法站不住了。

事实上 ĵahûdai 是满语对于“船”的通称。在《五体清文鉴》里，它被用来作为“船”类的标题词，并且译作汉字“船”、蒙古语 ongγuča、维吾尔语的 kem（原文如此！）。同一部字典列出了 25 个复合词，其中 ĵahûdai 排在第二位。

（9）突厥语“船”的名称见于几乎所有突厥语言中，却不见于蒙古语和通古斯语。

我们从多种形式中挑选若干：古突厥文的 kämi 和 kimi，库蛮语的 keme，喀什噶里书中的 kämi（归于 Ghuz 语和钦察语），Bulγat al-Muštāq 所记的 kämi，Ibn Muhannā 所记的 kemi。

卫拉特语的 keme，图瓦语的 xeme，Balkar 语的 keme，诺盖语的 keme，卡拉卡尔帕克语的 keme，巴什基尔语的 kəmə，乌兹别克语的 kema，楚瓦什语的 kimə，Tuba 语、Lebed 语和 Šor 语（据拉德洛夫）的 käbä。最后一个词的词义是“独木舟”。土耳其语的 gemi，土库曼语的 gəmi，库梅克语的 geme。奥斯提亚语借入了一个突厥

1　参看 L. Ligeti，“Mots de civilisation de Haute Asie en transcription chinoise，”*AOH*，Ⅰ，1960，pp.141–185 at 163–164。

2　*Handwörterbuch*...，p. 512.

语的形式：kömə[1]。

（10）古典蒙古语有一个词 günĵe "radeau，canot（筏子，船）"，虽然我在任何一种蒙古语方言中都未找到，但它被收在《五体清文鉴》中，与它等同的满语词是 fase，维吾尔语词是 tizime（?）sal。

可能这是一个通古斯借词，可比较 Olcha 语的 kênzumê "лодка с тупым носом（船首不尖的船）"，[2] 以及 Goldi 语的 könzima "kleines zweiruderiges Boot mit einem Vorderbrett（am Sole Fluß）[船首有木板的双桨小船（在 Sole 河上）]"。

在这方面非常有意思的是，Pallas 所举 18 世纪切列米斯语 kunzä "船"[3]，不过这个词尚未被其他材料证实。

（11）Caravel 这个词存在于，如果不是全部，也是绝大多数欧洲语言中，亦见于突厥语中。

这个词常见于钦察文件中，诸如 Bulγat al-Muštāq 所记的 kärräb，Kitāb al-Idrāq 所记的 käräb，莱顿所藏写卷的 kärräp。[4] 这最后一个词给出的词义的是 "Fahrzeug（交通工具，船）"。也许这个词是从地中海地区直接进入钦察语中的（比较希腊语 κάραβος 和拉丁语 carabus）。

现代突厥语诸方言中也能找到它。例如，卫拉特语有 kerep，哈卡斯语有 kerip，Karaim 语有 ĝeŕab "Fahrzeug，Schiff（交通工具，船）" > ĝeŕabček "Kahn（平底船）"。[5] 我在我手头上所有的塔塔尔语辞典中都不能找到这个词，可是，V. A. Bogorodickij 提到一个

1 Paasonen，*FUF*，Ⅱ，p. 124.

2 *Narodi Sibiri*，p. 820.

3 参看 Thomas A. Sebeok，"Eighteenth Century Cheremis: the Evidence from Pallas，" *American Studies in Uralic Linguistics*（Uralic and Altaic Series Ⅰ，Bloomington，1960），pp.289–345 at 308。

4 M. Th. Houtsma，*Ein türkisch-arabisches Glossar*（Leiden，1894）.

5 Tadeusz Kowalski，*Karaimische Texte im Dialekt von Troki*（Kraków，1929），p. 187.

karap的形式，[1]我不知道他有什么证据认为塔塔尔语的这个词是直接借自俄语的。Tobol 语有 käräplä。

这个词似乎不见于蒙古语诸方言，除了卡尔梅克语的 kerm 和 kermn。

这个词在乌拉尔诸语言中分布相当广。Kannisto 提到沃古尔和奥斯提亚语的一些形式。Karjalainen-Toivonen 所列举的奥斯提亚语形式都是指某种水上船只，但是其中 kèrap 给出的词义是 “Fahrzeug，Prahm（交通工具，浮桥）”。在额尔齐斯方言（Irtysh-dialect）中，Patkanov 记录了两个形式，[2]一个是借自俄语的 karabl'ά，另一个是 karàp（karèp、keràp、kerep），要么借自突厥语，要么就是借自俄语方言中的 kərάp。萨颜与 Kamass- 萨莫耶德语有 kerep[3]，Jurak- 萨莫耶德语有 kàràbl'a，是来自俄语的借词。

事实上，未被改变的俄语形式存在于一定数量的突厥语言中，如图瓦语、诺盖语、塔塔尔语和哈卡斯语。在哈卡斯语里它作为 kerip 的同义词，用于民间文学。

Caravel 并不是唯一被突厥诸民族所使用的“西方”词语。另一个国际性的舟船名称，corvette（葡萄牙语 corveta，西班牙语 corbeta），也进入了钦察语，例如 Bulγatal-Muštāq 和 Kitāb al-Idrāq 所记的 qïrbat [4]。

（12）前面我们提到过 tolquq（ I.1. ）。它在突厥诸语言中使用

1 *Vvedenie v tatarskoe jazykoznanie v svjazi s drugimi tjurkskimi jazykami*（2nd ed.，Kazan，1953），p. 211.

2 *Irtisi-osztják szójegyzék*（Budapest，1902），p. 50.

3 参看 Joki，*Lehnwörter*...，p. 178。Joki 所提出的突厥语 käräp 诸形式可能源自上述俄语方言，考虑到这个词在中古突厥语中的用例，是不可接受的。

4 有关 käräp 及其与斯拉夫语关联的更进一步的材料，可以在以下论著中找到：A. Zajączkowski，“Związki językowe połowiecko-słowiańskie，” *Travaux de la Société des sciences et des lettres de Wrocław*，Série A，Nr. 34，1949，p. 15 以及 *Studia*...，pp. 91-92。

广泛。Caferoğlu 把 tolquq 翻译成 yüzme tulumu（皮浮漂），[1] 但是这个“游水浮漂”的意思仅仅来自对前述吐鲁番所出突厥文文书的释读。根据喀什噶里所记（Brockelmann 读为 tolquq，而 Besim Atalay 读为 tulquq），其词义是“充气的袋子”。Ibn Muhannā 也记有此词。[2] Hubschmid 举了土耳其语的 dolkuk “ein mit luft gefüllter Schlauch zum Schwimmen（游水用的充气管）”。[3]

（13）有一个词 tulum“皮袋”是突厥语和蒙古语诸语言所共有的。这个词的从属关系被 Hubschmid 详细考察过。[4] 从我们的角度看，重要的是至少在两种语言中，这个词被证实有着“游水浮漂”的意思：满语的（据 Gabelentz）tuluma “Schlauch aus einem Fell um damit über das Wasser zu setzen（置于水上的皮囊）”，以及（据 Hauer）tulum “Schlauch aus Rind-oder Schafhäuten der aufgeblasen zum übersetzen über Flüsse benützt wird（牛羊皮制作的、用来渡河的、充气的袋子）”；古典蒙古语的 tulum “皮袋；用作筏子的充气皮袋”。[5]

这个词可以在北通古斯语言中找寻到。埃文基语的 Barguzin 方言有 tulumkān “мешок из кожи тёленка-выкидыша для хранения зерна，муки，сушёного творога（以早产的牛仔皮所制作的袋子，用来盛装谷物、面粉和干奶酪）”。

匈牙利人（无名氏）所使用的匈牙利语中的 tulbou 一词，与 tulum 肯定有亲缘关系，但是二者间确切的关系并不清楚。不幸的是，关于这个题目的重要著作，眼下我却没有办法找到。[6]

---

1 *Uygur sözlüğü*（Istanbul，1934）.

2 A. Battal, *Ibnü-Mühennâ Lûgati*（Istanbul，1934），p. 74. 其中也给出了更多的中古突厥语资料。

3 Op. cit.，p. 114.

4 Op. cit.，pp. 111–115.

5 *Dictionary of the Evangelical Alliance Mission*.

6 D. Pais, “Tömlő,” *MNy*，XXX，1934，pp. 36–41.

（14）关于木板船，满语和南通古斯语言有一个共有的词：满语 temciku “aus drei Brettern gezimmerter，vorn spitzer und hinten flacher Kahn，Sampan（船首用三块木板制成的、头尖尾宽的船；舢板）”；Goldi 语的 tümci、tümcika、tümtaka；Oroch 语（据 Grube）的 tamtyġe、tamtiha；纳乃（Kur–Urmij）语的 têmtêkên。

《五体清文鉴》用蒙古语的 sibaγun 和 ongγuča 翻译 temciku，Kowalewski 解释作 une petite barque dont la proue composée de trois planches est en pointe comme un nez，et la poupe est plate（一种用三块木板建成的小船，船首尖锐如鼻子，船尾则是宽平的）。它对应的维吾尔语词是 šal kem，即“木板船”。

（15）Ibn Muhannā 列出了一个中古突厥语词 qanγaq “大船”。人们或许可以把这个词与见于埃文基语 Bajkit 和 Vannver 亚方言的 kōnga “лодка для глубокой воды（深水用船）”及 kongat “木板船”联系起来。[1]

（16）在没有注明资料出处的情况下，伯希和提到一个满语词 absa “barque en écorce de bouleau; auge en écorce de bouleau（桦皮船；桦皮槽）”。[2]在 Gabelentz 和 Hauer 各自所编的满语辞典里列有这个词，可是他们谁都没有给出“船”的释义。伯希和即便有也极少做出缺乏根据的判断，这一信念促使我对此进行调查。在满、蒙、汉三语辞典《三合便览》中，我找到了 absa 这个词，蒙古语译作 üneči（据 Kowalewski 解释其词义为 vase d’écorce de bouleau avec un couvercle，即“有盖的桦皮壶”），汉文则作“桦皮桶”。汉文定义还附有一个小注——“御般”[3]。要了解这个说法的确切含义是困难的，不过我想

1　Gorcevskaja，*Slovarnye*...，p. 57.

2　“Les formes avec et sans *q*-（*k*-）initial en mongol，” *TP*，XXXⅦ，1944，pp.73–101 at 86.

3　原文如此，但应是“脚船”二字之讹误。——译者注

它可能是指“像脚形状的船”。我的朋友蒲立本提示我注意诸桥辙次的《大汉和辞典》中列有“脚船”一条，定义为はしけ，即“舢板，驳船，小艇，货船”。[1] 由于满语 absa 的第一词义是“桦皮桶”，那么其第二词义为“桦皮舟”的疑问就很小了。

正如伯希和已经指出的，这个词亦见于北通古斯语。Vasilevič 给出了不少于 6 个埃文基语的形式：avsa、absa、avxa、avšak、apša、auša。它们都是指某种容器，从背包到棺材，却没有一个词有“船”的意思。

（17）拉德洛夫记录了土耳其语、察合台语、克里米亚语和阿塞拜疆（阿兹里）语的一个词 čam “Fichte，Tanne（云杉，冷杉）”，可是这个词还有一个词义 ein großes Boot（大船）。不幸的是，他没有告诉我们这第二个词义出现于哪一个语言中。拉德洛夫记录的阿塞拜疆（阿兹里）语的形式看起来很可疑。Gusejnov 和 Širaliev 都解释 šam（apač）为 сосна（松树）。

这个词被借入塞尔维亚-克罗地亚语（Serbo-Croat）：čâm “ein Schiff von weichem Holz; Tanne（软木制成的船）”；čamac “ein kleines gezimmerts Schiff（小型木船）”——这个词由此还被几种匈牙利方言所借入：csámesz “kleines Fährschiff，Prahm; ein Wagen mit zwei niedrigen Rädern，auf dem Rübsen oder Schober geschleppt wird（小渡船，浮筒；拉运芜菁和干草的两轮小车）”。[2]

这个词有双重词义“树”~“船”，大概在于它最初就被用来指“独木舟”。

注意到匈牙利语词有双重词义“船”~“有轮的车”也是很有趣的。相近的语义二元性在与 käräp 相关联的词语中也找到了（参看

1 诸桥辙次《大汉和辞典》9.29712“脚”字下“脚船”条，注有汉字“艀船”。——译者注

2 参看 I. Kniezsa，*A magyar nyelv szláv jövevényszavai*（Budapest，1955），Ⅰ/1，pp. 120–121。

本文“词汇”部分第 11 条）。

（18）塔塔尔语的 køjmə 也有好几个词义“1. лодка；2. ковчег；3. кибитка у повозок и саней（1. 船；2. 箱子；3. 车上和雪橇上的有篷货车）”。同一个词还见于巴什基尔语 køjmə 和楚瓦什语 küme，其词义都是“кибитка，карета（有篷货车，马车）”。

（19）其他突厥语船名包括如下。

察合台语（据拉德洛夫）čala“ein Floß aus Brettern und Lederschläuchen（一种用木板和皮袋制成的筏子）”——很少的几个表“筏子”的突厥语词之一。

察合台语（据拉德洛夫）učan“ein Schiff，großes Fahrzeug（船，大车）”，Ettuhfet-üz-Zekiyye 语 učan“küçük gemi，kayık（小船，土耳其细长艇）”，楚瓦什语（据 Ašmarin）usa“小船”。

（20）其他蒙古语船名包括如下。

Ibn Muhannā 所记 haiĵuɣa。Räsänen 把它与匈牙利语的 hajó 勘同，[1] 是没有根据的。

鄂尔多斯语 k’ölgö“monture（style élevé）；vaisseau，bateau，barque（坐骑；大船，船，小船）”；sal k’ölgö“la monture，bête de somme... attelage quelconque; moyen de transport，véhicule...（坐骑，驮重牲畜，套车牲口；交通工具，运输工具）”。

（21）其他通古斯语船名包括如下。

Goldi 语 aurfe“großes aus Weidenholz gehöhltes Boot（挖空牧场的树做成的大船）”；纳乃语 aurpja，对它的描述已见于 *Narody Sibiri*

1　*UJb*，Bd. 19，1939，p. 103.

（第 796 页）。据说这种船的建造与被称为 ogdima 的船完全一样。

埃文基语的 bagar 和 / 或 bagas。前者见于 Vasilevič 的 *Russko-evenkijskij slovar'*，词义是"木板船"；后者列在埃文基语 – 俄语辞典中，译作"船"。我很疑惑，并且也没有时间写信去询问此处是否印刷有误。

埃文语 bêisingkê "船"。

满语 čuvan "Skiff，Bott[1]，Kahn（单人划艇，小船，船）" < 汉字"船"。

埃文语（Arman 方言）elde "船"。

Goldi 语 gela "Festboot mit zahlreichen Ruderspinnen（固定有许多橹架的船）"；gella "großes Handelsboot（大型商船）"。

Olcha 语（据 Grube）gulba "kleines aus Weidenholz gehöhltes Boot, mit rundem Kiel und vorn und hinten vorspringendem Bord（挖空牧场的树做成的小船，有圆形的龙骨和船首，船尾有一块突出的木板）"。

Olcha 语（据 Schmidt）xadatu~xalaču "船"。

埃文语 momi "船"。

埃文基语 monggo "海上航行的船"。

埃文基语 mureku、murekə "皮船"。Vasilevič 加上了以下解释："для переправ через реку; на остов натягивали чехол из двух хорошо продымлённых и выделанных лосиных шкур（过河用的渡船；在骨架上铺有熏过的驯鹿皮）。"这是我在所有阿尔泰语言中找到的唯一一个表"皮船"的现代词语。[2]

埃文基语（Barguzin 方言）nābəj "木板船"。

满语 numušaku "Einbaumboot für 2 Personen（树干制作的、两人乘坐的船）"。《五体清文鉴》里，其对等的蒙古语词是 γar

1　原文德语单词 Bott 当作 Boot。——译者注

2　又参看 *Narody Sibiri*，p. 713。

ongγuča。Kowalewski 解释 γar-un ongγuač 为 “petit-bateau（小船）”。对应的维吾尔语词是 ildem kem “快船”。可比较现代维吾尔语 yïldam “快地，迅疾地”。

Olcha 语（据 Grube）otonggo “kleines, aus Weidenholz gehöhltes Boot, mit rundem Kiel und vorn und hinten vorspringendem Bord（挖空牧场的树做成的小船，有圆形的龙骨和船首，船尾有一块突出的木板）”。从定义判断，这种船与 gulba 完全一样。Oroch 语 otongo “小型河船”。

Oroch 语 ulimagda “大型河船”，Olcha 语（据 Grube）unnimagda “großes aus Weidenholz gehöhltes Boot（挖空牧场的树做成的大船）”。

埃文基语 umurəčūn “桦皮船”。

埃文基语（Urmi 方言）utunggu “小独木舟（5~7 米长，扁形，供一人乘坐）”。Vasilevič 列举了 Ude 语的 utungguə 和纳乃语的 utunggi “独木舟”。

* * *

正如我已经说过的，这里提交的材料并不全，甚至没有包括我卡片里的全部船名。由于必须在一个指定的时间之前完成此文，我没有去追寻那些难懂的形式和事实——谁会愿意晚送生日礼物呢？亲爱的冯·加班教授，我希望在您 80 岁生日的时候，能够呈上一篇更精美的文章。同时，这里有一些暂时的结论。

（1）与突厥语和通古斯语比较，蒙古语的船名相对较少。事实上，只有 ongγuča 看起来是真正的蒙古语。

（2）虽然船名表现得极易传播（可以 qayïq 和 käräp 为例），但本文提到的船名中，还没有一个可以宣称是阿尔泰语。就本文主题而论，在阿尔泰语系不同语言集团之间，接触和联系是存在着的，但相当有限，而且没有一个词——除了那些近期的借词——可以被证明是同时存在于突厥语、蒙古语和通古斯语中的。特别有趣的是可以注意到，kämi 和 qayïq——这两个词出现在几乎所有的突厥语言中——都未曾深入蒙古语和通古斯语的地区。

（3）典型的蒙古语的船是独木舟（ongγuča），而桦皮船则是通古斯人特有的。

（4）筏子的使用是普遍的，但是它被视为权宜将就的渡水工具，人们未曾觉得有必要对不同类型的筏子使用不同的名称。

（5）与此相近，游水浮漂和浮筏也都没有特定的名称，词义为“大袋”“袋子”等的词语，被用来指称它们。

（6）看起来没有一个表“圆形船”的阿尔泰名称，尽管对这种船的使用分布广泛。我没有找到证据来确认 Hornell 的说法，即“圆形船是早期蒙古人文化的鲜明特征，并且在蒙古人种的迁徙浪潮之前，被他们普遍使用。这次迁徙使相当数量的蒙古人跨过大海来到北美的海岸上”。[1]

（7）最有可能的是，Kayak 类型的皮船从来没有被阿尔泰诸民族所使用。因纽特人借入了突厥语的 qayaq，然而可以肯定，这个借词所指称的那种船，是采用自通古斯人的桦皮船。

（原文附有词汇索引，今略。——译者注）

1 Op. cit.，p. 178.

突厥语 balïq（城市）一词的来源

罗　新　译
毕　波　校

文献史料和考古发掘提供了无可争辩的证据，表明内亚存在着大型永久定居地。其中有一些规模较小，不易追寻。另外一些则是现代“城市”意义上的那种真正的城市，是商业、手工业和行政活动的中心。如可萨人、回鹘人、契丹人和蒙古人这些不同民族的某些定居地，称得上名副其实的城镇。当然，在有记载的历史进程中，绝大多数阿尔泰民族显然是既不建造也不居住于城市中——除了如古保加尔人（Old Bulghar）这样的少数——那些被建造的城市也都相当短命。这样假设是合理的，即永久定居不是阿尔泰诸民族文化的一个主要特征。接下来，我要把这个命题反过来讲：阿尔泰诸语言是在非永久定居的内亚民族间发展出它们现今的相似性的。

考察一下阿尔泰语言中指称较小或较大的永久定居地的词——乡村、村庄、城市、集镇等，就会看到绝大多数是从非阿尔泰语言借入的。下面略举数例来说明。

波斯语 šahr“城市”出现在很多现代突厥语中，如土库曼语的 šəxer，库梅克语的 šagar，现代维吾尔语的 šəhər，哈萨克语的 šəri，吉尔吉斯语的 šār。

阿拉伯语的 kalʻa 与其他词语一起被借入，如土耳其语的 kale“城堡”，诺盖语的 kala“城市”，塔塔尔语的 kale“城市”，哈萨克语的 qala“村子”，等等。

古代粟特语的 knδ“城市”，仍然存在于一些现代语言中，如阿兹里（Azeri）语和库梅克语的 gent“村子”，哈萨克语的 kent。众所周知，这个词还出现在中亚地名中：Tashkent、Samarkand、Özkend、Ordukend 等[1]。（参看 Rakhmatov，1973; Bailey，1979，p. 51; Jarring，1964，p. 54: beškenti）

毫不奇怪，许多阿尔泰语言都使用俄语借词。比如，俄语的 gorod“城市”以同样的形式和词义出现在哈萨克语和哈卡斯语中。俄语的 selo“村子”以原有的形式和同样的词义，不仅出现在突厥语族的诺盖语、哈萨克语、吉尔吉斯语和哈卡斯语中，也出现在埃文基语和埃文语中。出现较少的俄语借词是 derevnja“村子”，它以 dêriêbniê 的形式出现于哈萨克语、哈卡斯语和雅库特语中。

有些名称是描述性的。在这个标题下，属于突厥语的单词有现代维吾尔语的 qïšlaq、乌兹别克语的 qïšloq、吉尔吉斯语的 qïstaq，意思都是“村子”，尽管其原始词义是“冬窝子”。现在蒙古语的 suurin“村子”，是从 saγu“坐”派生出来的。从语义上说，它近似英语的 settlement 一词。这个蒙古词又传入图瓦语，变成 suur。

---

1 参考文献列于文末。乌拉尔和阿尔泰语言的词汇表是为人所熟知的，此处仅列其少见的或特殊的形式。

* * *

有一个突厥语词（乍一看似乎是原始突厥语的词）：balïq“城市”。古代和中古突厥语（Old and Middle Turkic）的balïq是“城市”。克劳森已经列举了一些用例（Clauson，1972，p.335）。这个词作为一个组成部分也出现于地名中，如Bešbalïq、Qanbalïq、Yangïbalïq，等等。在8世纪的一件吐蕃文书里它被转写作pa-liq，是作为Ba-ker pa-lig = Baqïr balïq“铜城”（Copper city）的一个部分。[1] 除了在古老的撒里裕固（Sarïγ Yuγur）语——据特尼舍夫（Tenišev，1976，p.174）说在撒里裕固语里balïq的意思是“墙，围墙”——和哈拉吉（Khalaj）语（baluq，“村子”，参看Doerfer，1975，p.259）中，balïq在现代突厥诸语言里是不常见的。它确实不属于共同突厥语基本的词汇，但它是古代突厥语的词，并渗透到中古突厥语中，却从未被其他突厥语普遍接受。没有理由认为它起源于原始突厥语（Proto Turkic）。

* * *

喀什噶里区分了三个balïq，它们形式一样但词义不同，分别是“鱼”、“泥”和“城市”。人们或许会猜想，正如有些人已经这样猜想了，11世纪的这位作者（喀什噶里）以某种方式把“泥”与“城市”联系起来了。如果是这样的话，他的观点就还是不具备决定性价值；喀什噶里所给出的语源往往是错误的。根据丹可夫（Robert Dankoff）教授的意见——他非常热心地把那些出自他尚未出版的

1 李盖提（Ligeti，1971，p.177）列出了较早研究的参考文献，乌瑞（Uray，1979，pp.299-300）给出了balïq吐蕃文转写的另一个例子。

《突厥语大词典》整理本里的相关资料告知了我——“也许喀什噶里觉得词义为‘泥’的词语，不管怎么说都是词义为‘城堡、城市’的词语的基础”（1980 年 8 月 21 日来信）。班格和冯 · 加班（Bang and Gabain，1929，p.13）提出 balïq“城市”这个词一定“以某种方式”与词义为“Lehm（黏砂土）”的词语联系起来。他们所举的 toy 的例子已经失去其相关性了，因为很清楚这一对同音异义的词语中，一个的确有“黏土”的意思，另一个的词义是“营地”，由“营地”延伸为“社区,”却没有“城市”的意思。德福（Doerfer，Ⅱ，p.257）暂时接受了这个观点，即“黏土”是 balïq 的起源词义，而“城市”的词义是通过语义的变化“黏土墙”发展而来的>“黏土墙环绕的地方”。

突厥语 balïq 一直被习惯性地等同于古典蒙古语的 balγasun“城市”。最极端的观点是鲍培（Poppe，1960，p.122）提出的，他认为这两个词都源自一个阿尔泰词语 *balaka“城市”。古典蒙古语的 balγasun 以 bala’asun 的形式出现在《蒙古秘史》中，而且据鲍培说，balïq 源于 *balaka，但经过了 *balq 的中介形式。[1] 在突厥语和蒙古语这两个词之间，鲍培假定有一个原始母语各分支（genetic）的关系。兰司铁（Ramstedt，1957，p.56）有同样的看法。他又举出古典蒙古语的 balγan“建筑、城市”一词，而这个词——正如兰司铁所引据的它某些时候的形式——似乎是不存在的。Räsänen（1969，p.60）接受鲍培的勘同。其他人则把 balγasun 看成蒙古语里非常早的突厥语借词。这是克劳森（Clauson，1972，p.335）所表达的观点，德福（Doerfer，Ⅱ，pp.257–258）也赞同。

Gabelentz（H. C. von der Gabelentz，1832，p.3）是第一个把 balïq ~ balγasun 与满语的 falga 联系在一起的。Hauer 给出的满语

1 对于突厥语来说，词尾的 -lq 是极不寻常的，因而，最好是假设为 *balq V。这样的情形是有的，balïq“鱼”在亚美尼亚钦察（Armeno-Kipchak）语里有一个变体 balxï，参看 Tryjarski，1968，p.107。

falga 的词义是："1）有边界的地方、地点；2）市镇；3）官署、办公室；4）扩大了的家庭、血亲关系。"兰司铁（Ramstedt，1935，p.31）比较了突厥语的 balïq、蒙古语的 balγasun 及满语的 falga 等词语。在没有更多地说明他的疑虑的情况下，德福（Doerfer，Ⅰ，p.216）指出，这个满语词词首的 f- 可能会使那种勘同变得无效。也许他心里想的是，共同突厥语 b- 通常的反映形式（reflexes）是蒙古语的 b- 和通古斯语的 b-。例如：共同突厥语 boz "灰色" ~ 蒙古语 boro ~ 埃文基语 borong；共同突厥语 buγday "小麦" ~ 蒙古语 buγuday ~ 共同通古斯语 buda "粟"（参看 Cincius，1975–1977，p.102）；共同突厥语 buγu "鹿" ~ 蒙古语 buγu ~ 共同通古斯语 buγu。当然这些勘同不必表明共用原始阿尔泰语（Proto Altaic）的词根。举个例子来说，蒙古语和通古斯语表示"小麦"的词可能是从突厥语借入的，而突厥语表示"鹿"的词可能是从蒙古语和通古斯语借入的。从我们现在的立场来看——澄清 balïq 的起源——要紧的事情是确认突厥语和蒙古语 b- 的通常的通古斯语反映形式。

关于突厥语 b-~蒙古语 b-~满语 f-，至少有一个无可争辩的例证：baqšï~baγsi~fakši"教师、僧尼、文书人员"。这当然是一个汉语借词，先被突厥人借入，传给蒙古人，再进入满语。德福（Doerfer，Ⅱ，pp.271–277）有一条饱含学识的附记，认为满语的这个词直接源自汉语或朝鲜汉文。在这个例证中，考虑到第一个音节最后的 -k，直接从汉语借入满语是不可能的。不能排除它源于朝鲜语，虽然这样就要求证明满语的 f- 是朝鲜语 p- 通常的反映形式。

突厥语 b-~ 满语 f- 相一致也被另外一个复杂的例证所证实：突厥语 balγa~ 满语 folgo/folho "锤子"。很显然 balγa 不是一个共同突厥语词。虽然不见于古代和中古突厥语，但是为卡拉卡尔帕克（Karakalpak）语和乌兹别克语的 balga、吉尔吉斯语的 balka，以及德福（Doerfer，Ⅱ，p.256）列举的其他一些方言所证实，在德福的书里还能找到有关这个词的参考文献，涉及被人们反复叙说的有关它的苏美尔语、阿卡德语和印欧语的语源。德福在这个题目上明智地有所怀疑，但他还是在没有说明理由的情况下，拒绝把突厥语 balγa 与蒙古语 aluga“锤子”等同起来（这种对应是被如鲍培等学者所接受的，见 Poppe，1960，p.11），也拒绝把突厥语 balγa 与通古斯语的一组词语相勘同，这一组词语通常是要算上满语的 folho~folgo 的。Cincius（1975−1977，Ⅱ，p.313）搜集了所有的相关形式，如，埃文基语和 Negidal 语的 halka、Oroch 语的 halua~haluva、Orok 语的 palo~paloa~paloγa~paluγa、满语的 folho，并且把它们与古代蒙古语的 haluqa、古典蒙古语的 aluqa“锤子”等同起来。也许德福困惑于这个满语词语第一个音节的 o，o 与 a 的对应总是有点不寻常，但并不是没有先例。例如，共同通古斯语的 talu“桦皮”~ 满语的 tolhon（Cincius，1975−1977，Ⅰ，p.61）；共同通古斯语的 hanggu-“问”~ 满语的 fonji-（Ciniusm，1975−1977，Ⅱ，pp.314−315）。

在我看来，以突厥语 baqšï~ 满语 fakši 和突厥语 balγa~ 满语 folgo/folho 为例所显示的发音一致，已经证实了满语 falga 与突厥语 balïq 及蒙古语 balγasun 的关联，然而强调一下 b-~f- 对应一致，可能并不是多余的。

突厥语 Ø~ 古典蒙古语 h~ 原始通古斯语 *p- ＞满语 f- 的发展，源自原始阿尔泰语的 *p-，对这个所谓的“语音规则”（sound-law），大概可以安全地说，它是比较阿尔泰语音学最老生常谈的说法之一。这个规则所依靠的基石比最早发明它的人所以为的要薄弱一些，不过看起来这并没有减少该规则的吸引力。证明这些对应和等同关系的困难，可以鲍培（Poppe，1960，pp.11−12）为例。在他所举的支持其论点的 32 组对应词语中，只有 4 组含有突厥语形式，而且即使这 4 组也不怎么令人信服。问题出在这个事实上，古典蒙古语 h-~ 原始通古斯语 *p- ＞满语 f- 也许是原始蒙古－通古斯语甚或原始阿尔泰语 *p- 的继续，但是突厥语对这种语音的反映形式是 b- 而不是 Ø。在一篇真正重要的研究蒙古语词首 h- 的文章里，伯希和（Pelliot，1925，245）呼吁注意“Amuie 残存的个别突厥语词，其词首 b- 形式的古老唇音已基本丧失”，而且他特别把这种情况与突厥语 balqa~ 古典蒙古语 haluγa 联系起来。在同一篇文章的第 262 页，伯希和指出：“也许有必要承认，早在 *p- 或 *φ > h- > O 的过程之前，已经有若干词首为 *p- 或 *φ- 的词语，以词首 b- 的形式进入原始突厥语并保存下来了。”

我曾经（Sinor，1944，pp.234–235）进一步——虽然做得还不够——详细阐述这个问题，指出在一些例证里，原始阿尔泰语的 *p- 被 b- 所替代，这种情况不仅发生在突厥语中，也发生在通古斯语中。我还提出了一个更大胆的假设，通过印欧语、乌拉尔语和阿尔泰语的比较，似乎有两组的语音对应：

1）IE. *p- ~ Uralic *p- ~ Altaic *p-[1]（PTU. *p- ~ MO. *p- > h- > Ø ~ TUR. Ø ）

2）IE. *bh- ~PU. *p- ~PA. *p-[2]（PTU. *p- ~MO. *p- > h- > Ø ~ TUR. b- ）

当然还有好些问题没有弄清楚，不过这里先置而不论。就本文的目的而言，我们必须接受的是：1）一些例证中，突厥语的 b- 是原始阿尔泰语 *p- 的继续；2）另一些例证中，我们能够建立突厥语 b-~ 蒙古语 b-~ 满语 f- 的对应关系，而这可能正是借与被借的结果而不是同一个原始母语各分支之间的关系（genetic relationship）。突厥语 balïq ~ 蒙古语 balγasun ~ 满语 falga，就属于这个类别。在这个例证里，看起来很可能是满语借自蒙古语，蒙古语借自突厥语。现在问题就来了，突厥语的这个词又是从哪里来的呢？

* * *

乌戈尔诸语言有表示“村子”的共同词语：沃古尔语的 påβl、pēl、pāβl 等，奥斯提亚语的 pūγət、pūγəl 等，匈牙利语的 falu。根据被广泛接受的观点，这些形式是从一个原始乌戈尔语词 *palγV 演化而来的，在 *palγV 里，第二个元音的音质损失掉了（参看 MszFE.，Ⅰ，pp.180–181; TESz.，Ⅰ，pp.836–837）。被用作某些地名组成部分的芬兰语单词 palva-，是否也属于这个类别，尚不能肯定，不过这与我们的主题并不直接相干。

Sauvageot（1930）给这些乌戈尔词语提出了两种不同的语源。在第 17~18 页，他把这些乌戈尔词语与突厥语的 aγïl 和 aul“围栏”、蒙古语的 ayil“家庭、定居点”、满语的 falga~falha 等勘同，并且暗示了与蒙古语 balγasun 相联系的可能性。在第 59 页，他不费周折就把乌拉尔语的 *pVlk，与满语的 falga~falha、蒙古语的 balγasun、突厥语的 balïq 联系在一起。1934 年，在 ETSz 的 falu 词条下，Gombocz 和 Melich 接受了对这些乌戈尔语词语与阿尔泰语词语（balïq、balγasun 和 falga）的勘同。Räsänen（1955，p.5）把这些乌戈尔语词语与突厥语 aγïl~ 蒙古语 ayil~ 满语 falga~falha 进行了比较。他重复了自己（Räsänen，1969）在 aγïl 词条下所给出的语源，在那里他还列出了更多的突厥语例证。我不太清楚该如何理解孟格斯（Menges，1954，p.689）的意思，他在解释突厥语 aγïl~ 蒙古语 ayil 时写道：“反映蒙古语、通古斯语和乌拉尔语对等关系的一组词是：契丹（辽）的 wa-li‘营地’，Džürčen 的 en-lä‘院子’，满语的 fala（n）和 falga‘村子’，Ungar 的 fålu、St. fålv‘村子’。”Sevortjan（1974，p.84）在 aγïl 词条下列举了相关的语源，不过他没有表明自己的态度。

Gombocz 和 Melich 在 ETSz 里所做的勘同，如果不理解为根源于原始乌拉尔 – 阿尔泰语言（Proto Uralic–Altaic）的话，是完全可以接受的。乌拉尔语方面，被证实的词语仅仅是乌戈尔语。阿尔泰语方面，如同我已经指出的，balïq 不是一个共同突厥语词，而且，更不能被当作共同阿尔泰语词。我们已经说明，在一些案例中，突厥语的 b- 是原始阿尔泰语 *p- 的发展；没有理由认为它不能是乌拉尔语 *p- 的发展，特别是当我们这样考虑的时候——在只见于古突厥文的 balïq 的个案里——我们或许不得不做简单的语音替换，因为古突厥文没有清辅音的唇爆破音。

只有一个问题留待回答：古突厥语词汇从乌戈尔语借入的可能性如何？或者——反过来问——我们会在乌戈尔语形式中看到一个突厥语借词吗？第二种情况是最不可能的，因为它预设原始乌戈尔语中的突厥语借词，是在乌戈尔统一体分解之前就借入了。第一个选择就没有这类问题。古突厥语有相当数量的乌戈尔和萨莫耶德语借词。在一篇收入普里察克纪念文集的题为《古突厥语中的乌戈尔和萨莫耶德语因素》的文章中，以及另一篇文章（Sinor，1965）里，我列举了其中一部分。古突厥语的 ay“词”、sab“词”、tan“冷风”、yunt“马”，都属于同一个类别，而且我把乌戈尔的 *palγV~ 突厥语 balïq ~ 蒙古语 balγasun ~ 满语 falga，也归入这个类别。突厥语的 balïq 是一个来自乌戈尔语的借词。

参考文献

Bailey, H. W. 1979. *Dictionary of Khotan Saka*, Cambridge University Press.

Bang, W. and Gabain, A. von. 1929. “ Türkische Turfan-Texte, ” Ⅱ , *SPAW*, XXII , 411–430.

Cincius, V. I. 1975–1977. *Sravnitel'nyj slovar' tunguso-man'čžurskih jazykov*, Ⅰ–Ⅱ , Leningrad.

Clauson, Sir Gerard. 1972. *An Etymological Dictionary of Pre-Thirteenth-Century Turkish*, Oxford, Clarendon Press.

Doerfer, Gerhard. *Türkische und mongolische Elemente im Neupersischen*. Ⅰ－Ⅳ, Wiesbaden, 1963－1975.

Doerfer, Gerhard. 1975. *Altertümliche türkishe Wörter im Chaladschen*, Ⅰ, Türk Dili Bilimsel Kurultayıma Sunulan Bildiriler, 1972, Ankara, pp. 256－260.

ETSz. *Magyar Etymológiai Szótár*, irta Gombocz Zoltán és Melich János, Ⅰ－Ⅻ, Budapest, 1914－1936.

Gabelentz, H. C. von der. 1832. *Éléments de la grammaire mandchoue*, Altenburg.

Hauer, Erich. 1955. *Handwörterbuch der Mandschusprache*, Ⅰ－Ⅲ, Tokyo－Hamburg－Wiesbaden.

Jarring, Gunnar. 1964. *An Eastern Turki-English Dialect Dictionary*. Lunds Universitets Årsskrift. N. F. Avd. Ⅰ, Bd. 56, Nr. 4.

Ligeti, Louis. 1971. À propos du "Rapport sur les rois demeurant dans le nord, "*Études tibétaines dédiées à la mémoire de Marcelle Lalou*, Paris, pp. 166－189.

Menges, Karl Heinrich. 1954. *Glossar zu den volkskundlichen Texten aus Ost-Türkistan*, Akademie der Wissenschaften und der Literatur, Abhandlungen der Geistes-und Sozialwissenschaftlichen Klasse, Nr. 14, pp. 681－817.

MSzFE. *A Magyar szókészlet finnugor elemei*, Ed. by György Lakó and Károly Rédei, Ⅰ－Ⅲ, Budapest, 1967－1978.

Pelliot, Paul. 1925. "Les mots à H initiale aujourd' hui amuie dans le mongol des XⅢ e et XⅣ e siècles". *Journal Asiatique*, 1925, Ⅰ, 193－263.

Poppe, Nikolaus. 1960. *Vergleichende Grammatik der altaischen Sprachen*, Ⅰ, Vergleichende Lautlehre, Wiesbaden.

Rakhmatov, T. 1973. "Etimologija toponima 'Samarkand'". *Sovetskaja Turkologija*, 1973, 4, 43－50.

Ramstedt, G. J. 1935. *Kalmückisches Wörterbuch*, Helsinki.

Ramstedt, G. J. 1957. *Einführung in die altaische Sprachwissenschaft*, Ⅰ, Lautlehre, Bearbeitet und herausgegeben von Pentti Aalto, *MSFOu*, 104:1.

Räsänen, Martti. 1955. *Uralaltaische Wortforschungen*. Studia Orientalia XⅧ:3.

Räsänen, Martti. 1969. *Versuch eines etymologischen Wörterbuchs der Türksprachen*, Helsinki.

Sauvageot, Aurélien. 1930. *Recherches sur le vocabulaire des langues ouralo-*

altaïques, Collection linguistique publiée par la Société de linguistique de Paris, XXX.

Sevortjan, Ê. 1974. *Etimologičeskij slovar' tjurkskikh jazykov* (*obščetjurkskie i meždtjurkskie osnovy na glasnye*) , Moskva.

Sinor, Denis. 1944. "Indo-européen-ouralo-altaïque". *T'oung Pao*, XXXVII , 226–244.

Sinor, Denis. 1965. " Notes on the Equine Terminology of the Altaic Peoples, "*CAJ*, X , 307–315.

Sinor, Denis. 1979–1980. " Samoyed and Ugric Elements in Old Turkic ". *Harvard Ukrainian Studies* III–IV (Pritsak Festschrift) , 768–773.

Tenišev, Ê. R. 1976. *Stroj saryg – jugurskogo jazyka*, Moskva.

TESz. A *Magyar nyelv történeti-etimológiai szótára*, I–II , Budapest 1967–1976. Editor–in–chief: Lóránd Benkö.

Tryjarski, Edward. 1968. *Dictionnaire arméno-kiptchak d'après trois manuscrits des collections viennoises*, I, 1, Warszawa.

Uray, G. 1979. " The Old Tibetan Sources of the History of Central Asia up to 751 A.D.: A Survey, " in: *Prolegomena to the Sources on the History of Pre-Islamic Central Asia*, ed. J. Harmatta, Budapest, pp. 275–304.

“乌迈”：一个受到突厥人礼敬的蒙古神

罗　新　译

毕　波　校

“乌迈”（Umay），是一种超自然物的专名，尽管它所在的语境常常不能被精确地阐释，而且这个准神（quasi deity）的确切功能也得不到具体说明，但在古突厥文中还是得到了充分证实。在这里我将忽略以前对乌迈在突厥信仰体系中所扮演角色的种种推测，因为其中绝大多数已经被 Potapov（1972，pp.268–269）充分考察过了。

克劳森（Clauson，1972，pp.164–165）对乌迈的定义如下：“本义：‘胎盘、胞衣’，又用作突厥唯一女神的名字，其特殊功能是作为妇女和儿童的守护神，这可能是因为其被认为具有魔力。”

弄清这个词词义的关键句子，出现在暾欲谷碑第 2 碑西面第 3 行。这个句子是 tengri Umay ïduq yer suv basa berti，其转写没有什么问题。非常奇怪的是，克劳森在“乌迈”词条下没有引这个句子，却在第 371 页 basa 条下翻译了这一句：“为了我们的利益，乌迈女神与神圣的土地和水摧毁了他们。”特金（Tekin，1968，p.268）把腾格里（Tengri）和乌迈看作不同的存在（entities），而不是一个以乌迈为主干（即腾格里修饰、限定乌迈）的复合词，并以不太常用的英语做了翻译：“上天与乌迈，大地与水之圣灵，明显地帮着我们取得（克服困难的）成功。”阿尔托（Aalto，1958，p.43）推测这里提到了三个不同的神。他是这样翻译的：“腾格里（der Täŋri）、乌迈（die Umai）和神圣的 Jir Sub，压制住了他们（= 帮助我们去压倒）。”可以注意到他视乌迈为女（阴）性。吉罗（Giraud，1961，p.63）也认为有三个甚至可能四个存在：“腾格里（Tengri）、乌迈（Oumay）、神圣的土地和水（为了我）施加了压力。”科诺诺夫（Kononov，1980，p.195）提出了一个近似的翻译：“当然（正是）上天、乌迈、（我们的）最神圣的土地－水赐予（我们）胜利。”无论 basa berti 的确切意思是什么，我同意这个句子里的腾格里和乌迈是不同的存在。

Umay 的名字同样出现于阙特勤碑（东面第 31 行）：Umay täg ögüm qatun qutïnga inim Kül tegin är at bultï。翻译这句话有些难。克劳森（Clausen，1972，p.165）把这句话的前一部分译作“在我那如（女神）乌迈一般的母亲的支持下”，可是却在第 594 页（kut 词条下）又译作“因为我的母亲，召集来了（女神）乌迈，得到上天的眷顾”。特金（Tekin，1968，p.268）翻译为：“我弟弟阙特勤获得了（他的）成人名字（= 他在成年人中得到抬举），是靠了我那像乌迈一样的母亲，即可敦的好运。”我觉得可敦（qatun）是修饰 qut 的，因此没有理由把后者翻译作——如同克劳森所做的那样——“上天的眷顾”。这个组合正如 ïduq qut（亦都护）的组合一样，后者即后来回鹘诸王的称号。由于 qatun 是一个女人所可能拥有的最高头衔，我在这里把它当作形容词，意思是“高贵的、第一流的”，并做如下翻译：“我弟弟阙特勤拥有了大丈夫气概，靠了我那乌迈一样的、高贵的母亲。”因为可敦把关爱慷慨地施予她的孩子，所以她应该享有与他们主要的保护者乌迈等同的地位。at bultï 的意思当然是（如同克劳森，1972，第 332 页 bul- 条下所给出的）“获得他的成人名”，但其言外之意，我相信，是我提出的这个翻译里的那一种。

颇有一些——差不多一打——古代或中古的突厥文句子里含有乌迈一词。有证据证明它用作男性的人名，比如在拉德洛夫、马洛夫（Radloff-Malov，No. 5）出版的契约里有一个，或叶尼塞较小的铭文中有一个，其中就出现过一个乌迈伯克（Umay beg，Malov，1952，p.53）。这里没有什么可奇怪的。在基督教社会里，玛丽（Mary）常常被取作男孩的名字；而且，正如我们马上要看到的，乌迈并不非得是单性的（uni-sexuality）。很可能它也用作女孩子的名字。一个清楚的行善的神在一篇佛教祷词里被提到（F. W. Müller，1910，p.53），祝祷者宣称 yükünürmn ädgülüg Uma qatun，“我向仁慈的 Uma qatun 鞠躬”。我认为，尽管不好解释词尾为何没有出现 -y，但这无关紧要。中古突厥谚语（参看 Clauson，1972，p.165）Umayqa tapïnsa oγul bulur，“谁崇拜乌迈，谁就得子”，大致可以肯定这里乌迈是指前面引述各例中的神灵，而不是这个词的本义“子宫、胎盘”。

在一些医学－巫术文献中（Rachmati，1936，pp.27，16），乌迈作为女性器官名而出现：umay kič tüšsär“如果胎盘丢弃得晚了”，以及（同前，pp.41，15）biš ygrminč ir-vang atlγ uzik ol. Umai özä urγu ol“第十五个字母，被称作 ir-vang 的，应当是指乌迈（子宫？）”。在引自迄今尚未出版的回鹘卷子的一个例子里（Zieme-Kara，1978，p.64），乌迈无疑意为“子宫”。

在现代语言中，乌迈（umai）只出现于 Shor 语（Radloff Wb.，Ⅰ，1788）和哈卡斯语中（ümay）。按拉德洛夫的定义，umai 意为“一个好的、婴儿的保护神；人死后继续存在的灵魂、神灵”。很显然，umai 不是共同突厥语词汇表的一部分。

这个词也出现在通古斯语中，伊万诺夫（Ivanov，1954，p. 234）列举了一些形式，绝大多数有宗教含义。埃文基语有 ome（见 Vasilevič，1958，ōmī），意为“子宫”；Cincius（Ⅱ，p.16）举出索伦（Solon）有 omē，意为“子宫”，她把这个词与蒙古语 umai 一词勘同。在蒙古语中这个词可以证明普遍含有我认为是原始词义的“子宫、胎盘”之意。它在古典及现代书面蒙古语中都有出现，在卫拉特书面语、卡尔梅克语（Ooma）和布里亚特语中也有出现，也为鄂尔多斯蒙古语所证实。中古蒙古语的例证似乎很少，可能是由于其专门的语义。有人做过一次不太全面的调查，只获得了一条证据，在莱顿的抄本（Poppe，1927，p.1261）里有一个复合词 kindik umai，“肚脐”。

对主要是女性保护神的乌迈（Umay 或 Imay）的崇拜和信仰，在南西伯利亚和阿尔泰地区的突厥人及东西伯利亚北部的通古斯人那里，一直延续到我们这个时代。当 Umay 被拟人化后，其功能有些类似于天主教信仰中的保护天使。一般认为，如果小孩在梦里笑或说话，那是他正在与乌迈交流；如果他哭，可能是因为乌迈暂时离开了他。疾病是乌迈离开过久的信号，这样萨满就会被叫来召回乌迈。通常把乌迈视作尚未出生的小孩子灵魂的看护者。通古斯人的乌迈可以是男性也可以是女性，甚至可以为双性，其人格属性的重要性低于其功能。

在位于阿巴坎河左岸的 Sagays 人、Shors 人和 Beltirs 人中，乌迈这个词用来指从出生到三岁之间的小孩子的灵魂，因为三岁以后他们才可以自由地走路、较流利地说话。从这时开始直到死亡，灵魂的名称是 qut。而乌迈一词用来指小孩子的脐带，被剪断的脐带装进一个小皮袋，绑在摇篮上。

有时萨满会被要求从事邪恶的活动，即绑架婴儿的灵魂。这类高度机密的活动的目的，是要把一个健康婴儿的灵魂转移到一个病重的婴儿体内，或转移进一个被认为不育的妇女的子宫内。这类转移（被称为Umay和Imay tutarγa）的结果是，患病的孩子可能痊愈，不育的妇女可能怀孕，但提供了乌迈的孩子会死亡。考察这个问题宗教的一面不是我当前的目标；在此我要指出的是，一般信仰中的乌迈，是与母性、分娩和小孩子密切相关的。（欲了解有关乌迈神灵多方面功能的更多材料，请参看Potapov，1972; Ivanov，1954，pp.234–235，两者都提供了进一步的参考文献。Nahodil，pp.495–496与Lot–Falck，p.195则包含了一些原始观点）

* * *

Potapov（1972，p.285）很想知道，突厥专名"乌迈"与蒙古语表"子宫、胎盘"的umay的对应，是不是突厥因素融合蒙古民族性的结果，或者是否应当被视为古老的、突厥与蒙古共有的词语遗产？[1]在我看来，这个词首先出现在突厥文中的事实，并不能作为该信仰起源于突厥人中的证据；尽管蒙古文献中没有早到鄂尔浑碑铭那么早时期的，可是那时蒙古人当然是存在着的。我深信，（突厥语中的）这个专名是对蒙古语"子宫、胎盘"一词间接地加以功能性改造后的结果。

现在问题来了：假定突厥人礼敬一个有着蒙古名称的神，换个说法，假定他们把一个起源于蒙古人信仰的神纳入自己的信仰体系，在情理上是否说得过去？

虽然早在14世纪的中古蒙古语中含有突厥语借词的事实就已确立，但古代和中古突厥语中含有蒙古语借词一说，目前还颇有争议，也从未被全然否认。因而克劳森（Clauson，1958，pp.177–178）就称"在（古代和中古突厥语的）全部词汇表里，没有一个词

---

1 冯·加班（Gabain，1977，p.59）把Umay与Humāi勘同，Humāi是"Bahman之子萨珊（Sāsān）的姐妹，Bahman自己也同样是统治者"，这个说法由于缺乏证据而难以成立。

可以被认定来自蒙古语”。

更近的研究是克拉克（Larry V. Clark）做出的，他在一篇论证充分、富有学识的文章里处理了这个问题，得出结论——“凭着现有的证据，我有信心宣称，在中古突厥语时期，蒙古语的影响首先是施加给突厥诸语言的”（Clark，1977，p.126）。克拉克是通过考察 Räsänen 的 *Versuch eines etymologischen Wörterbuch der türksprachen*（Helsinki，1969）中的 110 个词条得出这一结论的；实际上，他的文章是对 Räsänen 提出的语源的驳斥。他也没有深入多少，而且非常奇怪的是，他竟然没有注意到乌迈这个词，尽管 Räsänen 在第 513 页清楚地把这个突厥词与蒙古语的“母体、子宫”等同起来了。

通过对乌迈守护神角色与性质的考察，我看不出如何来质疑这种勘同。只是在蒙古语里，这个名称有一个普通的名词的意义，即我们已经看到的“母体、胎盘”。突厥语、蒙古语和通古斯语里乌迈神的功能，与这个词的基本词义是完美一致的，这个事实已经被那些详细研究该神的学者们所确认了。

我在一篇文章里（Sinor，1972），研究 Öljeitü1305 年写给法国国王腓力的信中出现在蒙古语中的一个突厥词，我表达了这样的观点，即古突厥碑铭中的 taluy“海，洋”是源于蒙古语的。克拉克（Clark，1977，p.153）赞成这一假设，用他自己的话来说，“必须承认这是可能的”。好了，在那个时候这就是我想要表达的意思。因为 dalai 是蒙古语中普遍使用的一个词，而 taluy 肯定不是共同突厥语，我就进一步考虑后者是从蒙古语借入的。在另一篇文章里（Sinor，1970），我提出古代和中古突厥语的 tusu“有益、优点、益处”，可能也是一个蒙古语借词。克拉克（Clark，1977，p.157）则另有想法。这后面有着方法上的考虑。按我的看法，确定一个借词是借入还是被借的主要标准，是看这个词的地区分布。如果一个词普遍存在于蒙古语诸分支语言中，而仅仅出现在突厥语的一个或很少几个方言（主要在蒙古语影响深深浸透的阿尔泰地区）里，我就认为它是起源于蒙古语。

我曾经（Sinor，1965，1979 和 1981）呼吁注意古突厥语中萨莫耶德语和乌戈尔语的影响。我还（Sinor，1982 和 1984）搜集了相当多各式各样的资料，表明不仅突厥汗国是多民族的，而且突厥民族自身也是由多民族多语言构成的混合体。本文所举的材料，就是要为这个观点提供进一步的证据。如果我的小文有什么裨益，那不是重申一个过去已被注意的关联，而是要表明在突厥文明内部也可以找到蒙古的影响。

参考文献

Aalto, Pentti. 1958. “ Materialien zu den alttürkischen Inschriften der Mongolei ”. *JSFOu*. LX , 7.

Cincius, V. I. (Otv. Red.) , 1975–1977, *Sravnitel'noj slovar' tungusoman' chzhurskikh jazykov*, Ⅰ–Ⅱ . (Leningrad) .

Clark, Larry V. 1977. “ Mongol Elements in Old Turkic? ” *JSFOu* . LXXV , 110–168.

Clauson, Sir Gerard. 1972. *An Etymological Dictionary of Pre-Thirteenth Century Turkish*. (Oxford) .

Gabain, A. von. 1977. “ Iranische Elemente im zentral-und ostasiatischen Volksglauben ”. *SO*. XLⅦ , 57–70.

Giraud, René. 1961. *L'inscription de Baïn Tsokto*. (Paris)

Ivanov, S. V. 1954, *Materialy po izobrazitel 'nomu iskusstvo narodov Sibiri XIX – nachala XX v*. Trudy Instituta Êtnografii NS. XXⅡ.

Kononov, A. N. 1980, *Grammatika jazyka tjurkskikh runicheskikh pamjatnikov*. (Leningrad) .

Lot–Falck, E. 1956. “ À propos d'Ätügän, Déesse mongole de la terre”. *Revue de l'histoire des religions*, 157–196.

Malov, S. E. 1952. *Enisejskaja pis'men'mennosti tjurkov*. (Moskva–Leningrad) .

Müller, F. W. K. 1910. *Uigurica Ⅱ* . Abhandlungen der Preussischen Akademie der Wissenschaften.

Nahodil, O. 1963. " Mutterkult in Sibirien". In: V. Diószegi (Editor) , *Glaubenswelt und Folklore der sibirischen Völker*, 491–511. (Budapest) .

Poppe, N. N. 1927. " Das mongolische Sprachmateral einer leidener Handschrift". *Izv. Ak.nauk SSSR*, 1009–1040, 1251–1274, ibid., 1928, 55–80.

Potapov, L. P. " Umay–bozhestvo drevnikh tjurkov v svete etnograficheskikh dannykh ". *Tjurkologicheskij sbornik*, 265–286.

Rachmati, G. R. 1936. *Türkische Turfantexte Ⅶ* . Abhandlungen der Preussischen Akademie der Wissenschaften.

Radloff, W. and Malov, S. E. 1928. *Uigurische Sprachdenkmäler*. (Leningrad) .

Radloff, W. Wb. 1893–1911. *Versuch eines Wörterbuches der Türk-Dialecte.* Ⅰ – Ⅳ . (St. Pétersbourg) .

Räsänen, Martti. 1969. *Versuch eines etymologischen Wörterbuchs der Türksprachen*. (Helsinki) .

Sinor, Denis. 1965. "Notes on the Equine Terminology of the Altaic Peoples". *CAJ*. Ⅹ , 307–315.

——1965. " Two Altaic Etymologies ". In: *Studies in General and Oriental Linguistics. Presented to Shirô Hattori on the occasion of his sixtieth birthday*, 540–544. (Tokyo) .

——1972. " The Mysterious 'Talu Sea' in Öljeitü's letter to Philip the Fair of France ". In: *Analecta Mongolica, dedicated to Owen Lattimore*. Mongolia Society Occasional Papers No. 8, 115–121.

——1979–1980. " Samoyed and Ugric Elements in Old Turkic ". *Harvard Ukrainian Studies* Ⅲ–Ⅳ (Pritsak Festschrift) , 768–773.

——1981. "The Origin of Turkic *balïq* town". *CAJ*. ⅩⅩⅤ , 95–102.

——1982. "The legendary origin of the Türks". In: E. V. Žygas–P. Voorheis (editors) , *Folklorica: Festschrift for Felix J. Oinas*, 223–257. Indiana University Uralic and Altaic Series 141. (Bloomington, Indiana) .

——1984. " Some components of the civilization of the Türks (6th to 8th century A.D.) ". To appear in the Proceedings of the 25th Meeting of the PIAC. (Uppsala) .

Tekin, Talât. 1968. *A Grammar of Orkhon Turkic*. Indiana University Uralic and Altaic Series 69. (Bloomington, Indiana) .

Vasilevich, G. M. 1958, *Evenkijsko-russkij slovar'*. (Moskva) .

Zieme, P. and Kara, G. 1978. *Ein uigurisches Totenbuch*. Bibliotheca Orientalis Hungarica XXII , (Budapest) =Asiatische Forschungen 63. (Wiesbaden) .

以切成两半的狗立誓[*]

罗　新　译
王小甫　校

在 1954 年发表于日本的一篇短文里（Sinor，1954），我曾呼吁重视使用古法文资料来研究库蛮人的历史。库蛮突厥人在 11~13 世纪的南俄草原上扮演重要的角色，其政治权力只是因蒙古入侵俄罗斯才被真正铲除。库蛮人——又称科曼人或钦察人——在当雇佣军方面是专家，他们最大的成就是征服埃及，在那里他们被称为马穆鲁克。由于他们曾在拜占庭和十字军的许多军队里效力，因而他们为当时法国的编年史所熟知，就不令人奇怪了。

* 本文的初稿于 1990 年 3 月 26 日在佐治亚州的亚特兰大市提交给美国东方学会第 200 次年度会议。我要感谢 Jack Sasson 在会议上所做的评议，也要感谢 Katalin Uray-Köhalmi，他在布达佩斯的 PIAC 会议上听说了我这篇文章后，提示我注意 László Vajda 重要的相关文章。

这些编年史中，现在我要提到的是让·约恩维利，他的《圣路易史》（*History of Saint Louis*）是中世纪法国史学的杰作，是第7次“十字军东征”最重要的史料。让·约恩维利把他所见的和听别人讲述的仔细区分开来。他称下面的描述来自骑士菲利普（Philip of Toucy），后者在恺撒利亚（Caesarea）加入法王路易九世的军队。菲利普在拉丁皇帝鲍德温二世（Baldwin Ⅱ）离开的时候担任君士坦丁堡（Constantinople）的摄政，而鲍德温二世在他与尼西亚（Nicaea）的拜占庭皇帝约翰三世（John Ⅲ Ducas Vatatzes）的战争中，常常依赖库蛮雇佣军。据菲利普说——由让·约恩维利记载——当法兰克人和库蛮人决定联盟时：

> 为了保证双方能够忠诚地互相帮助，君士坦丁堡的皇帝和跟随他的贵族们得要出血，并将他们的血流入一个很大的银制高脚杯里。库蛮人的王与贵族也得做同样的事情，而且把他们的血和我们的血混合在一起。加进水和葡萄酒之后，双方都从高脚杯中饮入，由此宣称大家成为亲兄弟。之后一只狗被逼迫在我们的人与库蛮人之间奔跑，而两边的人都用剑劈砍它，把它剁成碎块，同时立誓任何一方如有人背盟，就会像这样被剁成碎块。（Shaw，pp. 289–290）[1]

为了本文的目的，我们可以忽略有关通过混合参与者的血而结盟的描述，现在我们关心的是那只被切开的狗。

附在柏朗嘉宾《蒙古史》（*History of Mongols*）某一手稿后面的一份简短的拉丁文稿，报告了一个相似的仪式。该文稿说匈牙利国王贝拉四世为蒙古人可能再度入侵的传言而忧虑，就安排了他的儿子，即未来的斯蒂芬五世（Stephan V）与一位库蛮公主结婚。

1 参见 Sinor，1954，p. 203。

> 在婚宴上，十个罗曼人（Romans）[= 库蛮人] 依他们的习俗在一只用剑切开的狗上立誓，他们将保卫匈牙利人的土地，忠于国王，抗击鞑靼人和野蛮民族。

在这一场合的匈牙利人，其友善姿态与约翰三世相仿，无法知道的是，他们到底是接受了库蛮人的习俗呢，还是可能确认了他们自己的、约三百年以前被记载过的古老习俗。

通常又被称作 *Theophanes Continuatus* 的《年代记》（*Chronography*）一书，嘲笑了与保加尔人达成和平协议的皇帝列奥五世（Leo Ⅴ），在签署盟约时屠宰（并且也吃掉？）了狗。[1]

在一封公元 900 年写给教皇约翰九世（John Ⅸ）的信中，萨尔茨堡大主教蒂特马尔（Thietmar）为自己受到的一项指控辩护，他被指控在与匈牙利人达成和平协议时，违反天主教习俗，他（或他的手下）在一只狗或一头狼或其他令人作呕的异教徒“器物”（instruments）上立了誓言（per canem seu lupum aliasque nefandissimas et ethnicas res sacramenta et pacem egiese）。[2]

这个拉丁句子成为一篇非常有学识的文章的起点，László Vajda 在那篇文章（1979）里搜集了许多有关把狗切为两半的仪式的资料。前述有关匈牙利人的引文也被 János Horváth Jr. 所引证（1970），以说明他有关中古匈牙利残存着突厥制度和习俗的观点。因口头报告此文，时间不足，也限于篇幅，我将避而不对 Vajda 的观点进行讨论，他是从另一个角度、为了另一个目的而进入这个问题的。

我们处在极为幸运的位置，拥有考古学的证据以印证文献记载。可是这逃过了 Vajda 的注意。据 Bálint（1971）的描述，在一

1　Ed. I. Bekker，*Corpus Scriptorum Historiae Byzantinae*，Vol. 33，p. 31.

2　Gombos，Vol. Ⅲ，p. 2200.

处位于匈牙利东南部（Jánosszállás）、断代为11~12世纪的遗址中，出土了一只被切成两半的狗的前半部分。骨骸遗存处于完美的自然状态，遗址坑内再没有其他狗骨，也没有后半部分的痕迹。匈牙利没有类似的发现的记录，可是Bálint（1971，p. 299）提到普鲁士的勃兰登堡有断代为3~4世纪的类似发现。Bálint认识到这一发现的重要性，并且在Harváth之后，同样引述了上面提到的那些文献。

现在让我们从内亚的西端转向东端，转向蒙古。与让·约恩维利所述相类似的仪式，成书于13世纪中期的《蒙古秘史》，在札木合被推举为可汗（公元1201年）的相关段落（第141节）里也有记载。柯立甫的译文（Cleaves，1982，p. 68）是：

> 这些部落……一同斩杀公马、母马，相互立誓结盟。

而罗依果的译文（1974，p. 64）是这样的：

> 这些部落聚集到阿勒灰泉（Alqui bulaq），决定选札只勒惕（Jajirat）氏的札木合为汗，他们合起来拦腰砍杀了一匹公马和一匹母马，并且立誓结盟。

古蒙古文的文本中有一个反复动词形式čabčilalduju，这很可能是罗依果选择用动词“砍”（to hack）来翻译的原因。原中文行间译文是“共砍”，即集体砍杀、剁碎。保存了《蒙古秘史》不同版本的部分段落的编年体《黄金史》，有ajir γa gegü čabčin alaju，“他们砍断了一匹公马和一匹母马”。这里（Ligeti，1974，p. 98）没有提及立誓。我宁愿冒险假设，是因为对17世纪中期的编者来说，在斩杀的动物尸体上立誓已经不那么常见了。

《圣武亲征录》述及相关事件时用了“腰斩”二字——用来表

达“腰斩罪”时的用词，并说被牺牲的动物是一匹白马（Pelliot，1951，p. 393）。《元史》记这一事件时只用了第二个字（Pelliot，1951，p. 411）。

众所周知，《圣武亲征录》是一部已经散佚的蒙古文编年史的中文翻译，这部编年史也曾为波斯人拉施特所使用。他对同一个事件给出了更为细致的描述：

> 他们彼此立下了一个在蒙古人中从未有过的大誓。盟誓包含如下内容：他们用剑共同砍倒一匹公马、一头公牛和一只母狗，并在上面发誓："……如果我们不能信守诺言、背弃盟约，让我们如同这些动物吧。"[1]

这种习俗有一些较为晚近的例证。科特维茨（Kotwicz，1933，p. 44，重印本 p. 401）在没有给出资料出处的情况下，称"在与俄罗斯官员达成协议时，那些蒙古部落的代表……用剑刺死他们的狗"。他可能发现了一些未发表的俄国档案。对由 Gataullina 等人出版的俄国档案（科特维茨还不能看到这一收藏）所做的草草的搜索，未能找到这样的记录，但对他那个级别的学者不必有一丝怀疑。然而，在同一个收藏中（p. 59）我发现 1617 年 3 月 8 日的记录，一个名叫米哈伊洛夫（Mikhailov）的人证实，在喀山一些吉尔吉斯的年轻王子与沙皇立誓结盟，他们把狗劈成两半，并在劈开的两半之间行走。正如我们即将看到的，立约双方（至少其中一方）在劈开的动物尸体之间走过，是值得注意的。

18 世纪荷兰旅行家 Nicolas Witsen 在他的 *Noord en Oost Tartaryen*（Amsterdam，1785，p.292a; Serruys，p. 292 引用）中，描述了卡尔梅克的一种立誓的方法：

1　Serruys 引用，1958，78，p. 290。

> 卡尔梅克人立誓时，有时把一头猪切成两半，并舔去刀子上的血；有时他们用剑切开一条黑狗，并舔去剑上的血，整个过程中嘴里嘀咕着一些话。

由于参考文献（Bálint，p. 312）的欠缺，我不能确认显然是由 Castrén 给出的信息，照他所说，在 19 世纪早期的北奥斯提亚人（Northern Ostiaks）中还流行着近似的习俗。

正如所见，有关这一习俗我所能搜集的源于内亚的资料是相当稀少的。我希望当我这样说的时候我不会被指责为利用了资料的稀缺——尽管其他相关资料是受欢迎的并且也会被发现——档案资料的缺乏增大了它们的价值。狗在欧洲和亚洲神话里的作用，关于以狗为牺牲，以及与立誓相关的多种习俗，是有一些重要资料的。包括《蒙古秘史》在内的蒙古文献，报告了许多立誓的事例，当然，正如我们已经知道的，有关把动物切成两半的资料只有一条。可是，在地理上如此遥远的人群中都存在这样一个习俗，表明我们面对的可能是一种在也许更为遥远的过去分布更加广泛的古老习俗的遗存。

誓言背后的信仰体系是广为人知并广泛分布的，让·约恩维利和拉施特都非常清晰地说出来了："如果我们不能信守诺言、背弃盟约，让我们如同这些动物吧。"动物的命运显示了背约者的下场，它是一种警告，一种威慑。对动物的屠杀象征着对违背誓言者的屠杀。

现在让我回到两千年前的先知耶利米（Jeremiah）那里。通过他，耶和华警告犹大王西底家：

> 你们违背了我的话，……好，我呢——耶和华如是说——使你们暴露于刀剑、饥荒、瘟疫之下，使你们在天下万国中经

受恐惧。那些背弃了我的约定的，那些没有遵守当着我的面所立的约定的，我对待他们将如他们砍成两半并从中间走过的牛犊一样。（Jer. 34，17–19）[1]

这里所说的仪式见于《创世记》第 15 章记耶和华与亚伯拉罕之间建立约定的时候。耶和华命令亚伯拉罕：

给我找一头三岁的母牛，一只三岁的山羊，一只三岁的公羊，一只斑鸠和一只幼鸽。他（亚伯拉罕）给他找来了这些，把它们切成两半，一半放在一边，另一半放在相对的另一边……当太阳落下，夜幕降临，出现了一个冒烟的火炉和一个火把，从被分开的两半的中间走过去。（Gen. 15，9–11，17–18）

基于《耶路撒冷圣经》的脚注，让我澄清次一级的问题。耶和华——由冒烟的火炉和火把来象征——从被分为两半的动物中间独立走过，因为那个约定是单方面的，是由他主动给出的。可是在仪式中，“订约的双方从被屠杀的动物之间走过，从而把被屠杀的动物的命运召唤到如果背约的他们自己的身上”。

我想已经很清楚了，《旧约》提到的那个仪式，与前面举证过的蒙古人、库蛮人和匈牙利人的仪式是相同的。动物会有变化，我们的材料也没有提及从切开的动物之间走过（只有 1617 年那一条是例外）。然而我并不怀疑，总的来说，我们面对的是一种相同的习俗。

可以想到的是，在许多个世纪的《圣经》研究中，前引《旧约》里的段落得到了无数的评论。其中很多都引述了在其他地区和不同时代所流行的相似的习俗。Samuel Bochartus 在他的 *Hierozoici seu de animalibus S. Scripture compendium* 一书中，已经使用了比较民族志的

1　这里引述的两段《圣经》文字，我使用的是《耶路撒冷圣经》的翻译。

方法。与我们的时代更近的，是弗雷泽（Sir James George Frazer），他用了一整个章节“亚伯拉罕的约定”（1919，pp. 391–428）。除了那些相关例子，他还举出了另外一些更牵强、更不明晰的例证。为了更清楚地解说《创世记》第 15 章第 9 节及以下各节，Henninger（1953）集中了一些从各种资料中精选出来的相关事例。

在基本同意其他学者意见的基础上，H. S. Versnel（1977，p. 105）把动物两分仪式（ditchotomy-rite）的动机区分为三类：1. 报应惩罚；2. 净化；3. 立誓结盟。希腊文、拉丁文资料提供了前两类的大量证据。从切成两半的动物中间走过，经此仪式军队得以净化的做法，更有着充分的证据。[1] 尽管难以明确每一个个案中动物两分仪式的具体功能，但是很清楚在许多事例中它有着双重甚至三重意义。所有前述的内亚事例则都属于第三类情况。[2]

整个区域内相同的事例，以及早于《旧约》的事例，都是不缺乏的。比如，公元前 1765 年前后，Mari 的一个使者 Ibal-El，居间促成了西部闪族 Hanean 人与 Hurrian 人之间的协约，其立约方式就是把小狗和山羊分解成两半。[3] 据 Sasson 说：“无疑，这些动物是要被分成两半的，他们的命运就是对那些背弃庄严誓言的人的警告。”他还想到，作为一种闪族习俗，杀山羊的事又见于《创世纪》第 15 章第 9~10 节，那么，以小狗为牺牲可能是 Hurrian 人的选择。他把赫梯（Hittite）文献中所描述的一些事件看成受到 Hurrian 人的影响，该文献记录说，随着一场战败，“一个男人，一个孩子，一只小狗，一头乳猪，被砍成两半”。然而，该文献所记的牺牲［Masson（1950）对此有细致的研究］是一种净化，因此不属于我们这里所讨论的狭义的类别。

1 Henninger 引用，1953，pp. 345–346。

2 请特别参看 Versnel，1975 及 Borzsák，1980，他们把注意力集中在作为报应惩罚方式的两分（bi-section）上面。

3 Sasson，1976，pp. 202–204. Martin Noth（1953）评论了同一份 Mari 文献。

总而言之，可以说《旧约》所记的立约的程式，乃是古代近东所流行的习俗的延续。[1]最后，让我提一提作为立约仪式的两分概念的一些语言学上的印迹。希伯来文的 karath berith、拉丁文的 foedus ferire、希腊文的 orkia temnein（ὄρχια τέμνειν），从字面意义上来说，都是“砍开一个誓言或条约”。[2]

在前面几页里，我搜集了内亚以及古代近东相应的两分仪式的资料。在结束本文以前，我还想提一个更宽泛的议题。

在 1984 年的第 27 届国际阿尔泰学会议（PIAC）上，我提交了一篇题为《头骨与交叉腿骨》（Skull and Crossbones）的论文，但这篇论文一直没有发表，因为在宣读论文之后不久，我发现 Joseph Henninger 发表过一系列论文，大体上依赖的是和我一样的资料。[3]和我的文章一样，他令人信服地表明，禁止折断骨头的法则——如同犹太人禁止折断逾越节祭神的羊羔——在内亚有许多相似的事例。对至少是头骨和腿骨的保存，是为了确保受害者不会复活。我想，在涉及把动物切成两半的立约仪式的案例中，我们获得了另外一个古代信仰与实践的例证，有关这一信仰的古代近东的资料，以及希腊、罗马和内亚的那些例证，都是存留下来的“化石”。直到最近，在内亚的永冻土地带还保留着古老的习俗和信仰，其源头便在那深深的时间之井中。

参考文献

Bálint, Csanád, 1971, “A Kutya a X–XII. századi magyar hitvilágban, ”*A Móra Ferenc Múzeum Évkönyve*, pp. 295–315. Résumé français.

1　参见 Weinfeld，1970，特别是 pp. 196–201。

2　很遗憾我未能参考到 Bikerman，1950–1951。很明显，该主题在那里得到了深入探索。

3　参考文献见 Henninger，1987。

Bikerman, E., 1950–51, "Couper une alliance, "*Archives d'histoire du droit oriental* 5, pp. 133–?

Borzsák, István, 1980, "A hellénisztikus történet í rás műhelyéből, "*Antik Tanulmányok*, XXVII /2, pp. 209–219.

Cleaves, Francis Woodman, 1982, *The Secret History of the Mongols* (Cambridge, Mass.)

Frazer, Sir James George, 1919, *Folk-lore in the Old Testament*, I (London) .

Gataullina, L. M. et al. (eds.) , 1959, *Russko-mongol'skie otnoshenija 1607–1636*. Sbornik dokumentov (Moscow) .

Gombos, Albinus Franciscus, 1938, *Catalogus Fontium Historiae Hungaricae*, Vol. III (Budapest) .

Henninger, Joseph, 1953, " Was bedeutet die rituelle Teilung eines Tieres in zwei Hälften? Zur Deutung von Gen 15, 9 ff., "*Biblica* 34, pp. 344–353.

Henninger, Joseph, 1987, "Bones", in *the Encyclopedia of Religion*, ed. Mircea Eliade, Vol. 2 (New York – London) .

Horváth, János, ifj. 1970, "Török politicai intézmények nyomai a középkori magyar állam életében," *Ethnographia* LXXXI , pp. 265–275.

The Jerome Biblical Commentary, 1968, edited by Raymond E. Brown, S. S., Joseph A. Fitzmayer, S. J., Roland E. Murphy, O. Carm. (London) .

The Jerusalem Bible, 1966 (London) .

Joinville, *The Life of Saint Louis*, in Joinville and Villehardouin, *Chronicles of the Crusades*. Translated with an Introduction by M. R. B. Shaw (New York 1985) .

Kotwicz, Władysław, 1933, *En marge des lettres des il-khans de Perse retrouvées par Abel-Rémusat*, Collectanea Orientalia 4 (Wilno) . Reprinted: *Rocznik Orientalistyczny* 16 (1950) , pp. 369–404.

Ligeti, Louis, (ed.) 1974, *Histoire Secrete des Mongols. Texte en écriture ouigoure incorporé dans la chronique Altan tobči de Blo-bzan bstan-, jin*, Monumenta Linguae Mongolicae Collecta VI (Budapest) .

Masson, Olivier, 1953, " A propos d'un rituel hittite pour la lustration d'une armée: Le rite de purification par le passage entre les deux parties d'une victime," *Revue de l'histoire des religions* 137, pp. 5–25.

Noth, Martin, 1953, " Dasalttestamentliche Bundschliessen im Lichte eines

Mari Texte3s, " *Annuaire de l'Institut de philoligie et d'histoire orientales et slaves* 13, pp. 433–444.

Pelliot, Paul and Hambis, Louis, 1951, *Histoire des campagnes de Gengis khan*, Ⅰ (Leiden).

Rachewiltz, Igor de, 1974, " The Secret History of the Mongols, " *Papers on Far Eastern History* 10, pp. 55–82.

Sasson, Jack Murad, 1976, " Isaiah LXVI 3–4a, " *Vetus Testamentum* XXVI, pp. 199–207.

Serruys, Henry, 1958, " A Note on Arrows and Oaths Among the Mongols," *Journal of the American Oriental Society* 78, pp. 279–294.

Sinor, Denis, 1954, "Quelques passages relatifs aux Comans tirés des chroniques françaises de l'époque des Croisades, " in *Silver Jubilee Volume of the Zinbun-Kagaka-Kenkyusho* (Kyoto), pp. 370–375.

Sinor, Denis, 1957, "John of Plano Carpini's Return from the Mongols," *Journal of the Royal Asiatic Society*, pp. 193–206.

Vajda, László, 1979, "Ruchlose und heidnische Dinge, "in *Explanationes Fenno-Ugricae in Honorem Hans Fromm* (München), pp. 373–403.

Versnel, H. S., 1975, " Sacrificium lustrale: The Death of Mettius Fufetius (Livy Ⅰ, 280), "*Mededelingen van het Nederlands Instituut te Rome*, XXXVII, Nova Series 2, pp. 97–115.

Weinfeld, M., 1970, "The Covenant of Grant in the Old Testament and in the Ancient Near East, " *Journal of the American Oriental Society* 90, pp. 184–203.

内亚的剥头皮习俗

罗 新 译

王小甫 校

我们这些生长在西半球的人，熟悉剥头皮的习俗，即切割下人的头皮并作为战利品保存起来，绝大多数是通过库珀（Fennimore Cooper）或梅依（Karl May）的小说。对很多人来说，剥头皮是北美印第安人最有特色的习俗。的确如此，在 18 世纪大平原、大草原和东部的印第安人中，战斗是获得个人声誉的手段，“在杀死过敌人并带回头皮加以证明之前，没有一个年轻人可以指望结婚或被接纳为成年人”。[1]或许早期对剥头皮程序最好的描述，是耶稣会士 Joseph Francois Lafitau 给出的，他在易洛魁人（Iroquois）中做了 6 年（1712~1217）传教

1 Harold E. Driver, *Indians of North America*（University of Chicago Press, 1961）, p. 370.

士。[1]我这里引述的只是他的部分观察，当时（印第安）战士们没有时间砍下被他们杀死的敌人的脑袋：

> 他们只取走被他们杀死的或将会死去的那些人的头发。为此目的，他们切下额头和耳部以上直至后脑的覆盖头骨的皮肤。（头皮）撕下来以后，他们把它装好并弄软，就如同他们打猎时对猎获的野兽惯常做的那样。然后他们把头皮铺展在一个圆环上并固定下来。[2]

Lafitau 吃惊地注意到，许多被剥头皮的受害者竟然幸存下来，其中一个是他传教时所遇到的女人，“她本人的情况很好。她嫁给一个法国人，而这个法国人变成了易洛魁人，他们育有子女”。Lafitau 还注意到剥下来的头皮都挂在屋门上，而且在公共典礼上头皮是用作装饰品的。[3]

在阿尔泰山区一个遥远地方的巴泽雷克（Pazyryk）谷地，在被标为第 2 号的墓冢（kurgan）里，埋葬着一具暴死的、年约六十的蒙古人种男性遗骸[4]。他的头骨一定是被击破了三处，使用的可能是凿子。他刚一死，或至少是我们希望如此，就被剥了头皮，即他的两耳之间的头皮被一阵猛力剥离了头骨。他的尸体被自己人找到，从墓室精心的安排可以看出他得到了隆重安葬，墓室里还有他的妻

1　Lafitau 的书出版于 1724 年，题为 *Moeurs des sauvages ameriquains, comparées aux moeurs des premiers temps*。我这里使用的是英文版 *Customs of the American Indians Compared with the Customs of Primitive Times*，由 William N. Fenton 与 Elizabeth L. Moore 编辑并翻译，两卷本（Toronto: The Champlain Society，1974–1977）。

2　Lafitau，Vol. Ⅱ，p. 146.

3　Lafitau，Vol. Ⅱ，p. 153.

4　对这一发现最全面的介绍见 Sergei I. Rudenko, *Frozen Tombs of Siberia, the Pazyryk Burials of Iron Age Horsemen*, trans. and with a perface by M. W. Thompson（University of California Press, 1970）。就我们特别关注的问题来说，对被割头皮者最详细的描述见于 S. I. Rudenko, *Der zweite Kurgan von Pazyryk*（Berlin，1951），pp. 81–85。

子，一具比他年轻约二十岁的欧罗巴人种女性的遗骸。

人们一定会推测到，在巴泽雷克人看来，没有头皮而进入另一个世界总是不那么荣耀的。因而他裸露的头骨上被安上了长满头发的头皮，他的前额上缝着马毛。

巴泽雷克墓地的准确断代是不可能的。一说早至公元前 7 世纪，不过埋葬在那里的人也可能生活于公元前 5 世纪到公元前 3 世纪。墓冢的发现者鲁坚科（S. I. Rudenko）选择了公元前 5 世纪的断代。

足够有趣的是，对剥头皮习俗的最早记录也属于这一时期。这是由希罗多德提供的，下面是 Aubrey de Selincourt 的译本（第 5 卷第 64 节）：

> 至于战争，斯基泰的习俗是每人要喝掉他杀死的第一个人的血。战场上杀掉的敌人的首级都要带给国王；带来首级的战士才可以分享战利品；没有首级便没有战利品。他在首级上环耳际切一个圆圈，揪住头皮把它从头骨上扯下来；他用牛肋骨刮头皮上的肉，刮干净之后，再用手指揉，直到它柔软得适合用作某种围巾。他把这些围巾挂在马笼头上，引以为傲。拥有数量最多的，就是最好的。许多斯基泰人把很多头皮缝合起来做成斗篷。[1]

在写下这段文字以来的两千五百多年间，无数的注家对此做了评注。当然，他们当中很少的人会知道巴泽雷克的发现——2 号墓冢发掘于 1949 年，鲁坚科到 1951 年出版发掘报告。[2] 并不令人惊讶的是，民族志学者们在描述美洲印第安人的剥头皮习俗时，会提

1 Herodotus, *The Histories*（The Penguin Classics, 1976）, p. 291.

2 在如下的优秀著作中提到了巴泽雷克的发现：A. I. Dovatur–D. P. Kallistov–I. A. Shishova, *Narody nashej strany v "Istorii" Gerodota*（The People of our land in the Historie of Herodotus）（Moscow, 1982）, pp. 302–303.

到希罗多德。例如，Lafitau 在叙述易洛魁人习俗的时候，就是这样做的。[1]

希罗多德叙及剥头皮，并不是古典文学中唯一可以找到的事例。老普林尼记食人族（Anthropophagi）有此习俗，他说这种人居住在 Borysthenes（即第涅伯河）以北十天路程的地方，并说他们使用人头骨制成的酒杯，胸前还戴着有头发的头皮作为餐巾。[2]

剥头皮在沃古尔人的英雄史诗所描述的战斗中，扮演着一个重要的角色，沃古尔人是说芬－乌戈尔语的小民族，他们自称 Man'si，这个词在现代俄罗斯行政中也还使用着。沃古尔人大约有 5000 人，居住在西西伯利亚鄂毕河及其支流僻远荒野的定居点上。他们的语言和奥斯提亚语及匈牙利语一起，属于芬－乌戈尔语族的乌戈尔语支系。沃古尔人和奥斯提亚人一起，被视为鄂毕－乌戈尔人。在 Bernát Munkácsi 于 1881~1889 年从奥斯提亚人中搜集来的材料里，有不少是涉及剥头皮的。

沃古尔英雄史诗十分繁复，名号众多，没有注释几乎无法理解。为了本文的目的，下面的例子翻译成：

> 用我五指之手紧握我有名的剑、好看的剑，冲（向敌人）。瞧啊！我以驯鹿角制成的弓，砍掉那个老人的头，那个好名声的、著名的英雄王公。连着他的七根头发，我剥掉他多毛的头皮，挂在我的貂皮带上，挂在我的兽皮带上。后来，在我房屋的背后，在同根发出的七棵松木下面，我把它从貂皮带上取下，从兽皮带上取下，挂在松树上，让高空的风吹得它和从鄂毕河来的海鸥一起摇摆，让高空的风吹得它和从湖里来的海鸥

1　Vol. Ⅱ，p. 146.

2　*Naturalis historia*，BK. Ⅶ . 2，p.12.

一起摇摆。[1]

这首吟唱史诗的后面，在那些悬挂在松树上的头皮中，这位英雄又增加了两张头皮。在另外一段里，这位英雄追击逃敌，以一支瞄准精确的箭，同时射中了两个、三个，甚至四个敌人。他们被同一支箭贯穿，“站在一起就像叉子上的鱼儿”。于是英雄用他的剑尖，剥下他们的头皮，悬挂在皮带上。[2]

剥头皮的习俗还见于奥斯提亚人的英雄史诗中，正如我前边说过的，奥斯提亚人是与沃古尔人有亲缘关系的西伯利亚民族。似乎有间接的证据证明说乌拉尔语的萨莫耶德人也存在剥头皮的行为，而萨莫耶德人在古老的时代里可能与阿尔泰地区的民族有过联系。在奥斯提亚的一个英雄传说里，当年轻的男人们准备去袭击萨莫耶德人时，他们被警告说别拿自己的头皮去冒这个险。[3]萨莫耶德人猎取头皮的动机，可以通过与我们所知的17世纪（北美）大平原印第安人的做法进行比较，从而获得更好的理解。Harold E. Driver这样说：

在杀死过敌人并带回头皮加以证明之前，没有一个年轻人可以指望结婚或被接纳为成年人。这项成绩对于个人是如此重要，以至于当战斗团体未能接触敌人并带回必需的头皮时，他们会在回家的路上，杀死他们碰巧遇到的本部落成员，免得空

1 Bernát Munkácsi, *Vogul pköltési gyüjtemény*, Ⅱ. Istenek *hosénekei és idézo igéi* fasc. 1 (Budapest, 1982), pp. 165–166. 有关鄂毕－乌戈尔人剥头皮习俗的参考资料，又见于M. A. Czaplicka, *Aboriginal Siberia, A Study in Social Anthropology* (Oxford, 1914), p. 69。她的资料来自我未能见到的N. Patkanov的著作，而她不知道Munkácsi的文本。

2 Bernát Munkácsi, op. cit., pp. 170–171.

3 Bernát Munkácsi, *Vogul népköltési gyüjtemény*, Ⅱ. *Elsö rész, Bevezetés* (Budapest, 1910–1921), pp. 644–655.

手而归而丢脸。[1]

如同巴泽雷克墓地所显示的，失去头皮意味着蒙羞。为避免这样的耻辱，战败者会变成石头——这是奥斯提亚传说中经常重复的一个主题。[2]

大概在20世纪初，Uno Harva在Turukhansk地区搜集了一些道听途说的证据，是有关较早时期通古斯人中的剥头皮行为的。[3]这个信息没有什么特别令人吃惊的地方，但由于时间的限制我不能为搜寻证据而考证对通古斯人习俗的早期记载。我敢肯定这样的搜寻会得到更多资料。

现在我要提请对一个有关剥头皮的报告的注意，就我所知，对这一习俗感兴趣的学者还没有使用过这份报告。1320年，一个名叫Iohanca的匈牙利圣方济各会修士，给他那个修会的总会士Michael de Caesena写了一封拉丁文书信。[4]

不算希罗多德的记录，Iohanca的书信是最早提到世界上剥头

---

1 Op. cit., pp. 370–371.

2 T. Lehtisalo, "Entwurf einer Mythologie der Jurak-Samojeden," *MSFOu*, LⅢ, 1924, p. 104. 在这篇文章里，Lehtisalo不太在意地涉及一个有趣的问题，即被Yurak-萨莫耶德人和奥斯提亚人称作haehe/kaehe的神灵。在他的Yurak词典*Juraksamojedisches Wörterbuch*（Helsinki, 1956）第179页，Lehtisalo把这个词译作Geist（u.a. Gewittergeist）; Götze; Heiligenbild。令人迷惑的是，在较早的出版物中，Lehtisalo把这个词与蒙古语的qoiqa（头皮），Teleut语的quyuqa，Soyot语、Sagay语和Koibal语的quiγa联系起来，都是同一个意思。这个词还出现在多种通古斯语言中，比如满语的koika(头皮）和鄂温克语的kuika，很可能是借自蒙古语。请参看V. I. Cincius, *Sravnitel'nyj slovar' tunguso-man'chzhurskikh jazykov*（Leningrad, 1975），s.v. *kuika*。是什么原因促使Lehtisalo把萨莫耶德的神灵与"头皮"一词联系起来，我们只能推测了。是不是他掌握了一些有关萨莫耶德或奥斯提亚人住所中把头皮当作haehes神灵的证据？这个想法看起来有那么一点牵强，萨莫耶德语词能否与前面所列的蒙古语词和突厥语词联系起来，也是不明朗的。不过后者仅仅出现在一个已知的萨莫耶德语与突厥语发生接触的地区的这个事实，是有利于这一假设的。既然如此，我想，提请对Lehtisalo评论的注意是有益的。

3 Uno Harva, *Die religiösen Vorstellungen der altaischen Völker*（Helsinki. 1938），p. 441.

4 Published by Michael Bihl and A. C. Moule, "Tria nova documenta de missionibus Fr. Min. Tartariae Aquilonaris annorum 1314–1322," *Archivum Franciscanum Historicum* XVII（1924），pp. 55–71. 信的内容在pp. 55–70。

皮习俗的。他写这封信不仅是为自己，而且是代表那些在他所谓的“鞑靼帝国的极北之地”云游的修士们。Iohanca 和一个叫威廉（William）的英国修士用了六年时间，在今俄罗斯中部的巴什基尔人中宣讲福音。其间他们遇到了从位于北海（the Northern Sea）的 Sibur（即西伯利亚）来的使节。据 Iohanca 的说法，那是一个土地肥沃、食物丰富的地方，但是冬季酷寒，雪深得除狗之外的动物都无法行走。他们的四只狗可以拉一辆车（可想而知是雪橇），上面站一个人。这个民族把死人的头皮连头发取下来奉为神灵，同时他们还在家里保存死人的面皮并奉为家神。Iohanca 修士的兴趣过于专注于他得到的另一个不同的指令，而不是搜集有关西伯利亚诸民族风俗习惯的资料。然而他的证词的真实性还是不可怀疑的，而且已经被前述得自沃古尔和奥斯提亚人口头传说的材料所证实了。

这样，我们找到了证据证明在差不多两千年——从希罗多德到公元 14 世纪——的时间内，在一个从阿尔泰到黑海再到北极圈的广阔地域上，所存在的剥头皮习俗。我有理由肯定其他相关资料还可以找到。

在 1984 年的第 27 届国际阿尔泰学会议上，以及两年前在布达佩斯的第 33 届会议上，我谈到能够在广大地域内找到其痕迹的两个古老的内亚习俗——保存交叉腿骨以确保复活，和在切开成两半的狗上立誓[1]。现在我们可以加上第三个了：剥头皮。

附　言

在台北会议上宣读论文以后，当我正在准备书面定稿时，我的注意力被吸引到江上波夫的一篇文章『北方ユーラシアにおける頭

1　Cf. “Taking an Oath over a Dog in Two,” in *Altaic Religious Beliefs and Practices. Proceedings of the 33rd Meeting of the Permanent International Altaistic Conference, Budapest, June 24–29, 1990*. Edited by Géza Bethlenfalvy et al.（Budapest，1992），pp. 301–308.

皮剝奪の風習』上。[1]江上的文章不仅研究剥头皮，也研究以被战败的敌人的头骨做饮器的习俗。对于剥头皮，江上举证的资料包括了希罗多德、巴泽雷克的发现和鄂毕－乌戈尔人的习俗。对于后者，他引据的是 Czaplicka 的第二手材料。虽然在某种程度上我们两人说的是同一个问题，不过我想，我所涉及的奥斯提亚文献和 Iohanca 的早期证词，应当足以使我发表这篇论文了。

1 『東洋文化研究所紀要』28 号、1962 年、1~9 頁。英文摘要在第 1~2 页。

中央欧亚游牧帝国的历史与历史学*

陈　昊　译
罗　新　校

在这篇短文中我想要做出一些评论，首先我想谈及这个地区的历史编纂学所面临的问题，其次是关于其历史自身的特性，再次，特别是关于横贯大陆的迁徙问题[1]。

想要写中央欧亚中古历史的人，面对的第一个明显的问题，就是出自中央欧亚本土的文献材料的严重稀缺。在蒙古鄂尔浑河附近发现8世纪的古突厥文碑铭和13世纪前半叶蒙古文《蒙古秘史》之间，四百多年间没有足够数量的本土历史材料。内亚历史的重构几乎完全是以外国文献为基础的，而

* 本文是作者在其2004年5月12日讲演稿的基础上稍加修改而成。

1 事实上我的整个学术生涯都是以这个讲座题目里所提到的主题为中心的，现在其中一些已作为文章发表。因此如果我在后文中有逐字重复我已经写过而且发表在其他地方的内容，我希望大家能理解和原谅。

这些外国绝大多数对这个地区怀有敌意。为了充分利用这些基本史料，历史学家必须掌握好几种语言的中古形式。举一个明显的例子，阿兰人历史的基本史料就涉及十五种语言（Alemany，2000）！

说到现代工具语言的流利阅读，20世纪后半叶的年青一代学者，对法语和德语的掌握在衰落，而会现代汉语和日语的却在大量增加。虽然对前一个趋向要表示遗憾，但后一个趋向是必要和值得欢迎的。因为很多题目，如果不熟悉中国或日本同行的著作，是无法研究的。在我年轻的时候，情况还不是这样。

由于文献不足征，学者常常进行一种可悲的努力，企图从曲解语源的干石头里，找到真理的源泉。无数的学者在无数的文章中（我自己亦在所难免），试图通过族名、权贵的称号或者仅仅是一些中国、希腊和伊朗文本中嵌入的零落词语的语源追索，得出某个人群所讲的是什么语言的结论。有时我们甚至都没有一个零落的词来告诉我们某个人群所讲的是什么语言，我们就给他们分配了一种。情况是这样，比如柔然，包括很有学问的Peter Golden（1992，pp.76–79）在他的《突厥诸民族历史导论》（*An Introduction to the History of the Turkic Peoples*）中也提到了，尽管他将其归为东胡，而他相信东胡是说蒙古语的。事实是柔然语言并没有一个单词还存在（除了这个名称本身），而这个名字并不能与任何已知的语言相对应。所以这样的推测有什么意思呢？柔然的案例是仅根据某个人群在时间和空间上的定位的孤证来将其与某个语言集团（linguistic group）联系起来的典型例子。在我讲演后发表的一篇精彩的文章中，Alexander Vovin（2004，p.128）认为柔然的语言与任何周边的其他语言都没有联系。可能是这样的。不过，为什么他断定一些古突厥语的词，主要是称号，来自柔然语言？为什么这些词借自柔然的概率“非常高”，而不是借自其他语言？

但就族名研究本身而言，既不能肯定也不能否定种族或语言的定位。莎士比亚的问题“姓算得什么”应该被更频繁地提出。

让我说明为什么。比如，在拜占庭史料中匈人有九个名称，而匈牙利人（Hungarians）有十九个名称，[1]匈人的名称适用于很多人群。阿瓦尔人、突厥人、匈牙利人、库蛮人，十姓乌古斯（Onogurs，他们的名称在匈牙利人中保存下来），甚至塞尔柱人和奥托曼人（Ottomans）都被称为匈人。钦察突厥人在俄文材料里被称作Polovisti，在拉丁文材料里被称作Cumani，匈牙利的阿兰人被称作Jasz。

在上古的人群中，即被称作斯基泰–萨马提安时代（Scytho-Sarmatian）的时代，也是同样的情况。Schiltz（2002，p.874）这样说："这正是我们现在研究中的主要问题之一，这些文本中接受洗礼的草原民族的名字，在语意上并不连贯，而且毫无疑问也不是在所有情况下都与其民族构成相一致。"

即使在欧洲历史中，不恰当地完全依靠民族名称，也会引起混淆。德国人最常用的自称是Deutsch，但俄国人叫他们Nements，法国人叫他们Allemands，而且如果我提到法国人，他们却是使用日耳曼名字的凯尔特人（Celtic），讲的语言又是一种罗曼语（Romance）。匈牙利人叫他们自己Magyar，他们被认为是突厥人，但他们讲一种芬–乌戈尔语言，而他们的官名（administrative terms）事实上都是斯拉夫语（Slavic）里的词。

接下来讨论官称（administrative terminology）。要试图通过一些官称来确定使用它的人群所讲的语言，也是靠不住的。5世纪内亚柔然的统治者的称号是可汗，即突厥–蒙古语中的kaghan，但并不意味着柔然人不是突厥人就是蒙古人。9世纪罗斯（Rus）的人民的统治者，是维京人（Vikings）中的斯拉夫人，同样也使用可汗称号。匈牙利人不是斯拉夫人，但是他们的统治者使用一个斯拉夫语的称号Kiraly，这个词可以追溯到查理大帝（Charlemagne）的

1 在Róna-Tas（1999，pp. 271–313）中可以了解其概况。

个人称号。仅仅因为德国的统治者使用来自罗马的恺撒（Caesar）的 Kaiser 称号，并不能断定他们讲拉丁语或者他们与统治者称为 Gesser khan 的蒙古人有关系。英国使用的职官术语几乎全是法语（treasurer，governor，councilor 等），而匈牙利使用的职官术语几乎全是斯拉夫语（kiraly，nador 等）。美国的国家箴言是 E pluribus unum，但你并不能由此得出结论其官方语言是拉丁语。

个人的名字也不是可靠的证据。我们可以肯定突厥人（突厥汗国的统治阶级）讲突厥语，因为有碑铭可以证明。但是他们很多有名的领导者拥有非突厥语的名字（见 Sinor，1985，pp.149–151）。

因为内亚语言的碎化，将某种语言加诸某个民族的努力注定导致不可靠的推测结果。虽然突厥语是现代使用最广泛的语言，但并不意味着在上古和中古早期也是这样。我们既不知道哪里使用蒙古语和通古斯语，也不是非常清楚伊朗语传播到了哪里。我们都知道存在被称为“古亚细亚语”（Palaeoasiatic）的语言，其中一些仍然在使用，但是很可能这些仍在使用的语言只是消失得无迹可寻的众多语言的一小部分。我做过一个不是很全面的调查，揭示了在大致相当于公元第一个千年的时期内，中文文献里对内亚民族的描述有 59 处。59 处之中仅有 18 处提到了他们各自的语言。其中仅有三种能被考证，另外三种我们可以做出有根据的猜测。我们知道 56 个民族的名字，却不知道他们讲什么语言。

让我从语言学转到考古学。由于中央欧亚文明的特性，其考古发现的数量与旧世界的几乎每个地方相比都显得不重要。一个只建立了几个城市的文明的遗存是很容易被毁坏的。比方说，整个欧亚草原出土的考古材料还不如意大利多。由于地广人稀，现在的考古发现仍然很少。很少的墓葬遗址被保存下来，而建筑则更少，只在极少的情况下，在冻结和很干的沙土里保存了有机材料、衣物乃至人体遗存。但很清楚的是，考古学是被寄望会有最重要发现的学科。我们高兴地注意到，过去几年的政治变化大大推进了这个领域的国际合作。

不幸的是，考古学的结果很少能够直接转变为历史学的命题。在内亚，将基于文献材料的历史学结论与考古发现相对应，是相当危险的。在没有其他证据的情况下，凭什么将一个墓葬归为某个人群而不是另一个人群呢？每当读到说某一个墓葬属于突厥语或蒙古语民族时，我忍不住要开玩笑问一个问题：是不是出土的这些罐子、弓箭或者头盖骨都以一句突厥语或蒙古语向发掘者打了招呼，以便让他们轻松辨认其民族属性？在二手文献里，会反复读到前基督时代的突厥人和蒙古人，虽然前者直到 6 世纪才出现，后者直到 9 世纪才出现。实际上更明智的做法是在 13 世纪前都不要提到他们。人们困惑是因为总是缺乏批判精神。因为我们在匈牙利，所以对以考古学 / 人类学来辨认民族语言所面对的困难，我给出一个匈牙利的例子。在匈牙利西部的外多瑙河地区（Dunántúl），在超过一个世纪的时间里，很多学者发掘和研究了数百个 10 世纪以后的墓葬遗址。到现在为止，学者在被埋葬的人口的种族上还没有一致的意见，更不要说搞清楚其语言了（见 Mesterházy，2000）。然而这里有一个毫无理由的辨认的例子，中国新疆的欧罗巴人遗存常常被归为吐火罗人，可是吐火罗人公元 1000 年之后才出现在这个地区。[1] 有一个不容挑战的、铁的事实：被发掘出来的人体遗存所属的那个民族，其语言属性并不决定于其人类学特征。美国非裔的语言是英语。

* * *

现在让我们转到这个报告的第二部分：中央欧亚作为历史整体

1 我在这里提到了中国新疆发现的所谓“干尸”。Mair（1998）提供了很多例子。我想要提醒注意 Henri-Paul Francfort 在 *Bulletin de l'École Française d'Extrême-Oreint* 上发表了很好的质疑性的书评［*Bulletin de l'École Française d'Extrême-Oreint* 86（1999），pp.449–458］。

的特性。中央欧亚研究所面对的困难有其独特性。由于我们处理的这一地区在这个时期的居民几乎都是不识字的，所以通用语言强大的凝聚力量，以及共同文字所能带来的更强的联系，在此是无从发挥的。所谓的突厥鲁尼文字母仅限于古突厥语，虽然粟特字母的变体一直保存到今天的蒙古文字母中，但其使用一直是非常有限的。汉字和梵文字母从未获得广泛的接受，而在他们的影响消失后，阿拉伯字母带来了伊斯兰文明，并将重要的一部分内亚地区和人整合入伊斯兰世界。

中央欧亚首要的共同特征和最典型的特征，是其支配性的经济结构建立在草原游牧之上。我首先声明的是，在本文的题目里所用的“游牧帝国”，严格来说是误用。“帝国”并不“游牧”，游牧的只是它的居民。因此，更为准确的说法应该是“游牧民族的帝国”。应该记住的是并不是所有的游牧者（nomads）都是牧民（pastoralists）——还有狩猎－采集者或者猎人，而针叶林地带的人也是游牧民——也并非所有的牧民都是游牧民。美国大草原的畜牧民就是定居居民。现在，我们感兴趣的历史语境中的游牧民，是骑马的游牧民和他们基于中央欧亚大草原的力量。

草原游牧是一种开发不适合有效耕作的土地的复杂系统。在早期青铜时代（公元前1000年的开头），欧亚草原带的广大地区最终建立了游牧方式，牧养的牲畜包括牛、绵羊、山羊、骆驼和马。有鞍的马的广泛使用，作为当时最快的运输方式，加强了人们之间的联系，导致新的军事技术的发展，这一点我将在后面讲到。[1]从初级的农业经济和/或狩猎经济转化为草原游牧，对卷入其中的民族来说是有长远影响的飞跃，对草原周边地区的历史也是一个重要的因素。

在草原上，对马的内部需求的弹性是有限的，区域内市场很

1　Askarov et al.（1992，p. 163）有一些不错的评价。

容易达到饱和。马群数量无限制的增长并没有直接的利益，除非剩余的马匹被用于军事目的，或用来交换中央欧亚草原经济系统不生产的产品。因此马的交换价值是非常大的，因为从买方的角度来看，在人类的一种基本活动——战争——中，不存在马的同等替代物。

简单来说，通过聚合为大集团、有致力于征服的合格领袖，以及骑兵部队，骑马的游牧民就构成了一种军事力量，而这种军事力量——在热武器发明前——相对于定居人民同样规模的军队来说，具有相当大的优势。[1] 按那个时代的标准，他们一直在集体狩猎活动中训练的军队具有最高的机动性，调遣起来远远超过他们移动缓慢的对手。当他们接受了向前射箭，以及在马鞍上转身向追来的敌人射箭的技术，他们可以打破敌军的编队。就像欧洲人利用火药所提供的军事优势来扩张他们的势力那样，草原骑马的游牧民更倾向于进行征服，以弥补在较差的自然环境下不太好的生活。用 Rhoads Murphey（1961，p. 505）的话来说："有充分的理由可以说明，草原与农耕地区、游牧民与定居农民之间的敌对，是（文明间）最古老的冲突之一。"亚洲大陆中心地区的自然地理条件阻碍了定居文明的创造，居住在那里的人不幸沦为"穷人"，由此产生了他们同定居的"富人"之间的永恒张力，并促使他们总是想到"富人"那里分一杯羹。草原人民与他们的定居邻居的互动是由前者的贪婪决定的。[2]

然而，正如现代坦克部队的活动范围是由可供应的燃料决定的那样，游牧骑兵则依靠其军事策略的关键因素，即能够获得和使用的牧场，要保证所有的战士每人都有好几匹马。[3] 就像没有海

1 Golden（2002，pp.148–152）对草原战士的"战争装备"有一个不错的概述。

2 关于这个主题更为详尽的论述见 Sinor（1978）。

3 在 1972 年的文章里我处理了中央欧亚战争中牧场的关键角色（Sinor，1972），狄宇宙（Di Cosmo，2002a）赞成我的想法并将其放在更广的语境中。

洋就无法维持海上的权力一样，游牧势力不能没有好的牧场。按照哈扎诺夫（Khazanov，1984，p. 70）的话说："草原游牧的生态基础没有给发展复杂经济提供多少机会。"现在让我们想象（这不需要多少想象力）一种只能制造武器的经济。明显的，他会利用他唯一的手段来谋取其边界外的经济所提供的货物和利益。除非用于征服，"草原游牧注定会遭受停滞的厄运，因为它的经济是粗放式的，而且无法持久地解决增加生产对平衡的伤害的问题"（Khazanov，1984，p. 71）。许多世纪以来，草原的载畜量始终没有改变，已经有人讨论过，今天蒙古地区的人均牲畜数量并没有很大的变化。现代蒙古人口的增长主要是在城市里。还有，至少在我们关注的时期内，游牧社会里没有值得注意的技术革新可以导致其行为模式的变化。

为了保持自足的状态，游牧民必须保持分散。如果是出于经济和政治的原因——比如对不是他们自已生产的产品的欲望，或者领袖有政治野心——游牧民开始建立一个强大的集权国家，那么，牧场就不再能够支撑过度密集增长的畜群了。新的草原国家要么必须出口多余的牲畜，将牧群减少到一个与其所占有的牧场相称的数量，要么需要利用多余的马匹所创造的战争能力。大规模行动需要马匹的集中，这在和平时期是难以维持的。如果贸易的可能性被局限，或者战争中的成功迷惑了领导者，草原国家或者需要解散来保证个体的生存，或者——用一个现代的术语来开玩笑——推翻无能的政府并树立（事实上是承认）新的领袖。这意味着在另一个部落的领导之下建立的新的国家，而这个部落可能与它代替的原领导部落有同样的民族和语言背景（但也可能不是）。

这些武装冲突有一些本质上的特点，在很长的时间里始终保持不变。外来侵略者——无论是骑马的还是坐船的（如维京人使用的）——所进行的攻击的特点之一，是他们无法在他们攻击的土地上建立一个长久的政权。很多定居国家的现代敌人——所谓的"恐怖分子”，虽然他们难以捉摸、机动性强、非常危险，但他们却不能征服，更不要说占领他们所攻击的国家。正如现代的恐怖分子情况一样，虽然游牧民族能带来极大的侵扰，但是如果不改变其政治体的性质，他们就无法建立或维持对定居居民的控制。因为环境的限制，草原游牧民族可以征服新的土地，但如果他们不放弃他们原先的身份，就无法长期控制这些土地。用 Schiltz（2002，p. 876）很贴切的话来说：“有一点怎么重复都不算多，即游牧概念本身就是一种矛盾。”在中央欧亚的历史上，没有《威斯特伐利亚条约》（Treaty of Westphalia）那样的东西来帮助塑造地理和法权定义的国家观念。

优良牧场的载畜量，大约是 10 英亩可以供养一头牲畜一个月，换个说法，一匹马一年需要 120 英亩的草场来支持。欧亚大草原最西边的牧场，即我们现在看到的匈牙利大平原 Alföld，能供养略多于 20 万头的牲畜，相较而言蒙古的牧场可以供养 250 万头牲畜。按照每个养马人只有三匹马计算，如果草原上除了马没有其他动物的话，匈牙利的牧场可以为少于 7 万名战士提供坐骑。这只是匈奴、突厥、回鹘（你这样叫它的话）汗国在蒙古牧场上可以聚集的十分之一。这就是为什么在中央欧亚的西部边界，游牧战士像匈人、阿瓦尔人、匈牙利人和蒙古人不能移动到赛格德（Szeged）以西，我们曾在那个城市举行令人愉快的会议。

草原游牧民族进行战争的必要条件是草和水。它们的有与无，会决定军队的规模及其活动范围。1242 年的 3 月，蒙古人追击逃跑的匈牙利王贝拉四世到了达尔马提亚的 Split 城。蒙古军首领合丹到达时只剩下他军队的一小部分，Thomas of Spalato 清楚地说明了其原因：“没有足够的草（场）给他全部的骑兵。”（Sinor，1972，p. 178）

喀尔巴阡盆地的草场无法长久支持蒙古军队，而且正是对这个基本事实的认识，促使拔都从喀尔巴阡山以东撤到有草地带至少五次。

* * *

现在让我转到我思考的第三个（最后一个）主题，即近乎横贯大陆的长距离迁移。依我的看法，这一点需要被彻底修正。[1]一个扭曲了我们对中央欧亚历史面貌的基本概念、一个普遍的错误，是将这个地区的人口看成几乎都在迁徙的状态。在西方历史学家的脑海里那些骑马游牧民快速移动的图景——以蒙古人、匈人和匈牙利人为例——必须归功于迁徙概念的创造，按照这个概念，骑马战士从中国很快就迁徙到了欧洲。穿越内亚，从中国到欧洲的大迁徙的错误观念，可以追溯到非常渊博的德经的里程碑式的著作《匈人、突厥人、蒙古人和其他东方鞑靼人的通史：耶稣基督诞生前后直到现在》（*Histoire générale des Huns, des Turcs, des Mogols et des autres Tartares occidentaux…avant et depuis Jésus Christ jusqu'à présent*）（1756—1758），这部著作将中央欧亚地区带入学术世界的认知。

让我引用一个典型的论述。"有时候，"杰出的历史学家Vernadsky（1950，p. 78）关于欧亚游牧民写道，"这些部落中的一个试图扩张并攻击它的邻居。结果会是一种连锁反应，每个部落挤压其相邻的部落，导致他们全都开始移动。这是草原地区千百年来政治动力的本质。"Claude Cahen（1984，p. 7）提到草原"民族大迁徙"导致了安纳托利亚的突厥化，这个明显的错误观点被Vryonis所纠正，Vryonis说："安纳托利亚的土耳其征服本质上是更为渐进的……持续了好几个世纪。"从希腊世界到突厥世界的变化并不是由游牧部落民的军事成功引起的，没有希腊人被驱逐到地中海里去；它决定于人口统计学的规则：吸收或被吸收。

据我所知，只有László Vajda在1974年发表的德文文章中，对

1　我更为细致地处理了这个问题，但是讨论并没有完结（1997b，pp. 174-177）。

与长距离快速迁移相关的错误假设进行了摧毁式的批评。让我只引用一句："看样子，在处理匈奴、哥特、汪达尔、阿瓦尔、匈牙利、突厥等民族的历史时，没有研究能够做到不去借助涵盖范围广、数量多的民族大迁移这一假设。"

人可以流浪，但民族却很少这样做，即使那样也有留下不动的。正如我在其他地方说明的，一些契丹人从中国北方迁走与紧接着的西辽（Karakitay）的建立，并不会启动一个链式反应，如果这些小股的契丹人向北迁到鄂毕河或者向西迁到多瑙河，这些转移并不会有什么历史性的后果。一次有很好记录的迁徙，是月氏人在公元前 2 世纪从甘肃移到巴克特利亚（Bactria），在这个过程中改变了他们的名字。这是印欧人从东向西的迁移！

在阅读卷帙浩繁的、有关想象中穿越中央欧亚的大迁徙的研究文献时，让我惊讶的是，他们倾向于假定一个自东向西的方向。[1] 有人一定会惊讶蒙古怎么会还有人呢（更不要提中国东北了）。而且，我还要请教，乍一看，东亚的所有民族又是怎么到达东亚的？

我不否认历史上中央欧亚发生过迁徙。我反对的是对穿越草原带链式反应迁徙的、近乎自动的假定。让我把经常重复的、将匈人与匈奴人勘同的例子，当作一个经典例证来引用。欧洲蒙古人种的匈人肯定是从更远的东方来到欧洲，在那里有这类民族的考古遗存发现，但是没有有效的理由将他们与任何中文史料里提到的特定的民族相联系；而从德经以来，经常地将其与匈奴相联系，这两个名字的相似性给他留下了深刻印象。[2] 事实是我们不太知道匈奴的外貌，惯例是将诺颜乌拉（Noin-ula）考古遗址的居民贴上匈奴人的标签，但是这里能找到的唯一形象是白种人的。这里也有蒙古人的

1 Golden（2002，p. 108）也注意到了："欧亚游牧民的移动几乎都是自东向西的。"

2 甚至近来，很好的学者 Grenet-Sims-Williams（1987，p. 110）也很偶然地再次将两个名字 Hsiung-nu=Hun 视为同一。尽管如此，没有理由用两个汉字来翻译一个单音节的名字。

头骨而且“发质”也是蒙古人种的。但是在公元 350 年，后赵的最后一个统治者，不相信他的匈奴臣民，命令屠杀 20 万匈奴人。《晋书》卷 107 记载：“闵躬率赵人诛诸胡羯，无贵贱，男女少长皆斩之，死者二十余万，尸诸城外，悉为野犬豺狼所食。屯据四方者，所在承闵书诛之，于时高鼻多须至有滥死者半。”[1] 因此仅在蒙古人种的匈人出现在欧洲的二十年前，在中国才提到出现了白种的匈奴人！虽然这两个民族按惯例一直被视为同一个。更为纷扰的是所谓粟特人古信札中显然是指匈奴的名字 xwn 的出现，粟特文古信札现在应该定在公元 311 年。[2] 这个名称也出现在印度河上游（Upper Indus）的一些 Thor-Shatial 粟特文铭文中，这些铭文晚至公元 5 世纪或 6 世纪（Humbach，1985）。总之，正如我在这篇文章前面所表明的那样，在民族名称使用中的变动性，让人怀疑完全基于民族名称的比定。轻率和没有依据的比定的幻象，也许是最大的危险。将匈人与匈奴人的历史勘同，是这种草率和似乎不可根除的结论的一个主要例子。在我看来，另外一个毫无依据的勘同，是将柔然和阿瓦尔的勘同。一篇又一篇文章，一本又一本书，都在重复着这个没有证据支持的说法。

如果专有名词很难说明迁徙，那人工制品更是什么也说明不了。首先他们并没有带着“在哪里制造”的标签。其次，它们独自移动，通过贸易或通过巡回手艺人的技术传播。在我的厨房有一个很好的“中国制造”的茶壶和一个破旧的“德国制造”的咖啡壶。我是否应该写一篇文章建立布卢明顿移民的年代学，讨论这里早先的德国人定居点被一波中国征服者毁灭了？贸易，包括长距离贸易，属于人类最古老的活动。在史前和当代有惊人的相似性，在哈尔施塔特（Hallstatt）和中国新疆发现的织物有惊人的相似，虽然这

1 参看 Sinor（1996，p.452），根据 Ligeti（1970，p.271）。

2 我采取 Grenet-Sims-Williams（1987）的定年。

种手工技术的迁移还是不能解释的例子（Barber 1998）。

另一个促使草原游牧民迁徙的僵硬图景产生的因素，可能是前面提到的他们军队的快速移动。但是迁徙不是对邻近地区的快速袭击。它们是缓慢地前进，可能是靠走路、骆驼或牛拉着的笨重的车，车上载着妇女和儿童。中央欧亚人们的迁徙不是彼此飞撞的弹子球，也不是几十年前被美国外交政策制造者提出的所谓的“多米诺理论”，喀尔巴阡盆地连续涌入了匈人、阿瓦尔人、匈牙利人、库蛮人，他们中没有一个激起了连锁的反应。西哥特人（Visigoths，或者至少他们的大部分）被匈人攻击而逃走，但是他们的西移没有将罗马帝国的人们推入大西洋。伦巴第人（Lombards）从 4 世纪开始向南迁移，他们花了近两个世纪才到达以他们的名字命名的地方——伦巴第。最近 Kenneth J. Hsu（1998）列出了一些并没有引起被征服民族大规模逃散的侵略的生动的例子。统治阶级被征服者改变，但人民却与以前一样。他也展示了历史共同性的空虚，匈人的向西移动主要是 4~6 世纪日耳曼民族的大迁徙造成的。

我发现很难相信，分布区域从卡马河到黄河，从地中海地区到塔里木盆地的突厥人，全都是 6 世纪中叶恰好出现在蒙古高原的突厥人的后裔。突厥人的离散必然是一个很长的过程，没办法说它从什么时候、什么地点开始。[1]

中央欧亚的历史编纂学承担着额外的重任——在文章和书里重复的没有证据支持的陈词滥调、偏见和没有理由的论断，都是需要改变的。但让我用一个乐观的按语来结束。我看到了我们学科进入新时代的希望的信号。首先我会提到近来更容易获得进入考古遗址的许可，可以直接进入中央欧亚，加强与当地学者的合作。其次，我要充分强调汉学的辉煌进展所带来的益处。中文史料迄今只有冰山一角被研究利用了，但即便如此，过去二三十年见证了诸多研究

1 我在（1997b）里处理过这个问题。

著作的出版，这些作品的水准比得上我们对那些研究西欧历史的著作的期待。允许我希望同样出席我们这次会议的年轻学者们，能够在更好的条件下工作，并创造出比我这一代更多的实质性的成果；而我，是我那一代的学人中还活着的少数几个人之一。

参考文献

Alemany, A. (2000) : *Sources on the Alans. A Critical Compilation*, Leiden, Brill.

Askarov, A., Volkov, V. and Ser-Odjiv, N. (1992) :"Pastoral and Nomadic Tribes at the Beginning of the First Millennium B.C". In: Dani, A. H. – Masson, V. M. (eds) : *History of Civilizations of Central Asia*. Paris, Unesco, pp.459–472.

Barber, E. J. W. (1998) :"Bronze Age Cloth and Clothing of the Tarim Basin: The Kroran (Loulan) and Qumul (Hami) Evidence". In: Mair (ed.) (1998) , Ⅱ , pp.647–668.

Cahen, C. (1948) : "La première pénétration turque en Asie Mineure". *Byzantion* 18, pp.5–67.

Di Cosmo, N. (ed.)(2002a) : *Warfare in Inner Asian History (500–1800)*. Leiden, Brill.

Di Cosmo, N. (2002b) :"Inner Asian Ways of Warfare in Historical Perspective". In: Di Cosmo (ed.)(2002a) , pp.1–29.

Golden, P. B. (1992) : *An Introduction to the History of the Turkic Peoples*. Wiesbaden, Harrassowitz.

Golden, P. B. (2002) : "War and Warfare in the Pre-Cinggisid Western Steppes of Eurasia". In: Di Cosmo (ed.)(2002a) , pp.105–172.

Grenet, F. (1989) :" Les Huns dans les documents sogdiens du Mont Mug". *Studia Irania* 7, pp.165–184.

Grenet, F. and Sims-Williams, N. (1987) : "The Historical Context of the Sogdian Ancient Letters". *Studia Iranica* 5, pp.101–119.

Hsü, K. J. (1998) : "Did the Xinjiang Indo-Europeans Leave Their Home Because of Global Cooling?" In: Mair (ed.)(1998) , Ⅱ , pp.683−696.

Humbach, H. (1985) : "The Sogdien Inscriptions of Thor-Shatial". *Journal of Central Asia*, Islamabad Ⅷ , pp.51−57.

Khazanov, A. M. (1984) : *Nomads and the Outside World*. Cambridge University Press.

Ligeti, L. (1970) : "Le tabgatch, un dialecte de la langue sien-pi"; In: Ligeti, L. (ed.) : *Mongolian Studies*. Budapest, Akadémiai Kiadó, pp.265−308.

Mair, V. H. (ed.)(1998) : *The Bronze Age and Early Iron Age Peoples* of Eastern Central Asia, Ⅰ−Ⅱ . Philadelphia, The University of Pennsylvania Publications.

Mesterházy, K. (2002) : "Dunántúl a 10. században (Transdanubia in 10th century) ". Századok 136/2, pp.327−340.

Murphey, R. (1961) : *An Introduction to Geography*. Chicago.

Róna−Tas, A. (1999) : *Hungarians and Europe in the Early Middle Ages*. Budapest, Central European University Press.

Schiltz, V. (2002) : "Les Sarmates entre Rome et la Chine. Nouvelles perspectives". *Comptes rendus. Académie des Inscriptons et Belles Lettres*, fasc. 3, pp.845−887.

Sinor, D. (1972) : "Horse and Pasture in Inner Asian History". *Oriens Extremus* 19, pp.171−181. (Reprint in Sinor, 1977a)

Sinor, D. (1977a) : *Inner Asia and its Contact with Medieval Europe*. London, Variorum.

Sinor, D. (1977b) : "The Xiong-nu Empire". In: Herman, J. −Zürcher, E. (eds) : *History of Humanity: Scientific and Culture Development*. Vol. 3, Paris, UNESCO, pp.452−453.

Sinor, D. (1981) : "The Inner Asian Warriors". *Journal of the American Oriental Society* 101, pp.133−144. (Reprinted in Sinor, 1997a)

Sinor, D. (1985) : "Some Components of the Civilization of the Türks (6th to 8th century A. D.) ". In: Jarring, G.–Rosén, S. (eds) : *Altaistic Studies. Papers Presented at the 25th Meeting of the Permannet International Altaistic Conference at Uppsala. June 7−11,* 1982. Stockholm, pp.145−159.

Sinor, D. (1996) : "The Xiongnu Empire". In: Herman, J.–Zürcher, E. (eds) : *History of Humanity,* Ⅲ . Paris, UNESCO, pp.153−154.

Sinor, D.（1997a）: *Studies in Medieval Inner Asia*. London, Variorum.

Sinor, D.（1997b）: "Early Turks in Western Eurasia"（Accompanied by Some Thoughts on Migrations）. In: Kellner-Heinkele, B.-Zieme, P.（eds）: *Studia Ottomanica. Festgabe für György Hazai zum 65. Geburtstag*. Wiesbaden, Harrassowitz, pp.165-179.

Vajda, L.（1973/74）: "Zur Frage der Völkerwanderungen". *Paideuma* 19-20, pp.5-63. A Hungarian translation appeared more recently: A népvándorlások kérdéséhez [On migrations]. *Századok* 129（1995）, pp.107-143.

Vernadsky, G.（1950）: "The Eurasian Nomads and their Art in the History of Civilization". *Saeculum* Vol. 1, pp.74-86.

Vovin, A.（2004）: "Some Thoughts on the Origins of the Old Turkic 12-year Cycle". *Central Asiatic Journal* 48, pp.118-132.

Vryonis, S.（1971）: *The Decline of Medieval Hellenism in Asia Minor and the Process of Islamization from the Eleventh through the Fifteenth Century*. University of California Press.

（感谢荣新江教授对初稿的指正，感谢毕波、赵锐、孙莹莹对翻译稿特别是法文和德文部分提出的意见。——译者附言）

怀念伯希和（1878~1945）*

罗 新 译

最近我拜访了两位汉学家的书房，这两位学者一位三十多岁，一位四十多岁。这两位的书房里都有伯希和的照片，而伯希和早在半个多世纪以前就去世了（那时他们尚未出生）。是的，伯希和的许多著述仍然被广泛阅读，他的非凡人格仍然唤起人们的兴趣，博得人们的尊敬。实际上仅就卷帙而言，他的遗著比他生前出版的还要多。

我有三个将以下的回忆写成文字的理由。首先，我是熟悉伯希和的学者中唯一还活着的。其次，所有以称颂为目的的有关伯希和文字从不提他

* 本文是对两篇文章的修订和扩充，这两篇文章分别在两个会议上宣读，这两个会一个是 1997 年 7 月 7 日在布达佩斯举行的第 35 届亚洲与北非研究国际会议，一个是 1998 年 4 月 6 日在新奥尔良举行的美国东方学会第 208 届会议。

的缺点。最后，以前的作者主要强调了他在敦煌文书方面的工作和他对汉学的贡献，这当然不错；但可以说，他们讲述的都是年轻的伯希和，很少人提到他的晚年和他对阿尔泰研究的贡献。我的注意力正是要集中到他生命中的这一时期，以及他在这一领域研究的贡献。在此我斗胆从一个与众不同的角度来呈现他。当然，这样的回忆带着过多涉及讲述者本人的危险；我不敢肯定我能够完全避免这一缺陷。

我与伯希和来往只有短短的六年时间，从 1939 年到 1945 年 10 月 26 日他去世。在几个不同的层面上，那是决定命运的岁月，对我们这些生活在德国占领下的法国的人来说尤其艰难。我第一次见到他是在 1939 年 8 月初，那时候我带着匈牙利教育部微薄的资助来到巴黎，表面上是为了准备我的博士考试，实际上是要见识伯希和并跟他学习。我在布达佩斯的两个老师，一个是李盖提，他曾与伯希和一起工作了三年；另一个是伟大的突厥学家 Gyula Németh，话别时他告诉我，我即将见到的伯希和是一个“拥有无限知识”的人。事实上我更早就接触伯希和了。我在 19 岁时寄给他一篇十分糟糕的文章以求发表，他从来没有回信说他收到了，然而出于不可思议的原因，他把它发表在《通报》上。后来我一直没有鼓起勇气去问他这样的事怎可能发生，因为我怕他会在我身上认识到我写出那可笑作品的原因。[1]

那时我 23 岁，到达巴黎之后不久，就穿上正式服装、戴着帽子和手套，去拜访伯希和。我受到的接待，说得好听点，是相当反高潮（anticlimax）的。他穿着睡衣打开他位于 Foch 路德纳里博物馆（Musée Dennery）顶层的公寓的门。他甚至没让我走到前厅，只说他 10 月会在法兰西学院开课，我可以去听。这不是一个热情的欢迎，和我 1937 年、1938 年在柏林分别受到海尼士和福兰阁的接待相比，反差尤其强烈。在时间的进程中，这个初始的印象不需要修

1　出于可以理解的理由，我就不提供有关这篇文章的具体资料了。

改。第一眼的和善与亲切绝不是伯希和的主要性格特征。

伯希和是一个独来独往的人和学者，他未曾创造一个学派，没有一个他自己的学术机构，身边也没有一群崇拜他并为他提供帮助的学生。如今即使是小学院的年轻教授们，也依赖研究助手的服务。和这种当代做法相反，伯希和甚至连个秘书都没有，至少在法国没有（或许当他在河内的时候，曾有几个中国人为他工作）。他自己的论著都是他自己手写的，字迹瘦小又不容易辨认。看起来他从来没有拥有过一台打字机。在他生命的最后几年，我是他在高等汉学研究所（Institut des Hautes Études Chinoises）阿尔泰研究方向的正式助手，但这不过是一个客气的称呼，可以说是为了充实我的履历表才给我的。他从没有要求我为他完成任何学术性的任务。我主要的职责，如果可以这样称呼的话，在于给他提供香烟，这在那些战争岁月是不易搞到的。他几乎是一个连环烟客。他去世前不久——那时他已经住院了——我去拜访他，非常焦虑不安的伯希和太太接待我，嚷嚷着要香烟。我身上没有，我指出不久前我带来的香烟是足够他抽好长一段时间的。“我知道，塞诺，”她回答，“可是真糟糕，我以为他要死了，我就自己把这些烟都抽完了。”

伯希和只有很少的几个在最严格和传统意义上的弟子。其中坚持从事研究的人，我知道的有李盖提、柯立甫、韩百诗、石泰安（Rolf Stein）、巴赞还有我自己。如果我偶然遗漏了一两个，我很抱歉，可是那的确是非常小的一个团体。无疑，韩百诗——他的角色差不多快到研究助手了——是跟他最亲近的，不过对此我后面还要多说一点。

在我们第一次草草见面之后不久（然而并不是因为这次见面），第二次世界大战爆发了，法兰西学院在其管理部门的一阵迟疑之后，决定还是开始秋季的课程。伯希和由于他的年龄，不能从军，而且他发现他也不能接受提供给他的战时职位。他不能容忍在一个等级序列里，他的位置不是在最顶端。这样，他继续教课，这对于我来说是极大的幸运。这些课程分为两类：一类是讲给人（humans）听的，即讲给广大的公众听，另一类是为他的学生开的。在他后一类的课程上，他根本不考虑我们的知识水平。我鲜明地记得那个场景，在一门课开始的时候，他宣布这门课是基于《唐书》的《黠戛斯传》的。为数不多的听课人（包括我自己）并不能读中文的事实，并不影响他的决定。我在第二次上课之前，便已自己学会了如何使用中文辞典，而且对这篇文字头几句的内容有了模糊的了解，伯希和对这几行有极好的注释，那的确是炫目的火花。如果万一有外人意外地闯进他的讲堂（法兰西学院的讲座向所有人开放，学院的箴言是 Docet omnia，即“无所不教”），他的专门就变本加厉起来。当这个冒失的家伙飞逃而去，伯希和带着点儿满意评论道：“咱们又都是自己人了（On est de nouveau entre nous）。”

他是一个迷人的演讲者，有着悦耳的声音，无论问题多么专门，他的陈述都是用美丽而清澈的法国方式进行，不夹杂任何 ahhs 或 ers 这类哼哼哈哈的声音。他用笔记，但没有准备好的讲义。他允许打断、提问，他也经常以这样的公式对我们提问，“某先生无疑会对我们说……（Monsieur X nous dira sans doute...）”。回答他的问题，要承担相当大的风险。做一个聪明的评论或提供一些伯希和所不知道的信息，仍然是不够的，还必须使用完美的法语。他对法语语法错误的耐心为零，他对语言错误的反应常常是直率甚至是无礼的。在这方面我很幸运，我在瑞士法语区的寄宿学校读过几年，所以总的来说我还能够正确地表达我自己。

谦逊绝不是伯希和的强项——这种特点他根本就没有。相应的，他不会容忍自相矛盾，也不喜欢那些在他看来侵入他领域的人。他完全没有兴趣培养年轻的汉学家。石泰安在极有实力的葛兰言那里找到了庇护所。戴何都身为贵族是独立自主的，他的举止和财富均给伯希和留下了印象。至于韩百诗，他勤勉地准备了元代中文文献的大量译稿，这成为伯希和自己在注释中展示其渊博学识的基础。至于不打算长期留在法国的我，结果是清楚的。虽然不可能对伯希和的任何观点提出挑战，但我在匈牙利得到的扎实的学术训练（我是不是该说类似新兵训练营的经历？），使我能时不时地引证主要是突厥语和芬－乌戈尔语领域的证据，相当令人诧异的是，伯希和对此并不熟悉却又很感兴趣。因而他对我是惊人的慷慨，以至于他为我写的推荐信中有一些错误。在写于1942年7月11日的一封推荐信里，他写我初到巴黎时“已经打下了突厥语的坚实基础（solidement préparé pour le turc）”；在另一封信（1942年10月1日）里，他甚至走得更远，沉溺于笼统的夸张了：“塞诺先生熟悉芬－乌戈尔系各语言，也同样了解各个时代、各种形式的突厥语（M. Sinor，familier des langues fino-ugriennes，connaît également bien le turc dans toutes ses formes et dans tous les temps.）。”应该注意到，这些远远超出了事实和必要性的赞扬，给我分配了汉学边界以外的一个位置。伯希和只支持那些兴趣停留在他的私人狩猎区以外的人。现在我对此的认识要比当年清楚得多了，而且我肯定他的这种态度，更多地出自本能而非故意。可以料想，一个年轻的汉学学生永远也不可能符合伯希和的标准，因而也不会引起“Maître”（大师）的兴趣。

伯希和特别不喜欢那种看来要侵入他的内亚研究领域的人。让我举几个例子。对他来说，斯文·赫定（Sven Hedin）纯粹是一个无知的旅行者，而且他从来没有对“胆敢”在他之前发现敦煌宝藏的斯坦因（Sir Aurel Stein）说一句好话。然而他愿意承认斯坦因委托沙畹整理那些斯坦因自己不能阅读的文书的贡献。他永远也不能原谅海尼士出版和翻译《蒙古秘史》，因为这一文献的许多段落在许多年里都出现在伯希和的文章里和课堂上。伯希和对这一重要文献的部分译文，[1]出版于他去世后，并且，让我们面对它吧，无论如

1　*Histoire secrète des Mongols: Restitution du texte mongol et traduction française des chapitres Ià* Ⅵ（Paris，Maisonneuve，1949）.

何它并不比海尼士的译本更好。不过应当记住，可能正是因为不满意自己的翻译，伯希和本人从来没有出版它。在福兰阁的全部作品中，伯希和所能“侦察”到的仅仅是在重建外国人名方面的错误，而不是他写作宏观的历史综论的优点。

他偏爱的学者（当然，都已故去）是裕尔、马迦特、劳费尔（Berthold Laufer）和薄乃德（Bretschneider）。他常常提到裕尔的健全的常识（robuste bon sens），他与裕尔一样偏好早期旅行家。裕尔的《东域纪程录丛》（*Cathay and the Way Thither*）对马可·波罗的研究，以及他的 *Hobson-Jobson*，总在伯希和的引据之列，而且即使有什么订正的话，也出之以尊敬和友善的口吻。至于令人难以容忍的马迦特，伯希和跟我们大家一样，对于他知识的宽广望而生畏。[1]

在德国的吐鲁番探险队的学者中，他偏爱的是勒柯克（Le Coq，也许是因为他的法国祖先）；他尊敬缪勒（F. W. K. Müller），而且他热衷于讲述格伦威德尔（Grünwedel）在圣彼得堡和一个高级妓女的风流韵事。正如前面已经提到的，他故意忽略福兰阁，除了他的错误。然而，在让艾伯华（Wolfram Eberhard）的开创性著作《中国边疆民族的文化与聚落》（*Kultur und Siedlung der Randvölker Chinas*）作为《通报》的增刊出版一事上，他也是足够客观的。的确，艾伯华当时自愿流放到土耳其，而且他的书和 *Hobson-Jobson* 一样，成为伯希和的信息富矿。在伯希和所厌恶的人的名单（bêtes noires）中，荷兰汉学家高延（J. J. M. de Groot）是居于首位的。至

1　让我引用伯希和在其《关于库蛮人》（*A Propos des Comans*）中关于马迦特的话（第 25 页）：“...au milieu d’hypothèses si aventurées que l’auteur les abandonne lui-même à mi-route，jaillissent les éclairs d’une véritable divination. Mais l’ordre des livres de M. Marquart n’existe que dans la tête encyclopédique de M. Marquart lui-même...” 冯承钧翻译了伯希和此文，题作《库蛮》（载《西域南海史地考证译丛二编》，商务印书馆，1962，第 1~45 页）。这一段法文的冯氏译文是：“他在一切语言中的调查非常广袤，假定时常太远，有些不能不在中途放弃，偶亦有时放射一种真正占卜的光明，可是马迦特著作中的秩序，仅在马迦特本人百科全书的脑袋里面存在。”——译者注

于匈牙利的东方学家，他几乎从不提及有强劲实力的李盖提——我怀疑他把李盖提看作他自己的克隆——但是他以很深的敬意谈起名声较小的 Nándor Fettich。简单而合理的原因是，Fettich 掌握伯希和以前不知道的、关于阿瓦尔人的考古资料。在同时代学者中，他总是满怀敬意和友爱之情地提到慕阿德（Rev. A. C. Moule），他们合作研究马可·波罗的文献；以及 Cardinal Eugène Tisserand。几年以后，我在剑桥受到前者、在梵蒂冈受到后者的热情接待。

面对德国占领者——现在我们是在 1940 年——伯希和是不妥协的，而我得极力小心不在我们的谈话中暴露出我相对的客观性来。当德国的伊斯兰学家和伊斯兰世界的蒙古史专家施普勒希望拜访他的时候（我从施普勒本人那里听到这个故事），伯希和让施普勒知道他很愿意见他，不过要“等我们赢了这场战争以后（quand nous aurons gagné la guerre）”，而伯希和从没有认为这场战争随着贝当签署停战协定而结束。我保存有一封信，原来是要用作某种证明的，他在信中写下了如下的话：“我本人从头就是抵抗的，塞诺先生总是同意我的观点（Je suis moi-même un résistant de la première heure，et les points de vue de M. Sinor ont toujours concordé avec les miens）。”我不知道伯希和是否做过反抗德国人的事情，但是他的确从不犹豫表达他对维希政府官员的轻蔑。有一个被经常谈论的事件，伯希和拒绝去握维希政府一位部长伸出的手。更值得注意的是，伯希和不愿向维希政府申请许可，这种许可对于占领时期亚洲学会（Société Asiatique）继续举行集会是必需的。这样我们所有的会议理论上都是非法的，而学会会员没有一个人背叛这个行动。伯希和曾被短期逮捕，不过我不知道是被维希警察还是被德国人。

再一次，他对我的看法是过度慷慨的。这里让我用一小段时间把重点从伯希和身上转到塞诺身上。对于 1940 年 6 月法国的战败，我既不吃惊也不伤感。那时候我是一个且自我感觉是一个匈牙利人，以至于 1940 年 6 月我成了巴黎的匈牙利研究所（Institut des Études Hongroises）副所长，所长本人不愿留在一个正在面临德军进攻的城市里。1940 年 8 月 30 日，作为维也纳第二次判决（the Second Verdict of Vienna）的结果，罗马尼亚把特兰西瓦尼亚（Transylvania）的一部分归还给匈牙利，这一地区是在 1920 年《特里亚农条约》（Treaty of Trianon）之后被分离掉的。我觉得我有责任让研究所举办一个招待会来庆祝这件事，但我面临着是否该邀请德国人，特别是巴黎的德国研究所所长的棘手问题。一方面，我所欢迎的那个判决是在德国人的压力下通过的；另一方面，一想到要让胜利者和被征服者在这个有尊颜的和庆祝性的场合面对，我又缩了回去。所以，招待会没有邀请德国人。我这个基于人情而非政治考虑的决定，被证明有持久的后果。50~60 个人参加了招待会（我举办的第一次），包括我的法国老师们——戴密微、格鲁塞、突厥学家 Jean Deny，当然还有伯希和。我那时只有 24 岁，对他们的出席既感动又感激。匈牙利总领事做了一个简短演讲，我做了一个简短演讲，我们唱了忧郁的匈牙利国歌，紧接着就用留声机播放激昂的《马赛曲》。效果是令人震惊的。在我，这是出于不言而喻的对东道国的礼貌，而对于在那里的法国人，成为公开维护自己国家主权的表现——演唱《马赛曲》受到法国的德国占领者的严厉禁止。格鲁塞热泪盈眶地拥抱了我，而一向非常严肃的伯希和长时间地握着我的手，他把一生都献给了学术，然而他自始至终是一个法国人。当时我并没有意识到，就是在那个下午，我跨过了我的卢比肯（Rubicon）小溪，[1] 进入了法国。

好看、优雅、有点军人作风的伯希和，是很受女性喜爱的，而他也欣赏女性魅力。他还看重优雅的同伴和美食——这是他与韩百诗亲密关系的关键。韩百诗是个慷慨的虽然并非无私的主人，我正

1　卢比肯河是意大利北部的一条小溪。“跨过卢比肯河”，典出公元前 49 年恺撒的历史性进军。古老的罗马法律禁止任何将军率领军队跨过卢比肯河进入意大利本土，而与元老院发生激烈冲突的恺撒挥师渡河，使罗马共和国的历史发生重大转折。——译者注

是在他位于利圭热（Ligugé）的乡下的家里，度过了一些幸福的时光。关于伯希和的家庭背景我没有信息，不过他可能来自一个普通的小布尔乔亚（petit-bourgeois）家庭，他的天赋把他推向了法国的最上层社会，在那里他轻松应对，怡然自得。我对此有所察觉，并且在 1940 年春天，战战兢兢地，鼓起勇气邀请伯希和吃晚饭。真的，宴会不是设在晦暗的学生宿舍，而是在中国大使馆，我能够进那里是通过中国大使的一位随员，她恰好就是我的女朋友。按说在使馆举行的任何仪式上，中国女士应当穿民族服装，可是我说服了我的朋友不理睬这条规矩。穿着高级女式时装（haute-couture）的她看起来光彩照人，而我必须把判断留给读者去决定这是不是纯粹的巧合：就在这次晚宴之后不久，即 5 月 10 日，在伯希和与格鲁塞的联合担保下，我被选为亚洲学会的成员。

我记得，让人钦佩的学者、哈佛的柯立甫，在他那令人悲伤的故去的几年以前，告诉我说，听伯希和授课的那些年里，他从没有与他有过任何私人谈话。李盖提的经历也是这样的，据我所知，他与伯希和之间从没有任何社交接触。他们都没有社交技巧，都不能察觉伯希和欣赏好的生活，他乐于参与各种即使是有生命危险的冒险。他在义和团运动时期的作为使他声名远扬，而且他热情地支持我参加自由法国军队（Free French Forces）。他对我投机经营皮大衣生意也表现出极大的兴趣，这个生意支撑我度过了那些艰难的岁月。尽管对伯希和的知识充满敬畏，但我从来没有在社会交往上遭受羞怯之苦，因而我能够看到他的另外一面。

1942 年 10 月，作为两年前播放《马赛曲》的一个后果，我不得不离开巴黎以逃避逮捕，我邀请伯希和和匈牙利总领事参加告别晚宴（有那么一点俗气吧，伯希和喜欢与外交官做伴）。那是一个非常感人的场面。我妻子和我打算做“非法”穿越，以进入被称作“自由地带”（zone libre）的地方，即尚未被德国人占领的法国南部，然后从那里继续前行到我岳父所在的阿根廷去。可是当我们到达马赛时，德国人也到了那里，这时他们已经占领了全法国。留在那里是没有意义的，1943 年 3 月中旬我回到巴黎，伯希和张开双臂接待了我。那时候战争对于德国人来说发生了不妙的转折，人们可以预见到战争的最终结局。有一天，非常突然地，伯希和问我战争结束以后我有什么人生计划。十分坦率地说，一直忙于躲避逮捕、寻找食物和准备下一篇文章这三重任务的我，对于较为长远的未来毫无计划，我就这样对他说了。我永远不会忘记那个时刻。站在他的书房里，没有任何微笑或仁慈的迹象，他专横地对我说："你必须留在法国，我会关照你（Vous devez rester en France. Je m'occuperai de vous）。"这是一个命令和一个承诺，"大人"（Grand Mandarin）伯希和发命令、做决定。在几秒钟的时间里，他改变了我的人生道路。

我的幸运在于，在他晚年，当我认识他的时候，他越来越被吸引到内亚历史和阿尔泰研究上。用一个不那么尊敬的说法，我想把他的方法描述为水蛭学问（leech-scholarship）。他会读一本书，将他自己贴上去，然后产出一部杰作，这部杰作对于原著的基本价值通常只有很小的推进，更像是一台把读者运载到未知世界的车辆。例如，巴德利的《俄国·蒙古·中国》，刺激了伯希和的《卡尔梅克史评注》[1]；施普勒的《金帐：蒙古人在俄罗斯》[2]，"生产"了伯希和的《金帐史评注，兼考以 ar 为词尾的突厥语人名与族名》（*Notes sur l'histoire de la Horde d'Or, suivi de quelques noms turcs d'hommes et de peuples finissant en "ar"*）[3]。即使他的许多文章，如已经提到过的《关于库蛮人》（A propos des Comans）[4]，或《巴托尔德先生〈突厥斯坦〉

1 两卷本，Paris，Adrien-Maisonneuve，1960，共 235 页。文稿写于 1920 年，但是伯希和从来没有给它做最终定稿。

2 Leipzig，Harrassowitz，1943，共 556 页。

3 Paris，Maisonneuve，1949，共 292 页。也是在伯希和去世后出版的。

4 *Journal asiatique*，1921（1）：125–178。这篇文章是对马迦特的文章《关于库蛮人的民族性》（Über das Volkstum der Komanen）的方法的评论，载 *Abh. der königl. Gesellschaft der Wissenschaften zu Göttingen*，n.F.，13（1912–1914）：25–238。

评注》（Notes sur le *Turkestan* de M. W. Barthold）[1]，或《关于回鹘文献中乌古斯可汗传说的札记》（Notes sur la légende d'Uγuz kaghan en écriture ouigoure）[2]，都只能算是他人著作的附录或大大修订过的版本。他在阿尔泰语言研究方面的杰作《13~14 世纪蒙文中的以今天已不发音的 h 打头的词语》（Les mots à h initiale aujourd'hui amuie, dans le mongol des XIII e et XIV e siècles）[3]，事实上是对兰司铁的一个想法的延伸。[4]当他分派韩百诗翻译《元史》的两卷或《圣武亲征录》时，[5]他是为了搭设一个篷架，好在上面铺上他自己的葡萄藤；真可以说，这些书至少四分之三的文字是伯希和的工作。有时伯希和自己也承认他评注过量。在《明代历史上的火者和写亦虎仙》（Le Hoĵa et le Sayyid Husain de l'Histoire des Ming）这篇文章的第 197 页（！），[6]他笑自己，"就其主题之窄小而言，这篇报告是相当长的（Le présent mémoire paraîtra bien long pour un sujet assez mince）"。

伯希和倾向于避开完整文献的翻译者所要面对的束缚——他必须处理文献中所有的困难——而只选译那些他有兴趣并准备要解决的段落。他对自己的蒙古语、突厥语和拉丁语的信心，比不上他的中文。正如已经提到的，他对《蒙古秘史》的翻译一直停留在梗概阶段，就我所知，他完整翻译过的唯一较长的突厥语文献是《回鹘文版本的善恶二王子的佛教故事》（La version ouïgoure de l'histoire

---

1 *T'oung Pao*, 27（1930）: 12–36.

2 *T'oung Pao*, 27（1930）: 247–358.

3 *Journal asiatique*, 1925（1）: 193–263.

4 兰司铁的文章《蒙古语唇摩擦音之历史》（Zur Geschichte des labialen Spiranten im Mongolischen），载 *Festschrift Vilhelm Thomsen zur Vollendung des siebzigsten Lebensjahres*（Leipzig. 1912），pp. 182–187。伯希和对这篇 5 页的文章写了 70 页的评注。

5 《〈元史〉卷 107》（*Le chapitre CVII du Yuan che*），《通报》（*T'oung Pao*）38 卷增刊；《〈元史〉卷 108》（*Le chapitre CVIII du Yuan che*），Leiden，Brill，1954. 伯希和与韩百诗合译《成吉思汗进军史：圣武亲征录》（*Histoire des campagnes de Gengis khan: Cheng-won ts'ing-tcheng lou*），Leiden，Brill，1954。

6 *T 'oung Pao*, 38（1948）: 81–292.

des princes Kalyānamkara and Pāpamkara）[1]。

由于对任何宣称能够解释世界如何运行的理论有着正确的不信任，他从未下决心去写一部综合性专著（synthesis）。伯希和当然不是一个历史学家，而且他缺乏从事这一职业所必备的基本素质——他不能，或不愿去区分何者重要与何者不重要。有一次——这可真是我所偏爱的有关伯希和的个人趣事——我鼓动起全部的勇气向他提出这个问题："大师（Maître，这是被选定的我们那少数几个人对他的称呼），为什么您要浪费您的时间，为什么您把您那令人难以置信的知识，用于澄清那些无关紧要的事情呢？"我正担心天空会撕裂，闪电会将我击倒，我会被抛进永恒的黑暗之中，可是什么也没有发生。伯希和看着我，愉快地回答说："那让我觉得好玩啊，塞诺，那让我觉得好玩（ça m'amuse，Sinor，ça m'amuse）！"这是解释他多方面活动的钥匙——他做他喜欢做的事情。

他在所有关于东方（那时候我们并不羞于使用这个名称，我现在仍然不）的事情上的渊博知识，使他成为亚洲学会理想的会长。开会时，一个报告刚刚开始，伯希和看上去就已经睡着了；报告刚刚结束，他就对报告所涉及的主题做出中肯的评论。作为一个年轻人，我在发表文章方面没有遇到任何问题，我也从未把文章投寄给期刊等候批准。并非毫无忧惧地，我只要把文章交给伯希和，几天以后，他便会通知我，他决定是发表在《通报》上还是《亚洲杂志》上。他在编辑决策方面是相当开明的，他会接受一篇即便他在一些问题上不同意其观点的文章。在他身后出版的《金帐史札记》（*Notes sur l'histoire de la*

---

1 *T'oung Pao*，15（1914）：225–272. 这个译本的产生是由于伯希和对先前那些释读与翻译的努力感到不满意——于阿尔（M. C. Huart）的《用突厥语回鹘文字写成的两兄弟的佛教故事》["Le Conte bouddhique des deux frères，en langue turque et en caractères ouïgours，" *Journal asiatique* 1914（1）：1–57]。伯希和的释读和翻译并不是所有各点上都超过了于阿尔，该文献后来得到James Russell Hamilton新的、全面的处理，见《回鹘文版本的善恶二王子的佛教故事》（*Le conte bouddhique du bon et du mauvais prince en version ouïgoure*，Paris，Klincksieck，1917）。

Horde d'Or）的最后一条脚注里，他责备我犯下了“至少两个相当严重的错误（au moins deux erreurs assez graves）”，他所说的我的错误，是在一篇他接受并发表在《亚洲杂志》的文章里。接受我的手稿时（也许他懒得去读？），他可没有提这些问题。伯希和很少对他人文章的风格做出修改，不过他讨厌墙头草式的、以“外交辞令”（diplomatically）表达出来的观点。你必须以直白的方式陈述你的意见。他的这一倾向是如此极端，以至于他不能容忍第一人称复数 nous（我们）的使用，而这种用法在法国学者中是非常普遍的，他要我写单数形式 je（我）。不管是好是坏，在用法文写作时，我对这种做法保持了忠诚。

他是一个国君，如我们习惯称呼他的那样是“满大人”（un grand mandarin），并且，就我自己来说，我深深受益于他的影响，这远远超出了学术世界的狭窄范畴。当伯希和开口说话，法国学术界和政界都会倾听。1945 年 8 月，当我们“赢了”“我们的战争”，我厌倦了在一个德国小城里担任行政官员，就给伯希和写信请他介入——我实在别无他法——让我退役复员。他依言而行，可是我只能默默地感谢他了，那是 1945 年 10 月 31 日，那时我正为自己的未来忧虑不安，两眼噙着泪水，仍然穿着军装，站在他的棺材旁边。我想着，上帝会怎样向这个非凡的人和学者，揭示那些他是如此着迷地去探寻的、不重要的秘密呢？[1]

（本文的译文初稿曾在“往复”论坛张贴，得到陆扬先生的校正，也得到其他网友的指点，谨致谢忱。——译者附言）

1 不管看上去是多么令人吃惊，伯希和的作品目录竟然是不存在的。准备一份这样的目录的令人畏缩的工作，最近被 Hartmut Walravens 所承担，按计划将于 2000 年出现在印第安纳大学的“东方丛书”里。

附录
丹尼斯·塞诺论著目录

译者按：塞诺先生的论著目录，正式发表过的，只有 Ruth I. Meserve 编辑的一种，于 1986 年在布卢明顿出版。二十年过去了，又有大量的内容需要更新和补充。本书所收的目录，是塞诺先生本人编定的最新版本，从未正式发表过。此部分内容悉遵塞诺先生原稿，此次再版亦未做改动。

1. Books Authored
2. Books Edited
3. Articles and Chapters in Books
4. Articles in Encyclopaedias
5. Reviews
6. Remarks Made or Papers Read at Conferences
7. Prefaces, Forewords, Introductions to Books and

Newsletters

8. Items Published in Newspapers and Magazines

9. Varia

10. Lectures

11. Editor (Series, Journals, etc.)

12. Courses Taught at Indiana University (by academic year)

13. Doctoral Dissertations and Masters Theses Chaired or Directed at Indiana University

14. Membership in Learned Societies with Offices Held

15. Honors, Prizes, Fellowships

1. BOOKS AUTHORED

1.1 *A Modern Hungarian-English Dictionary.* Cambridge: W. Heffer and Sons, 1957, 131 pp.

Reviews of this book appeared in the following publications. The reviewer's name is in parentheses.

Times Literary Supplement, 26 July 1957.

Heti hírek angliai magyarok részére (London), 16 August 1957, p. 1.

Ural-Altaische Jahrbücher, 30 (1958) , p. 149. (Gy. Décsy)

1.2 *History of Hungary*.London: George Allen and Unwin, 1959; New York: Frederick Praeger, 1959; rpt. Westport, Connecticut: Greenwood Press, 1976, 310 pp.

Reviews:

Times Literary Supplement, 19 June 1959, p. 367.

Cape Times, 19 June 1959.

The Irish Press, 27 June 1959. (Owen Dudley Edwards)

Cambridge Daily News, 30 June 1959, p. 4. (N. R. G.)

Cork Examiner (Ireland) , 2 July 1959.

Sunday Times (Johannesburg) , 5 July 1959.

Dominion (Wellington, N.Z.) , 16 July 1959.

Sunday Mail (Adelaide, Australia) , 18 July 1959.

Sphere (London) , 15 August 1959.

Hirünk a világban, 9 (1959) , Bibliographical supplement, pp. 10–12. (György Taborsky)

British Book News, September 1959.

The Press (Christchurch, N.Z.) , 12 September 1959.

International Review of Social History (Amsterdam) , 14 (1959) .

The Age (London) , 24 October 1959.

History (London) , October 1959. (C. A. Macartney)

International Affairs, October 1959. (Andrew Révai)

Nyt Fra Historian (Denmark) , 1 December 1959. (BJ. N.)

Library Journal, 85 (February 1960) , p. 655. (Elizabeth K. Valkenier)

Express and Star (Wolverhampton, England) , 9 February 1960.

Orbis, 4 (1960) .

Booklist, 57 (October 1960) , p. 114.

The Annals of the American Academy of Political and Social Science, 332 (November 1960) , p. 191. (E. C. Helmreich)

American Historical Review, 66 (January 1961) , p. 458. (Eugene Gonda)

The Slavic and East European Journal, n.s. 5 (19)(Spring 1961), p. 84. (Robert F. Byrnes)

Slavic Review, 20 (October 1961) , p. 530. (Stephen Borsody)

Acta Historica, 8 (1961) , pp. 206–209. (L. Makkai)

Út Látóhatár (München) , 4 (1961) , pp. 79–83. (Bogyay Tamás)

Journal of Modern History, 33 (December 1961) , p. 426. (Otakar Odlo ilik)

1.3 *Introduction à l'étude de l'Eurasie Centrale*. Wiesbaden: Otto Harrassowitz, 1963, xxiv +371 pp.

Reviews:

Zeitschrift der Deutschen Morgenländischen Gesellschaft, 114 (1964), pp. 206–208. (Herbert Franke)

Göttingische Gelehrte Anzeigen, 217 (1965) , pp. 190–196. (Gerhard Doerfer)

Central Asiatic Journal, 10 (1965) , pp. 71–75. (N. Poppe)

Kratylos, 10 (1965) , pp. 105–107. (A. V. Gabain)

Studia Orientalia, 30 (1966) , pp. 3–7. (P. Aalto)

Orientalistische Literaturzeitung, 61 (1966) , pp. 64–74. (K. H. Menges)

T h gaku, 59 (1980) , pp. 130–133. (Kazuo Hinoki)

1.4 *Inner Asia. History-Civilization-Languages. A Syllabus*. Uralic and Altaic Series, No. 96. Bloomington, Indiana: Indiana University Publications–The Hague: Mouton, 1969, xvi + 261 pp.; Second revised and edited 1971; rpt. (Ann Arbor, Michigan: University Microfilms International, 1979) , xxii + 261 pp. + addenda et corrigenda 3 pp.

Reviews:

Journal of the American Oriental Society, 89 (October–December 1969) , p. 830. (M. J. Dresden)

L'Année sociologique, 20 (1969) , pp. 283–284. (Françoise Aubin)

Ural-Altaische Jahrbücher, 42 (1970) , p. 262. (A. V. Gabain)

Acta Orientalia Academiae Scientiarum Hungaricae, 23 (1970) , pp.

378–380. (I. Vásáry)

Modern Asian Studies, (1970) , p. ?. (Owen Lattimore)

Journal of the Royal Asiatic Society, (1971) , p. 72. (B. S. Adams)

Journal of the American Oriental Society, 92 (1972) , pp. 162–163. (Igor De Rachewiltz)

Acta Linguistica Academiae Scientiarum Hungarice, 22 (1972) , pp. 452–453. (K. Czeglédy)

Orientalistische Literaturzeitung, 68 (1973) , column 601–603. (P. Zieme)

Archiv orientální, 41 (1973) , pp. 296–297.

Harvard Journal of Asiatic Studies, 30 (1973) , p. 239. (Frank Huddle, Jr.)

1.5 *Inner Asia and its Contacts with Medieval Europe*. London: Variorum Reprints, 1977, 392 pp.

Reviews:

The Canada-Mongolia Review, 3 (October 1977) , pp. 141–143. (Kuonrat Haderlein)

Orientalia Christiana Periodica, 44 (1978) , pp. 235–237. (V. Poggi, SJ)

Archiv orientálni, 48 (1980) , pp. 365–366. (J. K.)

1.6 *Tanulmányok*. Nyelvtudományi Értekezések 110 sz., Budapest: Akadémiai Kiadó, 1982, 156 pp.

1.7 *Essays in Comparative Altaic Linguistics*. Indiana University Uralic and Altaic Studies Vol. 145, (Bloomington, Indiana 1990) , 464 pp.

Reviews:

Zeitschrift der Deutschen Morgenländischen Gesellschaft 144 (1994), pp. 420–422. (Lars Johanson)

Journal of the Royal Asiatic Society 1991, pp. 445–447. (Colin Heywood)

1.8 *Studies in Medieval Inner Asia*. London: Ashgate–Variorum, 1997 x+ 340 pp.

Reviews:

The Journal of Asian Studies 57, 2 (1998) , 516–517. (Michael R. Drompp)

The International History Review, xxxi, 1 (1999) , pp. 140–142.

2. BOOKS EDITED

2.1 *Orientalism and History*. Cambridge: W. Heffer and Sons, 1954, 107 pp.; 2nd rev. ed. Bloomington, Indiana: Indiana University Press, 1970, viii + 123 pp.

Reviews:

The Cambridge Review, 27 November 1954. (S. Adler)

Times Literary Supplement, 25 February 1955.

Central Asiatic Journal, 1 (1955) , pp. 75–76. (N. Poppe)

Oriente Moderno, 35 (1955) , p. 46. (Ettore Rossi)

Der Islam, 32 (1959) , pp. 119–123. (Wolfgang Lentz)

"*Paideia*", (1959) , pp. 518–519. (Giovanno Rinaldi)

Choice, 8 (October 1971) , p. 1074.

Pacific Affairs, 44 (1971–72) , p. 597. (C.P. Fitzgerald)

Journal of Asian History, 6 (1973) , pp. 133–134. (G. Larry Penrose)

2.2 *Proceedings of the Twenty-Third International Congress of Orientalists. Cambridge 21st–28th August, 1954*. London: Royal Asiatic Society, 1955, 421 pp.

2.3 *Aspects of Altaic Civilizations. Proceedings of the 5th Meeting of the Permanent International Altaistic Conference*. Uralic and Altaic Series, Vol. 23, Bloomington, Indiana: Indiana University Publications, 1963, 263 pp.

Reviews:

Journal of the American Oriental Society, 84 (1964) , pp. 82–85. (James Bosson)

Slavic and East European Journal, 7 (1964) , p. 88. (Nicholas Poppe)

Central Asiatic Journal, 9 (1964) , pp. 152–159. (E. Tryjarski)

2.4 *Proceedings of the VII Meeting of the Permanent International Altaistic Conference*. As part of the *Central Asiatic Journal*, X, iii–iv (1964), pp. 141–338. (With Karl Jahn)

2.5 *Studies in South, East and Central Asia. Memorial Volume to the Late Professor Raghu Vira*. Sata-Pitaka Series, Vol. 74, New Delhi: International Academy of Indian Culture, 1968, xxxi + 276 pp.

2.6 *American Oriental Society, Middle East Branch, Semi-Centennial Volume*. Indiana University Asian Studies Research Institute, Oriental Series No. 3, Bloomington, Indiana: Indiana University Press, 1969, viii + 275 pp.

2.7 *Proceedings of the Twenty-Seventh International Congress of Orientalists. Ann Arbor, Michigan, 13–19th August 1967*. Wiesbaden: Otto Harrassowitz, 1971, 705 pp.

Review:

Linguistics, No. 150 (1975) , p. 73. (L. Bajun)

2.8 *Studies in Finno-Ugric Linguistics in Honor of Alo Raun*. Indiana University Uralic and Altaic Series, Vol. 131, Bloomington, Indiana, 1977, 440 pp.

Review:

Ural-Altaische Jahrbücher, 52 (1980) , pp. 138–140. (Dalma Brumauer)

2.9 *Modern Hungary. Readings from the New Hungarian Quarterly*. Bloomington, Indiana: Indiana University Press, 1977, xxi + 448 pp.

Reviews:

Choice, 15 (July 1978) , p. 743.

Times Literary Supplement, 28 July 1978.

Hungarian Studies Newsletter, (Spring 1978) .

Foreign Affairs, (July 1978) , p. 892.

Nationalities Papers, 8, ii (1978) , pp. 257–258. (Joseph Held)

Zeitschrift für Ostforschung, 28 (1978) , p. 169. (Csaba János Kenèz)

Documentation sur l'Europe Centrale, 17 (1979) , pp. 93–94. (J. Ferenczy)

Jahrbücher für Geschichte Osteuropas, 27 (1979) .

Studia Diplomatica, 38 (1979) , p. 679.

2.10 *Aspects of Altaic Civilization Ⅲ . Proceedings of the Thirteenth Meeting of the Permanent International Altaistic Conference, Indiana University, Bloomington, Indiana, June 19–25, 1987,* (Editor) . 265 pp. Indiana University Uralic and Altaic Series Vol. 143. (Bloomington, Indiana 1990) , ISBN 0933070–25–X.

2.11 *The Uralic Languages. Description, History and Foreign Influences,* (Editor and contributor) .–*Handbuch der Orientalistik, Achte Abteilung, Handbook of Uralic Studies*, Vol. I. (Leiden, Brill 1988) , xx + 841 pp. ISBN 90–04–07741–3.

Reviews: *Finnisch-ugrische Forschungen* L, (19??) pp. 96–100. (Juha Janhunen)

Virittäjä 1990, pp.493–502. (Tapani Salminen)

Ural-Altaic Yearbook 64 (1992) , pp.171–75. (B. Mohos)

Der Islam 71 (1994!) pp.165–66. (Wolfgang Veenker)

2.12 *The Cambridge History of Early Inner Asia*. (Editor and contributor) , (Cambridge University Press, 1990) , 518 pp. ISBN 521–24304–1. Also paperback edition: Taipei, ISBN 957–638–068–5.

Reviews:

London Review of Books, July 12, 1990. (T.H.Barrett)

The Times Literary Supplement October 4, 1990, p.1045. (David Morgan)

Journal of Asian Studies (1990) , pp. 916–918. (Eric Widmer)

Bulletin of the School of Oriental and African Studies LIV (1991) , pp. ?. (Peter Jackson)

Asian Affairs XXII (1991) , p.80. (Mervyn Matthews)

History 247 (1991) , (Nicola di Cosmo)

Pacific Affairs 69 (1991–92) , pp. 554–55. (Morris Rossabi)

Journal of the Royal Asiatic Society 3rd Series, 2 (1992) , pp.123–24. (Edmund Bosworth)

Sino-Platonic Papers 35, (1992) , pp.18–22.

Modern Asian Studies 26, (1992) . (K.R.Norman)

Orientalistische Literaturzeitung 87 (1992) , col.117–125.

Harvard Journal of Asiatic Studies 52 (1992) , pp.324–327. (Elizabeth Endicott–West)

Historische Zeitschrift 255 (1992) . (Ulrich Knefelkamp)

Historian 54 (1992) , pp. 526–528. (Gregory G. Guzman)

Journal of Asian History 26 (1992) , pp. 105–108. (David B. Honey)

Turkish Studies Association Bulletin 16 (1992) , pp. 113–116. (Uli Schamiloglu)

Acta Orientalia Academiae Scientiarum Hungaricae 47 (1994) , pp. 207–208. (Benedek Péri)

Turkish Translation

Ehken İç Asya Tarihi, (İletisim Yayınları, A.Ş. 2000) , 664 pp.

2.13 *Essays on Uzbek History, Culture, and Language.* (Co-editor and contributor) , Indiana University Uralic and Altaic Series Vol. 156 (1993) , 119 pp.

3. ARTICLES AND CHAPTERS IN BOOKS

3.1 "Entwurf eines Erklärungsversuches der Prat § tyasamutp~da". *T'oung Pao*, 33 (1937) , pp. 380–394.

3.2 "Zur Datierung einiger Bildwerke aus Ost-Turkistan". *Ostasiatische Zeitschrift*, N. F. (1938) , pp. 83–87.

3.3 "A középázsiai török buddhizmusról". *KÅrösi Csoma Archivum*, I. kieg. kötet (1939) , pp. 353–396.

3.4 "A propos de la biographie ouigoure de Hiuan-tsang". *Journal asiatique*, 2 (1939) , pp. 543–590. Reprinted in 1.5.

3.5 "La mort de Batu et les trompettes mûes par le vent chez Herberstein". *Journal asiatique*, (1941–1942) , pp. 201–208. Reprinted in 1.5.

3.6 "A katolicizmus Kinában". *Katolikus Szemle*, (December, 1941) , pp. 453–459.

3.7 "Kaukázus és petróleum". *Az Ország Útja*, 6 (1942) , pp. 205–210.

3.8 "D'un morphème particulièrement répandu dans les langues ouralo-altaïques". *T'oung Pao*, XXXVII (1943) , pp. 135–152. Translated into Hungarian. See 1.6.1.

3.9 "Etudes sur l'Eurasie Centrale". *Bulletin de littérature ecclésiastique*

(Toulouse), XLIV (janv.–mars 1943), pp. 39–55; (juillet–september 1943), pp. 150–171.

3.10 "Franciaország küzdelme a nyomor ellen". *Katolikus Szemle*, (Jan. 1944), pp. 10–14.

3.11 "Ouralo-altaïque—Indo-Européen". *T'oung Pao*, XXXVII (1944), pp. 226–244.

3.12 "Autour d'une migration de peuples au Ve siècle". *Journal asiatique*, (1946–1947), pp. 1–78. Reprinted in 1.5.

3.13 "Les Moines". In *Les explorateurs célèbres*, edited by A. Leroi-Gourhan. (Geneva: Mazenod 1947), pp. 19–22.

3.14 "Pierre Simon Pallas", in same volume as 3.13, pp. 196–197.

3.15 "Le Problème de la parenté des langues ouralo-altaïques". *Revue de géographie humaine et d'ethnographie*, I (1948), pp. 65–69.

3.16 "La transcription du mandjou". *Journal asiatique*, (1949), pp. 261–272.

3.17 "Le verbe mandjou". *Bulletin de la Société de Linguistique de Paris*, XLV, i (1949), pp. 146–156.

3.18 "Sur la légende de l'Oghuz-qaghan". *Actes du XXI e Congrès International des Orientalistes*, (Paris, 1948), pp. 175–176.

3.19 "Az urali-mandzsu-tunguz kapcsolatokhoz". *Magyar Nyelv*, XLVI (1950), pp. 164–165.

3.20 "Le Symbolisme, instrument d'expression de l'homme". *La Maison Dieu* (Paris), 22 (1950), pp. 44–62.

3.21 "O™uz ka™an destani üzerinde bazi mülâhazalar". *Istanbul Üniversitesi Edebiyat Fakültesi Türk Dili ve Edebiyati Dergisi*, IV, i–ii (1950), pp. 1–13.

3.22 Dix années d=orientalisme hongrois@. *Journal asiatique* (1951), pp. 211–237.

3.23　"On some Ural-Altaic plural suffixes". *Asia Major*, N.S., Ⅱ (1952), pp. 203–230. Translated into Hungarian. See 1.6.2.

3.24　"Un voyageur du treizième siècle: le Dominicain Julien de Hongrie". *Bulletin of the School of Oriental and African Studies*, XⅣ, iii (1952), pp. 589–602. Reprinted in 1.5.

3.25　"Langues mongoles". In *Les Langues du monde*. Edited by Marcel Cohen, 2nd ed., (Paris, 1952), pp. 369–384.

3.26　"Langues toungouzes". In same volume as 3.25, pp. 385–402.

3.27　"Introduction aux études mandjoues". *T'oung Pao*, XLⅡ (1953), pp. 70–100.

3.28　"Historical role of the Türk Empire". *Journal of World History/Cahiers d'Histoire Mondiale*, I, ii (1953), pp. 427–434. Reprinted in 1.5.

3.29　"Central Eurasia". Originally appeared in 2.1, pp. 82–103 of the 1954 edition; pp. 93–119 of the 1970 edition. Reprinted in 1.5.

3.30　"Qapqan". *Journal of the Royal Asiatic Society*, (1954), pp. 174–184. Translated into Hungarian. See 1.6.3.

3.31　"Quelques passages relatifs aux Comans tirés des chroniques françaises de l'époque des Croisades". In *Silver Jubilee Volume of the Zinbun-Kagaku-Kenkyusyo*, (Kyoto University, 1954), pp. 370–375.

3.32　"Les relations entre les Mongols et l'Europe jusqu'à la mort d'Arghoun et de Béla Ⅳ". *Journal of World History/Cahiers d'Histoire Mondiale*, Ⅲ, i (1956), pp. 39–62. Reprinted in 1.5.

3.33　"The Barbarians". *Diogenes*, 18 (1957), pp. 47–60. There is also a French version: *Diogène* (Paris), 18 (avril 1957), pp. 52–68. There is also a Spanish version: June 1957, pp. 53–68.

3.34　"Góg és Magóg fia". *Irodalomtörténet*, XⅣ, i (1957), pp. 78–79.

3.35 "John of Plano Carpini's return from the Mongols. New Light from a Luxemburg manuscript". *Journal of the Royal Asiatic Society*, (1957), pp. 193–206. Reprinted in 1.5.

3.36 "The Outlines of Hungarian Prehistory". *Journal of the World History/ Cahiers d'Histoire Mondiale*, Ⅳ, iii (1958), pp. 513–540. Reprinted in 1.5.

3.37 "The UNESCO Major Project on mutual appreciation of Eastern and Western values". *Arts and Letters, Journal of the Royal India, Pakistan and Ceylon Society*, XXXⅢ, i (1959), pp.1–5.

3.38 "A Ural–Altaic ordinal suffix". *Ural-Altaische Jahrbücher*, XXXI (1959), pp. 417–425. Translated into Hungarian. See 1.6.4.

3.39 "Sur les noms altaïques de la licorne". *Wiener Zeitschrift für die Kunde des Morgenlandes*, LⅥ (1960), pp. 168–176.

3.40 "Un suffixe de lieu ouralo-altaïque". *Acta Orientalia Academiae Scientiarum Hungaricae*, Ⅻ, ⅰ – ⅲ (1961), pp. 169–178. Translated into Hungarian. See 1.6.5.

3.41 "Hajó". *Magyar Nyelv*, LⅦ, ii (1961), pp. 169–173.

3.42 "On Water Transport in Central Eurasia". *Ural-Altaische Jahrbücher*, XXXⅢ (1961), pp.156–177. Reprinted in 1.5.

3.43 "Az enciklopédia í rás nehézségeirÅl". *Nagyvilág*, Ⅶ (1962), pp. 273–275.

3.44 "Taγar-tavar-TOBAP-tár-tara". *American Studies in Altaic Linguistics*, Uralic and Altaic Series, Vol. 13, Bloomington, Indiana: Indiana University Publications, 1962, pp. 229–235. Translated into Hungarian. See 1.6.7.

3.45 "Some Altaic Names for Bovines". *Acta Orientalia Academiae Scientiarum Hungaricae*, XV, i–iii (1962), pp. 315–324. Translated into Hungarian. See 1.6.6.

3.46 "Observations on a new comparative Altaic phonology". *Bulletin of the School of Oriental and African Studies*, XXVI(1963), pp. 133–144. Translated into Hungarian. See 1.6.8.

3.47 "The Scope and Importance of Altaic Studies". *Journal of the American Oriental Society*, 83 (1963), pp. 193–197.

3.48 "Yul". *Studia Orientalia* (Helsinki), XXVIII, 7 (1964), 8 pp.

3.49 "Uralic and Altaic: The Neglected Area". In *The Non-Western World in Higher Education. The Annals of the American Academy of Political and Social Science*, 356 (November 1964), pp. 86–92.

3.50 "Notes on the Equine Terminology of the Altaic peoples". *Central Asiatic Journal*, X (1965), pp. 307–315. Translated into Hungarian. See 1.6.9.

3.51 "Foreigner–Barbarian–Monster". In *East-West in Art. Patterns of Cultural and Aesthetic Relationships*, edited by Theodore Bowie. (Bloomington, Indiana, 1966), pp. 154–159.

3.52 "Történelmi hipotézis a magyar nyelv történetében". *Nyelvtudományi Értekezések*, 58 (1967), pp. 195–200.

3.53 "Uralic and Altaic Studies". *The Review* (Alumni Association of the College Arts and Sciences, Graduate School, Indiana University), X, i (Fall 1967), pp. 24–32.

3.54 "Some Remarks on Manchu Poetry". As published in 2.5, pp. 105–114.

3.55 "Some Remarks on the Economic Aspects of Hunting". In *Die Jagd bei den altaischen Völkern*. Asiatische Forschungen, Vol. 26. (Wiesbaden: Otto Harrassowitz, 1968), pp. 119–128. Reprinted in 1.5.

3.56 "La Langue mandjoue". In *Handbuch der Orientalistik*, Erste Abteilung, 5 Bd. 3 Abschnitt (Leiden, 1968), pp. 257–280.

3.57 "Geschichtliche Hypothesen und Sprachwissenschaft in der ungarischen, finnisch-ugrischen and uralischen Urgeschichtsforschung". *Ural-Altaische Jahrbücher*, 41 (1969) , pp. 273–281. There is a shortened translation into Hungarian of this article: "Történelmi hipotézisek és a nyelvtudomány", in A *vizimadarak népe*, edited by János Gulya. (Budapest, 1975) , pp. 325–338. See also 10.82.

3.58 "Letteratura mancese". *Storia delle letterature d'Oriente*. Edited by Oscar Botto. (Milano, 1969) , pp. 381–411.

3.59 "Mongol and Turkic words in the Latin versions of John of Plano Carpini's *Journey to the Mongols* (*1245-1247*) ". In Mongolian Studies, edited by Louis Ligeti. (Budapest, 1970) , pp. 537–551. Reprinted in 1.5.

3.60 "Two Altaic Etymologies". In *Studies in General and Oriental Linguistics; Presented to Shirô Hattori on his Sixtieth Birthday*. Edited by Roman Jakobson and Shigeo Kawamoto. (Tokyo: TEC Company, Ltd., 1970) , pp. 540–544. Translated into Hungarian. See 1.6.10.

3.61 "Linguistic remarks pertinent to John Bell's journey from St. Petersburg to Peking (1719–1722) ". *Acta Orientalia*, XXXII (1970) , pp. 231–239.

3.62 "Teaching 'Hungary'. (Hungarian Studies as an Academic Subject) ". *New Hungarian Quarterly*, XII , No. 42 (1971) , pp.37–46.

3.63 "The Mysterious 'Talu Sea' in Öljeitü's letter to Philip the Fair of France". In *Analecta Mongolica* dedicated to Owen Lattimore, Mongolia Society Occasional Papers No. 8, (1972) , pp. 115–121. Reprinted in 1.5.

3.64 "Horse and Pasture in Inner Asian History". *Oriens Extremus*, XIX (1972) , pp. 171–184. Reprinted in 1.5.

3.65 "'Urine'–'star'–'nail'". *Journal de la Société Finno-ougrienne*, 72 (1973) , pp. 392–397. Translated into Hungarian. See 1.6.11.

3.66 "Pusztaszer". *Magyar Nyelv*, LXIX , iv (1973) , pp. 482–483.

3.67 "Stand und Aufgaben der internationalen altaistischen Forschung". In *Sprache, Geschichte und Kultur der altaischen Völker. Protokollband der XII. Tagung der PIAC 1969 in Berlin*. Herausgegeben von Georg Hazai und Peter Zieme. (Berlin, 1974) , pp. 35–43.

3.68 "Inner Asia— Central Eurasia". *Indo-Asia. Vierteljahreshefte für Politik, Kultur, und Wirtschaft Indiens*, 16, Heft 3 (1974) , pp. 214–222.

3.69 "A magyar nyelv udvariassági formái a két világhábor ú közti idÅben". In *Jelentéstan és stilisztika*. Edited by S. Imre, I. Szathmári, L.Szüts. Budapest: Akadémiai Kiadó, 1974, pp. 545–552.

3.70 "Uralo-Tunguz lexical correspondences". In *Researches in Altaic Languages*. Edited by Louis Ligeti. (Budapest, 1975) , pp. 245–265. Translated into Hungarian. See 1.6.12.

3.71 "On Mongol Strategy". In *Proceedings of the Fourth East Asian Altaistic Conference, December 26–31, 1971*. Edited by Ch'en Chieh-hsien. (Tainan, Taiwan, 1975) , pp. 238–249. Reprinted in 1.5.

3.72 "The Mongols and Western Europe". In *A History of the Crusades*. General editor Kenneth M. Setton. (University of Wisconsin Press, 1975) , Vol. III , pp. 513–544. Reprinted in 1.5.

3.73 "The Present State of Uralic and Altaic Comparative Studies". In *Proceedings of the International Symposium Commemorating the 30th Anniversary of Korean Liberation*, (Seoul, Korea, 1975) , pp. 117–147. Translated into Hungarian. See 1.6.13.

3.74 "What is Inner Asia?". In *Altaica Collecta. Berichte und Vorträge des*

XⅦ . Permanent International Altaistic Conference 3.-8. *Juli 1974 in Bonn/Bad Honnef*. Edited by Walther Heissig. (Wiesbaden: Otto Harrassowitz, 1976) , pp. 245–266. For a different version see 9.10.

3.75　"The *-t-*-d local suffix in Uralic and Altaic". In *Hungaro-Turcica Studies in Honor of Julius Németh*. Edited by GY. Káldy–Nagy. (Budapest: Loránd Eötvös University, 1976) , pp. 119–127. Translated into Hungarian. See 1.6.14.

3.76　"Inner Asian Studies in the United States". *ACLS Newsletter*, 28, 1 (1977) , pp. 1–17.

3.77　"Altaica and Uralica". Published in 2.8, pp. 319–332.

3.78　"An Altaic Word for 'Snowstorm'". *Studia Orientalia*, 47 (1977) , pp. 219–231.

3.79　"Le Mongol vu par l'Occident". In *1274, Année charnière. Mutations et continuités. Colloques internationaux du Centre National de la Recherche Scientifique*, No. 558 (Paris, 1977) , pp. 55–72.

3.80　"Néhány gondolat a magyar prioritásokról az Amerikai Egyesült Államokban". In *Nyelvünk és Kulturánk*, 29 (1977) , Anyanyelvi Konferencia tanácskozásainak összefoglalása, pp. 25–31. This also appeared in *Itt-Ott* (Ada, Ohio) , Ⅹ , 5 (1977) , pp. 27–32.

3.81　"The Greed of the Northern Barbarian". In *Aspects of Altaic Civilization II*. Proceedings of the XⅧ PIAC, Bloomington, June 29–July 5. 1975. Edited by Larry V. Clark and Paul Alexander Draghi, Indiana University Uralic and Altaic Series, Vol. 134. (Bloomington, Indiana: Indiana University Publications, 1978) , pp. 171–182.

3.82　"The Nature of Possessive Suffixes in Uralic and Altaic". In *Linguistic and Literary Studies in Honor of Archibald A. Hill*. Edited by M.A. Jazayeri et. al., Vol. Ⅲ . (The Hague: Mouton, 1978) , pp. 257–266.

3.83 "Néhány szó a mai magyar állam és az egyházak kapcsolatáról". *Itt-Ott* (Ada, Ohio) , XII , 4 (1979) , pp. 21–27.

3.84 "Samoyed and Ugric Elements in Old Turkic". In Eucharisterion. Essays Presented to Omeljan Pritsak on His Sixtieth Birthday. *Harvard Ukrainian Studies*, III – IV (1979–1980) , pp. 768–773.

3.85 "The Origin of Turkic balïq 'town'". *Central Asiatic Journal* XXV (1981) , 95–102.

[Chinese translation in *Min Zu Yi Cung* "Journal of Translation for Nationalities" 1992, No.2, pp.50–53.]

3.86 "The Inner Asian Warriors". *Journal of the American Oriental Society*, 101 (1981) , pp. 133–144. Translated into Chinese in *Aertai xuelun cong = Altaicology Studies* [sic], vol 1 (Xinjiang University Press, 1994) , pp. 98–123.

3.87 "Pray to God on my behalf that he give me such intelligence that I can learn fast and well your languages.' Medieval Interpreters and Inner Asia". *Journal of Popular Culture*, 16 (1982) , pp. 176–184.

3.88 "The Legendary Origin of the Türks". In *Folklorica: Festschrift for Felix J. Oinas*, edited by Egle Victoria ðygas and Peter Voorheis. Indiana University Uralic and Altaic Series, Vol. 141. Bloomington, Indiana, 1982, pp. 223–257.

3.89 "Magyar tanszék az amerikai középnyugat szivében". *U.S.A. Magazine*, 37 (1982), pp. 81–88. Reprinted in *Ifjúsági Szemle*, V , i (1985) , pp. 103–105.

3.90 "Réfléxions sur la présence turco-mongole dans le monde méditerranéen et pontique à l'époque préottomane". *Acta Orientalia Academiae Scientiarum Hungaricae*, XXXVI (1982) , pp. 485–501.

3.91 "Interpreters in Medieval Inner Asia". *Asian and African Studies. Journal of the Israel Oriental Society*, XVI (1982) , pp. 293–320.

3.92 "A hungarológia helyzete az Egyesült Államokban". In *Hungarológiai oktatás régen és ma*. Budapest, 1983, pp. 149–157.

3.93 "Central Asian Studies in the University". In *Conference on the Study of Central Asia*. Edited by David Nalle. (Washington, D.C.: Kennan Institute for Advanced Russian Studies, 1983) , pp. 83–89.

3.94 "The Earliest Period of Hungarian-Turkic Relations". In *Hungarian History-World History*. Edited by György Ránki, Indiana University Studies on Hungary, 1, (Budapest, 1984) , pp. 1–12.

3.95 "Some Components of the Civilization of the Türks (6th to 8th century A.D.) ". In *Altaistic Studies. Papers presented at the 25th Meeting of the Permanent International Altaistic Conference at Uppsala June 7-11, 1982*. Edited by Gunnar Jarring and Staffan Rosén, Kungl. Vitterhets Historie och Antikvitets Akademien, Konferenser 12, (Stockholm, 1985) , pp. 145–149.

3.96 "'Umay', a Mongol spirit honored by the Türks". *Proceedings of International Conference on China Border Area Studies*. National Chengchi University, April 22–29, 1984. Taipei, 1985, pp. 1771–1781.

3.97 "Prolegomeny k 29-ij sessii PIAC". *Uzbek tili va adabiyoti* 1986, 4, pp. 9–13.

3.98 [1988] "Preface" and "Introduction", in 2.11, pp. IX – XX.

3.99 "The Problem of the Ural–Altaic Relationship", in 2.11, pp. 706–741.

3.100 "Diplomatic Practices in Medieval Inner Asia," in: *Essays in Honor of Bernard Lewis. The Islamic World from Classical to Modern Times*, C.E. Bosworth, Charles Issawi, Roger Savory, and A.L. Udovitch editors, (Princeton, New Jersey, The Darwin Press, 1988) , pp.

337–355.

3.101 "Notes on Inner Asian Bibliography Ⅳ: History of the Mongols in the 13th Century". *Journal of Asian History* 23 (1989), pp. 26–79.

3.102 "Turkic *yer* 'ground, place, earth'-Chuvash *Ñer*-Hungarian *szer*," in: *Gedanke und Wirkung. Festschrift zum 90. Geburtstag von Nikolaus Poppe*, herausgegeben von Walther Heissig und Klaus Sagaster, (Wiesbaden, Otto Harrassowitz, 1989), pp. 329–335.

3.103 "A tehetségek istápolásáról", *Magyar Tudomány* 1988/9, pp. 690–694.

3.104 "The Turkic title *tutuq* rehabilitated", in *Turcica et Orientalia. Studies in honour of Gunnar Jarring on his eightieth birthday 12 October 1987*. Swedish Research Institute in Istanbul, Transactions Vol. 1, 1988, pp. 145–148.

3.105 [1990] "Preface", in 2.11, pp. Ⅸ–Ⅹ. Introduction: the concept of Inner Asia', in 2.11, pp. 1–18, 424–430.

3.106 "The Hun Period", in 2.11, pp. 177–205, 449–451.

3.107 "The Establishment and Dissolution of the Türk Empire", in 2.11, pp. 285–316, 478–483.

3.108 "Considerations on the Term for 'north' in the Altaic Languages," *Altaica Osloensia. Proceedings from the 32nd Meeting of the Permanent International Altaistic Conference, Oslo, june 12–16, 1989,* edited by Bernt Brendemoen (Oslo 1990), pp.295–300.

3.109 "*Qungyar:* A curious Mongol appellation of the Turks," *Varia Eurasiatica. Festschrift für Professor András Rona-Tas* (Szeged 1990), pp.165–170.

3.110 "Medieval Contacts Between the Latin and the Altaic Worlds," *Itinerari di idee, uomini e cose fra Est ed Ovest, Udine, 21-24*

Novembre. Atti del Convegno Internazionale, ed. Marialuisa Ferrazzi, [Udine (1992)] , pp.445–453.

3.111 "Taking an Oath Over a Dog Cut in Two," *Altaic Religious Beliefs and Practices. Proceedings of the 33rd Meeting of the Permanent International Altaistic Conference, Budapest June 24-29, 1990,* (Budapest 1992) , pp.301–307.

3.112 "Some Latin Sources on the Khanate of Uzbek," *Essays on Uzbek History, Culture and Language,* Bakhtiyar A. Nazarov and Denis Sinor (eds.) , Indiana University Uralic and Altaic Series Vol. 156, (1993) , pp.110–119.

3.113 "Hullabaloo," *Comparative-Historical Linguistics: Indo-European and Finno-Ugric. Papers in Honor of Oswald Szemerényi Ⅲ* edited by Bela Brogyanyi and Reiner Lipp (Amsterdam–Philadelphia 1993) , pp.553–558.

3.114 "The Historical Attila", in *Attila. The Man and His Image* edited by Franz H. Bäuml and Marianna D. Birnbaum, Published under the Auspices of the Center for Medieval and Renaissance Studies, University of California, Los Angeles by Corvina (Budapest 1993) , pp. 3–15.

3.115 "The Making of a Great Khan", in *Altaica Berolinensia. The Concept of Sovereignty in the Altaic World. Permanent International Altaistic Conference 34th Meeting-Berlin 21-26 July 1991* edited by Barbara Kellner–Heinkele. Asiatische Forschungen Bd. 126 (Wiesbaden 1993) , pp.241–255.

3.116 "Szubjektív emlékezések: a berlini Collegium Hungaricum és a párizsi Centre d'Études Hongroises a harmincas években", in *Régi és új peregrináció. Magyarok külföldön, külföldiek Magyarországon. A Ⅲ. Nemzetközi Hungarológiai Kongresszuson-Szeged 1991, augusztus*

12–16 — elhangzott elÅadások (Budapest–Szeged 1993) , pp. 3–15.

3.117 "The Custom of Scalping in Inner Asia". *Proceedings of the 35th Permanent International Altaistic Conference, September 12–17, 1992* edited by Chieh-hsien Ch'en (Taipei, Taiwan 1993) , pp.447–452.

3.118 Notes on the History of the Türk Empire@. *Proceedings of the XXXII International Congress for Asian and North African Studies* (1992) , pp. 575–576.

3.119 "Duelling in Hungary Between the Two World Wars". *Hungarian Studies* 8 (1993) , pp.227–235.

3.120 "Tibor Halasi-Kun: A Personal Memoir". *Archivum Ottomanicum* 13 (1993–94) , pp. 31–42.

3.121 "A kitanok népe a Képes Krónikában és ami körülötte van". *Keletkutatás* 1994 tavasz, pp. 3–14.

3.122 In Memoriam: Annemarie von Gabain@. *Eurasian Studies Yearbook* 66 (1994) , pp. 171–172.

3.123 The 34th International Congress of Asian and North African Studies@. *Eurasian Studies Yearbook* 66 (1994) , p. 192.

3.124 "Emlékezés Pröhle Vilmosra". *Magyar Nyelv* XCI (1995) . pp.100–103.

3.125 "Langues et échanges culturels le long des routes de la soie". *Diogène* No.171, (1995) , pp.3–17. Republished: *Diogène . Une Anthologie. Textes choisisal=occasion du cinquantenaire du Conseil international de la philosophie et des sciences humanes CIPSH 1948-1998.* (Paris: Gallimard, 1998) pp. 293–307.

3.126 "Western Information on the Kitans and Some Related Questions". *Journal of the American Oriental Society* 115 (1995) , pp. 262–269.

3.127 "Le réel et l'imaginaire dans la description des Mongols dans *La flor des estoires de la terre d'Orient* de Hayton.. In: *Actes du Colloque Les Lusignans et l'Outre Mer,* Poitiers 1995, pp. 276–280.

3.128 "Some Altaic Terms for Containers". *Proceedings of the 38th Permanent International Altaistic Conference* (*PIAC*) *Kawasaki, Japan: August 7–12, 1995* edited by Giovanni Stary (Wiesbaden 1996) , pp.345–357.

3.129 "The First Türk Empire" *History of the Civilizations of Central Asia* III (ed. B.A. Litvinsky (UNESCO 1996) , pp.327–335, 537–539.

3.130 "On Vessels, Bags, Coffins, and Melons. Musing Over Turkic *qap*" *Acta Orientalia Hungarica* 48/3 (1995) , pp.457–464.

3.131 "Montesquieu et le monde altaïque" . *Études mongoles et sibériennes* 27 (1996) , pp.51–57. = *Actes de la 37e P.I.A.C. Conférence internationale permanente des études altaïques, Chantilly, 20–24 juin 1994.* Textes rassemblés par Marie-Dominique Even.

3.132 "Early Turks in Western Central Eurasia. (Accompanied by Some Thoughts on Migrations)" in *Studia Ottomanica. Festgabe für György Hazai zum 65. Geburtstag.* Veröffentlichungen der Societas Uralo-Altaica Bd.47 (Wiesbaden: Harrassowitz 1997) pp.165–179.

3.133 Letters from Asia@. The UNESCO Courier (July–August 1997) , pp. 91–94. (Published also in French and Spanish, and possibly in other languages)

3.134 The Xiong-nu Empire@. *History of Humanity: Scientific and Cultural Development*, Vol. 3, edited by J. Hermann and Erik Zürcher. (Paris: UNESCO, 1997) , pp. 452–453.

3.135 The Myth of Languages and the Language of Myth@. *The Bronze Age and Early Iron Age Peoples of Eastern Central Asia,* (Victor E. Mair ed.) (Washington, D.C.: Institute for the Study of Man,

1998) Vol. Ⅱ , pp. 729–745.

3.136 Uighurs in Mongolia and the Krygyz@. *History of Civilizations of Central Asia* (M.S. Asimov, C.E. Bosworth eds.) Vol. Ⅳ, pt. 1 (Paris: UNESCO, 1998) , pp. 191–200.

3.137 The Kitan and the Kara Khitay@. *History of Civilizations of Central Asia* (M.S. Asimov, C.E. Bosworth eds.) Vol. Ⅳ , pt. 1 (Paris: UNESCO, 1998) , pp. 227–242.

3.138 Central Asia Under the Rule of the Chinggis Khan=s Successors@. Written by B. Akhmedov, revised by D. Sinor. *History of Civilizations of Central Asia* (M.S. Asimov, C.E. Bosworth eds.) Vol. Ⅳ , p t. 1 (Paris: UNESCO, 1998) , pp. 261–268.

3.139 Some Thoughts on the Nostratic Theory and Its Historical Implications@. *Nostratic: Examining a Linguistic Microfamily*, edited by Colin Renfrew and Daniel Nettle (Cambridge: The McDonald Institute for Archaeological Research, 1999) , pp. 387–400.3.140AThe Mongols in the West.@ *Journal of Asian History* 33 (1999) , pp.1–44.

3.141 Remembering Paul Pelliot, 1978–1945.@ *Journal of the American Oriental Society* 119,3, (1999) , pp. 467–472.

3.142 Old Turkic and Middle Turkic Languages.@ *History of Civilizations of Central Asia*, Volume Ⅳ, The age of achievement: A.D. 750 to the end of the fifteenth century, Part Two: The achievements, edited by C.E. Bosworth and the late M.S. Asimov (Paris, France: UNESCO, 2000) , pp. 331–334.

3.143 The Uighur Empire of Mongolia@ *History of the Turkic Peoples in the Pre-Islamic Period* Hans Robert Roemer ed.) (Berlin, 2000) pp. 187–204.

3.144 The First Change in Regime in Hungarian History@ *Hungarian*

Studies 14 (2)(2000) , pp. 153–162.

3.145 Forty Years of the Permanent International Altaistic Conference (PIAC) . History and Reminiscences.@ *Altaic Affinities. Proceedings of the 40th Meeting of the Permanent International Altaistic Conference* (*PIAC*) . Indiana University Uralic and Altaic Series Vol. 168 (David B. Honey and David C. Wright eds.) (Bloomington, 2001) pp.1–21.

3.146 John R. Krueger: A personal memoir@ *John R. Krueger Bibliography* (William V. Rozycki) (Bloomington, 2001) , pp.63–65.

3.147 Remarks on Metallurgical Themes in Pre-Modern Inner Asia@ *Scripta Ottomanica et Res Altaicae. Festschrift für Barbara Kellner-Heinkele zu ihrem 60. Geburtstag.* (Ingerborg Hauenschild et al. eds.)(Wiesbaden 2002) , pp. 297–312.

3.148 "Emlékezés 1937–1938". *A hazatérÅ Farkas Gyula* (Futaky István ed.)(Budapest 2003) , pp. 39–41.

3.149 AMa Maison dans la bois. (Interlude) .@ *Diogène* [Paris] 203, juillet–september 2003, pp.20–22. [Response to four questions asked by the editors of this issue devoted to *Aspects de la pensée aux États Unis]*

3.150 "A mongolok nyugaton" ["The Mongols in the West"] in Nagy Balázs (ed.) *Tatárjárás* (Budapest 2003) , pp.311–361.

3.151 "Redécouvrir l'asie centrale". *Diogène* [Paris] 204, Octobre–Décembre 2003, pp.9–24.

3.152 "My House in the Woods". *Diogenes* (UNESCO) , 2004, pp. 15–17.

3.153 "Rediscovering Central Asia". *Diogène* 204, 2004, pp.9–24.

3.154 "Le rapport du Dominicain Julien écrit en 1238 sur le peril mongol". *Comptes rendus de l'Académie des Inscriptions et Belles-Lettres* 2002/4.

3.155 "Reflections on the History and Historiography of the Nomad Empires of Central Eurasia". *Acta Orientalia Hungarica* 58 (2005), pp. 3–14.

3.156 "Az Östörténet és etnogenezis problémáiról". *Acta Historica* [Szeged] CXXI , 2005, pp.3–13.

3.157 "Langues et échanges culturels le long de la Route de la Soie". first published in *Diogène* 1975, was reprinted in *Revue Diogène. Une anthologie de la vie intellectuelle au* XX *e siècle,* (Paris: Presses Universitaires 2005) , pp. 293–307.

4. ARTICLES IN ENCYCLOPAEDIAS

4.1 "Bahadur". *Encyclopaedia of Islam*, Vol. I (1958) , p. 913.

4.2 "Khazars". *Encyclopaedia Britannica*, 14th edition (1959 printing) , Vol. 13, pp. 362–363.

4.3 "Bitik, bitik...i". *Encyclopaedia of Islam*, Vol. I (1961) , pp. 1248–1249.

4.4 "Hungarian Literature". *Encyclopaedia Britannica*, 14th edition (1961) , Vol. XI , pp. 850–857. (In collaboration with T. Klaniczay)

4.5 "Ady, Endre". *Encylopaedia Britannica*, 14th edition (1962 printing) , Vol. I, pp. 185–186.

4.6 "Babits, Mihály". *Encyclopaedia Britannica*, 14th edition (1962 printing) , Vol. II , p. 948.

4.7 "Balassi, Bálint". *Encyclopaedia Britannica*, 14th edition (1962 printing) , Vol. II , p. 1067.

4.8 "Berzsenyi, Dániel". *Encyclopaedia Britannica*, 14th edition (1962 printing) , Vol. III , pp. 544–545.

4.9　“Herczeg, Ferenc”. *Encyclopaedia Britannica*, 14th edition (1962 printing), Vol. Ⅺ, p. 417.

4.10　“Jókai, Mór”. *Encyclopaedia Britannica*, 14th edition (1962 printing), Vol. XⅢ, p. 67.

4.11　“Katona, József ”. *Encyclopaedia Britannica*, 14th edition (1962 printing), Vol. XⅢ, p. 252.

4.12　“Kazinczy, Ference”. *Encyclopaedia Britannica*, 14th edition (1962 printing), Vol. XⅢ, pp. 261–262.

4.13　“Keměny, Zsigmond”. *Encyclopaedia Britannica*, 14th edition (1962 printing), Vol. XⅢ, pp. 277–278.

4.14　“Kisfaludy”. *Encyclopaedia Britannica*, 14th edition (1962 printing), Vol. XⅢ, p. 391.

4.15　“Kosztolányi, DezsÅ”. *Encyclopaedia Britannica*, 14th edition (1962 printing), Vol. XⅢ, p. 481.

4.16　“Madách, Imre”. *Encyclopaedia Britannica*, 14th edition (1962 printing), Vol. XⅣ, p. 547.

4.17　“Vörösmarty, Mihály”. *Encyclopaedia Britannica*, 14th edition (1962 printing), Vol. XXⅢ, p. 257.

4.18　“Avars”. *Encyclopaedia Britannica*, 14th edition (1963 printing), Vol. II, p. 886.

4.19　“Bulgaria on the Volga”. *Encyclopaedia Britannica*, 14th edition (1963 printing), Vol. Ⅳ, pp. 396–397.

4.20　“Matthias I”. *Collier's Encyclopaedia*.

4.21　“Stephen I”. *Collier's Encyclopaedia*.

4.22　“Stephen Ⅴ”. *Collier's Encyclopaedia*.

4.23　“Stephen Báthory”. *Collier's Encyclopaedia*.

4.24　“Golden Horde”. *Encyclopaedia Britannica*, 14th edition (1965 printing), Vol. Ⅹ, p. 541.

4.25 "Kumans". *Encyclopaedia Britannica*, 14th edition (1965 printing) , Vol. XIII , p. 507.

4.26 "Kipchak". *Encyclopaedia Britannica*, 14th edition (1965 printing) , Vol. XIII , pp. 381–382.

4.27 "St. Emeric of Hungary". *New Catholic Encyclopaedia* (1967), V , pp. 301–302.

4.28 "Genghis Khan". *New Catholic Encyclopaedia* (1967) , VI , p. 332.

4.29 "Gisela, B1.". *New Catholic Encyclopaedia* (1967) , VI , P. 498.

4.30 "Hunyadi, John". *New Catholic Encyclopaedia* (1967) , VII , pp. 268–269.

4.31 "John da Pian del Carpine". *New Catholic Encyclopaedia* (1967) , VII , pp. 1066–1067.

4.32 "Matthias Corvinus (Mátyás Hunyadi) ". *New Catholic Encyclopaedia* (1967) , IX , pp. 503–504.

4.33 "Mongols". *New Catholic Encyclopaedia* (1967) , IX , pp. 1069–1071.

4.34 "Seljuks". *New Catholic Encyclopaedia* (1967) , XIII , pp. 64–65.

4.35 "Stephen I, King of Hungary". *New Catholic Encyclopaedia* (1967), XIII , pp, 697–698.

4.36 "Inner Asia, History of ". *Encyclopaedia Britannica*, 15th edition, Macropaedia (1974) , Vol. 9, pp. 595–601.

4.37 "Literature, Hungarian, Western". *Encyclopaedia Britannica*, 15th edition, Macropaedia, Vol. 10, pp. 1130, 1145, 1162–1163, 1179, 1214–1215, 1258–1259. (In part, in collaboration with Tibor Klaniczay)

4.38 "Umai". *Encyclopaedia of Religion*, (1987) Vol. 15, p. 120.

4.39 "Hun Religion". *Encyclopaedia of Religion*, (1987) Vol. 6, pp. 531–533.

4.40 Inner Asian Trade.@ *Trade, Travel, and Exploration in the Middle Ages. An Encyclopaedia.* John Block Friedman and Dirsten Mossler Figgs (eds.) (New York & London: Garland Publishers, 2000) pp. 278–282.

4.41 Inner Asian Travel.@ *Trade, Travel, and Exploration in the Middle Ages. An Encyclopaedia.* John Block Friedman and Dirsten Mossler Figgs (eds.) (New York & London: Garland Publishers, 2000) pp. 278–285.

4.42 Hetoum.@ *Trade, Travel, and Exploration in the Middle Ages. An Encyclopaedia.* John Block Friedman and Dirsten Mossler Figgs (eds.) (New York & London: Garland Publishers, 2000) pp. 251–252.

4.43 Some Components of the Civilization of the Turks (6th–8th Century A.D.) @ *The Turks* (Yusuf Halaçoglu et al. eds.) 6 volumes, (Ankara 2002) , Vol. 1. pp.348–356.

5. REVIEWS

Included here are reviews of books, journals, and articles listed by short title followed by the complete bibliographical reference for the review itself. Arrangement is by the date of the review.

5.1 Gallus–Horváth: Un peuple cavalier préscythique en Hongrie. *Journal asiatique*, I (1939) , pp. 317–320.

5.2 Zichy István: Magyar Åstörténet. *Századok*, LXXⅢ (1939) , pp. 370–371.

5.3 Zichy István: Magyar Åstörténet. *Mélanges asiatiques*, I (1940–1941) , pp. 149–151.

5.4 Uno Harva: Die Religiösen Vorstellungen der altaischen Völker. *Mélanges asiatiques*, I (1940–1941) , pp. 151–153.

5.5 René Grousset: L'empire mongol (Ière phase). *Századok*, LXXV (1943), pp. 462–464.

5.6 C. Lamont: The peoples of the Soviet Union. *Journal asiatique*, (1948) , pp. 173–174.

5.7 Arthur C. Whitney: Colloquial Hungarian. *Bulletin de la Société de Linguistique de Paris*, XLIV , ii (1948) , pp. 221–222.

5.8 P. W. Schmidt: Der Ursprung der Gottesidee... Vol. IX , Die asiatischen Hirtenvölker. *The International Review of Missions*, XI (April 1951) , pp. 229–232.

5.9 Martti Räsänen: Materialien zur Lautgeschichte der türkischen Sprachen. *Archivum Linguisticum* (Glasgow) , III (1951) , pp. 98–99.

5.10 Finnisch-ugrische Forschungen XXX . *Luzac's Oriental List*, LXII , iv (October–December 1951) , p. 78.

5.11 N. Poppe:Khalkha-mongolische Grammatik. *Journal asiatique*, (1952) , pp. 422–424.

5.12 Ural-Altaische Jahrbücher XXIV , 1–2. *Journal asiatique*, (1952) , pp. 424–428.

5.13 Aulis J. Joki: Die Lehnwörter des Sajansamojedischen. *Journal asiatique*, (1953) , p. 306.

5.14 O. Franke: Geschichte des Chinesischen Reiches, Vols. IV – V . *Journal asiatique*, (1953) , p. 411.

5.15 Karl H. Menges: The Oriental Elements in the Vocabulary of the oldest Russian Epos, the Igor Tale. *Archivum Linguisticum*, V (1953) , pp. 125–126.

5.16 Altan tob...i. A brief history of the Mongols. *Oriens*, VII (1954) , pp. 116–117.

5.17 Francis W. Cleaves: The Sino-mongolian Inscriptions of 1362...1335...1338...1346. *Oriens*, VII (1954) , pp. 188–119.

5.18 J. Benzing: Einführung in das Studium der altaischen Philologie und der Turkologie. *Ural-Altaische Jahrbücher*, XXVI (1954), pp. 250–251.

5.19 Evelin Lot–Falck: Les rites de chasse chez les peuples sibériens. *Ural-Altaische Jahrbücher*, XXVI (1954), p. 251.

5.20 Eric Hauer: Handwörterbuch der Mandschusprache. *Oriens*, VIII (1955), p. 316.

5.21 Eva S. Kraft: Zum Dsungarenkrieg im 18. Jahrhundert. *Oriens*, VIII (1955), pp. 316–317.

5.22 Stefan Wurm: Turkic Peoples of the USSR. *Bulletin of the School of Oriental and African Studies*, XVIII (1956), p. 185.

5.23 Nicholas Poppe: Grammar of Written Mongolian. *Oriens*, IX (1956), p. 116.

5.24 C. Dawson: The Mongol Mission. *Bulletin of the School of Oriental and African Studies*, XVIII (1956), pp. 390–391.

5.25 George Vernadsky: The Mongols and Russia. *Journal of the Royal Asiatic Society*, (1957), pp. 101–102.

5.26 Charles R. Bawden: The Mongol chronical of Altan tob...i. *Bulletin of the School of Oriental and African Studies*, XIX (1957), pp. 201–202.

5.27 Frederick Holden Buck: Comparitive study of postpositions in Mongolian dialects and the written language. *Bulletin of the School of Oriental and African Studies*, XIX (1957), pp. 402–403.

5.28 Central Asiatic Journal I. *Journal of the Royal Asiatic Society*, (1957), pp. 229–230.

5.29 Björn Collinder: Fenno–Ugric Vocabulary. *Bulletin of the School of Oriental and African Studies*, XXI, ii (1958), pp. 415–416.

5.30 Bo Wickmann: The form of the object in the Uralic language. *Bulletin of the School of Oriental and African Studies*, XXI, ii (1958), p. 416.

5.31 J. Benzing: Die tungusischen Sprachen. *Zeitschrift der Deutschen Morgenländischen Gesellschaft*, CⅧ（1958）, pp. 223–224.

5.32 J. Benzing: Die tungusischen Sprachen. *Bulletin of the School of Oriental and African Studies*, XXI（1958）, pp. 642–643.

5.33 D. M. Dunlop: The history of the Jewish Khazars. *Journal Asiatique*,（1958）, pp. 478–479.

5.34 N. Poppe: Mongolische Volksdichtung. *Journal asiatique*,（1958）, pp. 479–480.

5.35 Rudolf Loewenthal: The Turkic languages and literatures of Central Asia. *Bulletin of the School of Oriental and African Studies*, XXI（1958）, p. 642.

5.36 B. Collinder: Survey of the Uralic Languages. *Bulletin of the School of Oriental and African Studies*, VⅦ（1959）, p. 590.

5.37 Robert Austerlitz: Ob–Ugric metrics: the metrical structure of Ostyak and Vogul folk-poetry. *Bulletin of the School of Oriental and African Studies*, XXⅡ（1959）, pp. 616–617.

5.38 Omeljan Pritsak: Die bulgarische Fürstenliste und die Sprache der Protobulgaren. *Central Asiatic Journal*, Ⅳ（1959）, pp. 222–224.

5.39 V. Minorsky: A history of Sharvan and Darband in the 10th to 11th centuries. *The Cambridge Review*, No. 1953（1959）, p. 447.

5.40 T. Lehtisalo: Juraksamojedisches Wörterbuch. *Bulletin of the School of Oriental and African Studies*, XXⅢ（1960）, pp. 150–151.

5.41 Gy. Moravcsik: Byzantinoturcica. *Bulletin of the School of Oriental and African Studies*, XXⅢ（1960）, p. 202.

5.42 Walther Heissig and Charles Bawden: Monγol Borjigid oboγ-un teüke von Lomi. *Bulletin of the School of Oriental and African Studies*, XXⅢ（1960）, p. 208.

5.43 V. Diószegi: A sámánhit emlékei a magyar népi máveltségben.

Bulletin of the School of Oriental and African Studies, XXIII (1960), pp. 419–420.

5.44 G.K. Dulling: An introduction to the Turkmen Language. *Bulletin of the School of Oriental and African Studies*, XXIV (1961), pp. 372–374.

5.45 N. N. Poppe: Buriat Grammar. *The Slavic and East European Journal*, n.s. Vol., No. 3 (1961), pp. 292–293.

5.46 American Studies in Uralic Lingistics. *Central Asiatic Journal*, VI (1961), p. 319.

5.47 Erich Harnisch: Der Kien–lung Druck des mongolischen Geschichtswerkes Erdeni yin tobci von Sagang Secen. *Bulletin of the School of Oriental and African Studies*, XXIV (1961), p. 176.

5.48 Liu Mau-tsai: Die chinesischen Nachrichten zur Geschichte der Ost-Türken. *Orientalstische Literaturzeitung*, 11–12 (1961), pp. 364–365.

5.49 Wolfgang Bauer: Tsch'un-ts'iu mit den drei Kommentaren. *Oriens*, XIII–XIV (1960–1961), p. 415.

5.50 Leonardo Olschki: Marco Polo's Asia. *Pacific Affairs*, XXXIV, 3 (Fall 1961), pp. 301–302.

5.51 A. Von Gabain: Das uigurische Königreich von Chotscho. *Bulletin of the School of Oriental and African Studies*, XXV (1962), pp.628–629.

5.52 Björn Collinder: Comparative grammar of Uralic languages. *Bulletin of the School of Oriental and African Studies*, XXVI (1963), p. 452.

5.53 Ivan A. Lapatin: The cult of the dead among the natives of the Amur Basin. *Bulletin of the School of Oriental and African Studies*, XXVI (1963), pp. 452–453.

5.54 H. N. Michael (ed.): Studies in Siberian ethnogenesis. *Bulletin of the School of Oriental and African Studies*, XXVII (1964), p. 469.

5.55 B. Lewis and P. M. Holt (eds.) : Historians of the Middle East. *The English Historical Review*, LXXIX (1964) , pp. 552–553.

5.56 A. Von Gabain: Maitrisimit Ⅱ . *Bulletin of the School of Oriental and African Studies*, XXVII , 3 (1964) , pp. 644–645.

5.57 C. E. A. Bosworth: The Ghaznavids. *The English Historical Review*, LXXX (1965) , pp. 573–574.

5.58 H. G. Levin: Ethnic origins of the peoples of northeastern Asia. *Bulletin of the School of Oriental and African Studies*, XXVIII , 2 (1964) , pp. 416–417.

5.59 Györffy György: Az Árpádkori Magyarország történeti földrajza, I. *The Slavic and East European Journal*, IX (1965) , pp. 107–108.

5.60 Gunnar Jarring: An Eastern-Turki-English dialect dictionary. *Bulletin of the School of Oriental and African Studies*, XXVIII , 3 (1965) , p. 684.

5.61 V. Diószegi (ed.) : Glaubenswelt und Folklore der sibirischen Völker. *Bulletin of the School of Oriental and African Studies*, XXVIII , 3 (1965) , pp. 655–656.

5.62 Albert Tezla: An introductory bibliography to the study of Hungarian literature. *Modern Philology*, LXIII , 4 (1966) , pp. 381–383.

5.63 István Diószegi: Ausztria-Magyarország és a francia-porosz háború. *American Historical Review*, LXXI , 3 (April 1966) , p. 1003.

5.64 Richard N. Frye: Bukhara. The Medieval Achievement. *The Middle East Journal*, 20, 3 (Summer 1966) , p. 413.

5.65 Littérature hongroise et littérature européenne. Études de littérature comparée publiées par l'Académie des Sciences de Hongrie. *Yearbook of Comparative and General Literature*, XV (1966) , pp. 84–85.

5.66 Mission to Turkestan. Being the Memoirs of Count K. K. Pahlen, 1908–1909, edited by Richard A. Pierce. *The Journal of Modern*

History, XXXVIII, 1 (1966) , p. 108.

5.67 Karl Jahn: Rashid al-Din's History of India. *Journal of Asian History*, I (1967) , pp. 101–102.

5.68 Immanuel C Y. Hsü: The Ili crisis. A study of Sino–Russian diplomacy. *Journal of Asian History*, I (1967) , pp. 100–101.

5.69 R. A. Skelton, Thomas A. Marton and George D. Painter: The Vinland Map and the Tartar Relation. *Bulletin of the School of Oriental and African Studies*, XXX (1967) , pp. 429–431.

5.70 E. R. Bevan: The House of Seleucus. *Journal of Asian History*, I (1967) , pp. 429–431.

5.71 Terence Armstrong: Russian Settlement in the North. *Journal of Asian History*, I (1967) , pp. 187–188.

5.72 Donald F. Lach and Carol Flaumenhaft: Asia on the eve of Europe's expansion. *Journal of Asian History*, I (1967) , p. 188.

5.73 John King Fairbank, Edwin O. Reischauer and Albert M. Craig: East Asia. The modern transformation. *Journal of Asian History*, I (1967) , pp. 180–181.

5.74 Eugene Schuyler: Turkestan. Notes of a journey in Russian Turkestan. *The Middle East Journal*, XXII, i (Winter 1968) , p. 108.

5.75 Andreas Tietze: The Koman Riddles and Turkic Folklore. *Journal of the American Oriental Society*, 89 (1969) , PP. 309–310.

5.76 N. Poppe: Vergleichende Grammatik der altaischen Sprachen. *Kratylos*, XII, ii (1969) , p. 219.

5.77 Nora K. Chadwick and Victor Zhirmunsky: Oral Epics of Central Asia. *Journal of Asian Studies*, XXIX, 1 (November 1969) , pp. 176–177.

5.78 R. E. Emmerick: Tibetan Texts Concerning Khotan. *Journal of Asian History*, III (1969) , pp. 182–183.

5.79 "Short notices of books received". *Journal of Asian History*, Ⅲ (1969), pp. 87–92, 185–188.

5.80 Henry Hart: Marco Polo. Venetian adventurer. *Journal of the American Oriental Society*, 90 (1970), pp. 405–406.

5.81 Klaus Sagaster: Subud Erike. Ein Rosenkranz aus Perlen. *Journal of Asian History*, Ⅴ (1971), pp. 159–160.

5.82 "Short notices of books received". *Journal of Asian History*, Ⅴ (1971), pp. 82–88.

5.83 René Grousset: The Empire of the Steppes. *Journal of Asian Studies*, XXX (1971), pp. 663–668.

5.84 Edward Allworth: Nationalities of the Soviet Far East. *Journal of the American Oriental Society*, 93 (1973), pp. 406–407.

5.85 "Short notices of books received". *Journal of Asian History*, Ⅵ (1972), pp. 194–199.

5.86 "Short notices of books received". *Journal of Asian History*, Ⅷ (1974), pp. 186–194.

5.87 E. Wilkinson: The History of Imperial China. A Research guide. *Journal of Asian History*, Ⅸ (1975), PP. 90–91.

5.88 Karl Jahn: Die Chinageschichte des Rasid ad–Din. *Journal of Asian History*, Ⅸ (1975), pp. 91–92.

5.89 Joseph Schacht and C. E. Bosworth: The Legacy of Islam. *Journal of Asian History*, Ⅸ (1975), pp. 174–175.

5.90 I. De Rachewiltz: Papal Envoys to the Great Khans. *Journal of the American Oriental Society*, 96 (1976), p. 472.

5.91 "Short notices of books received". *Journal of Asian History*, Ⅹ (1976), pp. 187–192.

5.92 Gian Andri Bezzola: Die Mongolen in Abendländischer Sicht (1220–1270): Ein Beitrag zur Frage der Völkerbegegnungen. The American

Historical Review, 81, 5 (December 1976) , pp. 1086–1087.

5.93 Louis Ligeti (ed.) : Monumenta Linguae Mongolicae Collecta and Indices Verborum Linguae Mongoluae Monumentis Traditorum. *Journal of Asian History*, XI (1977) , pp. 90–91.

5.94 J. D. Pearson: A Bibliography of Pre-Islamic Persia. *Journal of Asian History*, XI , (1977) , pp. 158–159.

5.95 "Short notices of books received". *Journal of Asian History*, XI (1977) , pp. 187–192.

5.96 Karl Nehring: "Zur Methode eines historischen Ortsnamenverzeichnisses von Südosteuropa". In Georg Heller and Karl Nehring: Comitatus Sirmiensis. Austrian History Yearbook, XII–XIII (1976–1977) , pp. 490–491.

5.97 Péter Hajdú : Finno-Ugrian Languages and Peoples. Ural–Altaische Jahrbücher, XLIX (1977) , pp. 126–127.

5.98 Jean Richard: La papauté et les missions d'Orient au Moyen Age. Speculum, LVI (1981) , pp. 645–647.

5.99 "Short notices of books received". *Journal of Asian History,* XV , 2 (1981) , pp. 191–196.

5.100 Louis Ligeti (ed.) : Proceedings of the Csoma de KÅrös Memorial Symposium, held at Mátrafüred, Hungary, 24–30 September 1976. *Ural-Altaische Jahrbücher,* LIV (1982) , p. 165.

5.101 Luc Kwanten: Imperial Nomads. A History of Central Asia 500–1500. *Journal of the American Oriental Society*, 102 (1982) , pp. 240–241.

5.102 Sevyan Vainshtein: Nomads of South Siberia: The Pastoral Economies of Tuva. *Slavic Review,* 44, 1 (1985) , pp. 146–147.

5.103 Linda Benson: The Ili Rebellion. The Moslem Challenge to Chinese Authority in Xinjiang 1944–1949. *Journal of Asian*

History, Vol. 26 (1992) , pp. 101–102.

5.104 Jaroslav Krej...i: The Civilizations of Asia and the Middle East. Before the European Challenge. *English Historical Review CIX* , No. 430 (1994) , p. 125.

5.105 S. A. M. Adshead: Central Asia in World History. *The International History Review* XVI , 3 (1994) , pp. 342–343.

5.106 Paul Ratchnevsky: Gengis Khan. His Life and Legacy. *The English Historical Review* 110 (1995) , pp. 440–441.

5.107 PETER B. GOLDEN: An Introduction to the History of the Turkic Peoples. *Journal of Asian History* 19 (1995) , pp. 87–89.

5.108 Fredrik T. Hiebert: Origins of Bronze Age Civilization. *Journal of the American Oriental Society* 117 (1997) , pp. 706–707.

5.109 Harriet T. Zurndorfer: China Bibliography. A Research Guide to Reference Works about China Past and Present. *Journal of Asian History* 30/2 (1996) , pp. 196–198.

5.110 Charles R. Bowlus: Franks, Moravians, and Magyars. The Struggle for the Middle Danube, 788–907. *Speculum* 72/1 (1997), pp. 112–114.

5.111 Laszlo Torday: Mounted Archers. The Beginnings of Central Asian History. *Journal of the Royal Asiatic Society* 3rd Series, Vol. 8 (April 1998) , pp. 134–136.

5.112 Yuri Bregel: Bibliography of Islamic Central Asia. *Journal of the American Oriental Society* 118 (1998) , pp. 119–120.

5.113 J.A. Boyle (ed. and trans.) : >Ata-Malik Juvaini. Gengis khan: The History of the World Conqueror. *The International History Review* 20 (1998) , pp. 405–406.

5.114 Richard N. Frye: The Heritage of Central Asia. From Antiquity to the Turkish Expansion. *The Journal of Asian History* 32/2

(1998), pp. 187–188.

5.115 Richard C. Foltz: Religions of the Silk Road: Overland Trade and Cultural Exchange from Antiquity to the Fifteenth Century *American Historical Review* 105,4 (October 2000), p. 1273.

5.116 Life as it is Lived on the Inner Asian Steppes-and beyond. Inner Asia. *The Times Higher Education Supplement* (London, April 20th, 2001), p. 32.

5.117 F.W. Mote: Imperial China, 900–1800. *The Historian* 64, (2001), pp. 165–166.

5.118 David A. Graff: Medieval Chinese Warfare, 300–900. *Journal of Military History* 66/4 (2002), pp.1189–1190.

5.119 Charles Holcombe: The Genesis of East Asia, 221 B.C.–A.D. 907. (Honolulu 2001) *The Historian* 65/5 (2003), pp. 103–104.

5.120 Kasinec, Wendy F. and Michael A. Polushin eds: *Expanding Empires: Cultural Interaction and Exchange in World Societies from Ancient to Modern Times.* (Wilmington 2002) *Journal of Asian History* 37/1 (2003), pp. 103–104.

5.121 Levi, Scott C.: *the Indian Diaspora in Central Asia and its Trade, 1550-1900.* (Leiden 2002) *Journal of Asian History* 37/1 (2003), pp.104–106.

5.122 Augusti Alemany: *Sources on the Alans. A Critical Compilation.* Handbook of Oriental Studies, Section 8, Central Asia, Vol.5 (Leiden: Brill 2000). *Journal of Asian History* 38/1 (2004), pp.41–42.

5.123 Xavier Tremblay: *Pour une histoire de la Sérinde. La manichéisme parmi les peuples et religions d'Asie Centrale d'après les sources primaires.* Österreichische Akademie der Wissenschaften, Veröffentlichungen der Komission für Iranistik Nr.29. (Wien:

Verlag der Österreichischen Akademie der Wissenschaften, 2001）. *Journal of Asian History* 38/1（2004）, pp.44–46.

5.124 Drews, Robert: *The Beginnings of Mounted Warfare in Asia and Europe*. New York: Routledge, 2004. *Journal of Military History* 69/1（2005）, pp. 127–128

5.125 de la Vaissière, Étienne: *Histoire des marchands sogdiens*. Paris 2002 *Journal of Asian History* 39/1（2005）pp.95–96.

5.126 Ruotsala, Antii, *Europeans and Mongols in th Middle of the Thirteenth Century: Encountering the Other*. Helsinki 2001 *Journal of Asian History* 39/1（2005）, pp.101–103.

5.127 Ménard, Philippe（ed.）: *Marco Polo. Le devisement du monde*, Vols. Ⅰ–Ⅲ, Genève 2001–2004. *Journal of Asian History* 39/2 pp. 182–183.

6. REMARKS MADE OR PAPERS READ AT CONFERENCES[1]

6.1 "Sur la terminologie linguistique". *Actes du 6e Congrès International des Linguistes*,（1949）, pp. 520–522.

6.2 "A Hitherto Overlooked John of Plano Carpini Manuscript". In II, 2, pp. 363–364.

6.3 "La Féodalité et les institutions politiques de l'Orient latin". *Atti Dei Convegni 12, Accademia Nazionale dei Lincei*, Roma, 1957, pp. 193–194.

6.4 "Notes on a Turkic word for 'boat'". *Trudy dvadcat pjatogo mezhdunarodnogo kongressa vostokovedov*, Ⅲ, Moskva, 1963, pp. 284–286.

6.5 Speech at the closing session of the 24th International Congress of Orientalists. *Akten des Vierundzwanzigsten Internationalen Orientalisten-Kongresses*, München 28 August bis 4. September

1 已出版发表者，不包含第 3 部分已列者。

1957, pp. 43–44.

6.6 Speech at the closing session of the 25th International Congress of Oreintalists. *Trudy dvadcat pjatogo mezhdunarodnogo kongress vostokovedov*, Moskva 8–16 Avgusta 1960, Vol. 1, pp. 67–68.

6.7 Rede auf der Schlussitzung der Tagung (2.9.1969) . In *Sprache, Geschichte und Kultur der altaischen Völker. Protokollband der XII. Tagung der Permanent International Altaistic Conference 1969 in Berlin*. Herausgegeben von George Hazai und Peter Zieme. Berlin: Akademie Verlag, 1974, pp. 19–20.

6.8 Speech at the closing session of the first Anyanyelvi Konferencia. *A magyar nyelvért és kulturáért. Tájékoztató az 1970. augusztus 1-15-3 között Debrecenben és Budapesten megrendezett anyanyelvi konferencia anyagából*, pp. 181–182.

6.9 Speech at the closing session of the Second International Congress of Mongolists, 1970. *The Second International Congress of Mongolists*, (Ulaanbaatar, 1973) , Vol. II , pp. 25– 26.

6.10 Speech at the opening meeting of the Fourth East Asian Altaistic Conference. *Proceedings of the Fourth East Asian Altaistic Conference*, December 26–31, 1971, Taipei, pp. 8–10.

6.11 Remarks made concerning Gyula Lászlό's opening lecture on "Die ungarische Landnahme und ihre Vorereignisse". *Congressus Quartus Internationalis Fenno-Ugristarum Budapest 1975*, Pars II , Budapest, 1980, pp. 219–220.

6.12 Speech at the opening session of the Fourth Anyanyelvi Knoferenceia: "Hogyan tovább?". August 2, 1981, *Nyelvünk és Kulturánk* special issue (1981) , pp. 33–35.

6.13 Intervention in a discussion held at the Fourth Anyanyelvi Konferencia, Pécs. August 2–8, 1981: "Magyaroktatás az amerikai egyetemeken". *Nyelvünk és Kulturánk* special issue (1981), pp. 283–284.

6.14 Opening remarks: *Report of International Conference on China Border Area Studies*. National Chengchi University, April 22– 29, 1984, Taipei, 1985, pp. 72–75.

6.15 Keynote address at the Hungarian Language Pedagogy Workshop organized on the Bloomington campus by the Inner Asian and Uralic National Resource Center.

6.16 Paper read at the 211th Meeting of the American Oriental Society *The Inauguration of the Inner Asian Ruler* Toronto, April 1, (2001).

6.17 Paper read at the 44th Meeting of the Permanent International Altaistic Conference *Some Remarkable Women in Inner Asian History* Walberberg, Germany August 28 (2001).

6.18 Paper read at the 212th meeting of the American Oriental Society *On iron in Pre-Modern Inner Asia* Houston TX, March 22nd (2002).

6.19 Paper read at the 214th meeting of the American Oriental Society: "The British and Sixteenth-Century Central Asia". March 12, 2004, San Diego CA.

6.20 Welcoming remarks. György Ránki Hungarian Chair Symposium. "Imre Kertész in Perspective: Hungarian and Jewish Culture in the 20th Century". Bloomington Campus, April 2, 2004.

6.21 Opening lecture at the First International Conference on the Medieval History of the Eurasian Steppe, Szeged, "*Reflections on the history and historiography of the nomad empires of Central Eurasia.*" May 11, 2004.

6.22 Paper read at the 215th meeting of the American Oriental Society: "Skiing in Ancient and Medieval Inner Asia". March 18th, 2005, Philadelphia PA.

6.23 Paper read in Paris at the UNESCO Roundtable Conference: "Recollections of Twenty-Five Years of *History of Civilizations of Central Asia*". December 5, 2005, Paris.

7. PREFACES, FOREWORDS, INTRODUCTIONS TO BOOKS AND NEWSLETTERS

7.1 Introducing PIAC. The Fifth meeting of the Permanent International Altaistic Conference, in 2.3, pp. 1–14.

7.2 Untitled remarks by the Secretary General (Denis Sinor) of the Permanent International Altaistic Conference introduce each *PIAC Newsletter*, No. 1–No. 15. (1966–1968) .

7.3 Introduction, in 9.10, pp. xi–xvii.

7.4 Introduction to the reprint of W. Radloff, *Proben der Volksliteratur der türkischen Stämme Süd-Sibiriens*, Indiana University Uralic and Altaic Series, Vol. 79/1, Indiana University Publications, 1976, pp. v–xi.

7.5 Foreword in 2.5, p. vii.

7.6 Preface in 2.6, pp. v–vi.

7.7 Introduction in reprint of Sir Henry Rawlinson, *England and Russia in the East*, Source Books and Studies in Inner Asia. New York: Praeger, 1970, pp. vi–viii.

7.8 Introduction to reprint of T. W. Atkinson, *Oriental and Western Siberia*, Source Books and Studies in Inner Asia, New York: Praeger, 1970, pp. v–vii.

7.9 Introduction in reprint of Arminius Vambery, *Travels in Central Asia*, Source Book and Studies in Inner Asia. New York: Praeger, 1970, pp. v–vii.

7.10 Introduction in reprint of James Gilmour, *Among the Mongols*.

Source Books and Studies in Inner Asia, New York: Praeger, 1970, pp. v–vii.

7.11 Introduction in reprint of N. Elias and E. Denison Ross, *A History of the Moghuls of Central Asia*, Source Books and Studies in Inner Asia, New York: Praeger, 1970, pp. v–viii.

7.12 Dedication in 2.8, pp. 7–8.

7.13 Preface in 2.9, p. ix.

7.14 Editor's Introduction in 2.9, pp. xi–xxi.

7.15 Preface in 2.10, in press.

7.16 Introduction in 2.10, in press.

7.17 Preface in 2.11, in press.

8. ITEMS PUBLISHED IN NEWSPAPERS AND MAGAZINES

8.1 Gy ztes ország a béke 16. évében. *Magyarország*, 24 August 1934.

8.2 Németországi mozaik. *Délmagyarország*, 24 July 1934.

8.3 Németországi mozaik. *Délmagyarország*, 2 August 1934.

8.4 Id szer gondolatok. *Makói Friss Újság*, 25 August 1934.

8.5 Id szer gondolatok. *Makói Friss Újság*, 31 August 1934.

8.6 A vándorló Németország. *Magyarország*, 18 September 1934.

8.5 Id szer gondolatok. *Makói Friss Újság*, 31 August 1934.

8.6 A vándorló Németország. *Magyarország*, 18 September 1934.

8.7 Búcsú egy hazatér t l. "*Újság*", 3 March 1943.

8.8 La Hongrie a disparu. *L'Hebdomadaire Temps Présent*, 9 October 1946.

8.9 Hogyan fejleszthet k a magyar–francia kereskedelmi kapcsolatok?, *Kereskedelmi Élet*, 4 January 1948.

8.10 Le relèvement economique hongrois et les relations commerciales franco-hongroises. *L'Echo de la Finance*, 16 January 1948.

8.11 Skull and Crossbones (letter to the Editor) . *The Sunday Times*, 13 June 1954, p. 2.

8.12 Cultural Exchanges with Russia (letter to the Editor) . *The Times*, 19 August 1954, p. 7.

8.13 Orientalists' Congress (letter to the Editor) . *The Manchester Guardian*, 30 August 1954.

8.14 The Failure of President Benes (letter to the Editor) . *The Spector*, 23 May 1958, p. 659.

8.15 Letter to the Editor on Medicare. *Daily Herald Telephone* (Bloomington, Indiana) , 22 February 1965, p. 9.

8.16 Magyarsάgtudomάny az amerikai agyetemeken. *Magyar Nemzet* (Budapest) , 12 August 1973.

8.17 Letter to the Editor on the Hungarian Crown. *Indianapolis Star*, 15 November 1977.

8.18 Letter to the Editor on the armament. *The Washington Post*, 29 November 1981, section C, p. 6.

8.19 Letter to the Editor: On the Road to Peking–Moscow Détente. *The New York Times*, 27 October 1982.

8.20 Letter to the Editor: International Studies. *The Economist*, 26 March–1 April 1983.

8.21 Eurasia in the Middle West. *Arts and Sciences,* (Indiana University, Bloomington) Volume 11, Number 1 Winter 1987–88, pp. 15–16.

8.21 Letter to the Editor *The Criterion* AA Question about Natural Family Planning@ October 18, 2002, p.5.

8.22 Reply to a letter by Richard Foltz to the Editor of *The American Historical Review* concerning an unfavorable review of his book

Religions on the Silk Road. The American Historical Review Vol. 106, No.4 October 2002, p.1537.

8.23 War Based on Lies@ letter to the Editor *Hoosier Times* (Bloomington IN) August 12, 2003.

9. VARIA[1]

9.1 Nécrologie: G.J. Ramstedt. *T'oung Pao*, XLI (1952), pp. 230–233.

9.2 Nécrologie: Marian Lewicki (1908–1955). *Journal Asiatique*, (1958), pp. 467–468.

9.3 Reply to Dr. Erik Molnár. *Journal of World History/Cahiers d'Histoire Mondiale*, V (1959), pp. 507–508.

9.4 Islamic Studies in Britain. New Series. *British Bulletin. Educational Supplement*. British Information Services, Pakistan, 14 March 1959.

9.5 The Civilization of Central Eurasia. Report: *Yearbook 1964 of the American Philosophical Society*, pp. 614–615.

9.6 A szívroham dícsérete (A poem). *Látóhatár*, XV (1965), p. 409.

9.7 A report on the eighteenth meeting of the PIAC. *The Mongolia Society Bulletin*, Ⅳ, 2 (Fall 1965), p. 41.

9.8 Report on the XXⅦ International Congress of Orientalists. *PIAC Newsletter*, 1 (1966), p. 4.

9.9 Report on the XXⅦ International Congress of Orientalists. *PIAC Newsletter*, 2 (1967), pp. 2–3.

9.10 Translation from the French of René Grousset, *Conqueror of the World*, in collaboration with Marian McKellar. New York: Orion Press, 1967; Edinburgh: Oliver and Boyd, 1967; New York:

1 讣告、打印报告、教辅、译笔、诗歌、广播及电视采访等。

Viking Compass Book, 1972.

Review: *The Times Literary Supplement*, 9 November 1967, p. 1055.

9.11 Bibliographical note on the works dealing with Mongol history of the $13^{th}-15^{th}$ centuries, in 9.10, p. 293–300.

9.12 Reply to "Music for DeGaulle's French Horn". Editorial. The WFBM Stations, Radio and Television, 4 December 1967.

9.13 Miért tanuljunk magyarul?, *Magyar Hírek*, XXI, 24 (30 November 1968), p. 3.

9.14 Live interview on Mongolia, Canadian Broadcasting Corporation, 21 June 1971.

9.15 Report on the Second International Congress of Mongolists, Ulan Bator, September 3–11, 1970. *PIAC Newsletter*, 6 (1971), p. 11.

9.16 Report on the Fourth East Asian Altaistic Conference. *PIAC Newsletter*, 7 (1972), p. 2.

9.17 Important old books in new garb. *PIAC Newsletter*, 7 (1972), pp. 22–24.

9.18 What is Inner Asia? Indiana University Asian Studies Research Institute. *Teaching Aids for the Study of Inner Asia*, No. 1 (1975), 33 pp.

9.19 Homage to Alo Raun, 1975, p.1.

9.20 Obituary. Professor Julius Németh. *Journal of the Royal Asiatic Society*, (1977), pp. 235–236.

9.21 Statement of Denis Sinor, Indiana University, Department of Uralic and Altaic Studies. In: *The Holy Crown of St. Stephen and United States-Hungarian Relations*. Hearings before the Subcommittee on Europe and the Middle East of the Committee on International

Relations, House of Representatives. Ninety-fifth congress. First Session. November 1977 (Washington, D.C., 1978) , pp. 150–151.

9.22 Az Indiana University magyar Katedrája. *Hungarológiai Értesit*, Ⅱ (1980) , pp. 468–469.

9.23 Felix Oinas and Finno–Ugric Studies at Indiana University. In *Felix Johannes Oinas Bibliography*. Compiled by Ronald F. Feldstein. Köln: E.J. Brill, 1981, pp. 47–48. Arcadia Bibliographica Virorum Eruditorum, Fasciculus 4.

9.24 László Országh: a personal memoir. *Hungarian Studies*, Ⅰ (1985) , pp. 356–358.

9.25 In Memoriam Karl Jahn, 1906–1985. *PIAC Newsletter,* 16 (1986), pp.3–5.

9.26 In Memoriam Louis Ligeti, (1902–1987) . *PIAC Newsletter* 17 (1987) , pp.2–3 = Published also in *Ural-Altaische Jahrbücher/ Ural-Altaic Yearbook* 60 (1988) , pp.195–196.

9.27 Emlékezés Ránki Györgyre. *Kritika* (Budapest) 1988, No.8, pp.12–13. = Published also in *Itt-Ott* 21/2 (1988) , pp.8–10.

9.28 Remembrance of John Gombojab Hangin. *Mongolian Studies* 13 (1988) , pp.15–17.

9.29 Obituary: Joseph S. Sebes S.J. *Newsletter of the American Oriental Society* No.11, pp.1–2.

10. LECTURES

10.1 "A Régi török helyhatározóragok ismeretéhez". KÅrösi Csoma Társaság (Budapest) , February 1939.

10.2 'L'Ouralo-altaïque".Société Asiatique (Paris, 12 April 1941) .

10.3 “Protohistoire ouralo-alatïque”. Ecole Nationale des Langues Orientales (Paris) , 5 lectures: April–May 1942.

10.4 “L’Origine des T’ou-kiue”. Société Asiatique, 8 May 1942.

10.5 “Magyar nyelv”. Ecole Nationale des Langues Orientales, course taught: 1939–1940 and 1940–1941.

10.6 “Introduction ɑ̀ l’histoire de l’Eurasie Centrale”. Toulouse Institut Catholique, 6 lectures: December 1942–January 1943.

10.7 “Correspondances de vocabulaire ouralo-altaïques”. Société Asiatique, 14 May 1943.

10.8 “Missionnaires hongrois chez les Mongols”. Socété Asiatique, 21 April 1944.

10.9 “Mur, ville, enclos”. Société Linguistique (Paris) , 1 December 1945.

10.10 “Les Pygmées et les oiseaux migrateurs”. Institut Français d’Anthropologie (Paris) , 20 March 1946.

10.11 “Le roi Boeuf ”. Société Asiatique, 10 May 1946.

10.12 “L’état actuel du problème ouralo-altaïque”. Société de Linguistique, 15 February 1947.

10.13 “Les flèches ‘nou’”. Société Asiatique, 12 June 1947.

10.14 “Les Avars”. Institut des Hautes Études Chinoises de l’Université de Paris, course taught: Spring 1947.

10.15 “Mandjou”. Ecole Nationale des Langues Orientales, course taught: 1927–1948.

10.16 “Le verbe mandjou”. Société de Linguistique, 17 april 1948.

10.17 “Le problème tchouvache”. Société Asiatique, 14 May 1948.

10.18 “The Uralo–Altaic Linguistic Family”. Birmingham University Linguistic Circle, 10 January 1949.

10.19 “On Monsters”. Shirley Society, St. Catherine’s College

(Cambridge) 29 January 1950.

10.20 "On Some Aspects of the Ural–Altaic Problem". Stockholm Magyar Intézet, 25 May 1950.

10.21 "Universities and the State". Christmas Vacation course of the British Council on "The place of the University in Modern Life", 2 January 1950.

10.22 "L'état actuel des études tongouzes". XXII Congress of Orientalists (Istanbul) , 21 September 1951.

10.23 "Some impressions of the Balkans". United Nations Association, Cambridge branch, 17 October 1951.

10.24 "The System of Possessive Suffixes in the Ural–Altaic Languages". Philological Society (London) , 18 January 1952.

10.25 Title not known. University of Göttingen, 1952.

10.26 Title not known. University of Hamburg, 1952.

10.27 "Hungary". United Nations Association, Datchworth Branch, 13 February 1952.

10.28 "Hungary's Position in Eastern Europe Today". Cambridge University United Nations Association, 14 February 1952.

10.29 "Polite Speech in Hungarian". Modern Language Society, 22 February 1952.

10.30 "The roles of women in different countries". Business and Professional Woman's Club (Cambridge) , 27 February 1953.

10.31 "Monsters". Royal Asiatic Society, 14 January 1954.

10.32 "The problem of the Uralic–Altaic Relationship". Philological Society (Oxford meeting) , 6 March 1954.

10.33 "Nouvelle lumière sur le voyage de Jean de Plan Carpin et les relations mongolo–hongroises". 23rd International Congress of Orientalists (Cambridge) , 25 August 1954.

10.34 "Quelques remarques sur les relations entre les Mongols et l'"Europe médiévale". Instito per l'Oriente (Roma) , 20 May 1955.

10.35 "Les Mongols et l'Europe médiévale". Istituto Universitario Orientale (Naples, Italy) , 3 June 1955.

10.36 "Unesco Project". Seventh Conference of the Association of British Orientalists (Oxford) , 19 July 1955.

10.37 "Le cheval en l'Eurasie Centrale". Société Asiatique, 13 January 1956.

10.38 "Les monstres septentrionaux". Musée Guimet (Paris) , 15 January 1956.

10.39 "The Barbarians" . The British Academy, 9 May 1956.

10.40 "Impressions of Hungary". Cambridge Rotary Club, 4 September 1956.

10.41 "Oriental Studies in Hungary". 8th Conference of British Orientalists (Cambridge) , 18 September 1956.

10.42 "The Situation in Hungary". Open Meeting, Great St. Mary's Church (Cambridge) , 13 November 1956.

10.43 "The Background of the Hungarian Revolution". United Nations Association (Cambridge city) , 4 December 1956.

10.44 Title not known. University of Graz Austria) , 1956.

10.45 "The Background of the Hungarian Revolution". Cambridge University United Nations Association, 2 lectures: 25 February and 4 March 1957.

10.46 "Pygmäer und Zugvögel". Orientalisches Institut der Universität Wien, 13 June 1957.

10.47 "12 Montshs of Kadar". Cambridge University United Nations Association, 13 October 1957.

10.48 "U.N.A. and World Affairs". United Nations Association (Felixstowe), 1 November 1957.

10.49 "Probleme der tungusischen Philologie". 2. Altaische Arbeitstagung (Mainz), 24, 1959.

10.50 "Einige Probleme der ungarischen Vorgeschichte". Universität Hamburg, Philosophische Fakultät, 30 June 1959.

10.51 "Translations in general and current translation programmes in particular". 10th Conference of British Orientalists (Bangor), 7 July 1959.

10.52 "Trends in Hungarian Literature". Modern Language Society (Cambridge), 28 January 1960.

10.53 "Lateinische und griechische Quellen zur zentralasiatischen Geschicte". 3rd meeting of the Permanent International Altaistic Conference, Burg Liebenstein (German Federal Republic), 28 June 1960.

10.54 "An Altaic word for 'boat'". 25th International Congress of Orientalists (Moscow), August 1960.

10.55 "Impressions of the 25th International Congress of Orientalists at Moscow". Royal Asiatic Society, 13 October 1960. (with Sir Gerard Clauson and David Lang)

10.56 "Traveling words". Cambridge University Linguistic Society, 23 November 1961.

10.57 "The scope and importance of Altaic studies". 172nd meeting of the American Oriental Society (Cambridge, Mass.), 3 April 1962.

10.58 "The Mongol conquest of the West and some of its consequences". Harvard Yenching Institute (Cambridge, Mass.), 9 April 1962.

10.59　"Some Altaic names for bovines". Near and Middle Eastern Institute, Columbia University (New York) , 13 April 1962.

10.60　"On Mongol strategy". 173rd meeting of the American Oriental Society (Washington, D.C.) , 27 March 1963.

10.61　"Die Frage der ural–altaischen Sprachverwandtschaft im Lichte der neueren Forschung". Finnisch–ugrisches Seminar, University of Hamburg, 21 June 1963.

10.62　Title not known. The Toyo Bunko (Tokyo) , January 1964.

10.63　"On the words for 'writing' in Central Eurasia". 26th International Congress of Orientalists (New Delhi) , January 1964.

10.64　"The present state and future tasks of Mongolian studies". 174th meeting of the American Oriental Society (New York) , 9 April 1964.

10.65　"Present problems of Altaic linguistics". University of Pennsylvania, Linguistic Department, Department of Oriental Studies, 9 April 1964.

10.66　The Mongol invasion of California,@ Los Angeles, 30 April 1964; University of California, Berkeley: Department of Near Eastern Languages, Department of Oriental Languages, 1 May 1964.

10.67　"Altaic words for 'horse'". 7th PIAC, De Pietersberg (Holland) , 1964.

10.68　"Altaic peoples in the literature of the Renaissance". 175th meeting of the American Oriental Society (Chicago) , 15 April 1965.

10.69　"Asian Studies as an Academic Discipline". A "Seminar on Asian Studies", Indiana University Northwest (Gary, Indiana) , 19

March 1965.

10.70　“Conventional ‘Orientalism’ and modern ‘Asian Studies’”. 49th meeting, Middle-West Branch of the American Oriental Society, Wayne State University (Detroit) , 25 March 1966.

10.71　“Trade with the Barbarians”. 176th meeting American Oriental Society (Philadelphia) , 19 April 1966.

10.72　“The Mongol conquest of the West and some of its consequences”. University of Chicago, Committee on Far Eastern Civilizations, 25 May 1966.

10.73　“Történelmi hipotézis a magyar nyelv töténelmében”. A magyar nyelv történelme és rendszere. Nemzetközi Nyelvéskongresszus. 1966, Aug. 24–28. Debrecen, Hungary 1966.

10.74　“Idegen civilizációk kutatása az Egyesült Államokban”. Nemzetközi Kulturkapcsolatok Intézete (Budapest) , 12 September 1966.

10.75　“Altajiszikai kutatások az Egyesült Államokban”. Magyar Nyelvtudományi Társaság orientalisztikai szakosztálya. Eötvös Lóránd Tudományegyetem (Budapest) , 14 September 1966.

10.76　“Linguistic Conferences in Europe. A Report”. Ethnolinguistic Seminar, Indiana University (Bloomington, Ind.) , 31 October 1966.

10.77　“Hungary: Ten years after”. Department of Government and History, Indiana University (Bloomington, Ind.) , 8 December 1966.

10.78　“Asia, Unity and Diversity”. Colloquium Asiaticum, Indiana University (Bloomington, Ind.) , 14 February 1967.

10.79　“Changing Hungary: 1956–1966”. University of Notre Dame (South Bend, Ind.) , 5 April 1967.

10.80 “The Importance of the ‘Vinland Map’ for Oriental Studies”. 178th meeting of the American Oriental Society（Berkley, California）, 19 march 1968.

10.81 “Tunguz data in John Bell’s travelogue”. 11th PIAC, Hørsholm（Denmark）, 4 june 1968.

10.82 “Geschichtliche Hypothesen und Sprachwissenschaft in der finnougrischen Urheimatsforschung”. Geächtnis–Symposium Martinus Fogelius（Hamburg）, 7 June 1968（see 3.57）.

10.83 “Geschichte und Sprachwissenschaft”. Deutsche Akademie der Wissenschaften（East Berlin）, 12 June 1968.

10.84 “Über die Entwicklung der altaischen Studien”. Ostasiatisches Seminar（Leipzig）, 14 June 1968.

10.85 “Nomads and History”. American Historical Association, 28 December 1968.

10.86 “Trade in Inner Asia”. Association for Asian Studies, 29 March 1969.

10.87 “Problems of Mythical Geography”. American Philosophical Society, Annual General Meeting（Philadelphia）, 25 April 1969.

10.88 “Stand und Aufgaben der internationalen altaistischen Forschung”. Humboldt Universität（Berlin）, 29 August 1969.

10.89 “The vocabulary as a source of information on domestic animals”. 180th meeting of the American Oriental Society（Baltimore, Md.）, 15 April 1970.

10.90 “The integration of Mongolian history into the historiography of the world”. 2nd International Congress of Mongolists（Ulan Bator, Mongolian People’s Republic）, September 1970.

10.91 “Impressions of a recent trip to Hungary, the USSR, and Mongolia”. Russian and East European Institute, Indiana

University (Bloomington, Ind.) ,28 October 1970.

10.92　"A visit to Outer Mongolia". 53rd meeting of the Middle-West Branch, American Oriental Society (Chicago) , 10 November 1970.

10.93　"Inner Asian studies as an academic discipline". Presidential address. Mid-West Branch of the American Oriental Society, November 1970.

10.94　"'7' and '100': a linguistic problem common to Uralic–Altaic and Indo–European". 28th International Congress of Orientalists (Canberra, Australia) , January 1971.

10.95　"Early British Commercial Attempts in Inner Asia". 23rd meeting of the Association for Asian Studies (Washington D.C.) , 30 March 1971.

10.96　"Patterns of Trade in Inner Asia in the medieval period". 181st meeting of the American Oriental Society (Cambridge, Mass.) , 5 April 1971.

10.97　"Uralo–Tunguz lexical correspondences". 14th PIAC (Szeged, Hungary) , 24 August 1971.

10.98　"Miért nincs Szeged BelsÅ-Ázsiában". University of Szeged (Hungary) , 11 October 1971.

10.99　"Barbárok". KÅrösi Csoma Society (Budapest) , 12 October 1971.

10.100　"Horse power". 182nd meeting of the American Oriental Society (Chapel Hill, North Carolina) , 18 April 1972.

10.101　"A magyar nyelv udvariassági formái a két világhábor ú kiötz idÅben". Magyar Nyelvészek II. Nemzetközi Kongresszusa (Szeged), 23 August 1972.

10.102　"Hungary in the 20th Century". History Society, DePaul

University (Chicago) , 2 April 1973.

10.103 "The historical concept of the 'Barbarian'". Duquesne University (Pittsburgh) , 21 September 1973.

10.104 "A hungarologia okatásának néhány kérdése Amerikában". Pittsburghi Magyar Társaság (Pittsburgh) , 22 September 1973.

10.105 "A Biographical Dictionary of Orientalists". 56th meeting of the Middle-West Branch, American Oriental Society (Chicago) , 9 November 1973.

10.106 "Introduction aux civilisations de Haute Asie". 6 lectures, Institut National des Langauges et Civilisations Orientales (Paris), April 1974.

10.107 "What is Inner Asia?". 17th PIAC (Bad Honnef, German Federal Republic) , 6 June 1974.

10.108 "Le Mongol vu par l'Occident". Colloque: "1274–Année charnière–Mutations et continuités" (Lyon, France) , 1 October 1974.

10.109 "On Oriental Monsters". Asian Art Society, Washington University (St. Louis) , 3 April 1975.

10.110 "The present state of Uralic–Altaic comparative studies". International Symposium Commemorating the 30th Anniversary of Korean Liberation (Seoul, South Korea) , 13 August 1975.

10.111 "Elmélkedések az ural–altaji kérdésrÅl". Magyar Tudományos Akadémia Nyelvtudományi Intézete, 25 September 1975.

10.112 "L'apport turco–mongol: voies de pénétration". Colloque: "L'acculturation turque dans l'Orient et le Méditerranée: emprunts et rapports" (Paris) , 20 October 1975.

10.113 "The Inner Asian Armies". Presidential Address, 186th meeting of the American Oriental Society (Philadelphia) , 16 March

1976 (see also 10.115) .

10.114 "Fence, Enclosure, City". 19th meeting of PIAC (Helsinki) , June 1976.

10.115 "The Inner Asian armies". 30th International Congress of Orientalists (Mexico City) , 6 August 1976. This is a shortened version of 10.113.

10.116 "Indiana University Ural–Altáji tanszéke: multja, jelnje és jövÅje". Magyar Baráti KözÅsség, Itt–Ott (Lake Hope, Ohio) , 29 August 1976.

10.117 "Inner Asia and the Sedentary World". Saint Joseph's College (Renssalaer, Ind.) , 11 October 1976.

10.118 "Inner Asia: the Heartland of the World". Ball State University (Muncie, Ind.) , 20 October 1976.

10.119 "Russian-Chinese Relations and the role of Inner Asia". Purdue University: Department of History (Lafayette, Ind.) , 7 November 1977.

10.120 "Western Medieval Views of the Mongols" . Medival Studies Institute, Indiana University (Bloomington, Ind.) , 10 November 1977.

10.121 "Church and State in Contemporary Hungary". Midwest Slavic Conference (Bloomington, Ind.) , 14 April 1978.

10.122 "The importance of Inner Asia for the comparative study of civilizations". 7th meeting of the International Society for the Comparative Study of Civilizations, University of Wisconsin (Milwaukee) , 16 April 1978.

10.123 "Western view of the Mongols in the 13th century". University of Saskatcgewan (Canada) , 1 November 1978.

10.124 Commentator: State, Society and Ideology in 18th century

Hungary (panel) . Midwestern American Society for the 18th Century Studies, Un0iversity of Kansas (Lawrence, Kansas) , 17 November 1978. (could not attend; comments read)

10.125 "The Medieval Image of the Mongols". 8th meeting of the International Society for the Comparative Study of Civilizations, California State University (Northridge, California) , 24 March 1979.

10.126 "A vallάsok és a magyar άllam viszonya a 18, 19, és 20. szάzadban". Hungarian Cultural Society–Magyar Kulturάlis Tάrsasag (Columbus, Ohio) , 13 May 1979.

10.127 "The Soviet Union and the Muslim World". Indiana State University (Terre Haute) , 27 February 1980.

10.128 "The origins of the Turkic word *balïq*". 23rd PIAC (Vienna, Austria) , 29 July 1980.

10.129 "1956 and I: Personal Reminiscences". Symposium on the Hungarian Revolution of 1956, Kent State University (Kent, Ohio) , 2 May 1981.

10.130 "Medieval Interpreters". 11th Convention of the Popular Culture Association (Cincinnati, Ohio) , 29 March 1981.

10.131 "Hungarians and Turks in the Pre-Ottoman Period". International Conference, Hungarian History–World History, Indiana University (Bloomington, Ind.) , 7 April 1981.

10.132 "A hungarológia helyzete az Egyesült Államokban". Budapest I. Nemzetközi Hungarológiai Kongresszus, 10 August 1981.

10.133 "Interpreters in medieval Inner Asia". 24th PIAC (Jerusalem) , 18 August 1981.

10.134 "Three Chinese versions of the legend concerning the origin of the Turks". 192nd meeting of the American Oriental Society

(Austin, Texas), 29 March 1982.

10.135 "Types of food production in Inner Asia". Symposium on hunting-gathering and food-production tupe economies of the Neolithic cultures of Central Asia, (Dushanbe, Tajik SSR,USSR), 9 April 1982.

10.136 "Some thoughts on the origin of the Türks". 25th PIAC (Uppsala), 9 June 1982.

10.137 "Egy agyazsoldos naplójából". A Magyar Nyelv és Kult ú ra Franciaországi Baráti Köre (Paris), 21 June 1982.

10.138 "Hungary". Mature Living Seminars: "Hope amid Turmoil", Marian College (Indianapolis), 21 September 1982.

10.139 "Afghanistan". Mature Living Seminars: "Hope and Turmoil", Marian college (Indianapolis), 19 October 1982.

10.140 "The Mongols in Europe". University of Kansas: Center for East Asian Studies, Center for Humanistic Studies (Lawrence, Kansas), 25 October 1982.

10.141 "The International Role of the Mongolian People's Republic". Woodrow Wilson International Center for Scholars (Washington, D.C.), 5 January 1983.

10.142 "Central Asian Studies in the University". Conference on the Study of Central Asia, Kennan Institute for Advanced Russian Studies (Washington, D.C.), 11 March 1983.

10.143 "The Bird that Saved the life of Chinggis Khan". 193rd meeting of the American Oriental Society (Baltimore), 21 March 1983.

10.144 "The Mongolian People's Republic: a Profile". Cosmos Clun Noon Forum (Washington, D.C), 8 March 1983.

10.145 "Pre-Turkish Turkic Presence in the Region of the Mediterranean and the Black Sea". First International

Conference on Turkic Studies, Indiana University (Bloomington, Ind.), 19 May 1983.

10.146 "A tolmácsok szerepe a középkori BelsÅ Ázsiában". Magyar Tudományos Akadémia, 20 June 1983.

10.147 "'Umay', a Mongol term in Old Turkic". 25th PIAC (Chicago), August 1983.

10.148 "On the earlist habitats of the Turkic peoples". 31st International Congress of the Human Sciences in Asia and North Africa (Tokyo–Kyoto), 2 September 1983.

10.149 "Altaic Studies in the United States". "International Kuriltay". Haneda Memorial Hall (Kyoto), 5 September 1983.

10.150 "The Concept of Inner Asia". Hokkaido University (Sapporo, Japan), 9 September 1983.

10.151 "Muslims in the USSR". Seminar: Religion and National Identity in the Soviet Union and Eastern Europe. Russian and East European Institute, Indiana University (Bloomington, Ind.), 12 November 1983.

10.152 "Joys and sorrows editing the *Journal of Asian History*". International Association of Historians of Asia (Manila, The Philippines), 23 November 1983.

10.153 "The Road Across the Top of the World: The Karakorum Highway". Public Lecture, Office of Research and Graduate Development, The University Club, Indiana University (Bloomington, Ind.), 17 January 1984.

Lecture repeated:

Plenary Session of the 194th meeting of the American Oriental Society (Seattle), 27 March 1984.

The Honors Program Departmental Visiting Scholar in History,

Southern Oregon State College (Ashland, Oregon) , 29 March 1984.

10.154 "The Karakorum Highway". The Explorers Club, Washington, D.C. Group, 14 March 1984.

10.155 "Hullabaloo about 'hullabaloo'". 194th meeting of the American Oriental Society (Seattle) , 27 March 1984.

10.156 "Bels Ázsia és a magyar störtént". Magyar störténet és nemzeti tudat. Tudományos Konferencia (Budapest) , 10 April 1984.

10.157 "'Umay', a Mongol spirit honored by the Türks". International Conference on China Border Area Studies (Taipei, Taiwan) , 24 April 1984.

10.158 "The economic aspects of Inner Asian History". Institute of History of the Chinese Academy of Social Sciences (Peking) , 5 May 1984.

10.159 "The Earliest Turks in Chinese Turkestan". Government Guesthouse (Urumchi, Sinxiang) , 10 May 1984.

10.160 "Mongol studies in the West". Inner Mongolian Branch of the Chinese Academy (Huhhot, Inner Mongolian) , 13 May 1984.

10.161 "Skull and Crossbones". 27th PIAC (Walberburg, Federal Republic of Germany) , 14 June 1984.

10.162 "Út a világ tetejére". Magyar Tudományos Akadémia Nyelv és Irodalomtudományi Osztálya, 27 June 1984.

10.163 "The Problem of the Uralic-Altaic linguistic relationship". Institut Jazykoznanija, Akademii nauk SSSR (Moscow) , 3 July 1984.

10.164 "The Karakorum Highway". Institut vostokovedenija, Akademii nauk SSSR (Moscow) , 4 July 1984.

10.165 "Inner Asian Studies in the U.S.". Institut etnografija, Akademii nauk SSSR (Moscow) , 11 July 1984.

10.166 "The Mongols and the West". Medieval Academy of America (Bloomington, Ind.) , 11 April 1985.

10.167 "Diplomatic Usage in Medieval Inner Asia". 195th meeting of the American Oriental Society (Ann Arbor, Michigan) , 15 April 1985.

10.168 "The Scope of Hungarian Studies". American Hungarian Educators Association (Bloomington, Ind.) , 26 April 1985.

10.169 "Gesandtschaftsverkehr im mittelalterlichen Mittelasien". Public Lecture, University of Frankfurt (Frankfurt, Federal Republic of Germany) , 4 July 1985.

10.170 "An Inner Asian Story in 13th Century Italian Literature". 28th meeting of the PIAC (Venice, Itlay) , 10 July 1985.

10.171 "Az ural–altaji nyelvrokonsǻg kérdéséhez". 5th International Finno–Ugric Congress (Syktyvkar, USSR) , 26 July 1985.

10.172 "Keynote Address". 5th Anyanyelvi Kongerencia (Veszprém, Hungary) , 5–10 August 1985.

10.173 "On the Problems of Multilingualism in Central Asia and the Use of Interpreters". (Alma Ata, USSR) , 18 September 1985.

10.174 How to Become a Great Khan@. 196th meeting of the American Oriental Society

(New Haven, Connecticut) , 10 March 1986.

Lecture repeated:

Mongolian Society 25th Anniversary Celebration, The Asia Society (New York) 8.

November 1986.

34th meeting of the Permanent International Altaistic Conference (Berlin, Germany) , 21 June 1991.

10.175 Notes on the History of the First Türk Empire (552–657) @. XXXII International Congress for Asian and North African Studies (Hamburg, Germany) , 26 August 1986.

10.176 The Road to the Top of the World@.Meadowood Retirement Community (Bloomington, Indiana) , 12 January 1987.

10.177 Who Were the Early Türk Rulers and Over Whom Did They Rule?@. 197th meeting of the American Oriental Society (Los Angeles, California) , 24 March 1987.

10.178 The Turkic Title Tutuz Rehabilitated@. 198th meeting of the American Oriental Society (Chicago, Illinois) , 22 March 1988.

10.179 Some Remarks on the History of the Huns@. 31st meeting of the Permanent International Altaistic Conference (Weimar, Germany) , 14 June 1988.

10.180 Considerations on the Terms for Anorth@ in the Altaic Languages@. 32nd meeting of the Permanent International Altaistic Conference (Oslo, Norway) , 13 June 1989.

10.181 Taking an Oath Over a Dog Cut In Two@. 200th meeting of the American Oriental Society (Atlanta, Georgia) , 26 March 1990.

10.182 The Origins of the Uighur State@ 33rd International Congress of Asian and North African Studies (Toronto, Canada) , 20 August 1990.

10.183 Medieval Contacts Between the Latin and the Altaic Worlds@. Conference: Itinerari di idee uomini e cose tra est ed ovest Europeo (Udine, Italy) , 22 November 1990.

10.184 Szubjektiv emlékezé: a berlini Collegium Hungaricum és a párizsi Centre d=Etudes.

Hongroises a harmincas èvekben@. III nemzekÇzi

Hungarológiai Kongresszus (Szeged, Hungary) , 15 August 1991.

10.185 What is Central Asia?@.The Asia Society (New York) , 3 October 1991.

10.186 Medieval Contacts Between the Latin and the Turco-Mongol Worlds@. Scarborough College, University of Toronto (Toronto, Canada) , 24 October 1991.

10.187 The Mongols and Eastern Europe@. Pontifical Institute of Mediaeval Studies (Toronto, Canada) , 25 October 1991.

10.188 Some Latin Sources on the Khanate of Uzbek@. 202nd meeting of the American Oriental Society (Cambridge, Massachusetts) , 30 March 1992.

10.189 The Turks in Inner Asia (7th to 13th centuries) @. Aligarh Muslim University (Aligarh, India) , 17 April 1992.

10.190 The Practice of Scalping in Inner Asia@. 35th meeting of the Permanent International Altaistic Conference (Taipei, Taiwan) , 14 September 1992.

10.191 Medieval Contacts Between the Latin and the Altaic Worlds@. Midwest Medieval History Conference, Purdue University (West Lafayette, Indiana) , 7 November 1992.

10.192 Duelling in Hungary in the Interwar Years@. Third Conference on Eastern Europe, New College, University of South Florida (Sarasota, Florida) , 25 March 1993.

10.193 The Classification of Knowledge: Inner Asia@. 203rd Meeting of the American Oriental Society (Chapel Hill, North Carolina) , 20 April 1993.

10.194 Western Information on the Kitan@. 34th International Congress of Asian and North African Studies (Hong Kong) , 23 August

1993.

10.195 La description des Mongols chez Hayton: réel et imaginaire@. Colloque, ALes Lusignans et l=Outre Mer@, Poitiers (France) , 20 October 1993.

10.196 Hayton=s View of the Mongols as Possible Allies of the Crusaders@. International Symposium, AArmenian Kingdom of Cilicia@ (New York City) , 12 November 1993.

10.197 A kitanok népe a Képes Krónikában és ami körülötte van@. Hungarian Academy of Sciences (Budapest) , 24 January 1994.

10.198 Fact and Fancy about the Mongols in *La Flor des Estoires de la Terre d=Orient* (1307) of Hayton@. 204th meeting of the American Oriental Society (Madison, Wisconsin) , 21 March 1994.

10.199 Montesquieu et le Monde Altaïque@ 37th meeting of the Permanent International Altaistic Conference (Chantilly, France) , 21 June 1994.

10.200 Keynote lecture at symposium, ALinguistic Interaction Between East and West as Reflected by Loanwords@, hosted by UNESCO and the International Council for Philosophy and Humanistic Studies (Nicosia, Cyprus) , 29 September 1994.

10.201 The Mystery of Containers@. 38th meeting of the Permanent International Altaistic Conference (Tokyo, Japan) , 8 August 1995.

10.202 The Turks and Turkey in Early Western Sources@ 206th meeting of the American Oriental Society (Philadelphia) , March 1996.

10.203 The Myth of Languages and the Language of Myth@. AThe Bronze Age and Early Iron Age of Peoples of Eastern Central Asia@ conference, University of Pennsylvania (Philadelphia) , April 1996.

10.204　Sixty Years of Oriental Studies: A Recollection@. Royal Asiatic Society (London) , October 1996.

10.205　Hungary: The Perennial Search for an Affiliation@. Library of Congress symposium, Hungary on the Threshold of the 21st Century: 1100 Years of Hungarian Culture@ (Washington, D.C.) , 15 November 1996.

10.206　Sechszig Jahre in der Orientalistik: Erinnerungen@. Freie Universität (Berlin) , 12 February 1997.

10.207　Migrations in Inner Asia: Facts and Fancy@. 207th meeting of the American Oriental Society (Miami, Florida) , 24 March 1997.

10.208　Hungarian Contributions to Scholarship@. Indiana University (Bloomington, Indiana) , 5 April 1997.

10.209　Paul Pelliot@. 35th International Congress of Asian and North African Studies (Budapest) , 7–12 July 1997.

10.210　Paul Pelliot: Personal Souvenirs@. 208th meeting of the American Oriental Society (New Orleans) , April 1998.

10.211　Souvenirs de Paul Pelliot@. Société Asiatique (Paris) , April 1998.

10.212　Provisional Remarks on the Nostratic Theory@.Nostratic Macrofamily Symposium, McDonald Institute of Archaeological Research (Cambridge) , July 1998.

10.213　Women in Medieval Inner Asia@. 209th meeting of the American Oriental Society (Baltimore, Maryland) , 21 March 1999.

10.214　Tharshish. The Curious Inner Asian Destiny of an Old Testament Place Name@. 210th Meeting of the American Oriental Society, (Portland OR) March 12, 2000.

10.215　The First Change of Regime in Hungarian History@.22nd

Hungarian Chair Conference: Political Transitions in Hungary in Comparative Perspective.@ (Bloomington, IN) , April 1, 2000.

10.216 Keynote address at the Hungarian Language Pedagogy Workshop organized on the Bloomington campus by the Inner Asian and Uralic National Resource Center (Bloomington, IN) May 19, 2000.

10.217 Meditations on the Past, Present, and Future of Inner Asian Studies@. 36th International Congress of Asian and North African Studies (Montreal, Quebec) August, 2000.

10.218 Inner Asian Studies: past, present, and future developments@. 36th International Congress of Asian and North African Studies. (Montreal, Canada) September 1, 2000.

10.219 Problems of Ethnogenesis and Prehistory@. Hungarian Academy of Sciences (Budapest) June 20, 2002.

10.220 Le Rapport du Dominician Julien écrit en 1238 sur le péril Mongols@. Académie des Inscriptions et Belles Lettres (Paris) November 15, 2002.

10.221 Let us Praise Dead Sinologists!@. 213th meeting of the American Oriental Society (Nashville TN) April 5, 2003.

10.222 A Re-discovered Area of the World: Central Asia@. Inaugural lecture of the Committee for Central and Inner Asia sponsored by the British Academy. May 1, 2003.

10.223 "Reflections on the History and Historiography of the Nomad Empires Central Eurasia". Opening lecture at the First International Conference on the Medieval History of the Eurasian Steppe, Szeged. May 11, 2004.

11. EDITOR[1]

11.1 *Permanent International Altaistic Conference Newsletter*, 1966–

11.2 *Journal of Asian History*, 1967–

11.3 Reprint Series *Speculum Historiale* (New York: Barnes and Noble) :

11.3.1 C. C. Mierow, *The Gothic History of Jordanes* (1915; rpt. 1960) .

11.3.2 R. P. Poole, *Illustrations of the History of Medieval Thought and Learning*, (1920; rpt. 1960) .

11.3.3 C. Butler, *Benedictine Monachism* (1924; rpt. 1961) .

11.3.4 W. Miller, *Latins in the Levant* (1204–1556) (1908; rpt. 1964) .

11.3.5 E. K. Chambers, *Arthur of Britian* (1927; rpt. 1964) .

11.3.6 M. V. Clarke, *The Medieval City State* (1926; rpt. 1966) .

11.3.7 S. J. Crawford, *Anglo-Saxon Influences on Western Christendom* 600–800 (1933; rpt. 1966) .

11.3.8 Paul Vinogradoff, *Roman Law in Medieval Europe* (1929; rpt. 1968) .

11.4 *Asian Studies Reprint Series*, 1967–1981.

11.5 *Oriental Series*, Asian Studies Research Institute, Indiana University, 1968–1979, 1985–

11.6 *Occasional Papers*, Asian Studies Research Institute, Indiana University, 1968–1979.

11.7 *Indiana University Uralic and Altaic Series*, Research Institute for Inner Asian Studies, Indiana University, 1979–1981, 1985–

11.8 On the Editorial Boards of:

1 丛书、期刊等。

11.8.1 *UNESCO History of the Civilations of Inner Asia*, Vice-Chairman 1981-

11.8.2 Handbuch der Orientalistik, 1984-

11.8.3 *The Comparative Civilizations Review.*

11.8.4 *Hungarian Studies*, Chairman of the Board of Editors, 1985-

11.8.5 *Ural-Altaische Jahrbücher, Pars Altaica,* 1964-1966.

11.8.6 *Britannica Hungarica DATE?.*

12. COURSES TAUGHT AT INDIANA UNIVERSITY (BY ACADEMIC YEAR)

1961-1962: Mongols and Medieval Europe

Altaic Languages

1962-1963: Inner Asian History and Civilization before the Mongol Conquest

Uralic and Altaic Political Structures

3rd Year Hungarian Ⅰ-Ⅱ

Hungarian History and Civilization

Comparative Altaic Phonology

1963-1964: Mongols and Medieval Europe

Comparative Altaic Morphology Ⅰ-Ⅱ

Elementary Hungarian Ⅰ-Ⅱ

Hungarian History and Civilization

Seminar in Hungarian Studies

3rd Year Hungarian Ⅰ-Ⅱ

1964-1965: Inner Asian History and Civilization before the Mongol Conquest

Hungarian History and Civilization

Individual Readings in History

Seminar in Hungarian Studies

Seminar in Altaic Studies

Uralic and Altaic Political Structures

Altaic Languages

3rd Year Hungarian Ⅰ(With Laszlo Kovács) –Ⅱ

2nd Year Hungarian Ⅲ (with Epstein)

Elementary Hungarian Ⅰ–Ⅱ

1965–1966: Mongols and Medieval Europe

3rd Year Hungarian Ⅰ–Ⅱ

Elementary Hungarian Ⅰ–Ⅱ

Hungarian History and Civilization

Comparative Altaic Phonology

Seminar in Hungarian Studies

Sum. 1966: Research in Uralic and Altaic Linguistics

1966–1967: Colloquium Asiaticum (both semesters)

Uralic and Altaic Political Structures

Hungary in the 20th Century

Altaic Languages

Sum. 1967: Uralic and Altaic Political Structures

History of Central Asia

1967–1968: Colloquium in Uralic and Altaic History: Bibliography of Turkic and Mongol HistorySeminar in Hungarian Studies

Seminar in Altaic Studies

Sum. 1968: Hungary in the 20th Century

1968–1969: Sabbatical Year

1969–1970: Inner Asian History and Civilization before the Mongol Conquest

Comparative Altaic Phonology

Seminar in Hungarian Studies

Hungarian History and Civilization

1970–1971: Uralic–Altaic Political Structures

Mongols and Medieval Europe

Hungarian History and Civilization to 1526

Altaic Languages (with W. Reese)

1971–1972: Aspects of Inner Asian Civilization: Art, Religion and Material Culture

(with L. Clark)

Hungary in the 20th Century

Introduction to Manchu (with J. Hangin)

Comparative Turkic

1972–1973: Inner Asian History and Civilization before the Mongol Conquest

Topics: Readings in Classical and Modern Uighur (with L. Clark)

Hungarian Readings

Hungarian History and Civilization

Seminar in Inner Asian Studies

1973–1974: Civilization of Inner Asia

Hungarian History and Civilization to 1526

1974–1975: Mongols and Medieval Europe

Hungary in the 20th Century

1975–1976: Sabbatical (fall semester only)

Hungarian History and Civilization

1976–1977: Inner Asian History and Civilization before the Mongol Conquest

Hungarian History and Civilization to 1526

Seminar on Inner Asian History

1977–1978: Mongols and Medieval Europe

Hungary in the 20th Century

Seminar in Hungarian Studies

1978–1979: Civilization of Inner Asia

Hungarian History and Civilization

1979–1980: Inner Asian History and Civilization before the Mongol Conquest

Hungarian History and Civilization to 1526

1980–1981: Uralic and Altaic Political Structures

Altaic Languages

Hungary in the 20th Century

1981–1982: Sabbatical Year

1982–1983: Uralic and Altaic Political Structures

Seminar in Inner Asian Studies

Altaic Languages

1983–1984: On Leave (Fall semester only)

Civilizations of Inner Asia

Relations of Uralic and Altaic

1984–1985: Contemporary Uralic and Altaic Peoples

Altaic Languages

1985–1986: On Leave (Fall semester only)

Inner Asian History and Civilization before the Mongol Conquest

13. DOCTORAL DISSERTATIONS AND MASTERS THESES CHAIRED OR DIRECTED AT INDIANA UNIVERSITY

13.1 Ames, Evan B.: *Hungarian-Slovak Relations to Trianon: The Feasibility of Revision*.

M.A. (June, 1966)

13.2 Battersby, Harold R.: *The Uzbek Novel as a Source of Information Concerning Material Culture: Uzbek Town Planning, Urban Development and Structures Based on Information Given in Asqad Mukhtor's Novel, "Sisters."* Ph.D. (March, 1969)

13.3 Beke, Gizelle T.: *Emperor Joseph II : Tragic Hero of Two Hungarian Historical Dramas*. M.A. (January, 1970)

13.4 Brown, Bess Ann: *The Emancipation of the Peasants of North Hungary in 1848: A study in Social Reform and Nationalism*. Ph.D. (February, 1979)

13.5 Brown, Bess Ann: *The National Communists and Uzbekistan*. M.A. (November, 1971)

13.6 Clark, Larry Vernon: *Introduction to the Uyghur Civil Documents of East Turkestan (13th-14th cc.)* Ph.D. (May, 1975)

13.7 Davis, Mark Logan: *An Investigation of the Pamphlet Entitled 'The Demands of the Malecontents.'* M.A. (September, 1974)

13.8 Erikson, Carl Robert: *Frigyes Karinthy: His Search for Objectivity as Reflected in Six Major Works*. M.A. (August, 1976)

13.9 Ewing, Thomas E.: *Chinese and Russian Policies in Outer Mongolia 1911 to 1921*. Ph.D. (October, 1977)

13.10 Grupper, Samuel Martin: *The Manchu Imperial Cult of the Early Ch'ing Dynasty: Texts and Studies on the Tantric Sanctuary of Mah~k~la at Mukden*. Ph.D. (March, 1980)

13.11 Heinkele, Barbara M.: *They Lived in the Open Fields. The Tartars in Sixteenth Century English Travel Accounts*. M.A. (August, 1969)

13.12 Jánosi, Ilona: *László Moholy-Nagy: His Early Life in Hungary (1895-1919)* . M.A. (May, 1979)

13.13 Jorgeson, Ray Jean–Harold: *The Background of the Mission of John of Plano Carpini to the Mongols*. M.A. (August, 1978)

13.14 Kazár Lajos: *The Idea of "Ability" as Expressed in Hungarian and English: A Contrastive Study*. M.A. (April, 1972)

13.15 Kazár, Lajos: *Uralic-Japanese Linguistic Relations: A Preliminary Investagation*. Ph.D. (May 1974)

13.16 Kiyose, Gisaburo N.: *A Study of the Jurchen Language and Script in the Hua-i, I-yü, with Special Reference to the Problem of its Decipherment*. PH.D. (April, 1973)

13.17 Lee, Dang-Il: *An Examination of 'Studies in Korean Etymology' by G.J. Ramstedt*. Ph.D. (January, 1978)

13.18 Lippard, Bruce G.: *The Mongols and Byzantium, 1243-1341*. Ph.D. (December, 1983)

13.19 Ludanyi,Julianna: A *Grammatical Analysis of Selected Hungarian Historical Texts*. M.A. (October, 1977)

13.20 Marum, Andrew W.: *Turkish Politics in Transition: A Study of Turkish Government between August 1908 and February 1909*. M.A. (April 1970)

13.21 Medyesy, Laslo M.: *Evolution of the Socialist "New Man" in Hungary. A study of Political Socialization of the Post-1956 Generation*. Ph.D. (October, 1975)

13.22 Meserve, Ruth I.: *The Inhospitable Land of the Barbarian*. M.A. (June, 1983)

13.23 Miller, Michael Grimm: *The Karamanli-Turkish Texts: The Historical Changes in Their Script and Phonology*. Ph.D. (August, 1974)

13.24 Moses, Larry William: *Revolutionary Mongolia Chooses a Faith: Lamaism or Leninism*. Ph.D. (June, 1972)

13.25 Penrose G. Larry: A *Comparison of the Oguz Legends of Abu-l-gazi and Rashid ad-Din*. M.A. (October, 1968)

13.26 Penrose, George Larry: *The Politics of Genealogy. An Historical Analysis of Abu'l-Gazi's 'Shejere-i Terekima'*. Ph.D. (June, 1975)

13.27 Reese, William W.: *Some Notes on the Khoy Dialect of Persian Azerbaijani*, M.A. (December, 1968)

13.28 Reynard, Mikki: *The English Equivalents of Hungarian Már*. M.A. (December, 1968)

13.29 Statts, David R.: *Studies on the Mahbubu'l-qulub or Mir 'Ali Shir Navayi*. M.A. (February, 1974)

13.30 Szimonisz, Laszlo: *An Historical Presentation and Analysis of the Emergence of Seljuk Power*. M.A. (May, 1965)

13.31 Yarwood, William A.: *An Analysis of* 'A *tardi helyzet. The Situation in Tard.*' M.A. (September, 1966)

14. MEMBERSHIP IN LEARNED SOCIETIES WITH OFFICES HELD

International

Permanent International Altaistic Conference, 1957–

Secretary General 1960–

Societas Uralo–Altaica, 1954 –

Vice–President 1964–1994

Honorary Member 1994

Union Internationale des Orientalistes (UNESCO/CIPSH)

Secretary 1954–1964

Vice–President 1994–1991, 2000–

International Association for Hungarian Studies

Vice–President 1977–

U.S.A.

American Oriental Society, 1954 –

Vice–President of Mid–West Branch 1967–1968

President of Mid–West Branch 1968–1970

Chairman of the Regional Committee Inner Asia 1969–1985

Vice–president of the Society 1974–1975

President of the Society 1975–1976

Member, Board of Directors 1968–

Delegate of the American Oriental Society to the American Council of Learned Societies and to the International Union of Oriental and Asian Studies.

Association for Asian Studies, 1965–

Chairman, Committee on International Liaison 1969–1972

Chairman, Inner Asian Development Committee 1973–1976

Member, Committee for Elementary and Secondary Education 1979–1980

The Tibet Society

President 1967–1974

The Mongolia Society, 1965–

President 1967–1972

Chairman of the Board of Directors 1967–

American Research Institute in Turkey

Governing Board 1969–1980

Secretary 1975–1977

American Historical Association, 1964–

United Kingdom

Royal Asiatic Society of Great Britain and Ireland, 1954 –

Honorary Secretary 1955–1962

Association of British Orientalists

Honorary Secretary 1955–1962

Finland

Suomalais–ugrilaisen Seura ((Société Finno–Ougrienne), Helsinki

Honorary Member 1997–

France

Société Asiatique, 1940 –

Honorary Member 1994 –

Germany

Deutsche Morgenländische Gesellschaft, 1958 –

Hungary

KÅrösi Csoma Társaság (Hungarian Oriental Society)

Honorary Fellow 1971 –

Clubs

Cosmos Club (Washington, D.C.)

United Oxford and Cambridge University Club (London)

Explorers Club (New York)

15. HONORS, PRIZES, FELLOWSHIPS

Eduard Mahler Prize, University of Budapest, 1937.

Budapest FÅváros Jubiláris Ösztöndija, University of Budapest, 1937–1938.

Horthy Miklós ösztöndij, University of Budapest, 1937–1938, 1938–1939.

Bourse du Ministere des Affaires Étrangeres (France) , 1940–1941, 1941–

Bourse de l=Association des éleves, anciens éleves et amis de l=Ecole des Langues Orientales, 1943.

Elected Corresponding Member of the Soumalais–ugrilaisen Seura (Finland) , 1950.

Research Fellow, American Research Institute in Turkey, Istanbul, 1965.

John Simon Guggenheim Fellow, 1968–1969.

Elected Honorary Fellow of the KÅrösi Csoma Society (Hungary) , 1971.

Doctor honoris causa, University of Szeged (Hungary) , 1971.

Scholar in Residence, Rockefeller Foundation Study Center, Bellagio (Italy) , 1975.

Elected Honorary Member of the Hungarian Academy of Sciences, 1979.

Recipient Bárczi Géza Memorial Medal for contribution to Hungarian Studies, Pécs, 1981.

John Simon Guggenheim Memorial Fellow, 1981–1982.

Recipient Indiana University Prize for Altaic Studies (PIAC Medal) , Uppsala, 1982.

Recipient Arminius Vámbéry Memorial Medal for contribution to Oriental Studies, Budapest, 1983.

Sinor Medal established by the Royal Asiatic Society for scholarship in Inner Asian Studies (London) , 1992.

Elected an Honorary Member of the Société Asiatique (Paris) , 1995.

Elected Honorary Member of the Societas Uralo–Altaica (Hamburg) , 1995.

Elected a Foreign Member of the Academia Europa (London) , 1995.

Elected Honorary Member of the Suomalais–Ugrilaisen Seura (Helsinki) , 2 July 1996.

Elected Corresponding Member of the Académie des Inscriptions et Belles–Lettres (Paris) , 1996.

Recipient gold medal of the Indiana University Prize for Altaic Studies. 39th PIAC (Szeged,Hungary) , June 1996.

Recipient Silver Avicenna Medal from UNESCO (Paris) , 29 April 1998.

Recipient Gold Medal of Merit from American Oriental Society

(Ann Arbor, Michigan) March, 1999.

The Institute of Oriental Studies of the Russian Academy of Sciences marked the 85th birthday by dedicating a *Festschrift,* Vol. V, of the Yearbook *Altaica*.2001.

Recipient of a medal from the University of Szeged, the university seal on its recto and on the verso an inscription referring to Aimperishable services@ rendered to the university. Received July 21st (2002) .

Elected Honorary Member of the Institute of Linguistics of the Hungarian Academy of Sciences. Budapest, July 4th (2002) .

Awarded "Honorary Professorship" by the Institute of Oriental Studies, Russian Academy of Sciences, (Moscow, Russia) July (2005) .

Inducted into the Presidents Circle by President Herbert, Indiana University, September 9th (2005) .

Recipient of the UNESCO 60th Anniversary Medal "In recognition of his outstanding contribution to the preparation of the *History of the Civilizations of Central Asia*. December 5th (2005) .

图书在版编目（CIP）数据

丹尼斯·塞诺内亚研究文选 /（美）丹尼斯·塞诺（Denis Sinor）著；北京大学历史学系民族史教研室译. -- 北京：社会科学文献出版社，2022.5
（九色鹿）
ISBN 978-7-5201-8913-2

Ⅰ.①丹… Ⅱ.①丹… ②北… Ⅲ.①民族历史－中亚－文集②民族文化－中亚－文集③民族历史－东欧－文集④民族文化－东欧－文集 Ⅳ.①K360.8-53 ②K510.8-53

中国版本图书馆CIP数据核字（2022）第054233号

·九色鹿·
丹尼斯·塞诺内亚研究文选

著　　者 / [美] 丹尼斯·塞诺（Denis Sinor）
译　　者 / 北京大学历史学系民族史教研室

出 版 人 / 王利民
责任编辑 / 赵　晨　陈肖寒
责任印制 / 王京美

出　　版 / 社会科学文献出版社·历史学分社（010）59367256
地址：北京市北三环中路甲29号院华龙大厦　邮编：100029
网址：www.ssap.com.cn
发　　行 / 社会科学文献出版社（010）59367028
印　　装 / 三河市东方印刷有限公司

规　　格 / 开　本：787mm×1092mm 1/16
印　张：31.75　字　数：426千字
版　　次 / 2022年5月第1版　2022年5月第1次印刷
书　　号 / ISBN 978-7-5201-8913-2
定　　价 / 98.00元

读者服务电话：4008918866